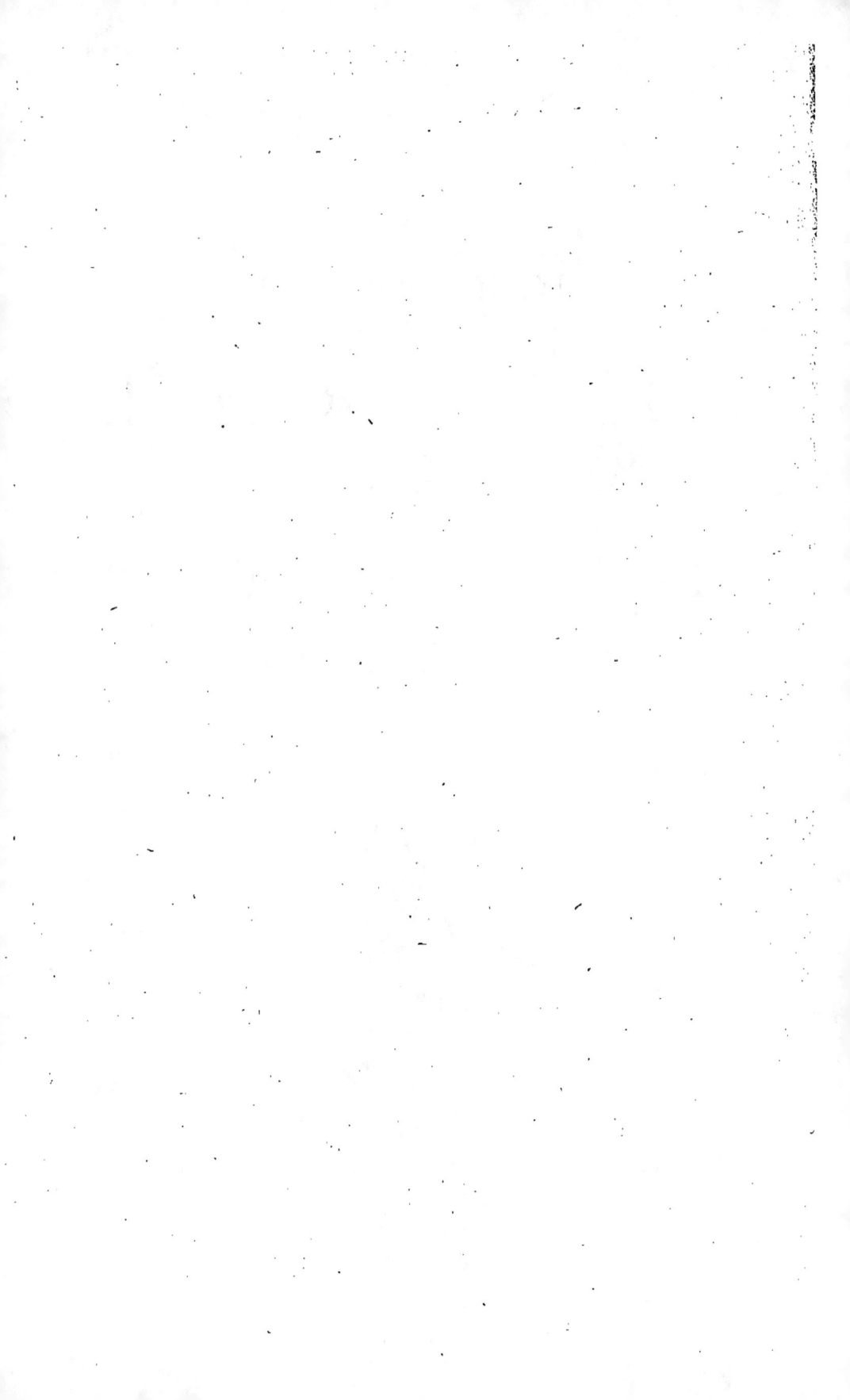

LETTRES

DE

LOUIS ET DE MARC

DE L'HERMITE

SOUVENIRS DE FAMILLE

L'homme bon tire de bonnes choses
du bon trésor de son cœur.
(S. Luc, vi, 45.)

TOULOUSE

IMPRIMERIE ET LIBRAIRIE ÉDOUARD PRIVAT
45, RUE DES TOURNEURS, 45

1896

LETTRES

DE

LOUIS ET DE MARC

DE L'HERMITE

LETTRES

DE

LOUIS ET DE MARC

DE L'HERMITE

SOUVENIRS DE FAMILLE

L'homme bon tire de bonnes choses
du bon trésor de son cœur.
(S. Luc, VI, 45.)

TOULOUSE

IMPRIMERIE ET LIBRAIRIE ÉDOUARD PRIVAT

45, RUE DES TOURNEURS, 45

1896

AU LECTEUR

I.

C'est chose rare qu'on publie la correspondance d'un homme qui n'a pas fait beaucoup de bruit parmi les hommes, conquis la célébrité et pris place dans l'histoire.

Nous croyons, néanmoins, que de belles choses dorment dans les secrets de plus d'un foyer; qu'il y a de véritables trésors qu'on n'amènera pas au jour, comme ces filons d'or que la pioche du chercheur ne rencontre pas en fouillant les entrailles de la terre. Que dis-je? peut-être y a-t-il là tout un monde d'esprit, tout un monde de style, toute une littérature!...

Les lettres que vous allez lire sont une de ces bonnes fortunes dont il faut remercier la divine Providence, une de ces trouvailles auxquelles on ne s'attend pas, qui attirent par le charme de l'inconnu, captivent à la fois par le fond sérieux des choses, et par la forme délicate et fine sous laquelle vous apparaissent toutes ces choses nées de l'esprit et du cœur, du cœur et de l'esprit unis et fondus ensemble.

Cette publication, il fallait la faire. Si c'était audacieux, nul ne refusera d'absoudre cette audace et de la trouver préférable aux timidités et aux défaillances qui nous amoindrissent. Le succès littéraire peut venir, si Dieu le veut, mais on se propose bien autre chose! Conserver le souvenir d'un chrétien d'élite au milieu du monde, et d'un religieux qui fut l'un des membres les plus distingués de sa Congrégation, servir quelque peu la bonne cause par les lettres où ils se peignent eux-mêmes sans y songer, réjouir ou consoler quelques âmes par cette rencontre d'esprits élevés et délicats, de caractères d'une incomparable droiture, voilà le but, et ce but mérite qu'on n'hésite pas et qu'on se précipite dans la voie libre!

II.

Nous n'avons pas à écrire la biographie de Louis et de Marc de l'Hermite, on la lira ci-contre : c'est l'œuvre d'une plume habile, amie du

vrai, bien apprise au respect et tendrement
affectueuse. Seulement il nous plaît de dire que
ce bon Louis nous honora de son amitié et que,
jusqu'à notre dernière heure, nous garderons
fidèlement sa mémoire.

Louis de l'Hermite a dit de lui-même : « J'ai
l'horreur des banalités »; et il avait le droit de
parler ainsi, car il se connaissait bien et il ne
banalisait pas. Oh! quel aimable causeur!
quelle aménité de parole et en même temps
quelle hauteur de vues quand il abordait les
questions religieuses, philosophiques, littéraires
et artistiques! En fait de style, c'est un ciseleur,
un délicat, mais sans afféterie, sans l'énerve-
ment et l'épuisement de la pensée, honteuse
maladie de notre âge, signe infaillible de notre
décadence littéraire. Intelligence d'élite, esprit
ouvert à tout ce qui est le vrai, le beau et le
bien, il lui fallait le vrai, le beau et le bien en
toutes choses.

Sa lettre est fine, déliée, jaseuse, courante,
enlevée, et c'est la lettre.

Quant à l'esprit, il surabonde, et vous trouverez dans cette correspondance, qui est surtout
une correspondance de famille ou d'effusions
familiales, des choses comme celles-ci :

Il appelle ses deux sœurs cloîtrées : « ses abbesses, ses révérendes mères, ses petites, ses très bonnes, sa Benjamine, sa Rose reverdie.

— Ma chère Rose, il y a encore des roses à Lampre; tâche que celle dont tu as la garde conserve une éternelle fraîcheur.

— Je secoue tes grilles pour saisir un bout de ta manche. »

Oh! il en a passé de la belle humeur, de la tendresse fraternelle, de la foi rayonnante, de la sérénité chrétienne, des pensées hautes et des épanchements humains à travers ces barreaux mystiques de Clermont, d'Avallon et d'Évreux, volières divines où ne chantent que les oiseaux du ciel!

Et encore :

« Je suis revenu d'Auzers à Lampre par la nuit la plus noire qui se puisse imaginer.

— Vois-tu la route, Couderc?

— Non, Monsieur, mais les chevaux la voient.

— C'est bien! Quand tu auras versé tu m'avertiras.

— Oui, Monsieur. »

Il remercie la goutte d'être venue lui tenir compagnie au cœur de l'hiver : « Il y a dans ce procédé quelque chose de délicat dont je lui sais gré. »

Mme de l'Hermite est souffrante; « mais elle a eu le bon esprit de n'entrer à l'hôpital qu'après ma sortie. »

« On m'ordonne de manger la côtelette le vendredi; me voilà donc dans le camp des païens. »

Et, pour en finir avec ses *caprices de cœur:* « Ah! si j'allais à Evreux, quel bon remède! »

C'était un combattant, un lutteur pour la liberté de l'Eglise, et il aimait la polémique qu'il menait admirablement, mais en véritable gentilhomme, dans les journaux catholiques de la région cantalienne. « Mon ami, lui écrivais-je un jour, vous rivez bien le clou, mais il n'y a chez vous que des marteaux d'argent. C'est avec des gants de velours que vous brossez votre canaille. »

Faut-il parler du chrétien? C'est le chrétien ferme, vigoureux, sans mélange, qui apparaît surtout dans les lettres, à côté du poète, du prosateur et de l'homme d'esprit. Les tendances du cœur ne vont jamais sans les épanchements divins, et il y a comme un souffle d'âme, un parfum céleste dans tout ce qui tombe de cette plume épurée et dégagée des choses de la terre.

Il assiste à l'agonie de son père, un doux vieillard digne de sa grande race, et il mande à ses chères Ursulines : « Notre père est prêt pour le grand voyage. Il a reçu une seconde fois le Saint-Viatique avec l'application de l'indulgence plénière *in articulo mortis*. »

Plusieurs des siens, des amis, des être aimés disparaissent — car il suffit de vivre pour avoir beaucoup à pleurer — et aussitôt il jette la note ferme dans ces douleurs, sème la lumière dans cette nuit. Pourquoi des fronts bas et tristes? pourquoi des plaintes amères? La vie n'est pas en deçà mais par delà, et la tombe est le second berceau d'où sortira l'immortelle humanité.

Il assista, le 4 septembre 1889, à la plantation d'une croix de Jérusalem sur les hauteurs de la ville de Murat, et il parlait de sa joie d'avoir porté quelques instants le bois sacré sur ses épaules. C'était un des plus doux souvenirs de sa vie ; mais déjà ce chrétien touchait aux frontières de son éternité,

« Chère Rose, écrivait-il, occupe-toi de moi auprès du bon Dieu.

— Comme je suis un parfait égoïste, je m'accroche à ta robe noire pour que tu me serves d'introductrice auprès de notre divine Mère.

« — Je sais que j'aurai ma part dans vos prières. J'en ai plus besoin que jamais parce que j'approche du terme. »

Prières et faveurs divines, il en demande à tous et à tout. Pour mon âme, s'il vous plaît, voilà sa devise; et il s'en va à tous les horizons, comme l'abeille de fleur en fleur et tant que dure le jour.

« Souvenez-vous, ma fille, qu'il n'est rien d'aussi aimable que d'être belle. » Cette fille, c'était Mme de Grignan. C'est un joli mot de femme, une hardiesse de mère idolâtre. Mais il serait mieux de dire, avec l'approbation de l'Académie, il n'est rien d'aussi aimable que d'être bon.

Les lettres de Louis de l'Hermite respirent la bonté, débordent de sentiments humains, et combien les deux sœurs Ursulines avaient raison d'appeler ce frère : « notre Louis d'or. »

Mais on n'a pas retrouvé les lettres de Louis à Marc, et c'est là une lacune des plus regrettables.

En compensation, nous avons de précieux spécimens de sa correspondance avec le dehors. C'est toujours le même homme, c'est-à-dire

l'homme d'esprit et de cœur complété et perfec-
tionné par le chrétien.

Vous n'êtes pas allé à Lampre, vous ne connaissez pas le beau Lampre, un site incomparable, le plus ravissant paysage peut-être de
cette Auvergne si riche en merveilles et que
Chateaubriand a appelée un des plus beaux
pays du monde. Louis de l'Hermite voyait grand
sous ce grand ciel. C'est là qu'il a écrit *Les
Saintes Causes, Aux Champs*, les *Deux Drames chrétiens, Sainte-Catherine* et *Sainte-Philomène*, qui n'ont qu'un défaut, celui d'avoir
paru en un temps d'abaissement intellectuel et
de dépravation morale. C'est de là que sont
parties la plupart de ses lettres charmantes.

J'ai détaché pour vous quelques perles de ce
riche écrin; mais vider tout l'écrin, ce serait
vous éblouir, et nous préférons vous laisser le
plaisir d'aller les contempler vous-même l'une
après l'autre... et les voler pour grossir d'autant votre propre fortune. Je crois, en effet, qu'il
n'est pas nécessaire d'être un Molière pour
prendre son bien partout où on le trouve.

III.

Les lettres de Marc ne ressemblent pas à celles de Louis, car les deux frères ne se ressemblaient que par la supériorité des dons divers se fondant dans l'harmonie chrétienne. Celui-ci, homme du monde, esprit affiné par les choses du monde, poète et littérateur, vit de littérature et de poésie, et, sans y penser, rencontre toujours le charme de la forme ; celui-là, homme d'Église, chercheur d'âmes, guérisseur de plaies morales, scrutateur de la conscience humaine, ne s'attarde pas à remuer des brins d'herbe, à cueillir des fleurs au bord du chemin, à prêter l'oreille aux chants de l'oiseau et au murmure du vent. Apôtre, il passe le front haut, l'âme libre, à travers les foules distraites ou séduites, et quand il s'arrête, quand sa pensée déborde, il la dit à la hâte et sans la moindre préoccupation de lui-même. Il n'écrit pas pour écrire ; il écrit comme l'on parle, parce que l'écriture, comme la parole, est la manifestation de la pensée et le lien des sociétés humaines.

Il y a du rêve pourtant dans cette âme

forte, et le sentiment vif de la nature, c'est-à-dire de la vraie poésie, dans ce cœur où l'amour de Dieu a absorbé tout autre amour. Il aime l'air des montagnes, il voudrait s'envoler vers les sommets et ne vivre que dans l'azur, là-haut, très haut, où n'arrivent pas les bruits de la terre. Il sent des mouvements secrets, une chose peut-être qui n'a pas de nom, quand il peut s'échapper de son Paris, « où par moments », dit-il avec grâce et esprit, « on n'a ni le temps de vivre ni celui de mourir », gagner les champs, voir des arbres en fleur, des prés verts, des sentiers recueillis dans un silence divin. « Les bois, les eaux, le grand air, la solitude, toutes les beautés de la nature que j'aime, s'écrie-t-il, m'ont fait le plus grand bien, et je sens l'homme nouveau dans le vieil homme. »

Si Marc n'a pas ce qu'on appelle un grand style, — ce qu'il dédaigne sans doute, — s'il n'écrit pas la lettre avec la même élégance qu'il manie la parole du haut de la chaire chrétienne, c'est un homme de goût, un esprit charmant et prime-sautier, grave et plein jusqu'aux bords de choses sérieuses. Bien que le temps soit toujours trop court pour lui, il se tient au courant de tout le mouvement littéraire et philosophique de son époque, et il va répétant à Louis — son cher Louis de Lampre : — « As-tu lu ceci, as-tu lu cela? »

On a écrit du R. P. de l'Hermite : « Sa physionomie ascétique et pure lui donnait l'air d'une Apparition. Impossible de l'entrevoir sans se dire : C'est un saint! »

Eh bien, moi, j'affirme, avec sa correspondance sous les yeux, que ce fut une nature des plus sympathiques que l'on puisse rencontrer, et j'admire dans cette âme si haute l'équilibre merveilleux des amours : le plus tendre amour des siens, l'amour supérieur de sa famille religieuse, l'amour unifiant de Dieu.

Marc était de la grande famille des apôtres, et sa correspondance n'est au fond qu'une odyssée apostolique. Il dit ses luttes, il raconte ses triomphes, qui sont ceux de la grâce divine, et se plaît à rechercher, comme repos dans le labeur, l'imposante vision des monuments de l'art chrétien.

« J'ai poussé ma pointe jusqu'à Beauvais, où j'ai admiré la belle cathédrale dont la nef de quarante-huit mètres sous voûte est seule achevée. Que c'est grandiose!

« La merveille d'Amiens, c'est la cathédrale.

Napoléon Ier avait raison de dire en entrant dans
ce superbe monument gothique : « Un athée
« serait ici mal à l'aise. » Reims m'a paru moins
admirable, à part son incomparable portail et
le souvenir du sacre des rois. Que le moyen âge
était donc grand et que notre génie moderne est
médiocre ! »

A Amiens, il est comme en famille.

« Derrière la cathédrale, dit-il, et en face de
l'évêché, sur une petite place appelée place
Saint-Michel — pourquoi ? — se trouve la statue
de Pierre l'Hermite. Notre ancêtre est représenté
debout, en tenue de moine, avec le chapelet autour de la ceinture et retombant sur le côté.
Dans sa main droite est une croix qu'il brandit
comme une épée ; sur son épaule gauche, celle
du croisé. Le piédestal de la statue porte l'inscription historique : DIEU LE VEUT ! »

Est-ce que tout cela ne fait pas une admirable
page digne d'un maître ?

En 1880, le Père de l'Hermite compta aux premiers rangs parmi les glorieuses victimes de
l'expulsion. Et vous croyez peut-être qu'il maudit ses persécuteurs ? Ecoutez plutôt :

« Je t'écris les yeux pleins de larmes et le
cœur plein de joie.

« Nous avons le Saint-Sacrement dans notre oratoire intérieur, et je suis le gardien du divin Prisonnier.

« J'ai bien pleuré quand tout a été fini, mais je n'ai jamais été plus heureux et plus près du bon Maître. »

Voilà tout, et voilà l'homme, et voilà le religieux. Ils sont tous comme cela, tous de cet esprit, tous de cette trempe d'âme et de ce facile héroïsme qui ne croit pas même être de l'héroïsme. On dirait l'oiseau des tempêtes se jouant des fureurs de l'Océan et ne songeant pas à demander le retour de la sérénité du ciel.

Et pourtant ce n'est point là de l'indifférence politique, l'oubli de la patrie terrestre et l'abandon des choses humaines ; c'est la philosophie de ces croyants qui savent que, si le monde s'agite, Dieu le mène, et que tout se meut dans le plan divin.

Marc sait le remède à nos maux et il l'indique.

« Seule la régénération chrétienne peut nous sauver !

« Sur le terrain politique, les conservateurs seront toujours désunis ; sur le terrain catholique, ils seraient invincibles. »

Et, s'orientant vers Montmartre, la colline prédestinée d'où viendra le salut, il s'écrie :

« Que le Sacré-Cœur enlève le voile qui aveugle la France! »

Oh! comme il aime cette France et se garde d'en désespérer!

« Je suis toujours fermé dans Babylone. Il y a bien des saints dans cette ville et il ne faut pas trop la maudire. Si c'est un foyer de révolutions, c'est aussi un foyer d'apostolat; toutes les œuvres partent de là, soutenues par le zèle et les sacrifices des saintes âmes, et, à toutes les fêtes de l'Eglise, on voit encore quelle place la religion occupe dans les esprits. »

Et ces lignes me rappellent l'admirable mot de Joseph de Maistre :

« Pour vivre et être grandes, les œuvres catholiques doivent être françaises. »

La France, en effet, c'est le génie de la charité et du prosélytisme catholique.

IV.

Pourquoi la lettre et quels en sont les avantages ?

Il est facile de répondre.

Supposez, par exemple, que Mme de Grignan, « la plus belle fille de France », lorsqu'elle n'est que fille, ne quitte pas Versailles, ou que la Provence commence à Saint-Germain et finisse à Marly, où donc est Mme de Sévigné dans la littérature française ? L'eût-on jamais rencontrée aux premiers rangs de nos prosateurs ?

Et n'est-ce point par ses lettres autant que par son journal qu'Eugénie de Guérin, l'aimable solitaire du Cayla, est allée se placer, bien au-dessous sans doute, mais à côté de la grande marquise ?

Qui n'a lu les lettres du comte de Maistre à sa fille Constance, une belle enfant qui a ses douze ans déjà, et que son père, emporté par le torrent révolutionnaire, n'a pas vue et ne connaît pas même ?

Qui n'a lu les lettres de Louis Veuillot à sa

sœur Élise et à son frère Eugène, ces deux moitiés de son âme, et où se révèle en quelque sorte un homme nouveau qui ne s'était pas montré aux profanes et que les profanes ne soupçonnaient pas?

Quel contraste entre la prose mâle, les vigoureuses polémiques, les dédains superbes, les grands cris de guerre de ces deux génies, altiers en apparence, chez lesquels l'ardent amour de la vérité, la passion de la lutte, le besoin de servir semblent refroidir le cœur et durcir l'âme! Qu'ils sont doux cependant! qu'ils sont tendres! Comme ils aiment et comme ils sont hommes! Où est l'écrivain qui a signé *les Soirées de Saint-Pétersbourg* et tracé le portrait du bourreau? Où est celui qui a signé *les Libres-Penseurs*, *les Odeurs de Paris*, manié tous ces engins de guerre contre la libre-pensée et dont la libre-pensée se souviendra longtemps? Là, c'est le penseur, le philosophe, le bâtonnier devant l'arche, l'accusateur public de l'insensé qui lève le bras sur sa mère; ici, c'est l'homme du foyer et des douces choses du foyer; c'est l'époux, le père, le frère, le chrétien qui épanche son âme dans des âmes qui sont siennes, puise dans des cœurs qui lui sont

ouverts l'amour dont ce cœur a besoin parmi
les choses arides et froides de la terre.

Joseph de Maistre et Louis Veuillot fussent
demeurés incomplets sans leurs lettres.

Mais, m'objecterez-vous, la parole n'est donnée outre-tombe qu'à de tels hommes, qu'à
ceux qui ne doivent pas mourir.

Et moi je vous réponds : Faites connaissance
avec Louis et Marc de l'Hermite, et il vous sera
doux de pouvoir vous écrier, en ce siècle d'indifférence et d'égoïsme : Voyez comme ils s'aimaient! Voyez comme ils aimaient, suivant le
précepte de l'Apôtre, « tout ce qui est vrai, tout
ce qui est honnête, tout ce qui est juste, tout ce
qui est saint, tout ce qui est aimable. »

Je l'ai dit au début de ces lignes : il est dans
l'ombre des trésors d'esprit et de vaillance chrétienne qui s'ignorent eux-mêmes, qu'on ignore,
et qui mériteraient de venir au grand jour, et
c'était hier le cas des *Lettres de Louis et de
Marc de l'Hermite.*

Enfin, grâce à une inspiration divine, les om-
bres sont dissipées et la lumière est faite.

Aussi, après avoir savouré le premier ces délicieux *Souvenirs de famille,* n'ai-je pas déli-
béré longtemps ma réponse à ceux qui ont bien

voulu m'interroger : Allez, car c'est le devoir!
allez, et ne craignez rien!

Et ces souvenirs iront d'abord aux proches,
aux amis, à tous ceux qui les attendent avec
une vive impatience, et puis à ce public chrétien
qui vit des gloires du passé, des belles traditions nationales, et, dans le culte du passé, songe
à l'avenir et travaille à la renaissance d'une
France chrétienne.

LAURICHESSE,

Chanoine honoraire de Saint-Flour.

NOTICES BIOGRAPHIQUES

L'antique maison de l'Hermite, à laquelle Louis et Marc devaient donner un lustre de plus, s'honore justement de remonter, par filiation authentique, à l'illustre prédicateur de la première croisade.

De Pierre l'Hermite et de Béatrix de Roussy sont issus :

Un patriarche de Jérusalem, un des cinq chevaliers de Bouvines qui firent au roi Philippe-Auguste un rempart de leur corps, un gentilhomme de la suite de Jeanne d'Arc, etc.

Ce n'est point dans une simple notice biographique qu'il convient de s'étendre plus longuement sur l'ascendance de Louis et de Marc; mais nous devons un hommage à la mémoire de leur aïeul immédiat et de leur père.

* *

Quand éclata la Révolution française, le manoir de La Rivière, berceau de la famille depuis le treizième siècle, était habité par le comte Joseph de l'Hermite.

C'était un homme de mœurs simples, bon envers tous et

partageant patiemment la misère publique. Sa charité inépuisable força même les plus fougueux patriotes à rendre
hommage à des bienfaits que n'arrêtèrent ni les menaces ni
les persécutions.

Serviteur fidèle du roi, chrétien fervent, il ne craignit pas
d'exposer sa tête en offrant un refuge à d'illustres pros-
crits, entre autres à Mgr Duplessis-d'Argentré, évêque de
Limoges.

D'humbles prêtres du voisinage s'abritèrent également
au château de La Rivière, devenu à la lettre la maison du
bon Dieu.

Dénoncé, le comte Joseph de l'Hermite ne dut la vie qu'à
un habitant du pays nommé Trarieux, qu'il avait eu jadis
l'occasion d'obliger.

Cet homme était chargé de classer les dossiers des sus-
pects dans un bureau de la sûreté générale ressortissant au
Comité du salut public. Il détourna celui de son bienfaiteur et sauva sa tête.

Vingt ans plus tard, lorsque Mgr du Bourg, évêque de
Limoges, se rendit à quatre lieues de sa ville épiscopale
pour aller au-devant du pape Pie VII, l'auguste captif de
Fontainebleau, il voulut être accompagné par le comte
Joseph de l'Hermite, « son fidèle ami. »

Le pieux gentilhomme fut un de ceux qui reçurent dans
leurs bras le Pontife brisé de fatigue, et inclinèrent les premiers la tête sous sa bénédiction. Insigne honneur dont la
famille sera toujours fière !

Nous retrouvons Joseph de l'Hermite sur le passage de la
Duchesse de Berry.

Écoutons à ce sujet un témoin oculaire, le comte de Meynard, premier écuyer chargé du service d'honneur auprès de la Duchesse.

« Dans la procession des personnages officiels qui traversait la ville de Limoges, en cette journée ensoleillée, se trouvait le comte de l'Hermite, membre du Conseil général.

« Je ne suppose pas qu'il fût au nombre de ces impatients qui, à l'entrée du cortège dans la cathédrale, bousculèrent les chaises, mais j'ai vu son nom parmi les personnes qui furent admises à présenter leurs hommages à la mère du Duc de Bordeaux.

« Quand vint son tour, la princesse lui adressa ces paroles : « Je sais qui vous êtes et je devine ce que vous serez ; « mais, entre tous vos titres à ma bienveillance, il en est « un que je dois faire connaître ici, c'est qu'après avoir été « longtemps persécuté, vous n'avez jamais persécuté per- « sonne. »

Dès ce moment, le comte de l'Hermite était mis en avant pour la Chambre des Pairs.

C'est assez dire quel prestige exerçait, par l'intelligence et par la volonté, cet homme dont l'extérieur était modeste. « J'ai quelque fierté d'avoir résisté à l'enveloppe de séduction qui rayonnait autour de ce puissant cerveau », a écrit un adversaire politique.

La Révolution de 1830 fit évanouir de si beaux rêves et trouva le comte de l'Hermite ferme comme un roc dans son attachement à la monarchie légitime.

Quelques années plus tard, cet homme de bien mourait subitement au château de Nedde, chez son beau-frère, le marquis de Nedde, qui tint à honneur de le faire inhumer dans son propre caveau de famille.

Le comte Joseph de l'Hermite avait épousé Mlle de La Pomélie, nièce de cette Mme Suzanne de La Tour Neuvillars, dont le P. Nicolas du Sault et M. le marquis Anatole de Brémont d'Ars ont écrit la vie.

De cette alliance naquirent de nombreux enfants. Avant d'accorder une attention spéciale à la branche cadette, nous devons un souvenir à cette branche aînée où se conservèrent religieusement toutes les traditions de la race, entre autres ces tendances hospitalières qui groupent tant de sympathies autour des familles chrétiennes.

L'aristocratie de l'intelligence brilla d'un éclat tout particulier chez le comte Cyprien de l'Hermite et son fils Ferdinand, deux gentilshommes qui eussent certainement représenté le Limousin au Parlement français, si l'un, qu'on a appelé « l'ami des paysans », eût été capable de s'arracher aux fortifiantes séductions de la vie rurale; l'un et l'autre, d'abdiquer leur foi politique.

Dans l'alliance qu'il contracta, le comte Ferdinand de l'Hermite eut l'heur de rencontrer, non seulement la fortune qui favorise l'éclat extérieur d'une race, non seulement le vieil honneur français et les traditions chrétiennes de sa propre famille, mais encore la vertu poussée jusqu'à l'héroïsme, en la personne du P. Anatole de Bengy, son beau-frère.

Le père de Louis et de Marc naquit au château de La

Rivière le 16 août 1790, et, comme l'attestent les manuscrits laissés par sa mère, fut admis le lendemain dans la Confrérie de Notre-Dame-Auxiliatrice.

Il reçut au baptême les noms de Jean, Germain, Félix.

De Jean, en souvenir du duc de Penthièvre, qui avait compté parmi ses pages l'oncle du nouveau-né, et fait don à son père des émeraudes de l'infortunée princesse de Lamballe.

De Germain, parce que son parrain s'appelait ainsi. Au surplus, du douzième au quinzième siècle, Jean-Germain fut le nom patronymique des seigneurs de La Pomélie.

Pourquoi le nom de Félix? La mère de l'enfant ne l'a point confié à son journal; mais, comment refuser d'y voir un nom prédestiné, quand on se souvient qu'un saint Félix courut à la mort pour avoir refusé de livrer les Écritures de son église, et que ce fut précisément pour le refus de livrer les papiers d'État, dont il avait la garde et la responsabilité, que Félix de l'Hermite encourut une de ces disgrâces qui signalent un homme à l'estime publique.

Des circonstances imprévues lui ouvrirent la carrière où l'attendait cet honneur.

Sous l'habile administration du baron de Montbel, alors ministre des finances et de l'intérieur, le gouvernement songeait à organiser le grand service des Postes et relais.

Après un stage de quelques mois, le jeune Félix dut à la bienveillance du roi la direction d'une des branches principales de ce vaste service d'État.

« J'avais besoin d'un honnête homme », écrivait à cette occasion M. de Montbel », pouvais-je mieux choisir que « Monsieur de l'Hermite? »

« A peine entré en fonctions, dit à son tour le comte de
Meynard », le mélange d'urbanité et d'autorité qui caracté-
« risait M. de l'Hermite, ses larges vues, son entrain, son
« intelligence, fixèrent l'attention d'un Gouvernement qui
« aimait les hommes de talent et d'esprit. »

— « Pouvez-vous rédiger, lui dit un jour le baron de
Damas, un projet d'ensemble sur la réorganisation des
Postes et relais, et combien de temps vous faut-il?

— Six mois.

— Prenez-les! nous avons bien assez de questions préliminaires à résoudre. Dès que vous serez prêt, nous por-
terons l'affaire au Conseil. »

Or, nous apprend encore M. de Meynard, le témoignage
du Conseil des ministres fut celui-ci :

« Les travaux relatifs à l'organisation des Postes et relais
font le plus grand honneur à l'homme qui les a con-
duits. »

L'auteur de ce projet de réforme pouvait donc entrevoir
la fortune à son horizon lorsque la Révolution de Juillet
vint tout assombrir.

Elle trouva Félix de l'Hermite avec le titre et les fonctions de Directeur en chef des Postes du département de
la Haute-Vienne, c'est-à-dire dans une position déjà fort
avantageuse.

En apprenant les événements de Paris, la première pensée de l'honorable fonctionnaire fut de rentrer dans la vie
privée.

Le mouvement insurrectionnel qui se produisit à sa
porte le décida à ne pas quitter un poste devenu périlleux.

Le récit de cet épisode, qui a presque le caractère d'un

événement historique, nous a été fait maintes fois par un membre de la famille, et nous le connaissons si bien que nous aurions presque le droit de le reproduire entre guillemets.

L'émeute triomphante avait entrepris de s'emparer de papiers importants dont M. de l'Hermite avait reçu la garde.

Le premier qui se présenta devant lui était bien le plus infâme voleur et le plus laid citoyen qu'on se puisse figurer. Il avait les cheveux roux, les yeux louches, les jambes torses ; il était aussi sanguinaire que hideux.

X. intima à M. de l'Hermite l'ordre de lui livrer les papiers d'Etat dont il avait le dépôt.

Fixant sur l'audacieux insurgé ce regard ferme et franc qui dénote un caractère, M. de l'Hermite répondit qu'il ne recevait d'ordres que du roi.

La foule envahit alors ses bureaux, réclamant de nouveau la livraison des Dépêches.

« Que le plus fort d'entre vous vienne les prendre! » répondit le Directeur, en les tirant de ses vêtements et reculant de trois pas.

Une telle dignité dans la résistance déconcerta l'émeute, et M. de l'Hermite sortit librement en lui jetant cette fière parole :

« Vous pouvez m'empêcher de faire mon service, vous ne m'empêcherez pas de faire mon devoir! »

Le lendemain, il se rencontra à l'hôtel de la Préfecture avec le représentant officiel du nouveau Gouvernement.

« — J'ai toujours cru, lui dit le préfet, que vous étiez tout dévoué à l'ancien régime ; me suis-je trompé sur vos sentiments?

— « Quand je me dévoue à une cause, répondit le Directeur, ce n'est pas à demi. »

Destitué quelques semaines plus tard, il écrivait à M. le comte Cyprien de l'Hermite, son frère aîné :

« Frappé dans mon avenir et dans ma fortune, je ne regrette rien. La devise de ma famille a toujours été qu'honneur passe richesse : c'est aussi celle de ma conscience ; ce sera celle de mes enfants. »

Henri n'avait pas encore atteint sa neuvième année ; Louis comptait sept ans à peine, et le petit Marc était un chérubin de dix-huit mois porté dans les bras de sa mère.

En jetant les yeux sur ces trois délicieux enfants et sur cette jeune épouse, Félix de l'Hermite se prit à s'attendrir, et nous lisons dans une autre lettre :

« Il est vrai que je suis bien accablé de chagrin et que, sans le témoignage de ma conscience et celui des trois quarts de la ville, je ferais de bien tristes réflexions. » Puis il ajoute : « Rose ne se laisse point abattre ; elle a un courage au-dessus de ses forces. »

La retraite de Félix de l'Hermite fut digne comme l'avait été sa vie d'homme public ; mais il y trouva plus encore l'occasion de manifester les tendances exquises que son fils Marc a décrites en ces termes :

« Il était si bon ; c'était un homme si simple et si droit, une nature si accueillante, et il nous aimait tant ! »

Et ailleurs, en parlant des lettres de son père : « C'est touchant ; c'est simple, vrai, plein de cœur et de cette inimitable bonhomie chrétienne et délicate qui le distinguait. »

Marc avait raison :

Bonté et droiture, bonhomie rendue séduisante par le plus charmant esprit gaulois, tendre amour pour sa famille, inclination à obliger tout le monde, tel était bien Félix de l'Hermite !

Un adversaire politique s'avisa un jour de le qualifier d'aristocrate; c'était peu le connaître. Toutefois, cet homme disait vrai dans un sens différent du sien. Le père de Louis et de Marc avait un penchant marqué pour l'aristocratie de l'intelligence et de l'esprit, mais trop de sens moral, et, disons le mot trop de bon sens, pour montrer à qui que ce fût une supériorité déplacée.

Félix de l'Hermite trouva dans son dévouement paternel et conjugal le courage de reprendre du service sous le gouvernement qui avait détrôné ses rois.

On lui confia successivement les bureaux de Mauriac, de Meaux et de Castelnaudary, où ses qualités administratives ne se montrèrent pas moins que dans le poste supérieur de Limoges.

Partout il laissa de bons souvenirs et se fit des amis; mais partout aussi il porta de grands deuils.

A Mauriac, il perdit cette jeune épouse qui avait si fidèlement partagé sa bonne et sa mauvaise fortune.

A Meaux, il apprit la catastrophe de Feurs et la fin tragique de son Henri dans les flots irrités de la Loire.

A Castelnaudary, la mort subite de M. le comte Cyprien de l'Hermite, au moment où cédant aux amicales sollicitations de ce frère, il se décidait à demander sa retraite et à regagner la montagne limousine qui avait été son berceau.

Il revint cependant au pays et ne le quitta plus que pour une patrie meilleure.

Félix de l'Hermite est mort à Eymoutiers, le 31 mars 1860, entre les bras de son fils Louis, et entouré des sympathiques héritiers d'une génération presque éteinte.

Ce que furent ses derniers jours, on le trouvera fidèlement exprimé dans la première lettre de ce recueil.

Puisse-t-elle conserver à la famille la mémoire de cet homme de bien, et encourager les affligés qui ont à recueillir, comme lui, une exquise moisson de vertus sur le chemin royal de la croix.

L'édification produite par cette mort fut telle, que l'humble Félix de l'Hermite eut un panégyriste le jour de ses funérailles, et fut loué en ces termes du haut de la chaire chrétienne.

« Le passage d'un saint sur la terre est un foyer de vie. A son souvenir aimé, les fidèles ranimeront leur dévouement, le clergé puisera un nouveau courage, et la France, les secrets de sa résurrection. »

Félix de l'Hermite avait épousé Rose de Maleplane, petite-nièce, par sa mère, du chanoine Labiche de Reignefort, un confesseur de la foi sous la Terreur, qui a écrit les Mémoires de sa déportation.

Rose de Maleplane joignait à une raison forte une délicatesse d'esprit et de cœur que l'on comprendrait à peine aujourd'hui; à toutes les qualités qui font la femme d'intérieur, tous les avantages physiques capables de séduire le monde; mais elle ne voulut faire au monde que les concessions exigées par son rang et sut les marquer du sceau du devoir.

Quand le malheur vint la visiter, il la trouva donc sans

vaines attaches, et déjà familiarisée avec cette vie sérieuse qui allait exclusivement devenir la sienne.

Très jeune encore, et dans les jours où la fortune régnait à son foyer, Mme Félix de l'Hermite se traça un règlement de vie, que Marc, devenu prêtre et religieux, devait appeler un chef-d'œuvre.

La conduite à tenir envers Dieu, envers son mari, ses enfants, ses domestiques et les pauvres, envers le monde et envers elle-même, tout est prévu dans ce plan de vie, vrai guide des vertus morales et chrétiennes, et dont Mme de l'Hermite ne s'écarta jamais.

Cette grande âme avait compris que l'ordre, c'est Dieu, et que plus on vit dans l'ordre, plus on se rapproche de Dieu.

En bénissant l'union de Félix et de Rose, le saint évêque de Limoges, Mgr du Bourg, se sentit inspiré de leur annoncer des croix. Il en est une cependant que Dieu épargna au cœur de la mère : elle n'eut pas à réclamer au fleuve impitoyable la dépouille de son Henri.

Cette grande chrétienne, cette épouse incomparable et cette admirable mère avait déjà porté au tribunal de Dieu, avec les œuvres d'une vie trop courte mais féconde, la cause de six orphelins et de leur père inconsolable.

* *

Marie-Joseph-Louis de l'Hermite naquit à Limoges, le 25 août 1823, et fut accueilli au foyer de la famille par un frère qui n'avait pas encore deux ans. Henri et Louis grandirent côte à côte et la main dans la main; ils devinrent inséparables.

Un jour, toute la ville de Limoges était en émoi et l'on se disait : « Ce charmant enfant, le petit Louis de l'Hermite, a disparu de chez lui ! » Quelle était l'idée du petit fuyard ? Lui-même l'apprit à un ami de son père qui le rencontra et le reconduisit à sa famille éplorée :

« Henri est à la campagne et je vais le voir. »

On raconte que, dès l'âge le plus tendre, les deux enfants furent initiés par leur mère aux pratiques de la charité chrétienne ; qu'elle leur apprit à connaître la demeure du pauvre, et que ses aumônes passèrent maintes fois par leurs petites mains. C'est ainsi que s'établit entre eux une fraternité morale, faite de sentiments généreux et délicats.

Ils eurent aussi celle de l'intelligence et des aptitudes artistiques ; mais, sous ce double rapport, il plut à Dieu de doter encore plus largement Henri que son cadet.

Ce dernier avait déjà trop d'esprit pour qu'aucun enfant de son âge pût lui disputer le premier rang, et nous estimons qu'à l'âge d'homme, il ne saurait avoir trouvé que des émules dans cette dignité de caractère qu'il appelait humblement « sa puissance d'inertie. »

Quant à la supériorité de la raison et du travail, Louis s'est plu à la donner à son frère, en des poésies charmantes où l'élégance et le naturel s'harmonisent avec un rare bonheur.

Il a chanté :

Ce mentor de douze ans à la bouche de miel
Qui modérait sa turbulence.

Évoquant ailleurs sa chère image, il lui a dit :

Ta jeune gravité, ta précoce sagesse
Me firent maintes fois rougir de ma paresse,

Et, maintes fois aussi, — le cas n'est pas nouveau, —
Je riais d'un mentor trop vieux par le cerveau.
Le monde est ainsi fait! Un caporal, un rustre,
Osera critiquer un capitaine illustre.

Le capitaine prenait son rôle au sérieux et parfois le remplissait avec vigueur. Qu'on en juge plutôt par cette pittoresque réponse de Louis à sa grand'mère, un jour qu'elle
l'avait réprimandé sur des notes d'étude trop médiocres :

« Henri n'était pas là-pour me donner des coups de
poing dans le dos. »

Il est permis de supposer que des effluves de tendresse
succédaient rapidement à cette brusque application du patronage fraternel.

Qu'ils s'aimaient ces deux frères! on eût dit la soudure
de deux âmes.

Il plut au souverain Maître de séparer tragiquement ces
deux existences où l'union avait fait en quelque sorte
l'unité, et, trente années plus tard, Louis, toujours inconsolable, dictait à son luth les strophes suivantes :

Henri! pour moi, c'est tout un drame.
Je vois la mort qui te réclame
Au milieu des flots courroucés;
Toi, le soutien de ma jeunesse,
Toi que mon âme en son ivresse
Saluait de vœux empressés!

Parfois, dans un pénible rêve,
Je te vois couché sur la grève :
J'accours, éperdu de douleur;
Pour te baiser, je m'agenouille;
Hélas! c'est ta froide dépouille
Que je presse contre mon cœur!

Mais pourquoi pleurer sur ta tombe,
Frère chéri? Celui qui tombe,
Prêt à livrer les bons combats,
N'a-t-il pas au front l'auréole
Qui réjouit et qui console
Les amis laissés ici-bas?

Jeune, tu recherchais la lutte;
Vers ceux que le monde rebute,
Tu marchais d'un pas résolu :
Dieu te prit, l'âme tout aimante,
Et sur ta lèvre agonisante
Il plaça le sceau de l'élu.

Mourir au printemps de la vie,
L'esprit troublé, l'âme flétrie
Et la révolte au fond du cœur;
Au tribunal de la justice
Porter la marque accusatrice...
Ah! voilà, voilà le malheur!

Mais mourir comme toi, mon frère,
Les mains jointes pour la prière,
Le cœur brûlant du saint amour...
N'est-ce pas une récompense,
Si le Seigneur, dans sa clémence,
Abrège l'épreuve d'un jour?

Ah! je t'ai bien pleuré! pardonne!
Le faible aux larmes s'abandonne
Au premier vent d'adversité;
Et dans son aveugle tendresse,
Il envie au fort l'allégresse
De l'enivrante éternité.

Que dis-je? le royal prophète
N'a-t-il pas incliné la tête
Devant un fraternel trépas?
N'a-t-il pas maudit la victoire
Qui préparait ses jours de gloire
Mais le privait de Jonathas?

Au terme de ses brillantes études scolaires, Henri s'était présenté à l'Académie de Clermont-Ferrand pour subir l'épreuve du baccalauréat. Quand, l'année suivante, Louis comparut à son tour, il fut accueilli par ces paroles :

« Jeune homme, le succès de Monsieur votre frère vous tient lieu de toute protection. »

C'était aviver le feu sacré dans l'âme de l'aspirant, et donner un charme de plus au laurier qu'il ne pouvait manquer de conquérir après avoir été lui-même un brillant écolier.

Pourquoi ce premier triomphe universitaire fut-il le dernier? pourquoi un jeune homme de tant d'espérances vit-il les carrières se fermer impitoyablement devant lui? Personne ne l'a jamais su. Toutefois, s'il est vrai que trois conditions concourent généralement à la réussite des entreprises, savoir : l'aptitude, l'éducation et les circonstances, on peut dire que la première fut largement accordée à Louis par le Créateur; la seconde, par la famille et le collège chrétien; mais que la troisième lui fit absolument défaut. Il vint à une heure défavorable, et le gouvernement qui avait destitué le père n'était pas pour favoriser le fils.

A l'exemple de la société d'élite où le brillant jeune homme trouva, par sa naissance, sa tenue et son caractère, non seulement une admission facile mais une place de choix, nous nous inclinerons devant le mérite; et, du mérite, nous verrons jaillir un succès autrement honorable que celui qui naît de la faveur.

C'était au lendemain de 1848... Le flot des passions populaires montait, montait chaque jour, et d'autant plus menaçant que les classes élevées restaient impassibles ou

ne sortaient de leur torpeur que pour de vaines récrimina-
tions; à force de répéter que la misère n'a pas de droits,
elles oubliaient que la fortune a des devoirs. D'autre part,
aux affamés de progrès et de bonheur, on répondait par des
théories creuses et des utopies malsaines, capables tout au
plus de séduire les naïfs, et le perfectionnement de l'humanité était mis au prix de sa démoralisation. Justement
alarmés, les esprits sérieux sentirent le besoin d'unir leurs
efforts pour conjurer les tempêtes sociales, et M. de l'Hermite fut heureux et fier de prêter l'appui de sa parole à
l'un des escadrons de la jeunesse catholique. Qu'avait-il
besoin de se rallier au grand nombre quand il portait
dans son âme l'énergie des convictions? que lui importait
l'autorité de l'âge quand il était en mesure d'opposer au
flot populaire la digue évangélique, et de donner pour
solution au problème du paupérisme ces deux mots : résignation et charité!

Grâce à l'initiative de cette vaillante jeunesse, un grand
acte de justice et d'humanité s'accomplit dans les colonies
françaises par l'affranchissement des esclaves, « le plus
beau décret qui soit sorti de l'âme d'un peuple », s'écria
M. de l'Hermite.

On reconnaît à cette parole un digne héritier de l'initia-
teur des Croisades, dont l'œuvre gigantesque a été ainsi
appréciée :

« Les serfs qui, à la voix de Pierre l'Hermite, prirent la
croix et s'enrôlèrent sous les saintes bannières devinrent
libres, et ce n'est pas le moindre honneur du libérateur du
saint Sépulcre que d'avoir été le grand ouvrier de l'éman-
cipation nationale. »

En face des divers clubs démagogiques ou faussement humanitaires, dont les noms et les fondateurs appartiennent à notre histoire contemporaine, on vit surgir des clubs conservateurs et légitimistes. L'un des plus célèbres fut le club du Xme arrondissement, présidé par M. de Vatisménil, homme politique qui n'était pas sans avoir connu l'oscillation, mais qui avait rendu de grands services aux Congrégations religieuses, et que l'on regardait alors comme un des membres les plus influents du parti de l'ordre.

Nous devons à une amitié fidèle de pouvoir citer quelques fragments du discours prononcé en sa présence par Louis de l'Hermite.

« Assurément, s'écriait-il, l'aumône n'est pas un droit pour le pauvre, mais elle est le devoir du riche : l'un ne peut exiger, l'autre est tenu de donner. Que penserions-nous d'un percepteur des deniers royaux qui, au lieu d'en faire l'usage prescrit, les appliquerait à ses propres plaisirs ? Eh bien, voilà ce que nous sommes vis-à-vis de Dieu quand nous refusons de prélever sur notre superflu la part de l'indigent : des receveurs infidèles.

« Le dénûment du pauvre est un titre suffisant à nos secours ; serait-il le plus pervers des hommes qu'on ne devrait pas moins apaiser sa faim. Vous m'objectez peut-être qu'en n'éconduisant personne, c'est favoriser plus d'une fois le vagabond et le débauché ? — Et moi je vous réponds : c'est encourager à tendre la main le malheureux dont la misère se cache, ou le membre souffrant du Christ dont la vertu compense l'indignité du mauvais pauvre. — Mais, direz-vous encore, ce misérable simule le froid et la maladie ? — Cette feinte n'accuse-t-elle pas votre inhumanité, et n'y est-il pas contraint par l'horreur de sa situation ? C'est peut-être parce que vous avez été sourd à la voix de ses prières et de ses larmes, parce qu'il a vainement erré de porte en porte pour obtenir un morceau de pain qu'il a imaginé ces expédients. Vous l'accablez d'outrages, vous lui reprochez son oisiveté, sans penser que, vous aussi, vous êtes oisif. Cependant, Dieu ne dit pas : Puisque vous vivez dans l'inaction, je n'allumerai pas pour vous le soleil, j'éteindrai la lune, je rendrai la terre stérile, je tarirai les sources, j'empêcherai la pluie... — Vous souffrez, dites-vous, de voir cet homme jeune et vigoureux vouloir qu'on le nourrisse sans travailler ? — Il souffre, lui aussi, de votre luxe insolent, qui lui semble un défi porté à sa misère. »

On ne peut tout citer, et, toutefois, ce n'est pas le seul discours dont M. Charles de Bengy de Puyvallée nous ait conservé des fragments. Dans une autre réunion de la jeunesse catholique, Louis de l'Hermite, après avoir proclamé que « la fortune ne dispense pas du travail »; que « le travail fait la dignité de l'homme et le rend propre à la liberté », appliquait aux abusés de notre temps l'éloquente parole de saint Jean Chrysostome : « Ils n'ont pas honte de pécher, et ils ne rougissent que de gagner honnêtement leur vie !... »

On ne pouvait plus se détacher du brillant jeune homme : ceux-là mêmes que sa parole trouvait incrédules en recherchaient l'attrait et en subissaient le charme ; le peuple des faubourgs devinait d'instinct son mérite sans pouvoir apprécier l'étendue de son talent. Tout en lui était attractif pour les foules aussi bien que pour les auditeurs de choix :

les inspirations qu'il empruntait à son cœur, l'aisance de
son geste, la mâle beauté de son visage, et jusqu'au toupet
blanc qu'il portait comme un signe de race.

Témoins de pareils débuts dans l'art oratoire, les amis
de Louis de l'Hermite rêvaient déjà pour lui de gloires par-
lementaires; mais le Maître de nos destinées avait des vues
plus hautes. Il voulait perfectionner dans la solitude cette
nature morale, où des contrastes tels que la modération et
la spontanéité, la dignité et le naturel, la sensibilité et la
raison étaient déjà dans un si bel équilibre et formaient
un si harmonieux ensemble. Il voulait surtout élever le
chrétien à une vertu peu commune; en un mot, arracher
Louis de l'Hermite à la vie extérieure, pour le mettre en
possession de cette vie intime dont le P. Lacordaire parle
en ces termes :

« Se retirer en soi et en Dieu est la plus grande force
qui soit au monde. »

Moins brillant par la logique des choses, Louis de l'Hermite allait, en effet, devenir plus fort.

Toutefois, son séjour à Paris se prolongea encore quelques années : l'occasion de déverser les trésors de son intelligence et de son cœur sur deux adolescents de grand
nom lui ayant été providentiellement offerte. Le précep-
teur fut ce qu'avait été le conférencier et le moraliste : il
fut lui-même.

Le mariage de Louis de l'Hermite le fixa dans la Haute-
Auvergne, sur cette commune de Champagnac où il se
créa le plus délicieux des cottages. C'est au moment où
il rêvait d'y fixer son père, que ce noble vieillard, qui à
l'exemple des patriarches s'était considéré en ce monde

comme un étranger et un voyageur, atteignit les rivages
de la cité permanente.

Après avoir habité vingt ans cette solitude, Louis de
l'Hermite se prit à chanter ses magnifiques horizons.

Dans un lointain profond, du côté de l'aurore,
J'aperçois le Sancy dominant les sommets
Qui se groupent autour des sources de la Dore,
Et frangent l'Orient, comme des minarets
   Émergeant d'une cité maure,
   Par delà des remparts armés.

Quand les flancs de la chaîne, inondés de lumière,
Ont secoué la neige et les brouillards jaloux,
Si je puis entrevoir un humble sanctuaire
Au penchant du midi, je fléchis les genoux :
   Notre-Dame de Vassivière,
   Ah! priez, priez Dieu pour nous!

De mes yeux jusqu'à toi, temple de la Madone,
Quel immense décor, quels ravissants tableaux!
Le terrain tourmenté s'élève et s'échelonne,
Se hérisse de bois, se couvre de hameaux;
   Les hauts pics forment ta couronne,
   A tes pieds sourient les coteaux.

  . . . .

Te voici maintenant, vallée éblouissante
Où la Sumène épand ses méandres profonds;
Tu fuis en t'allongeant sous l'étreinte puissante
De tes altiers voisins; mais, soudain, des bas-fonds,
   Tu échappes par mainte fente
   Pour former maints riants vallons.

Les mots sont impuissants, il faut les yeux de l'âme;
Pour eux, pour eux surtout, le grand livre est ouvert!
Sur ces riches tableaux, tous dignes de Calame,
Des roches de Chastel aux sapins du Maubert,
   Le Créateur, en traits de flamme,
   Montre son nom à découvert.

. . . .

Ici, ce sont des bois aux couleurs chatoyantes,
Groupés en frais bosquets : tremble aux grêles rameaux,
Noyers aux teintes d'or, épines odorantes,
Chênes majestueux, et puis, le long des eaux,
    Peupliers, aux cimes flottantes,
    Alignés en vastes rideaux.

Là-bas, vers l'Occident, sur une cime aiguë,
Surgissent des débris. Je distingue d'abord
Des remparts foudroyés, une enceinte rompue,
Dépouillés à jamais de leurs engins de mort.
    As-tu quelque légende émue,
    Manoir antique au sombre abord ?

Dans tes flancs éraillés un tyran sanguinaire
Trouva-t-il un abri ? parle, discrète tour ;
Ou bien as-tu couvert d'une ombre tutélaire
Les paisibles enfants du pays d'alentour ?
    Celui qui percha dans ton aire
    Fut-il aigle ou fut-il vautour ?

. . . .

Voilez-vous, incroyants ! la campagne étincelle
De symboles chrétiens et d'emblèmes pieux :
Sur le chemin, la croix ; sur le roc, la chapelle
Disent à l'étranger, touriste de ces lieux,
    Que l'Auvergne reste fidèle
    Au culte sacré des aïeux.

Mais gagnons les hauteurs ! De colline en colline,
Allons chercher au loin la ligne d'horizon...
Nous sommes au sommet, plus rien ne nous domine ;
Contemplons à loisir le vaste suc d'Eron,
    Du Mary la coupole fine,
    Du Violan le mamelon.

Partout, autour de nous, des croupes arrondies,
Où paissent, aux beaux jours, des troupeaux mugissants ;

> Partout de frais ruisseaux fuyant vers les prairies,
> Des herbages sans fin, et, sur quelques versants,
>   Des filets de neiges durcies
>   Oubliés par les vents brûlants.

> Montagnes du Cantal, vous êtes sans prestige
> Pour l'homme de la plaine et pour le citadin.
> A nous, enfants des monts, vous donnez le vertige,
> Quand, las de voyager, et par un beau matin,
>   Nous voyons poindre enfin la tige
>   Où nous a greffés le destin !...

Louis de l'Hermite n'a pas seulement chanté la « belle Auvergne montagneuse » où l'avait greffé le destin, qui pour lui n'était autre que la Providence, mais encore « les bords fortunés de la Vienne, » les « vénérables manoirs » des aïeux, et ce petit castel d'Eyjeaux acheté par son père au lendemain de 1830. Et quand, « las de voyager », il se retrouvait en face de son beau Lampre, de sa bibliothèque, de ses portraits de famille et de sa pensée philosophique et chrétienne, d'où venait-il ?

Écoutons :

> Je t'ai vue, Italie ! A travers tes merveilles,
> Pendant des mois trop courts, j'ai fatigué mes yeux ;
> J'ai vu tes flots d'azur et tes nuits sans pareilles,
> Et tes grands horizons d'où les vapeurs vermeilles
> S'élèvent chaque soir pour embraser les cieux.

Il s'est vainement essayé à nombrer les coupoles, à classer les chefs-d'œuvre de la statuaire et les chefs-d'œuvre du pinceau, cet esprit observateur, artistique par nature et par étude ; mais ce qu'il a vu du regard le plus profond et le plus enthousiaste, c'est le Vatican.

Ecco! C'est lui! Voyez cette imposante masse.
La gloire s'en échappe en jets éblouissants.

. . . .

Il a mis en regard la Rome des Papes et la Rome de
l'usurpateur.

> Je me pris à rêver!... O nation épique,
> Tu régnas par les arts au jour de ta splendeur;
> Maintenant, arrachée à la vie artistique,
> Tu braves follement l'Océan politique
> Et sembles dédaigner le pilote sauveur.
>
> . . . .
>
> Dieu t'avait confié la puissance guerrière,
> O ville des Césars, pour dompter l'univers,
> Puis dans tes murs sacrés il plaça son Vicaire,
> Tu devais pour ses droits combattre la première,
> Ingrate! et c'est ta main qui lui forge des fers!
>
> Que font tes souvenirs, Italie adultère,
> Si ton encens impur brûle pour les faux dieux!
> Ah! pendant que ton front se courbe vers la terre,
> Ce front qui rayonnait à la voix du Saint-Père,
> Le chrétien se détourne et se voile les yeux.
>
> Pour les grossiers débats, non, non, tu n'es pas faite;
> Reprends ta vieille foi, ton burin, ton pinceau,
> Laisse aux peuples germains, laisse à ta sœur cadette,
> Les stériles ardeurs, la soif de la conquête,
> Aux champs de l'idéal va régner de nouveau.

C'est au lendemain de 1870 que, ne pouvant plus contenir ses grandes émotions patriotiques, le cœur de Louis
de l'Hermite se prit à vibrer dans ce langage versifié qui
devait, en quelque sorte, lui devenir naturel. A peine
avait-il abordé le récit de nos hontes, que déjà il leur oppo-
sait l'héroïsme des zouaves pontificaux.

Mais qu'ai-je vu, grand Dieu ! dans la plaine neigeuse
Des soldats à genoux !... O France dédaigneuse
Des bienfaits du Très-Haut, courbe, courbe le front.
Si tu devais mourir pour expier tes crimes,
Voici, du moins, voici d'innocentes victimes
    Prêtes à laver ton affront.

Et mes yeux se mouillaient, car la vaillante troupe,
A la voix de Sonis se déployant par groupe,
S'élançait en avant, insensible à la peur.
Ah ! tu fléchis, Saxon ! apprends à les connaître
Ces héros de la foi, ces fils du divin Maître,
    Ces vrais enfants du Sacré-Cœur !

Ils tombent décimés... mais la sainte cohorte
Avait dit en partant : « S'il faut mourir, qu'importe !
Pour la France et pour Dieu, notre sang répandu
Fera germer les forts ; des légions de braves
Se lèveront un jour pour venger les zouaves
    Et le sol qu'ils ont défendu. »

Que vous semble, incroyants, de ces soldats du Pape ?
Se sont-ils amollis à la cour du satrape
Qui perdit notre honneur et le sceptre à Sedan ?
Les voyez-vous bondir, enlevés par Charette,
Les yeux étincelants, pointant la baïonnette
    Contre les suppôts de Satan ?

Mais ils jonchent le sol !... la paix soit à leur cendre !
—S'ils n'ont pu nous sauver, ils ont su nous défendre.
O mon pays aimé, pour ces fils sans rivaux,
C'est trop peu d'un regret, c'est trop peu de tes larmes,
Il faut prier comme eux et veiller sous les armes :
    Souviens-toi des Pontificaux !

Louis de l'Hermite fut donc poëte ? — Sans nul doute :
non, assurément, un poëte de l'école du grand siècle ; pas
davantage de l'école romantique ou de l'école réaliste de
notre époque. Ce fut un poëte personnel qui n'emprunta

rien au convenu; « *Un Poète délicat* », et si délicat qu'un journal n'a pas craint de le présenter au public sous cette dénomination.

Quand parut la première édition des *Saintes Causes*, on dit de l'auteur, dans une importante Revue, qu'il était plus homme de talent qu'homme de métier. C'était déjà un grand éloge, mais aussi une critique réelle : éloge de la pensée qui jaillit presque toujours sous le feu de l'inspiration; critique de la forme qui n'est pas toujours assez châtiée. Nous croyons néanmoins qu'une telle critique a ses réserves; qu'elle ne peut embrasser toutes les pièces du même ouvrage et tous les ouvrages du même auteur.

Qu'on lise :

Épître à un ami,

Dulcia linguimus arva,

Liserons,

La première hirondelle,

La Mésange,

Les Papillons roses,

La plupart des Pastorales, et l'on pourra se convaincre que Louis de l'Hermite eut au plus haut degré le sens de la musique des mots comme de la substance des choses.

La poésie tint donc une large place dans la vie du solitaire de Lampre; incomparablement plus grande fut celle des œuvres chrétiennes. Qui les connaît bien si ce n'est Dieu !...

Par vertu, par bon ton et par une sorte d'inclination de sa nature élevée, Louis eut en horreur de parler de ses bonnes œuvres; cependant ses intimes ont reçu à cet égard quelques confidences. Nous savons, par eux, qu'il accom-

plissait dans le secret de sa demeure le règlement des Ter-
tiaires de saint François, et que, pendant plusieurs années,
il se livra au pénible labeur de l'enseignement dans le but
unique de donner un prêtre à Jésus-Christ et aux âmes.

Le huis clos ne lui paraissait plus de saison dès qu'il
s'agissait d'affirmer sa foi. Écoutons à ce sujet M. le chanoine Laurichesse :

« Louis de l'Hermite m'écrivait un jour : « Est-ce que
« nous avons à rougir de notre Christ, et des chrétiens
« doivent-ils se cacher pour prier? » Il ne fermait donc
pas la porte de sa chambre et, le dimanche, il ne se dégui-
sait pas derrière le pilier de l'église. Il tenait sous le bras
son livre de messe et il sortait son chapelet à l'heure du
Rosaire, au milieu d'un groupe de femmes et d'enfants. Il
fit planter une grande croix, près de sa demeure, sur les
bords de la route; un massif de gazon recouvre les pieds
de cette croix, et, au printemps, lui-même y semait des
fleurs.

« M'ayant un jour surpris au moment où je montais
à l'autel, il renvoya l'enfant de chœur et prit sa place. A
l'*Ite missa est,* je le remerciai en lui rappelant le souvenir
de C.-F. Gaillard, le fameux graveur et le grand chrétien
que l'Eglise et les arts ont perdu naguère. — « Oui, mon
« ami, dit-il, j'ai eu l'honneur de vous servir la messe, mais
« vous l'avez dite; voyez donc toute la distance qu'il y a
« de vous à moi ! »

Dans les questions religieuses comme dans les questions
d'ordre purement moral, Louis ne connut pas plus l'osten-
tation que le respect humain. Tout dans sa conduite fut
empreint de simplicité et de grandeur.

Ce grand chrétien aimait à s'appeler « l'enfant gâté des évêques. » Déjà, il avait expérimenté la bienveillance de Mᵍʳ de Pompignac, lorsque celle de Mᵍʳ Baduel lui créa, en quelque sorte, le devoir de collaborer à la rédaction de la *Semaine catholique* et, plus tard, du *Courrier d'Auvergne*.

Qu'on lise les articles de M. de l'Hermite qui ont parù dans ces deux feuilles de 1880 à 1890 : non seulement ils sont l'œuvre d'un habile prosateur, mais ils nous permettent de dire que peu d'hommes en France ont exercé autour d'eux, pendant ces dix années, une influence plus considérable sur les intérêts catholiques et sociaux de l'heure présente. Qu'a-t-il manqué à Louis de l'Hermite pour que cette influence se généralisât et eût son plein succès? le cadre et le théâtre. Mais, si le cadre met en relief une grande figure, si le théâtre permet à l'acteur de déployer toutes les beautés de son rôle, le cadre, le théâtre et tous les bruits de la renommée n'ajoutent rien au mérite de l'homme.

Dans le courant de l'année 1887, cédant aux vives instances du parti conservateur, M. de l'Hermite dut accepter la mairie de Champagnac-Les-Mines et poser sa candidature pour le Conseil général du canton de Saignes.

« Grandi à mes propres yeux par les espérances que vous avez conçues de moi », disait-il à sa commune le jour de son installation populaire, « rien de ce que vous attendez de mes forces ne me paraît impossible par cela seul que vous me le demandez. Placé à votre tête, dans une carrière en quelque sorte religieuse et sacrée, je soutiendrai vos projets de tous mes efforts, j'en hâterai l'exécution par ma vigilance; il n'existe ni terme ni mesure pour un bon citoyen dans son dévouement au pays. »

M. de l'Hermite parlait franc et il tint parole.

Les anathèmes qu'il prodigue à son écharpe, à son titre et à ses fonctions, dans sa correspondance, ne sont pas autre chose que des saillies de cet esprit français dont il était si naturellement coutumier; elles attestent, en outre, le peu d'ambition de l'homme et viennent à l'appui de cette parole qu'il écrivait à M. le comte Ferdinand de l'Hermite : « Notre heure n'a pas encore sonné. » Mais, en conclure que le maire de Champagnac-les-Mines ne fut pas un magistrat éminemment sérieux et ne considéra pas sa charge comme une paternité et un service, ce serait par trop le méconnaître. Ceux qui l'ont vu à l'œuvre sont incapables d'une telle méprise, et beaucoup ont été ses admirateurs.

Interprète de leurs sentiments, M. le chanoine Laurichesse lui a rendu cet hommage dans un remarquable article nécrologique :

« Louis de l'Hermite apporta dans la gestion des affaires publiques toutes les qualités de l'homme privé. Il fut ennemi des coteries, pacificateur, bienveillant, ferme, juste et chrétien toujours, à la mairie comme à l'église, dans la rue comme dans son oratoire. Ceux qui le combattirent ne purent lui refuser leur estime, et il n'attendit jamais autre chose des hommes. Il se rencontra même quelques esprits chagrins, pour ne rien dire de plus, à qui la pensée vint un jour de jeter son nom, sous forme d'injure, à de misérables journaux. Il ne le sut pas ou il pardonna; ce fut toute sa vengeance.

« En vérité, c'est un dur métier aujourd'hui que celui d'honnête homme. Ce fils des Croisés ne crut pas qu'il y en eût de meilleur, et il demeura dans sa voie. »

M. de l'Hermite ne quitta pas davantage sa voie politique, comme l'attestent éloquemment les discours qu'il prononça au cours de ses tournées pour le Conseil général. Nous n'en détachons qu'un fragment.

« Laissez-moi tout d'abord vous exprimer ma surprise du ton de confiance, — je ne veux pas dire de légèreté, — avec lequel on nous somme de faire, devant l'utilité passagère d'un jour, le sacrifice des convictions de toute notre vie. Est-ce donc une chose si simple, pour des hommes doués d'intelligence et de moralité, que de changer du jour au lendemain de sentiments et de langage? Les convictions politiques sont-elles à ce point des vêtements de circonstance et de fantaisie qu'on puisse les prendre ou s'en dépouiller à son gré? Je sais que les convictions politiques n'ont pas le caractère des convictions religieuses; qu'on ne saurait les ériger en dogmes absolus, et qu'il est des jours où elles peuvent céder le pas à de grands devoirs publics, sans qu'on soit taxé d'apostasie; mais, de là cependant à ce qu'on nous demande, il y a assurément bien loin. Exiger de nous cette conversion sur place, c'est nous imposer, en vérité, une souplesse d'esprit et une facilité de conscience dont j'ai bien vu dans ma vie d'éclatants exemples sans pouvoir me résoudre à les imiter. Il m'a toujours semblé qu'une même opinion politique suffit à la vie d'un honnête homme; que deux opinions politiques dans une même existence, c'est une de trop[1]. »

---

1. On nous engage à approfondir le sens de cette déclaration, afin de justifier Louis de l'Hermite de toute politique qui eût pu être opposée à celle du Saint-Père. Nous avons d'autant moins à faire cette recherche que Léon XIII n'avait pas encore dit sa pensée à la France.

La réponse à ce noble et fier langage fut bien un redoublement d'estime de la part de tous les hommes d'honneur du canton, mais aussi le triomphe plus ou moins avouable du parti adverse. Louis de l'Hermite avait prévu son échec et ne s'en émut point.

Au contraire, quelques mois plus tard, une faveur aussi inattendue que précieuse mettait en vibration les fibres les plus délicates de ce noble cœur. Mgr Baduel apportait de Rome le Bref pontifical qui créait chevalier de Saint-Grégoire-le-Grand « l'un des plus vaillants défenseurs de la cause catholique dans son diocèse », l'auteur des *Deux Drames chrétiens, Sainte-Catherine* et *Sainte-Philomène*, « déjà si justement appréciés. ».

Hélas! il ne porta que trois ans sa belle croix d'or ; mais elle a passé dans les mains respectueuses de M. le comte Roger de l'Hermite, chevalier de Saint-Grégoire-le-Grand lui-même, qui la conserve religieusement à la famille.

Au mois de septembre de cette même année 1888, nous retrouvons le maire de Champagnac-Les-Mines au Congrès d'Aurillac, où la bienveillance de Mgr Baduel faillit lui jouer un mauvais tour. Sur les instances du prélat, il dut improviser, devant cet auditoire d'élite, un petit discours, qui le fit bien appeler par l'*Univers* « homme de foi et d'œuvres »; par la *Semaine catholique* du diocèse, « grand chrétien et beau causeur »; mais qui, de sa part, fut un acte d'abnégation évangélique.

Peu soucieux de l'effet qu'il avait produit, Louis de l'Hermite regagna son cottage, sous le charme des discours qu'il avait entendus et des orateurs qu'il lui avait été donné d'approcher. L'un deux, M. Harmel, s'était écrié dans un élan de foi : « La plus grande richesse de l'homme, c'est la souffrance ! » Louis de l'Hermite recueillit cette parole comme bouquet spirituel du Congrès.

La souffrance, oh ! il la connaissait bien ! et avec quelle dignité chrétienne il la porta !

Une goutte de fiel particulièrement amère restait au fond de son calice ; Dieu la tenait en réserve pour ses derniers jours.

Déjà frappé à mort et le devinant très bien, il espérait quitter ce monde dans les embrassements et sous la bénédiction de son frère, le R. P. Marc de l'Hermite, Assistant général des Oblats de Marie Immaculée. Or, voici qu'au début de l'année 1890, Louis apprenait que Marc était mourant, et quelques heures plus tard, que Marc était mort !...

On aurait pu lui dire, à la manière de saint François de Sales :

« Votre frère s'est retiré en son pays et au nôtre, et parce qu'il le fallait, il a passé par la mort, en laquelle il ne s'est point arrêté. »

Louis de l'Hermite le comprit et releva la tête. Quand la mort, qui veillait à sa porte, le frappa soudainement, elle le trouva debout sous la croix et regardant le ciel.

A la dernière heure du 4 décembre 1890, Henri, Louis et Marc s'étaient retrouvés !

A peine l'événement fut-il connu qu'un concert de regrets et d'éloges éclata sur toutes les lèvres et fut reproduit par toutes les plumes.

On écrivait à Mme de l'Hermite :

« Vous avez perdu le meilleur et le plus délicat des époux. »

Aux sœurs du défunt :

« Permettez-moi de vous offrir l'expression de ma douloureuse sympathie pour le malheur qui vous a frappées,
et qui atteint, en même temps que la famille de M. de
l'Hermite, ses amis, sa commune et le pays tout entier. »

Un ami de la veille pouvait écrire :

« Je me sens atteint comme un membre de la famille. »

L'hommage du volume *Aux Champs,* qui était arrivé à
Lampre comme une couronne pour un cercueil, dans la
journée du 5 décembre, provoquait de la part d'un vieil
ami, M. le baron d'Auzers, ce délicieux accusé de réception :

« Je viens vous exprimer ma reconnaissance pour l'extrême bonté que vous avez eue de m'adresser un exemplaire du dernier ouvrage de notre cher et regretté voisin
et ami Louis de l'Hermite, votre frère bien-aimé. Ce témoignage posthume d'une affection qui m'honorait, et à
laquelle je répondais par la plus affectueuse estime, m'a
profondément touché et me sera toujours précieux.

« J'aime à retrouver dans ce livre l'empreinte de son
admirable talent et le reflet de ses non moins admirables
vertus. C'est une perle nouvelle à enchâsser dans l'écrin
des trésors qu'il nous laisse; c'est un titre nouveau aux
souvenirs et aux regrets ineffaçables de tous ceux qui l'ont
connu et aimé, et je m'applaudis d'être de ce nombre.
C'est ce qui me vaut la faveur dont je suis aujourd'hui
l'objet de votre part. »

Nous avons maintenant à faire connaître l'expression
officielle du deuil public.

Nous lisons dans le *Moniteur* du Cantal :

« Une assistance nombreuse et sympathique a rendu hier, d'une façon éclatante, les derniers devoirs à M. de l'Hermite, maire de Champagnac, enlevé brusquement par une maladie implacable à l'affection des siens et à l'estime des lettrés. De tous les points de l'arrondissement on s'était donné rendez-vous à cette douloureuse cérémonie, où chacun avait tenu à donner un souvenir affectueux à l'homme distingué dont l'intelligence et le savoir étaient universellement appréciés. Les dissentiments politiques avaient fait trêve, pour un jour, devant cette tombe auprès de laquelle se tenaient recueillies et attristées toutes les personnalités marquantes du pays.

« Comment aurait-il pu en être autrement ? Personne assurément n'a pu refuser son estime à cet homme qui a honoré son pays par la dignité de son caractère et donné un éclat tout particulier à ce canton par son talent et ses connaissances littéraires vraiment remarquables.

« Ai-je besoin de rappeler ce que fut M. de l'Hermite ? Un homme inébranlable dans ses convictions et dans sa foi. Catholique fervent, il a consacré toute sa vie à la défense des grands principes qui sont la base de toute société bien ordonnée. On pouvait ne pas partager toutes ses idées politiques, mais il fallait s'incliner devant la généreuse ardeur avec laquelle il les défendait.

« A notre époque, où le journalisme devient trop souvent l'école de l'injure, des polémiques passionnées et discourtoises, M. de l'Hermite a su garder dans les luttes les plus ardentes cette attitude du preux qui se défend bravement, le front haut et sans jamais déroger à cette noblesse, à cette dignité de conduite qui font l'écrivain vraiment

digne de ce nom. De nos jours, où la versatilité des opinions n'a d'égale que la grossièreté des appétits et les mes-
quines visées de l'ambition, il est consolant de trouver
quelquefois un homme à convictions inébranlables et que
l'appât du lucre et des distinctions honorifiques n'a pu
faire dévier de la voie qu'il s'était tracée. Il a dépensé sans
compter pour la grande cause qui fut la sienne une somme
de talent vraiment remarquable.

. . . .

« Dans tous les actes de sa vie privée, comme aussi dans
ses relations avec ses administrés, il ne s'est jamais départi
de cette sincérité, de cette judicieuse loyauté qui était une
garantie incontestable de la sagesse de ses conseils. Comme
il savait rendre attrayantes et développer avec une sûreté
de touche extraordinaire toutes les questions qu'il abordait ! Son instruction était très vaste, et ce causeur étincelant apportait dans toute discussion le tact et le discerne-
ment d'un homme d'un goût sûr et d'un cœur d'élite. »

D'après son propre aveu, M. le Dr Béal, auteur de l'article, n'a traité qu'à de rares intervalles avec « le galant
homme et le chrétien exemplaire » auquel il prodigue si
franchement l'éloge. Les intimes ne lui ont pas donné le
démenti.

Déjà le *Courrier d'Auvergne* avait paru encadré de noir,
et M. le chanoine Laurichesse s'était écrié :

« Ce bon Louis, ce grand chrétien, parce que nous
l'avons beaucoup connu, nous l'avons beaucoup aimé ! »

Ce témoignage public rendu à l'amitié avait son écho
dans plus d'un cœur, ou plutôt il en était lui-même l'écho.

Après l'éloge du défunt, M. le chanoine Laurichesse don-

nait, dans toute sa simplicité, le compte rendu des funérailles :

« Les funérailles de M. de l'Hermite, Maire de Champagnac-Les-Mines et chevalier de l'Ordre de Saint-Grégoire-
le-Grand, ont eu lieu lundi, 8 décembre, au milieu d'un
grand concours.

« La commune entière était là pour l'accompagner à sa
dernière demeure. Quatre cents pauvres suivaient un long
cortège.

« En tête les écoles municipales.

« Le deuil était conduit par les cousins du vénéré défunt,
MM. Gaston de l'Hermite, Paul de Maleplane et Ludovic
de Soualhat.

» Son grand ami, le comte Guillaume de Mandelot, avait
eu à cœur de venir lui apporter les hommages d'un regret
profond.

« Le premier poêle était tenu par MM. le baron d'Auzers,
de Vaublanc, le comte Aymon de Sartiges, et Dupuy, maire
de Trizac.

« Les cordons du deuxième poêle étaient portés par
quatre membres du Conseil municipal.

« Les membres du Conseil de Fabrique avaient aussi le
leur.

« Un nombreux clergé, et à leur tête M. l'Archiprêtre de
Mauriac, environnaient le catafalque dressé dans l'église
tendue de longues draperies noires.

« Après les dernières prières, récitées sur la tombe,
M. l'Adjoint de la commune de Champagnac a rendu en
ces termes un dernier et public hommage à M. de l'Hermite.

« Messieurs,

« Au nom de la commune de Champagnac-Les-Mines et
« de son Conseil municipal, qu'il me soit permis de rendre
« un dernier hommage à M. de l'Hermite, Maire si intelli-
« gent et si dévoué, chrétien si vaillant et ami si fidèle.

« Il y a quelques années, M. de l'Hermite fut choisi par
« nous tous pour diriger les affaires de cette commune.
« Quel ne fut pas notre bonheur quand il consentit à
« délaisser les charmes de sa solitude chérie pour accepter
« ce poste de confiance, mais plein de difficultés !

« Nous avions besoin d'un homme et il daigna nous arri-
« ver en homme; nous avions besoin de ses lumières, il
« nous les a communiquées; il savait se faire tout à tous;
« il accueillait tout le monde avec bienveillance.

« Le plus pauvre l'admirait dans l'accueil cordial et sim-
« ple autant que le plus intelligent et le plus instruit s'éton-
« naient de ses vastes et profondes connaissances : il ne
« refusait ses conseils à personne et donnait à ses adminis-
« trés presque tout son temps et toute sa peine.

« Il n'agissait ainsi que parce qu'il se considérait comme
« le père de tous les habitants de la commune.

« Depuis plus de trente ans que nous avons eu le
« bonheur de le posséder, nous avons tous admiré en
« M. de l'Hermite le chrétien parfait, l'homme plein de foi,
« donnant l'exemple à tous et ne tergiversant jamais avec
« le devoir; aussi la mort ne l'a point surpris, il était prêt.

« Dans ses rapports privés, il nous a été facile de recon-
« naître en lui cette qualité si rare et si inconnue de nos
« jours : le dévouement.

« M. de l'Hermite l'a connu et pratiqué à un haut degré.

« Comme un bon père de famille, il s'était attaché de cœur
« et d'âme à chacun de ses administrés; aussi leurs besoins
« ou leurs malheurs le frappaient profondément. Souvent il
« en était dans la désolation et souffrait dans son âme de
« ne pouvoir soulager toutes les misères et suffire à tous les
« besoins.

« Vous nous avez aimés, M. de l'Hermite, vous vous
« êtes dévoué pour nous. Nous garderons vivant le souve-
« nir d'un dévouement que vous nous avez donné jusqu'à
« la mort.

« Jamais nous n'oublierons vos bienfaits; votre vie si
« bien remplie sera pour nous tous un exemple en même
« temps qu'une consolation.

« Adieu, Monsieur de l'Hermite! Adieu, Monsieur le
« Maire! Vous avez été notre modèle à tous ici-bas, soyez
« notre protecteur au ciel. Adieu! »

*
* *

Marie-Melchior-Marc de l'Hermite naquit à Limoges le
27 janvier 1829. Ce fut dès le berceau un délicat et frêle
enfant, dont la conservation exigea les soins les plus minutieux; un enfant tellement aimable aussi que la nécessité
de prendre parfois des remèdes amers, pour combattre la
fièvre limousine ou la faiblesse du tempérament, devait
être le seul écueil de sa bonne grâce.

Le père se préoccupait déjà de cette lâcheté enfantine et
se prenait à dire : « J'ai peur que mon petit Marc soit
douillet. » Le jour approchait où l'excellent homme devait
reconnaître, sous cette frêle enveloppe, une volonté éner-

gique, et tirer l'horoscope de Marc en ces termes : « Il sera l'honneur de la famille. »

L'aimable enfant n'avait pas encore l'âge de raison et déjà il savait réfléchir ; mais que pittoresque était l'assemblage des idées dans ce jeune cerveau, et comme Marc en rendait compte d'une façon plus pittoresque encore ! Parfois on l'apercevait la tête dans les mains et témoignant par toute son attitude du travail intérieur de sa jeune âme.

« Qu'as-tu donc, mon petit Marc ? tu es bien sérieux aujourd'hui. — Ma vocation me travaille : je ne sais pas si je dois me faire prêtre ou comédien. »

Cet ange savait surtout prier. Une nuit, les élans de son cœur fervent furent tels que la voix dut se mettre de la partie, et qu'on fut éveillé par ce doux murmure.

« Marc, il faut dormir. — Je parle à la sainte Vierge. — Et que lui dis-tu ? — De protéger l'oncle marin. » Puis, faisant allusion à l'habitude où était la famille de réciter quotidiennement l'*Ave Maris Stella,* il ajoutait : « Vous priez pour les dangers du jour ; moi, je prie pour les dangers de la nuit. »

Cette première phase de l'enfance de Marc devait se terminer dans les tortures d'un rhumatisme aigu articulaire. Il commençait à faire « cette expérience de la douleur qui ouvre dans l'âme de larges voies à la charité[1]. »

Marc débuta dans la vie scolaire au collège de Mauriac, dirigé avant la Révolution par les Pères de la Compagnie de Jésus, et à cette époque par des prêtres séculiers du diocèse de Saint-Flour. Ce qu'il fut alors, c'est ce que fut saint

---

1. Paroles mêmes du R. P. de l'Hermite.

Jean Berchmans lui-même : « Ange à la prière, homme au travail, enfant à la récréation. »

Il est à croire toutefois que Berchmans ne se crut jamais d'autre vocation que celle de Jésuite, tandis que Marc semblait hésiter encore entre le théâtre et l'autel.

Lorsqu'il avait noirci du papier *pour la composition d'un drame,* si les petites sœurs n'étaient pas disposées à accepter leur rôle, et les grands frères, d'humeur à organiser le théâtre, peu importe! il fallait en passer par là. Quant au père et à la mère, ils avaient trop d'esprit pour ajouter de l'importance à une idée d'enfant et pour interdire à un petit écolier aussi sage l'exercice de son jeu préféré; c'était donc toujours avec la même bienveillance que, s'arrachant à leurs graves occupations, ils se posaient en spectateurs.

Un jour, une des petites filles eut à se perdre dans un bois. Elle le fit si bien que, n'apercevant plus sa maman, la pauvre petite se prit à pleurer. Ce fut le triomphe du dramaturge et des artistes du théâtre.

Chaque année, quand revenait à Mauriac la fête de Notre-Dame-des-Miracles, les professeurs du collège étaient dans l'habitude de donner aux élèves une composition de concours. Les trois premiers de chaque classe avaient l'honneur d'être les chevaliers de Notre-Dame; en cette qualité, d'escorter à la procession la statue miraculeuse et d'environner son trône à l'autel.

Marc ne devait pas avoir plus de neuf ans quand il fut proclamé chevalier pour la première fois. Se défiant d'une de ses petites filles, Mme de l'Hermite lui recommanda d'être bien sage et de ne point parler à l'église quand elle apercevrait son frère. L'enfant le promit avec une parfaite bonne foi ; mais, lorsque Marc vint à passer auprès d'elle en portant crânement son épée, elle n'y tint plus : « Maman, maman, qu'il est beau ! » s'écria-t-elle, et se jetant sur lui, elle l'embrassa.

Marc avait dix ans quand il fit sa première communion. En ce grand jour, la beauté de sa physionomie et de son attitude ne put être surpassée que par la beauté de son âme. C'était un ange sous forme humaine que cet adolescent qu'on appelait à Mauriac « le petit blondin de Mme de l'Hermite. »

Après la mort de sa mère, arrivée quelques mois plus tard, Marc vint poursuivre et achever ses études au petit séminaire de Felletin, qui était sous la juridiction de l'évêque de Limoges. Là, il eut des rapports tout particuliers, comme élève et comme pénitent, avec M. l'abbé Henri Delor, ce prêtre non moins connu par le charme littéraire de ses écrits que par sa parenté spirituelle avec saint François de Sales. Le pieux directeur ne tarissait pas en éloges quand il parlait de son petit Marc et n'admettait pas qu'on pût lui trouver un défaut.

Il a raconté maintes fois ce trait charmant :

« Chaque année, après la distribution des prix, j'avais à remplir le rôle de Raphaël auprès de nos enfants de Limoges et à les remettre entre les mains de leurs parents. Marc, chargé de lauriers, était du voyage. On montait à pied les côtes pour laisser reposer les chevaux, et pendant que la bande joyeuse s'ébattait sur la route, je prenais quelques mètres d'avance pour réciter mon bréviaire.

« Un jour, — il m'en souvient bien, — pendant que je

me livrais à cette sainte occupation, je sentis deux bras caressants entourer mon cou. Je me retourne, et je vois mon petit Marc la figure rayonnante : « Ah ! me dit-il, voilà bien le moment de se montrer qu'on est bons amis. »

Marc fut d'une telle fidélité à sa vocation sacerdotale qu'il ne quitta l'*Institution libre de Felletin* que pour entrer au Grand Séminaire de Limoges, après avoir pris toutefois les vacances d'usage et conquis le diplôme de bachelier ès lettres.

Un élément inattendu ne tarda pas à s'introduire dans cette nouvelle phase de son existence : ce fut un désir non moins ardent pour la vie religieuse que pour le sacerdoce ; mais que cette grâce fut providentiellement préparée par une terrible épreuve ! Prenons la chose dès le principe.

Au commencement d'octobre 1846, toute la famille était dans une grande émotion, et cette émotion était faite de joie, de tristesse, de surnaturelle fierté, en un mot, des sentiments les plus divers.

On allait revoir Henri ! Brisant sa carrière, l'aîné des frères de Marc venait donner aux siens le baiser d'adieu, et c'était pour entrer à l'abbaye de Solesmes, vers laquelle il se sentait entraîné par son ardent besoin d'amour de Dieu, de science et d'immolation.

Cette vocation, qui ne datait que de six mois, avait été pressante et acceptée avec une générosité incomparable. Nous ne pouvons résister au désir de faire quelques emprunts aux lettres où le fervent candidat s'en expliquait à son père.

« Depuis trois semaines, Dieu me poursuit de sa grâce et il m'inspire la pensée de me consacrer entièrement à lui. Il y a un mois ou deux, quoique je remplisse mes devoirs de chrétien, cette pensée m'eût paru si extraordinaire que j'aurais été volontiers tenté de sourire de pitié.

« Oui, certes! jusqu'ici loin de moi l'intention de me faire prêtre, et, en cela, il me semble aujourd'hui reconnaître la volonté de Dieu, qui dispose à son gré le cœur de l'homme et lui rend facile, souhaitable même ce qui peu avant aurait pu être regardé comme impossible.

« Il y a plus : non seulement ces idées n'ont été éveillées en moi par personne, mais on a tenté, dans le principe, de les faire disparaître ou du moins d'ébranler ma résolution pour arriver plus sûrement à la connaissance de la vérité, c'est-à-dire de la volonté divine. »

Et ailleurs :

« Faites, je vous prie, cher père, la sainte communion pour moi. C'est dans cet adorable sacrement, Mystère incompréhensible de Celui qui est Amour, qu'on trouve la vérité et la vie. Plus j'en fais usage, et plus ma résolution première prend de la consistance...

...« Oui, mon bon père, je ne désire rien tant que de quitter le monde après avoir reçu votre bénédiction et fait mes derniers adieux à mes parents et amis. Celui qui quitte tout trouve tout et bien plus encore qu'il n'a quitté, car rien n'est plus excellent que l'amour de Dieu. Cependant, nous sommes hommes, nous avons un cœur, et ce cœur trouvera certainement le moyen de se faire une bonne part d'angoisses quand le moment décisif sera venu; mais c'est là notre destinée! Rappelons-nous donc ces mots de Job :

Militia est vita hominis super terram.

« Rappelons-nous surtout, mon bon père, que la séparation est bien courte, et que bientôt nous nous retrouverons
tous au ciel dans une paix et un bonheur qui ne doivent
jamais finir. . . . .

« Au moment où je serais heureux d'être de plus en
plus recueilli et libre de toute préoccupation, je me vois
accablé de travail, pouvant à peine, de temps à autre, jeter
sur le papier quelques lignes de confidence à mes amis.
D'un autre côté, les personnes avec lesquelles je suis
journellement accolé ne partagent pas mes convictions
religieuses, surtout lorsqu'il faut en venir à la pratique.
J'ai quelques bons amis en Dieu, mais je les vois trop
rarement : tout cela m'a conduit à me créer intérieure-
ment une petite solitude, dans laquelle je m'entretiens le
plus souvent possible avec Celui qui est pour nous le meilleur de tous les amis.

« Cependant, je brûle du désir de quitter tous les autres,
non par ingratitude, je vous assure, mais pour être plus
intimement uni à Celui qui nous tient lieu de tout le reste.
Quand viendra ce jour heureux ! Dieu m'éprouve, mais je
lui demande chaque jour sa grâce et il ne me la refuse pas. »

On allait donc le revoir, et le quitter ensuite peut-être pour
toujours, cet Henri dont l'âme d'artiste était devenue en
quelques semaines une âme de saint !

Hélas ! c'est en vain qu'on l'attend !... La diligence où il
voyageait avait été surprise, près de la petite ville de Feurs,
par une crue subite de la Loire, et le saint jeune homme
comptait parmi les victimes de la catastrophe.

Laissons parler un survivant de ce drame terrible.

« Nous périssons ! nous sommes perdus ! c'était le cri de

tous. « Mais moi, je ne suis pas en état de paraître devant
« Dieu, cria un jeune homme de Limoges. Monsieur le
Curé[1], entendez-moi, pardonnez-moi! » Et tous les voya-
geurs[2], un seul excepté, d'approuver ses paroles et de songer à commencer avec lui. « Mes amis, leur cria alors le
« prêtre, la confession orale cesse d'être obligatoire alors
« qu'elle devient moralement impossible; repentez-vous!
« demandez grâce à Celui qui ne dédaigna jamais un cœur
« contrit et humilié, je vais vous absoudre. » Et, calme au
milieu de l'horrible tempête, il leur fit entendre, à deux
reprises, les consolantes paroles de pardon.

Il était temps !

.   .   .   .

« Le jeune homme de Limoges fut la cinquième victime.

.   .   .   .

« Trois semaines après cette terrible catastrophe, vers
deux heures de l'après-midi, on signala un cadavre à une
petite lieue de Feurs; des hommes dévoués se mirent à
l'œuvre : on ramena le corps, c'était celui du voyageur de
Limoges, de M. de l'Hermite, qui se dirigeait vers Solesmes
pour consacrer à la défense de la foi ses vertus et son nom.
Que sa pauvre famille se console, elle a dans le ciel un in-
tercesseur, et Dieu n'a point voulu qu'il allât chercher plus
loin sa couronne. On trouva sur le jeune Henri une montre
en or, système Lépine, une bourse qui pouvait renfermer

----

1. M. Poncet, curé de Sail-sous-Couzan, sorti le même jour de la
retraite diocésaine.
2. Ils étaient onze, dix hommes et une femme. Nous ignorons les
noms et le nombre précis de ceux qui échappèrent, mais il n'y en
eut certainement pas plus de trois.

une cinquantaine de francs, des clés, un chapelet et un petit
ouvrage intitulé : *Traité des petites vertus*. En feuilletant
ce livre, on découvrit une petite image renfermant cette
sentence :

» *Heureux le cœur qui s'enrichit par le dépouillement!* »
Et cette autre : « *Que tout passe, que tout s'en aille, que
tout m'abandonne, je dis sans peine adieu à toutes choses
parce que je ne cherche que Dieu, il est mon seul désir.* »

. . . .

« Le corps de Henri de l'Hermite a été ramené à Feurs,
où on lui a rendu les honneurs que méritaient ses vertus et
son nom. »

Ce que fut la douleur de Félix de l'Hermite en apprenant
la tragique mort de ce fils, qu'il n'appela plus désormais
que son « jeune martyr » ; ce que fut la douleur de Louis,
dont l'âme était collée à l'âme de ce frère comme l'âme de
Jonathas à celle de David, nous en avons dit quelque chose
— trop peu de chose — et Dieu seul en connut la profondeur.

Marc pleura beaucoup ; mais il dit à sa sœur en l'embrassant : « Dieu l'a voulu ! » et ses regards se portèrent vers le
ciel.

Puis il entendit, dans les profondeurs de son âme, une
voix mystérieuse qui murmurait cet appel :

Veux-tu succéder à ton frère dans la vie parfaite ? Veux-tu
accepter la grâce de la vocation religieuse dont il a le mérite pour l'éternité sans en avoir connu la pratique ?

Et Marc répondit aussitôt :

« Oui, Seigneur, je suis prêt ! »

Marc voulait être prêtre ; il sera prêtre et religieux. Toute-

fois, ce n'est pas vers le grand ordre Bénédictin que l'entraî-
nent ses aspirations, il lui faut la vie active, il lui faut
l'apostolat. Et, parce que Marc aime la Vierge Marie de
l'amour le plus tendre et le plus filial; parce qu'il s'est voué
tout particulièrement à Elle après la mort de sa mère, il
choisit, entre tous les instituts apostoliques, la Congrépa-
tion des Oblats de Marie Immaculée.

Sortie la veille du grand cœur de Mgr de Mazenod [1], elle
avait déjà si bien servi l'Eglise, soit en France, soit à
l'étranger, que son éloge n'était plus à faire. Aujourd'hui,
elle a pu inscrire sur son registre familial le nom du Cardinal Guibert et porte dans son sein l'œuvre toujours grandissante du Vœu national. Parée du nimbe de la persécution
pour la justice, elle a pacifiquement repris ses positions sur
le sol de la patrie française, après avoir doté de fondations
prospères la catholique Irlande, le sympathique Limbourg
hollandais, l'antique pays des Etrusques, et Jersey, la corbeille de fleurs de la libérale Angleterre.

En Afrique, Natal est le théâtre de son zèle; en Asie,
Ceylan lui appartient; dans l'Amérique du Nord, elle porte
la croix de la Rédemption à travers les glaçons et les neiges,
les steppes et les forêts, et, quand le Vicaire du Christ
apprend au prix de quels travaux et de quelles souffrances,
il s'écrie : « Si les Oblats n'ont pas la poésie du martyre, ils
en ont la réalité. »

Sa fête incomparable est d'assister au Couronnement de
ses Madones; son labeur le plus doux, de veiller à la garde
de ses sanctuaires; sa devise : *Pauperes evangelizantur*, et

---

[1] Alors l'abbé de Mazenod.

le lien qui unit en un peuple de frères ces messagers de la bonne nouvelle dispersés sur tous les horizons, la charité!

Telle est la famille religieuse qui a fixé le choix de Marc.

La correspondance intime du jeune lévite, de 1846 à 1850, pourrait fournir des renseignements précieux sur ses aspirations vers le noviciat de Notre-Dame de l'Osier. Touchant amour pour la sainte Vierge, zèle ardent du salut des âmes, indomptable énergie morale, voilà ce qu'on pourrait lire dans ces lettres. Malheureusement il n'en reste que fort peu de chose, et encore ces débris n'appartiennent-ils pas à la correspondance la plus intime. C'est donc de souvenir qu'on nous a fait cette affirmation; mais nous savons que ce souvenir est fidèle!

La vocation sacerdotale de Marc n'avait trouvé aucun obstacle du côté de la famille, trop chrétienne pour ne pas la considérer comme un honneur. La vocation religieuse se présenta naturellement sous un jour plus austère, et cependant Félix de l'Hermite écrivait à son fils:

« Je mets de côté les rêves que j'ai pu faire, et je les sacrifierai généreusement après avoir reconnu en cela la volonté divine. »

Mais, en s'oubliant lui-même, ce chrétien robuste n'oublie pas sa responsabilité de père.

« Ma décision, dis-tu, est irrévocable? Pour parler ainsi, il faut être le maître de sa volonté. Or, tu as besoin de la permission de ton évêque, auquel tu appartiens, et tu ne peux te passer de celle de ton père avant ta majorité. Je serais d'ailleurs coupable devant Dieu d'accéder trop facilement à une détermination qui doit décider de toute ta vie. »

Dans la même lettre, parfois le père et le chrétien sont en lutte; mais finalement ils s'embrassent et entrent en accommodement. Le dernier mot de Félix de l'Hermite est celui-ci :

« A ta majorité tu seras libre! et tu as dès aujourd'hui, avec ma bénédiction qui te suivra partout, mon consentement si ton évêque te donne le sien. Je pourrai avoir du chagrin; j'aurai, je l'espère, de la résignation chrétienne. »

Le 27 janvier 1850, Marc atteignait cette majorité si ardemment désirée, si courageusement attendue; quinze jours plus tard, il abordait au port de la vie religieuse, et le 25 septembre 1851, Félix de l'Hermite écrivait à son fils Louis :

« Je ne veux pas que tu sois le dernier à recevoir la communication que Marc m'a chargé de faire à la famille.

« Il a été ordonné le samedi 20 septembre, et le lendemain dimanche j'étais à Notre-Dame-de-la-Garde, à une place d'honneur, où j'ai entendu sa première messe et reçu sa première bénédiction. Te dire les émotions multipliées de mon cœur pendant ces deux jours que j'ai passés à Marseille serait impossible.

« Quelle figure enfantine, imberbe, candide et sereine! quelle simplicité, quelle noble tenue, quelle dignité naturelle, quel courage et quelle obéissance! C'est la raison, la sagesse, le travail opiniâtre, la capacité. Au reste, ce n'est pas moi qui parle, je suis le narrateur de tous ceux que j'ai vus et entendus.

Mgr de Mazenod aime Marc autant que moi; il me l'a dit lui-même, et sans pourtant faire naître un sentiment de jalousie. Jeunes et vieux, parmi les Oblats, s'accordent à dire que cette préférence est méritée.

« Voyez-le, disait l'un d'eux, chargé de complimenter ton frère, voyez-le avec sa croix sur la poitrine, comme autrefois son aïeul Pierre l'Hermite!... Ce jeune prêtre, objet de notre admiration et de notre vénération, cet enfant je dirais presque, nous le regardons tous comme notre modèle : tous nous admirons sa vertu, la solidité de son jugement, sa science et sa piété; tous nous aimons sa famille. Il a continué l'œuvre que son frère avait entreprise et que Dieu ne permit pas qu'il achevât; il a fait l'essai de ses forces dans les douleurs, mais il a été plus fort que l'adversité.

« Et maintenant, mon Père, veuillez donner votre bénédiction à cette foule avide de la recevoir.

« Alors, mon cher Louis, quel touchant spectacle ! La foule s'est inclinée sous la main bénissante de ce jeune prêtre, dispensé par le Saint-Père d'une attente de dix-sept mois. Chacun voulait recevoir sur sa tête l'impression de ses deux mains et en baiser une respectueusement; on se pressait sur son passage. Vraiment, tu aurais été émerveillé.

« Je ne te parlerai pas de la chapelle de La Garde ; tu la connais : tout y prêtait à la poésie religieuse.

« Avant mon départ, on a voulu faire prêcher Marc en l'église du Calvaire. Sa parole, simple et facile toujours, quelquefois chaleureuse, dénote pour l'avenir un orateur, ou plutôt un apôtre. C'est l'opinion des Pères Oblats, et ils m'ont dit là-dessus des choses qui m'ont étonné et que je ne répète pas. »

Le nouveau prêtre avait déjà participé à l'esprit de la Pentecôte et possédait au plus haut degré le don de parler à chacun sa langue. Il excellait auprès de l'enfance et de la jeunesse, et c'est ce que l'on vit surtout à Bordeaux qui eut les prémices de son apostolat. Les enfants étaient suspendus à ses lèvres, les jeunes gens l'écoutaient avec enthousiasme, et il exerçait sur eux une sorte de prestige auquel concouraient sans nul doute les grâces modestes de son extérieur.

Le P. de l'Hermite était depuis huit mois à Bordeaux, dans l'exercice de son œuvre de jeunesse, lorsqu'il vint prêcher à Clermont-Ferrand la Profession religieuse de sa sœur et arracha des larmes à tout l'auditoire. « Si c'est là son début, disait un prêtre qui avait assisté à la cérémonie, c'est un coup de maître ! »

Revenu à Clermont deux ans plus tard, Marc y tomba malade, et si gravement dès le début, que tout moyen de le faire transporter, soit au pays natal, soit au sein de sa famille religieuse, devint impossible. En se retirant, le cœur navré, Félix de l'Hermite eut la consolation de laisser son bien-aimé fils aux mains d'une tante, Fille de la Charité de Saint-Vincent-de-Paul, qui remplissait à l'Hôtel-Dieu de Clermont l'office de pharmacienne.

Sœur Fanny de Maleplane fit installer le malade en chambre et lui prodigua les soins les plus tendres, délicatement secondée en cela par la Mère Cousin, supérieure de l'établissement, et par M. le Dr Tixier, auquel Marc doit, après Dieu, trente-cinq années de son apostolat.

Cette tante aimait déjà Marc comme un fils ; désormais, elle aura pour lui de la vénération. Le pieux malade faisait par sa patience l'édification de tous ceux qui l'approchaient, et les ecclésiastiques se retiraient en disant : « C'est un petit saint! Il ne veut ni vivre ni mourir, mais uniquement ce que le bon Dieu veut. »

Il plut à Dieu de le guérir, et combien d'âmes lui en rendront grâce pendant l'éternité!

Quand Marc fut en état de supporter un long voyage, Mgr de Mazenod daigna l'appeler auprès de lui pour achever sa convalescence. Oh! comme ce fils aimait son père! comme ce religieux était fier de son fondateur! Cette rencontre de l'auguste pontife et de son cher enfant dut se faire dans les environs du 8 décembre 1854, alors que l'évêque de Marseille prononçait cette parole tant de fois citée par Marc : « Nous allons à Rome pour écouter les oracles de Pie IX et non pour lui apprendre à faire des Bulles. »

Marc revint souvent dans cette ville de Clermont où il avait souffert : ce fut d'abord pour prêcher la Vêture et la Profession religieuse de sa plus jeune sœur; ce fut, par deux fois, comme prédicateur de retraite, mais le plus souvent comme visiteur et comme ami des Ursulines.

S'il était cordialement accueilli et savait délicatement remercier, sa correspondance en fait foi. Il lui arrivait d'acquitter sa dette de reconnaissance par une suave improvisation à la grille du chœur.

Un jour, Marc était simplement de passage; on l'attendait à Mauriac pour ouvrir la neuvaine de cette Vierge des Miracles dont il avait été le chevalier. La supérieure lui demande d'adresser quelques paroles à la communauté et au pensionnat pour l'exercice du mois de Marie.

« Très volontiers, ma Mère, si vous voulez bien me donner un quart d'heure de recueillement. »

Le quart d'heure écoulé, Marc prend l'agape du soir en causant tranquillement avec ses sœurs ; puis il paraît devant son sympathique auditoire et débute à peu près ainsi :

« Quand nos pères du moyen âge élevaient à Marie de splendides cathédrales, tout voyageur qui venait à passer sur le chantier de construction devait s'y arrêter un instant, pour payer son tribut à Notre-Dame en concourant aux travaux dans la mesure de ses forces.

« Je suis comme ce voyageur, et c'est avec un cœur plein de joie que je m'arrête un instant pour répondre à l'invitation qui m'est faite d'apporter ma petite pierre, ou plutôt mon grain de sable, au monument de piété filiale que vous élevez à Marie pendant ce mois. »

Et, parti de là, le prédicateur entre dans le vif de son sujet, et ne tarde pas à s'animer de cette animation qui faisait dire à son père :

« Mon enfant, quand tu parles de la sainte Vierge, tu as l'air d'un possédé. — Oui, répondait Marc en souriant, je suis possédé de l'amour de Marie ! »

Nous allons le voir officiellement à l'œuvre.

C'était en 1855... Mgr Dupanloup ayant résolu de rendre à son antique splendeur le sanctuaire historique de Cléry-sur-Loire, venait de s'adresser à Mgr de Mazenod pour en obtenir des ouvriers évangéliques qui fussent tout à la fois chapelains de Notre-Dame, desservants de la localité et messagers de la bonne nouvelle par tout le diocèse.

A peine âgé de vingt-six ans, Marc est mis à la tête de cette colonie apostolique. Son extérieur est un ensemble harmonieux où l'on retrouve le grand air du gentilhomme, la gravité du prêtre, la modestie caractéristique du reli-gieux, et nous croyons que cette tête blonde et artistique, ces yeux bleus protégés par de longs cils, ou se dirigeant en haut avec une grâce toute céleste, faisaient de Marc un de ces types que Fra Angelico, le peintre des anges, n'eût pas dédaigné de reproduire.

Séduit par cet extérieur grave et prévenant, le peuple de Cléry s'approche avec confiance et avec respect de ce jeune pasteur ; mais ce qu'il ne connaît pas encore et ce qu'il ne tardera pas à expérimenter, ce sont les attractions de son âme d'apôtre.

Marc était fait pour comprendre et rajeunir l'esthétique des lieux de pèlerinage. A peine arrivé à Cléry, il crée les *Annales* du sanctuaire ; il sollicite des offrandes par toutes les voix de la presse catholique ; il restaure ce magnifique spécimen de l'art ogival flamboyant et l'enrichit de quatre vitraux splendides ; il convie les fidèles à se presser sur les chemins qui aboutissent à ce temple où Marie est tou-jours reine des Gaules, où Jeanne d'Arc a prié, où repose Dunois, et, des profondeurs de sa piété envers Notre-Dame, il fait surgir la magistrale conception du Couronnement.

La grande âme de Msr Dupanloup ne pouvait que l'ac-cueillir ; la grande âme de Pie IX devait comme natu-rellement se montrer favorable au pieux désir d'un frère dans l'épiscopat, qui était bien par la plume le plus intré-pide champion de son Principat temporel. Par un Bref donné à Rome le 11 avril 1862, le Souverain-Pontife for-mulait ainsi son adhésion :

« On nous a récemment exposé qu'il existe à Cléry, diocèse d'Orléans, un temple élevé depuis longtemps à Dieu, en l'honneur de la bienheureuse Vierge Marie, par la piété des fidèles. Ce temple, appelé vulgairement Notre-Dame-de-Cléry, remarquable par son antiquité et son étendue, fut célèbre dès son origine, et on a vu depuis grandir encore sa gloire. -

« De toutes les parties de la France, la dévotion y a conduit une foule de chrétiens de toutes les conditions, qui, dans les circonstances les plus graves et les plus difficiles, ont obtenu une puissante et prompte protection de la bienheureuse Vierge Marie, dont l'image est vénérée dans ce sanctuaire. . . . .

« C'est pourquoi nous accordons, par la teneur de ces présentes, à notre vénérable frère Félix Dupanloup, évêque d'Orléans, la faculté de déposer, le jour qu'il aura choisi en notre nom ou au nom du Pontife romain, sur l'image de la bienheureuse Vierge Marie exposée dans ledit temple à la pieuse vénération des fidèles, une couronne qu'il aura bénite. »

Cette imposante cérémonie eut lieu le 8 septembre 1863, sous la présidence du cardinal Donnet, archevêque de Bordeaux ; en présence des archevêques de Tours et de Rennes ; des évêques d'Angers, de Laval, d'Amiens, de Blois, de Cérame ; de M. Ingres, le célèbre peintre d'histoire ; de nombreuses notabilités ecclésiastiques et civiles, et ce fut sous les yeux de vingt-cinq mille personnes environ que Mgr Dupanloup déposa la couronne sur la tête de la sainte Vierge, et le R. P. de l'Hermite, sur celle de l'Enfant-Jésus.

Se faisant l'interprète ému des fidèles, l'évêque d'Orléans

remercia le pieux gardien du sanctuaire, grâce aux efforts duquel ce pèlerinage devenait cher à la génération présente comme il avait été cher aux générations disparues.

Le desservant de la paroisse de Cléry ne pouvait oublier sa vocation apostolique : il donna donc à la Selle-en-Hermois (arrondissement de Montargis) et à Sully (arrondissement de Gien) des missions dont les effets se font encore sentir, et il prêcha avec succès le Carême à Saint-Paterne d'Orléans.

Nous ne parlerons pas de ses prédications en dehors du diocèse : à Blois, à Saint-Mandé, à Bordeaux, à Rennes, à Château-Gonthier, à Limoges ; mais nous avons eu la bonne fortune de l'entendre à Paris, dans la grande chaire de Saint-Louis-d'Antin, et de recueillir l'appréciation de sa manière sur les lèvres d'un maître de la parole.

« Ce style n'est pas celui d'un homme qui veut écrire, mais d'un homme possédé de la vérité, qui l'exprime comme il la sent, du fond de son âme, avec ce charme attendrissant qui n'appartient qu'aux saints.

« Et, quoique dans notre siècle on admire de préférence une composition soignée où le travail est plus sensible, où les phrases, trouvées avec plus d'efforts, paraissent enfermer plus de pensées, il est permis de croire que le style du P. de l'Hermite se rapproche plus du génie de notre langue par son caractère remarquable de simplicité, de douceur et de grâce. »

Peu après le couronnement de Notre-Dame de Cléry, le P. de l'Hermite quittait le diocèse d'Orléans pour devenir le supérieur de la maison d'Aix et évangéliser le Midi de la France.

En 1865, nous le retrouvons en Bretagne, couvrant toute la province des fruits de son apostolat et fondant à Rennes une maison de son institut.

En 1867, un signe de l'autorité lui fait accepter le titre et les fonctions de Provincial du Nord, en même temps que la garde du tombeau de saint Martin de Tours, providentiellement retrouvé le 14 décembre 1860.

Nous n'avons pas à écrire cette histoire : elle a été faite par tous les journaux catholiques de l'époque; on peut la lire dans la *Vie de Monsieur Dupont;* on la retrouvera bientôt dans celle du cardinal Guibert, alors archevêque de Tours.

Interprète de son peuple et de toute la France chrétienne, le saint prélat avait résolu d'élever un vaste temple en l'honneur du thaumaturge des Gaules, sur l'emplacement même de l'antique église ruinée par le temps et les révolutions, et, le 1er novembre 1863, il créait l'abbé de Beaumont desservant de la chapelle provisoire destinée à rallier les pèlerins autour du glorieux tombeau. Le jeune prêtre succomba bientôt à la fatigue et Marc devint son successeur immédiat.

C'était reprendre l'œuvre d'un autre Pierre l'Hermite par le nom, qui fut au quinzième siècle chapelain de Saint-Martin de Tours; mais là s'arrête la similitude entre l'arrière-grand-oncle et l'arrière-neveu. Honoré de la confiance de deux papes et du roi de France, le premier eut à remplir des négociations importantes auprès des princes chrétiens, et finalement à reviser le procès qui devait avoir pour résultat la réhabilitation de Jeanne d'Arc. Le rôle du second fut assurément plus modeste, mais non sans difficultés.

Réglementer les offices de manière à entretenir la vie du pèlerinage sans nuire aux droits des paroisses, se procurer assez d'ornements et de vases sacrés pour un service de messes extrêmement considérable, faire les honneurs du sanctuaire à Nosseigneurs les Evêques, assurer l'harmonie de tous les concours, accueillir, au nom du saint, tous les placets de la dévotion ou de la douleur, et trouver du temps pour entendre et servir les âmes au confessionnal, tel était le programme.

Marc ne recula point devant la tâche, soutenu d'ailleurs par la collaboration d'un confrère que connaissent aujourd'hui les Deux-Mondes, depuis qu'il a le premier pris possession de la butte Montmartre au nom du Sacré-Cœur et de l'Eglise, au nom de la France et de Mgr Guibert. Il faut même dire, pour être juste, que, si le R. P. de l'Hermite eut la haute direction du pèlerinage, le R. P. Rey en fut l'âme perpétuellement agissante.

Au milieu de travaux écrasants, le P. de l'Hermite sut se créer des loisirs pour faire revivre l'abbé de Beaumont dans un charmant opuscule, où il semble parfois s'être dépeint lui-même, et qui fut bientôt suivi de *l'Esprit de Saint Martin*.

La sinistre guerre de 1870 ouvrit une nouvelle carrière à son dévouement. On peut même dire que l'Aumônerie militaire fut son œuvre capitale à Tours après celle de Saint-Martin. Il s'y distingua, non seulement par sa charité dans les ambulances, mais encore par un tact tout spécial pour arriver au cœur du soldat.

Tours ! Saint-Martin ! après les avoir connus, le R. P. de l'Hermite aurait voulu ne plus les quitter. La Providence

en avait décidé autrement, et, nommé par élection quatrième Assistant du T. R. P. Général, ce parfait religieux
ne crut pas qu'il eût autre chose à faire qu'à courber respectueusement la tête devant la volonté divine. Ce n'était
pas d'ailleurs un homme à reculer en face des responsabilités et des sacrifices.

Le 27 janvier 1875, il arrivait donc à sa maison-mère de
Paris, rue Saint-Pétersbourg, où la population tourangelle
ne tardait pas à lui adresser, par l'organe de la *Semaine
religieuse*, ses regrets, ses remerciements et ses félicitations.

Outre la charge d'Assistant général et de Supérieur local,
le P. de l'Hermite recevait la direction de la chapelle extérieure et des Annales de la Congrégation, où il a publié
nombre d'études intéressantes; raconté avec charme ses
pèlerinages à Auray, à Rome, à Pontmain; ses voyages à
Naples, à Jersey, en Angleterre et en Irlande.

A Paris comme ailleurs, plus encore peut-être, l'attendait
ce ministère du confessionnal dont les fruits aussi bien
que les mérites ne peuvent être nombrés que par Dieu.
Il n'aima rien tant que ce labeur obscur et fécond.

Le même directeur qui se faisait tout à tous pour les
gagner tous à Jésus-Christ, avait, comme représentant officiel de sa Congrégation, des rapports avec les plus hautes
classes de la société; mais la distinction du gentilhomme
fut toujours sans préjudice de cette dignité sacerdotale et
religieuse, qui était comme le vêtement d'honneur du P. de
l'Hermite.

Le fait capital de son histoire est sans contredit celui de
l'expulsion. En ce jour du 5 novembre 1880, il rendit un

témoignage public à la justice, par conséquent à Jésus=
Christ, dans lequel sont renfermés tous les principes im-
muables, et pour lequel, d'ailleurs, les religieux de cette
fin de siècle ont souffert comme les confesseurs de la pri-
mitive Église.

Sans nous attarder aux odieux préliminaires que tout le
monde connaît, nous empruntons cette page au journal
l'Union :

« La garde d'honneur était, cette nuit, restée plus ferme
que jamais à son poste. Il était aisé de prévoir que l'attentat
devait se consommer ce matin. Nous étions donc là avec
des amis d'hier qui resteront les amis de demain ; *l'Union*
était représentée dans ce couvent hospitalier où nous ramè=
nerons un jour en triomphe les serviteurs fidèles de Marie
et du Sacré-Cœur.

« A cinq heures et demie, ce matin, un détachement de
pompiers arrivait avec un matériel d'attaque, et des escouades de gardiens de la paix prenaient position, un quart
d'heure après, dans la rue de Saint-Pétersbourg, barrée par
un cordon de police, au niveau de la rue de Florence et à
l'intersection des rues de Turin, de Moscou et de Ham=
bourg.

« Dès cinq heures, trois messes étaient célébrées à la fois
dans la chapelle où avaient eu lieu plusieurs communions.
A six heures, le R. P. Aubert montait à l'autel, au moment
où la sonnette était agitée par les mains policières.

« Le R. P. de l'Hermite, assistant général et supérieur de
la maison se rendit au guichet :

— « Qui est là ?

— Au nom de   loi, ouvrez !

— Qui êtes-vous?

— Le commissaire de police.

— En vertu de quel mandat agissez-vous?

(Silence.)

— Au nom de la loi, ouvrez!

— Je refuse et je proteste!

« Un bruit sourd retentit. Les pompiers frappent de la hache la porte d'entrée; mais — rendons-leur cette justice — ils ne mettent aucun entrain dans la vilaine besogne qui a pour but de suppléer aux efforts des crocheteurs.

« Hommes et femmes. réveillés en sursaut, se montrent aux fenêtres, aux balcons et sur les portes des maisons de la rue Saint-Pétersbourg. Ils flétrissent avec énergie la criminelle agression : « Vivent les Oblats! vive la liberté! » Des agents de police nous semblent noter sur leurs carnets les numéros des immeubles d'où partent, se mêlant au son des cloches, ces acclamations pour les victimes et ces cris de réprobation contre les persécuteurs.

« Cependant la porte d'entrée, solidement barricadée, résiste encore. Elle finit néanmoins par céder. Les chaises qui forment le rempart de la seconde ligne de défense sont enlevées une à une par les assiégeants, tandis que les assié-gés se retirent dans les cellules avec les Pères qu'il doivent assister de leur présence.

« Le R. P. de l'Hermite, ayant à ses côtés MM. de Jean-son, Guès, ancien officier de marine, Hirsch, Edmond Badenier et M. Gillet, huissier, se retire dans le couloir fermé par une porte vitrée donnant accès dans la commu-nauté.

« Avant de continuer notre récit, disons que M. Gillet,

bien qu'ayant invoqué sa qualité d'officier ministériel requis pour exercer ses fonctions, s'était vu refuser le passage. Il a protesté, et, pour pénétrer dans ce couvent, il a dû tromper une active surveillance, franchir un mur et entrer par une fenêtre. On lui a tendu une échelle et il a pu entrer enfin par une voie que la politique ne semblait pas devoir lui ouvrir.

« Reprenons le compte rendu de la campagne.

« Les pompiers brisent les vitres de la porte, dévissent les verrous, et M. Richard, commissaire de police du quartier de l'Europe, montre, au milieu des éclats de verre, sa figure officielle, qui ne parvient pas à dissimuler les impressions pénibles de l'homme privé.

— « Au nom de la loi, ouvrez!

— « Ouvrez vous-même, répond le P. Supérieur, dont l'attitude est pleine de calme et de dignité.

— « Vous refusez d'ouvrir?

— « Absolument.

« La porte cède sous les coups de hache; les pompiers sont tellement troublés, qu'ils ne se rendent pas compte que le bouton seul du loquet retient les battants.

— « Sont-ils maladroits! fait finement observer le R. P. de l'Hermite.

« Les commissaires, ils sont deux, s'avancent escortés d'agents. M. le commissaire Richard s'adresse au P. Supérieur et aux personnes qui l'entourent.

— « Messieurs, au nom de la loi, j'ai ordre de vous faire sortir.

— « Monsieur Richard, réplique M. Gillet, je suis officier ministériel, je proteste contre le refus d'entrée qui m'a été illégalement opposé par vos agents, je proteste aussi contre tout ordre de sortie.

« Le commissaire, visiblement embarrassé, balbutie et s'adresse aux quatre témoins, auxquels il enjoint de sortir. M. Lafontaine, son collègue, dont le défaut de politesse atteste une récente origine républicaine, appuie d'une sommation les paroles de son collègue :

« M. Hirsch fait la déclaration que voici :

« Messieurs, nous ne sortirons pas ; nous sommes chez
« nos amis, dans leur propriété, d'où personne n'a le droit
« de nous chasser.

« Et nous protestons avec indignation contre des actes
« arbitraires et iniques, comme citoyens français et comme
« catholiques.

« Le commissaire Richard prend acte de cette protestation et réitère l'ordre de sortie immédiate.

— « Je ne sortirai pas, répond M. Hirsch.

— « Agents, emmenez ces Messieurs ; et pas de rébel=
« lion, Messieurs, où l'on vous arrête !

« MM. Hirsch et ses co-témoins sont immédiatement saisis par les deux bras — deux agents par personne — et expulsés dans la rue. On les fait sortir du cordon de police, et ils ne peuvent que se joindre aux groupes sympathiques qui se sont formés dans la rue.

« Le R. P. de l'Hermite, resté seul avec l'huissier et deux Frères de la communauté, exige la lecture du mandat dont prétendent s'autoriser les commissaires de police, et proteste avec une inébranlable fermeté. »

Ici, nous arrêtons le récit de *l'Union* pour donner in extenso la protestation du P. de l'Hermite :

« Monsieur,

« Pour votre décharge, je vous accuse réception de la lecture que vous venez de me faire de ce papier administratif. Et maintenant, je proteste. Je proteste, comme propriétaire de cet immeuble, contre cette agression violente et sauvage de mon domicile, contre cet attentat à la propriété et à la liberté individuelle. Je proteste, comme mandataire de la Société civile, au nom des autres propriétaires que je représente et dont j'ai reçu procuration à cet effet. Je proteste au nom des Missions étrangères dont vous tarissez ici une source de recrutement; c'est de cette maison, en effet, que partent chaque année, en grand nombre, des hommes de Dieu qui vont au loin évangéliser des sauvages et faire bénir le nom de la France. Je proteste contre l'apposition des scellés sur cette chapelle publique, au nom de tout un quartier éloigné des paroisses, lequel va se trouver destitué de secours religieux. Enfin, Monsieur, je vous déclare que si je ne portais pas l'habit vénérable dont je suis revêtu, la soutane ecclésiastique, ce n'est pas par une simple protestation verbale que je vous aurais reçu, mais à coups de bâton. »

L'article se poursuit par l'envahissement des cellules, les énergiques protestations des Pères et de leurs témoins, l'émotion toujours grandissante de la foule, s'inclinant sous la bénédiction des expulsés, et flétrit enfin, d'une flétrissure toute spéciale, l'attentat sacrilège qui fut l'odieux couronnement de tant de violences, l'apposition des scellés sur la chapelle.

La douleur que causa au P. de l'Hermite le crochetage
et la fermeture de cette chapelle tant aimée avait ouvert
dans son cœur une plaie saignante. Plus il déployait
d'énergie morale, plus se développait la faiblesse de son
tempérament physique. Pendant quelques années, l'équilibre semble se maintenir ; mais peu à peu l'anémie envahit les membres, des membres elle passe au cerveau. Le
P. de l'Hermite n'a pas soixante ans, et déjà le gentilhomme a disparu ; ce n'est plus qu'un vieillard qui peut
à peine se soutenir, et qui, pour comble d'épreuve, est
réduit à l'inaction de l'esprit. Mais, qu'on lise les pages de
sa correspondance datées de 1887 à 1890, on y verra que si
l'homme physique décline, l'homme intérieur se fortifie de
plus en plus. Elles attestent, en outre, que l'intelligence
est toujours là, et quiconque pourrait en douter n'aurait
qu'à lire dans le journal *l'Univers,* à la date du 31 août
1889, ce délicieux article que le saint malade écrivait quatre mois avant sa mort : *Les pierres de Montmartre.*

Cependant les confrères sont revenus, la chapelle est
rouverte, Jésus a quitté son Nazareth[1] pour bénir de nouveau les foules... Marc peut donc revivre, et il revivra !
C'était l'espérance de tous, c'était son propre sentiment ;
mais l'heure de la récompense avait sonné.

En parlant de la vie religieuse, le P. de l'Hermite avait
écrit, à la date du 3 janvier 1884 : « Y souffrir, c'est une
grâce ; y travailler, c'est une grâce ; y mourir, c'est la grâce
des grâces ! » Six ans plus tard, à la date du 3 janvier 1890,
il s'éteignait au milieu de cette famille religieuse qu'il a

---

1. L'oratoire intérieur de la communauté.

tant aimée et si bien servie, mais qui elle-même a su le comprendre et par là centupler ses forces. Une de ses dernières paroles fut celle-ci : « O Marie, ma bonne Mère, souvenez-vous que je vous ai toujours tant aimée ! »

Trois jours plus tard, le grand nombre des personnes qui se pressaient autour de son cercueil, leurs larmes, leurs prières attestaient combien il était apprécié dans le monde comme prêtre, comme directeur et comme ami.

Ce que perdaient les pauvres et les malades, le *Bulletin de l'Œuvre de la Sainte-Famille* ne tardait pas à le dire, en quelques lignes émues que nous voulons citer et par lesquelles nous terminons :

« Dans le nécrologe, je trouve un nom qui éveillera dans vos cœurs un souvenir et un regret particulièrement attendris : c'est le nom du R. P. de l'Hermite, de douce et pieuse mémoire. Pendant quinze ans, il a prodigué à votre Œuvre les richesses de sa belle intelligence et les trésors de son noble cœur ; sous sa direction sage et paternelle, elle n'a pas cessé de grandir et de se développer. Sa parole imagée, éloquente, vous a découvert la beauté de la doctrine chrétienne qui entoure d'une céleste auréole le malheur et l'indigence ; les accents émus et chaleureux de cette parole si apostolique ont entretenu dans vos cœurs une profonde sensibilité envers les malades. Non seulement il vous édifiait par ses exhortations, mais il vous stimulait par son exemple. Son amour des pauvres était ardent ; les visiter était pour son cœur une vraie consolation. A la joie qui rayonnait sur son visage, aux expressions affectueuses et compatissantes qui tombaient de ses lèvres, aux exhortations de son zèle si sacerdotal, le ma-

lade reconnaissait vite en lui un saint ami. Il excellait à
raconter l'anecdote amusante pour amener le sourire sur
ces physionomies décolorées par la souffrance. Atteint déjà
par la maladie qui devait le ravir à votre Œuvre, il gra-
vissait encore l'escalier rompu qui conduit à la mansarde
désolée ; un malade, les larmes aux yeux, nous a raconté
la dernière visite que lui avait faite le bon P. de l'Hermite, qui pouvait à peine se soutenir et qui mourait quelques jours après. Vous conserverez à ce saint religieux et
à ce zélé directeur un souvenir fidèle et reconnaissant, et
ce souvenir restera parmi nous comme une excitation permanente aux œuvres de miséricorde. »

Du Vernay de Tavan.

LETTRES

DE

LOUIS DE L'HERMITE

A SES SŒURS

CHÈRES SŒURS,

L'état nerveux de notre cher malade, dont je vous parlais dans ma dernière lettre, continue et s'aggrave même. Cependant notre tristesse et nos angoisses ne sont pas sans mélange de consolations.

Hier, notre père, après une journée des plus agitées et qui s'est passée presque entièrement dans le délire, a retrouvé vers dix heures du soir toute sa lucidité d'esprit, et avec elle sa bienveillance et sa résignation.

Il a commencé par nous dire qu'il allait prier pour nous plus que jamais; puis il nous a avoué qu'il reconnaissait pour la première fois toute la gravité de sa position, et qu'il acceptait sans murmurer le sacrifice. « Je vais vous donner ma bénédiction », a-t-il ajouté; « la bénédiction d'un mourant n'a jamais fait de mal. » Vous devez comprendre, chères petites, avec quelle émotion nous nous sommes groupés autour de son lit!

Je voudrais pouvoir vous rendre, sans en oublier

une parole, les adieux touchants et les avis admirables que ce bon père nous a adressés pendant une grosse demi-heure.

Il a commencé par son fils aîné, et, après m'avoir adressé, ainsi qu'à Marie, les plus tendres paroles et les avertissements les plus salutaires et les plus pieux, il m'a chargé de transmettre à son Oblat et à ses Ursulines sa tendresse et l'expression de tout son amour paternel. « Marc », m'a-t-il dit, « a été l'honneur et la gloire de sa famille, comme je le lui avais annoncé. »

Recevez donc, chères sœurs, cette bénédiction et ces tendresses du meilleur des pères, et consolez-vous en songeant que cet homme de bien ne quittera la terre qu'après avoir édifié tous ceux qui l'entourent. Il n'a oublié personne dans ses adieux; il a trouvé une phrase pour tous ses parents, pour tous ceux qui l'ont servi ou approché. Puis, avec cette figure bienveillante et douce qui ne l'a pas quitté un instant : « Vous penserez aussi à moi, j'espère, et vous prierez. »

Ai-je besoin de vous dire, chères sœurs, combien toutes ces bonnes paroles nous ont apporté de consolations !... La journée d'aujourd'hui a été mauvaise; la nuit s'annonce mauvaise. Dorénavant, nous ne pouvons compter sur un mieux; mais notre père est prêt pour le grand voyage. Il a reçu une seconde fois le Saint Viatique, avec l'application de l'indulgence plénière *in articulo mortis*. Le crucifix de notre mère, indulgencié par un Père oblat, est à sa portée et recevra son dernier soupir.

Qu'on est heureux, bonnes sœurs, d'appartenir à

une famille chrétienne, et d'avoir l'assurance que le terrible passage sera adouci par les bonnes et abondantes prières de tant d'amis et de parents, qui tous se donnent rendez-vous au ciel!

LOUIS.

Lampre, 28 octobre 1866.

CHÈRE SAINTE-ROSE.

Je reçois ta lettre au retour d'une petite excursion à Mauriac avec Marie. Que la volonté de Dieu soit faite! dans mon trouble, c'est tout ce que je puis dire. Si j'avais voix au chapitre, je dirais de ne pas précipiter la décision. Humainement parlant, tout me paraît étrange dans le choix de tes supérieurs : pauvres yeux, pauvre estomac, pauvre santé enfin! Je sais que l'obéissance opère des miracles, et peut-être entre-t-il dans les vues de Dieu que tu ailles trouver à Avallon un soulagement à tes souffrances.

Eh! pourquoi parlé-je ainsi? Ne pourrais-tu pas me répondre que tu te préoccupes peu de l'enveloppe pourvu que l'âme soit en paix, en accomplissant la volonté de Dieu à la voix de tes supérieurs? Enfin! enfin! que Dieu soit loué dans ses œuvres, et à toi, chère Ursule, qu'il donne la résignation!

Certainement, je veux te voir avant ton départ, et mon plus ardent désir serait de te prendre aux grilles de Saint-Alyre pour te remettre entre les mains de la supérieure d'Avallon.

Voici quelle est ma position : il faut, de toute nécessité, que je sois à Saignes samedi, 3 novembre. Si rien ne presse, si tes Règles te permettent de m'attendre, je partirai samedi soir, 3 novembre, ou le lendemain, et j'irai me mettre à ta disposition et à celle de ta Supérieure; si, au contraire, les choses sont réglées de telle façon que tout retard soit impossible, écris-moi sur-le-champ et je partirai sur-le-champ pour aller passer vingt-quatre heures avec vous; mais alors je ne dépasserai pas Clermont. Tu devines, n'est-ce pas, le plan qui m'irait le mieux?

Adieu, chères sœurs, je vous envoie mes tendresses les plus vives et vous prie de juger de mon affection par celle que vous me portez.

LOUIS.

Lampre, 17 décembre 1866.

MON CHER PHILOSOPHE,

Tu viens de te révéler à moi sous un jour tout nouveau; j'étais loin de supposer que ton tempérament d'artiste pouvait s'accommoder des questions abstraites. Petite dissimulée, vous êtes donc philosophe à votre heure, et vous pouvez, au besoin, laisser dormir votre imagination pour n'écouter que les arguments de la froide raison! Mais pourquoi serais-je surpris? tout chrétien n'est-il pas philosophe dans le sens charmant du mot?

J'ai deux observations à te faire :

1º Dans les grandes questions de ce genre, il faut

être parfaitement clair; pour cela, il est bon de classer et de diviser ses pensées. Chacune de tes phrases est parfaitement intelligible; mais l'ensemble n'est pas assez nettement dessiné.

Ma seconde observation s'adresse au style : il est correct, élégant même, mais un peu uniforme. Je connais les ressources de ton esprit, et je crois que tu peux avoir plus de brillant et de verve, même en face des sujets abstraits.

Maintenant que j'ai épuisé ma sévérité, permets-moi de te féliciter. Tu t'es attaquée à un sujet que peu d'hommes osent aborder, et tu t'en es tirée à ton avantage. Ce qui charme surtout dans cette étude, c'est la sérénité de vues, la foi qui déborde, le calme, en un mot, avec lequel tu traites un sujet tout bouillant des passions humaines.

Je t'envoie quelques pages de ma façon, bien au-dessous des tiennes comme fond et comme forme; mais je ne demande aucune indulgence.

Adieu, chère sœur, rappelle-moi à la bienveillance de Mère Philomène, et crois à la vive affection de ton frère de Lampre.

LOUIS.

Lampre, 13 novembre 1867.

Enfin, te voilà rentrée au bercail, chère Rose, après une série de tribulations, de secousses et de joies aussi ! Malgré le vague de ton récit, malgré la discrétion dont tu l'entoures, j'ai cru deviner les motifs qui ont provoqué votre retour.

Il faut savoir excuser et pardonner, et c'est ce que tu comprends à merveille. Le seul résultat regrettable de ces menées est d'avoir privé les bonnes petites Sœurs d'Avallon des guides que la générosité de Saint-Alyre leur avait fournis dans leur détresse. Tu dis avec raison qu'il n'y a pas d'œuvre durable et méritoire qui ne soit marquée au sceau de la croix, et il faut espérer de la bonté de Dieu que votre passage à Avallon laissera trace[1].

J'ai chanté les vêpres de sainte Rose[2] avec un mélange d'émotion et d'hilarité; car il y a dans ces lignes la part de la plaisanterie et celle de l'attendrissement. Le latin est d'un pittoresque inimitable. Il serait difficile de rencontrer une plus belle collection de barbarismes et de fautes de syntaxe, mais aussi plus d'esprit.

Que je regrette d'avoir perdu à tout jamais l'occasion de faire connaissance avec la bonne Sœur qui a bien voulu me donner son affection d'une façon si spontanée et si gratuite. Je reconnais mon indignité; mais il est si doux d'être aimé, si rare de l'être sincèrement, même en y mettant tous ses efforts, qu'on se sent flatté et heureux, quoique indigne, d'avoir

1. Nous n'avons à parler ici ni de l'estime profonde que M. Louis de l'Hermite avait pour la religieuse qui a sauvé le monastère d'Avallon, ni du savoir-faire déployé par la Supérieure bourguignonne à laquelle la communauté doit la conservation de son bon esprit et le rang distingué qu'elle occupe parmi les maisons de l'Ordre. Notre but est de ne pas priver ce recueil d'une lettre charmante.

2. Allusion à un compliment de fête débité sous forme de vêpres, comme joyeuseté de vacances.

provoqué un sentiment tendre, sans effort et sans peine, à longue distance et à travers les solides barreaux d'une grille. O Fortune, voilà de tes coups![1].

J'espérais achever cette année mes interminables travaux ; aussi ai-je redoublé de zèle et d'activité pendant les beaux jours que nous venons de traverser. Je vois avec peine qu'il me restera de l'occupation pour l'an prochain, car j'ai des maçons par-dessus la tête.

Chère Ursule, as-tu reçu mes excuses et leur as-tu fait accueil ? Tu ne te chagrineras plus, je l'espère, de mes retards. Je n'aime pas ces méchancetés trempées de tristesse. Contente-toi de conserver religieusement toute la malignité de l'enfance ; je préfère cela.

Adieu, Rose reverdie ; adieu, tendre Agnelle ; quand vous reverrons-nous ? En attendant, nous vous embrassons tendrement l'une et l'autre.

Faites agréer mes respects à la Mère supérieure et à mon illustre capitaine. J'espère qu'il n'est pas trop attristé d'avoir dû battre en retraite devant l'ennemi. Cet échec est insignifiant après une succession non interrompue de succès.

Louis.

Lampre, 17 octobre 1870.

Oui, mes sœurs chéries, c'est ici que vous devez venir si vous avez besoin d'un refuge. Je serais mau-

[1]. Allusion à ce mot naïf d'une Sœur converse qui avait deviné l'homme de bien dans M. Louis de l'Hermite : « En le voyant, je l'ai aimé ! »

vais Français si je vous disais que je désire vous voir
à Lampre; et cependant je ne puis m'empêcher de
ressentir un certain tressaillement de cœur. Sainte-
Rose sera servie à souhait; nous lui trouverons quelque vieille relique, qualifiée du nom de robe, pour
abriter son humilité.

J'ai été étonné de tes appréciations sur la politique,
de leur justesse et de leur impartialité. Comment se
fait-il que dans les cloîtres on voie si net sur les
choses du siècle? Sans doute parce que la vraie
science est en Dieu, et que les événements de la terre
ne sont que détails très faciles à apprécier sainement
lorsqu'on va chercher en haut la lumière, *lux vera.*

Assurément les plus grands politiques ne sauraient
expliquer humainement la série de nos malheurs. La
grande nation humiliée et vaincue en quelques jours,
après des désastres inouïs dans l'histoire des peuples,
qui pourrait fournir l'explication d'une pareille catastrophe, si ce n'est le chrétien catholique?

Il me semble que la France se réveille et qu'un
souffle de foi passe en ce moment sur notre pauvre
patrie éprouvée. La miséricorde doit être proche,
car le châtiment a été rigoureux.

Mais je ne suis pas Ursuline de Blois et je n'ai pas
le don de prédiction; je m'arrête donc. D'ailleurs,
Marie me presse de finir, car elle m'attend pour la
conduire à Mauriac.

Respects et souvenirs à qui de droit.

Nous vous embrassons de tout cœur.

Peut-être à bientôt, hélas!

LOUIS.

Lampre, 16 juin 1871.

CHÈRES SŒURS,

Je suis confondu et humilié tout à la fois par l'excès de votre mansuétude. Comment se peut-il que votre affection fraternelle résiste à mon silence, et pourquoi m'adressez-vous des lignes charmantes alors que vous devriez m'accabler de reproches? Je ne veux pas approfondir ce mystère d'iniquité et d'amour; il y aurait trop à dire pour vous et contre moi-même. Il est certain que je ne sais plus écrire; mais je pense encore un peu, et je vis par la pensée au milieu des personnes que j'aime. Comment se fait-il que je ne sache pas le leur dire? Autre mystère, mystère de paresse et de stupidité.

Le cœur saigne au récit des atrocités dont Paris a été le théâtre. Notre pauvre patrie, matérialisée et abêtie depuis longtemps par un gouvernement de pacotille, consentira peut-être à voir clair et à s'incliner sous la main miséricordieuse qui la châtie pour la convertir. Il nous faut une Restauration de la Royauté légitime, cela devient chaque jour plus évident. Elle seule peut nous donner une politique catholique, absolument opposée aux doctrines athées qui prévalent depuis quarante ans.

Vous avez pu voir sur la liste des victimes de la Commune, à côté du nom du P. de Bengy, celui d'un vicaire de Notre-Dame-de-Lorette, l'abbé Sabatier.

C'était un cousin de Marie. Il doit certainement la palme du martyre aux éminentes qualités sacerdotales qui le distinguaient. Aussi, quand je me suis trouvé en présence de sa digne famille, mes compliments de condoléance se sont transformés en félicitations.

Je voudrais tant vous voir et vous parler à mon aise, me *pendre* pour quelques heures aux grilles de Saint-Alyre; quand donc le pourrai-je, grand Dieu! Faudra-t-il attendre que la Providence fasse sortir mon nom de l'urne du jury?

Vous verrez d'ici à peu de temps notre vicaire de Champagnac; que ne puis-je me glisser dans sa poche!

J'attends dans le courant du mois de juillet la visite de M. M... Nous allons politiquer à l'aise. Nous sommes, vous le savez, en parfaite communauté d'idées, et nous pouvons, sans risquer d'être interrompus, maudire les despotes, les anarchistes, les communeux et les athées. La charité est quelquefois absente de nos conversations, voilà peut-être leur danger.

Je me hâte d'achever, car on m'attend. Rappelez-moi au souvenir de mon illustre et bienveillant capitaine, mère Philomène[1].

Marie vous embrasse, et moi je vous aime trop!

LOUIS.

---

1. M. Louis de l'Hermite ayant remarqué dans cette religieuse une grande virilité de caractère et le génie de l'organisation, l'avait spontanément surnommée *mon capitaine* : le nom lui était resté.

Lampre, 31 décembre 1871.

CHÈRES SŒURS,

Contrairement à mes habitudes, je prends la plume
le 31 décembre, et voici pourquoi :

Vous m'avez habitué à recevoir deux et quelquefois
trois lettres sans trop vous plaindre de mon stupide
silence. C'est très bien de votre part et très mal de la
mienne ; mais, les choses étant ainsi, je suis porté à
m'inquiéter lorsque vous ne répondez pas à ma littérature. Or, j'attends une réponse depuis quinze jours,
et je ne comprends pas...

Vous êtes pour moi deux bijoux, renfermés dans
une cassette que je visite rarement, mais qui ne ces-
sent d'être présents aux yeux de mon esprit. Je ne
crains pas précisément que la cassette ait été forcée
et les bijoux soustraits ; mais quand je frappe discrètement sur l'écrin, en disant : « Êtes-vous toujours
là-dedans ? » je m'étonne de ne pas entendre la réponse habituelle : « Oui, oui, toujours, et très heureux ! »

Par le temps de république que nous traversons, il
ne manque pas de gredins pour mettre le trouble
dans tous les écrins : écrins religieux, écrins politiques.

Je vous montre patte blanche, ainsi tirez la che-
villette.

Vous dirai-je que je vous souhaite une bonne année ? Non, car ce serait presque une dérision. La

France est trop malade pour que ses enfants soient vraiment heureux. Je vous souhaite une année meilleure que celle qui vient de s'écouler, et fasse le ciel qu'elle voie la fin du châtiment! Il me semble que l'horizon est encore bien sombre. Que faudrait-il cependant pour que le ciel s'éclaircît? Un acte de contrition.

Adieu, chers bijoux, je vous embrasse sans vous voir. Je prends de plus en plus l'habitude de vivre par la foi.

Louis.

Lampre, 7 février 1876.

CHÈRES SŒURS,

Ne vous tourmentez pas à notre sujet; nous sommes ici très chaudement depuis hier au soir.

La vue de la neige, tombée dans la nuit du samedi au dimanche, nous a déterminés à laisser notre voiture à Clermont et à prendre prosaïquement place dans la diligence, qui nous a déposés à quelques kilomètres de Lampre absolument intacts.

Ici bon nombre de lettres qui vont me plonger dans l'encre pour plusieurs jours.

Ravissante lettre du P. Chauveau.

Lettre à me confusionner du baron d'Auzers, l'homme le plus capable de juger l'esprit et la forme des *Saintes Causes*, ici du moins.

Très aimable lettre de Gabriel. Il paraît que je n'ai

qu'à parler pour avoir la médaille de Charles VII.
Oh! vanité humaine!

J'ai toutes les raisons possibles pour être plus bref
que jamais.

Adieu donc, chères sœurs, et croyez à toute ma
fraternelle affection.

LOUIS.

Lampre, 10 mars 1877.

CHÈRES SŒURS,

Je vois que je dois me résigner à ne pas recevoir
de vos nouvelles avant Pâques. Je suppose toutefois
que, si vous ne pouvez pas écrire pendant le Carême,
il ne vous est pas interdit de lire. Voici donc un mot
de souvenir.

Depuis huit jours, c'est le coin du feu, le froid intense, la neige abondante. Mon métier d'instituteur
n'a donc rien de pénible pour le moment, puisqu'il
faut bon gré mal gré garder la chambre. Mon élève[1]
est très studieux et fait des progrès. Vous ai-je priées
de le recommander à la sainte Vierge? Ce cher enfant, lui apprendre le latin, ce n'est rien; mais le
français!

J'ai reçu il y a peu de jours une longue et charmante lettre de M. T... Les exemplaires des *Saintes
Causes*, destinés aux futurs rois de France et d'Espagne, ont été expédiés récemment.

---

1. Jeune aspirant au sacerdoce.

Ce barbouillage ayant pour principal but de faire acte de présence aux grilles de Saint-Alyre, je m'arrête court, mais non sans vous accabler de mes tendresses fraternelles.

LOUIS.

Lampie, 10 mai 1877.

MES CHÈRES SŒURS,

Nous allions partir pour Rome, c'était décidé; Marie insistait. Pour éviter la grande fatigue, nous partions seuls à petites journées, et nous allions rejoindre les pèlerins français et assister aux grandes fêtes des *Noces d'Or*. Puis le touriste remplaçait le pèlerin, et nous visitions l'Italie jusqu'au bout de notre rouleau.

Cette dernière partie du programme a sans doute tout gâté et le bon Dieu nous a punis d'avoir voulu être tout à la fois pèlerins et touristes. Un rhumatisme est venu s'abattre sur ma jambe gauche; trois jours après, le pied droit a été légèrement atteint. Tout cela n'est ni très douloureux ni grave, mais c'est l'immobilité pour quelques jours, et quels jours!!! Comme Crillon, je ne serai pas à la bataille, et je devrai, comme le commun des fidèles, me contenter du récit des fêtes.

Tout bien considéré, le bon Dieu fait bien les choses, comme toujours : je n'étais pas prêt pour visiter fructueusement l'Italie, et je viens de m'en convain-

cre en relisant *le Parfum de Rome*. Serai-je jamais
prêt ? Voilà la question.

Mais je m'aperçois que vous pourriez vous inquiéter
à mon sujet, et je me hâte de vous dire que je vais
mieux. Je vous écris tranquillement assis près du feu,
sentant à peine la douleur, et seulement un peu gêné
pour écrire, parce que mon bras est obligé de soutenir le haut du corps.

Tout à vous.

LOUIS.

Lampre, 20 mai 1877.

CHÈRES SŒURS,

En même temps que votre lettre, j'en reçois une
de Marc qui m'annonce son départ pour Rome et me
donne rendez-vous à Mâcon. Une seconde lettre, avec
des renseignements précis, doit nous attendre à Saint-
Alyre.

Je lui réponds : « Impossible de partir demain,
malgré notre désir. Cependant les jambes vont mieux ;
j'ai pu aller aujourd'hui à la messe en voiture et
marcher un peu. Si tout se passe comme d'habitude
(c'est la troisième crise depuis six mois), je serai ra-
dicalement guéri dans trois ou quatre jours. Un
rayon de soleil avancerait beaucoup mes affaires. Et
alors ! et alors ! en route ! A ton arrivée dans la Ville
Eternelle, prends tes renseignements afin de nous
guider à un hôtel de ton choix. »

Voilà, chères sœurs, où en est la position. Ne soyez donc pas surprises si vous nous voyez prochainement à vos grilles.

Maintenant, je laisse agir la Providence. Le reste la regarde.

LOUIS.

Lampre, 22 octobre 1877.

CHÈRES SŒURS,

Si je ne vous ai pas répondu par le retour du courrier, c'est que je vous suppose parfaitement rassurées sur ma personne. Ma dernière lettre a dû se croiser avec celle de Sainte-Rose, et vous apporter tous les détails que vous pouviez désirer sur le rhumatisme.

Ce sujet est donc épuisé ; mais je tiens à vous dire un chaud merci pour avoir bien voulu songer à enrichir ma bibliothèque. Rien ne presse : je veux me donner le temps de la réflexion et déguster platoniquement mon bonheur avant de faire un choix. Ce serait à vous à me guider.

Si les grilles de Saint-Alyre ne s'opposent pas à l'intrusion de la politique, je vous dirai que, dans le monde officiel, il semble y avoir une indécision, pour ne pas dire une panique, due au résultat du scrutin du 14 octobre. Il est à croire toutefois que le Maréchal tiendra bon et maintiendra, de gré ou de force, le provisoire.

Hélas ! il manque à notre patrie la pierre angulaire de son gouvernement : on cherche vainement des solutions en dehors de la royauté; la prudence et l'habileté humaines sont souffletées journellement, et les yeux ne se dessillent pas!...

Marc m'a écrit au moment où il quittait Laval pour rentrer à Paris et remplir son devoir d'électeur. L'amiral Touchard, candidat de son quartier, coté comme royaliste, a été élu. C'est le seul député propre de la grande cité. Je suis heureux de savoir que Marc habite le meilleur coin de la capitale.

Parlez-moi l'une ou l'autre de Mlle T... Il me tarde de savoir si vous avez en elle une recrue.

Adieu, chères sœurs, et toujours tous les deux à vous.

LOUIS.

Lampre, 2 janvier 1878.

CHÈRES SŒURS,

Me voici en règle avec les convenances, plus exigeantes que les affections.

Cependant mon rayon mondain est étroit, et je dois dire, pour être juste, que l'affection entre aussi dans mes convenances, sauf quelques grimaces obligatoires.

Entre nous, le mot convenance disparaît; il reste l'affection sans fard, d'autant plus vive qu'elle est plus contrariée par les circonstances et surtout par l'éloignement.

Comme tu le dis, ma chère Sainte-Rose, l'harmonie véritable n'est pas de ce monde; il faut donc se contenter d'à peu près. Mais le cœur et l'esprit ne connaissent pas de distance; voilà le charme, tandis que la matière vit enchaînée.

Bon! me voilà sur la pente d'une question philosophique; je coupe court pour ne pas divaguer.

« Avez-vous jamais mangé des truffes, conscrit ? — Oui, mon sergent, par *approximation*. Mon caporal a un cousin qui en a mangé, et il me l'a montré au moment où il sortait de table. »

Voilà l'inconvénient de la matière, elle ne vit que par les sens. Les troupiers ont seuls le privilège de se nourrir de la fumée de la gloire et du fumet des truffes.

Pour nous, simples mortels, notre esprit garde sa saveur à distance pendant que nos sens sont enchaînés.

Me voilà replongé dans les subtilités. Pardon ! Tout cela veut dire que j'ai la faiblesse de vous aimer tendrement.

Adieu, mes petites chéries; bonne, bonne, bonne année!

Mes vœux à la Mère supérieure et autres que je porte dans mon cœur, mais dont les noms m'échappent.

LOUIS.

Lampre, 23 juillet 1878.

Vous entrez en vacances le 1ᵉʳ août, chères sœurs; vers cette époque je donnerai congé à mon élève, et,

si nul obstacle ne survient, je prendrai mon vol —
quel oiseau ! — pour Clermont le 16 au plus tard.

Je compte sur la bienveillance du médecin pour me
condamner à une nouvelle saison de Royat : tout
sera donc pour le mieux; préparez vos langues et
vos oreilles.

En attendant mon arrivée, bercez-vous avec la
poésie ci-contre :

BERCEUSE.

Le papillon léger s'endort dans la corolle
Où l'abeille dorée a recueilli le miel;
Doucement balancé sur le sein maternel,
L'enfant clôt sa paupière et son âme s'envole
A la voûte azurée où sa voix sans parole
Chante avec les élus les cantiques du ciel.

    Dors sur les genoux de ta mère,
    Voyageur au bleu firmament;
    Trop étroite est notre humble sphère
    Pour l'âme du petit enfant.

Par les beaux jours d'été, le soir, la tourterelle
Quitte les seigles mûrs pour regagner les bois;
A son roucoulement si tendre, que de fois
J'ai vu son cher petit s'élancer après elle,
Pour aller s'endormir l'aile contre son aile
Dans le nid où tous deux reposaient autrefois !

    Dors sur les genoux de ta mère;
    Si tu quittes le toit béni,
    Reviendras-tu ? c'est le mystère,
    Comme l'oiseau près de son nid.

En décembre ou janvier, quand la bise glacée
Fait scintiller le sol et frissonner les gens
Sous les rudes baisers de ses tourbillons blancs,
Souvent un orphelin, frêle épave laissée
Sur le sombre rivage où le flot l'a poussée,
Tendra sa main rougie à des indifférents.

    Dors sur les genoux de ta mère,
    Dieu m'a fait un meilleur destin ;

— Mon fils peut sourire à son père,
    Mon époux, à son chérubin.

Tant d'êtres ici-bas manquent de toute joie !
La tristesse est partout, partout est la douleur,
Et pendant que mon bras te berce avec douceur,
Mollement endormi dans le lin et la soie,
Que de petits enfants, tes frères, sont en proie
A des maux qu'un Dieu bon épargne à notre cœur !

    Dors sur les genoux de ta mère ;
    Un jour tu voudras, mon trésor,
    Compatir à chaque misère,
    Et sans compter répandre l'or.

N'ai-je pas mes tourments aussi ? Lorsque j'y pense,
Donner ou recevoir la mort dans les combats,
C'est affreux ! Et pourtant... Ils seront tous soldats !
J'étoufferai mes pleurs en songeant à la France ;
A vingt ans tu prendras part à sa délivrance,
Si d'ici-là le Christ ne la relève pas.

    Dors sur les genoux de ta mère ;
    Pour mon pays et pour ma foi,
    Si les femmes allaient en guerre,
    Je saurais mourir comme toi !

A peine grandelet — j'entends hors de nourrice —
Je te donnerai sabre, épée et ceinturon,
Cartouchière et fusil, képi, tambour, clairon ;
Un vieux brave de Metz t'apprendra l'exercice...
Vienne le grand réveil ! l'enfant n'est plus novice,
Il s'élance gaîment à l'appel du canon.

    Dors sur les genoux de ta mère
    Sans crainte de ce jour fatal ;
    Que serait une vie entière
    D'esclave sur le sol natal !

Te verrai-je sergent, lieutenant, capitaine,
Ou simple fantassin ? O mon futur Bayard,
Si tu combats jamais sous le noble étendard
Qui doit rentrer vainqueur aux champs de la Lorraine,
Je me consolerai de tes galons de laine ;
La revanche d'abord, et le grade... plus tard !

    Dors sur les genoux de ta mère,
    Dors en paix, mon gentil troupier ;
    Le dévoûment d'un volontaire
    Vaut bien un brevet d'officier.

Bientôt je te dirai pourquoi dans nos églises,
Femmes, enfants, vieillards, flétris par le chagrin,
Maudissent en priant les soldats d'outre-Rhin !
Pourquoi si peu de fils auprès des têtes grises !
Pourquoi tant de douleurs dans les villes conquises !
Et tu te souviendras que tu naquis *lorrain.*

Dors sur les genoux de ta mère,
Pendant que mon cœur attristé
Revoit les scènes de la guerre
Où périt notre liberté !

Lampre, 6 novembre 1878.

CHÈRES SŒURS,

Je m'empresse de vous écrire deux petits mots à la réception de votre seconde lettre, afin de vous rassurer complètement, car vous me semblez agitées plus que de raison.

Je ne vous ai rien caché. Au fait, j'ai été très peu malade, et le traitement énergique que m'a appliqué le docteur avait pour but de couper court aux symptômes qui commençaient à se produire, en sorte que la médication m'a fatigué plus que la maladie.

Aujourd'hui je sortirais si le temps le permettait. J'attends l'été de la Saint-Martin ; mais j'ai repris entièrement mes aplombs. Le vin de Bordeaux a remplacé les tisanes, et les côtelettes ont succédé aux vomitifs. J'ai même repris ma classe depuis hier. Je suis donc tout à fait, *tout à fait* remis. En voilà bien long, j'espère, sur mon cadavre.

Tâchez de ne pas vous illusionner sur les barbouillages que je dois vous faire passer à la première occasion. C'est très médiocre; mais depuis vingt ans j'avais abandonné le crayon. A une reprise, je tâcherai de mieux faire.

L'envoi de l'excellent M. N. est en route. Il l'a fait précéder d'une charmante lettre qui se termine par cette délicieuse phrase : « Faut-il en égoïste souhaiter de vous revoir à Royat? » Je lui réponds que j'aimerais beaucoup mieux le recevoir à Lampre, et lui faire les honneurs d'un pays qui donnerait des éblouissements à ses yeux d'artiste.

J'ai reçu également une brochure de M. V., un autre commensal de Royat, savant Lyonnais. J'ai répondu.

Que Benjamine se soigne.

Tendrement à vous.

LOUIS.

Lampre, 28 novembre 1878.

CHÈRES SŒURS,

J'aime à croire que vos santés sont bonnes, mais je serais heureux d'en recevoir l'assurance formelle. On a répandu des bruits inquiétants sur l'état sanitaire de Clermont. Sainte Angèle a sans doute veillé sur ses enfants; mais dites-le-moi.

A mon grand étonnement, j'ai reçu, il y a trois jours, une charmante lettre d'une future Ursuline, Mlle Marie S., petite-fille de M. de Lab. de Marseille. J'ai été très sensible à ce souvenir d'une enfant

que je ne connais pas, mais dont les parents ont conservé pour les membres de leur famille limousine un
attachement bien touchant.

Après dix jours d'une traversée sans doute pénible, l'envoi de M. N. a fini par atterrir aux rivages
lointains de Lampre.

Figurez-vous une délicieuse tête de Vierge en grand
médaillon, entourée d'une profusion d'arabesques
d'une grande finesse, dans un cadre doré du meilleur
goût. On aperçoit une main tenant une branche de
lis, sur laquelle s'arrêtent les yeux baissés de Marie.
Au-dessous : « A Monsieur Louis de l'Hermite. Souvenir d'une trop courte rencontre à Royat. » C'est
un spécimen du talent de cet aimable homme et un
charmant souvenir.

Je ne tarderai pas à adresser à Marie-Ursule mes
insuffisants croquis. Je regrette d'être si mal outillé.
Les crayons et le papier sont à peine convenables et
je n'ai pas de fixatif. Mais patience ! Grâce à vous,
j'ai repris le goût du dessin, et s'il dure, je ferai venir
de Paris, par l'intermédiaire de mon ami H., tout
un arsenal de fusains, de crayons, de papiers, de pas-
tels, d'albums. Ouf !

Adieu, chères sœurs, je vous écris et vous aime ;
aimez-moi et écrivez-moi.

LOUIS.

Lampre, 13 février 1879.

MES CHÈRES SŒURS,

Je ne sais si nous devons encore espérer : les dernières nouvelles de notre bonne tante étaient fort alarmantes et succédaient à d'autres beaucoup meilleures. Le système nerveux est fort ébranlé, d'où résultent ces alternatives de mieux et de pire qui déroutent le médecin. Pour moi, je conserve peu d'espoir.

J'ai passé à Limoges huit petits jours qui auraient été charmants sans la préoccupation douloureuse qui me poursuivait. J'ai trouvé chez tous nos parents et dans la famille Noualhier — parents de parents — un accueil très amical. Je n'ai pu suffire aux invitations qui pleuvaient sur moi comme une manne bienfaisante. Mon couvert était à demeure dans plusieurs maisons, notamment chez les d'Aigueperse et les Noualhier, en sorte que j'étais presque honteux vis-à-vis de mon hôtelière.

Notre vieille cité natale m'a paru splendide : elle est ouverte, aérée, presque propre, ornée de maisons élégantes dans les quartiers brûlés, — les incendies lui réussissent merveilleusement — et dans les quartiers nouveaux, tels que les abords de la gare et la nouvelle route d'Aixe [1]. J'ai pris en brave mon rôle momentané de citadin ; j'ai voulu voir tout ce que je ne connaissais pas et visiter tous nos parents. Je n'ai commis, je l'espère, aucun oubli.

1. Chef-lieu de canton du département de la Haute-Vienne.

Quelle excellente chose que d'être rare! On est
parfaitement accueilli, les visages sont riants, depuis
celui de la concierge jusqu'à celui de la maîtresse de
la maison, et, grâce aux efforts que l'on est obligé
de faire pour répondre à tant d'amabilités, on arrive
à se persuader qu'on rend compliment pour compliment, esprit pour esprit, douceur pour douceur.
Bref, on serait tenté d'être satisfait de son personnage, si l'on ne se retrouvait chaque soir Gros-Jean
comme devant, avec la persuasion intime que la
rareté fait le beau de votre rôle.

A la montagne limousine, où j'ai passé huit autres
petits jours, même accueil, même cordialité, mais
avec un degré de sans-gêne dont je m'accommodais
fort. Les filles de Gaston sont, dit-on, charmantes.
A mon grand regret, je ne les ai pas vues; elles
étaient en Périgord. Leur excellent père et Augustine,
la meilleure des parentes, ont retrouvé une gaieté
juvénile pour me faire accueil.

Un jour à Nedde, un jour à La Rivière et quelques
minutes sur le tombeau de la famille ont complété
ma visite. Victor, Henriette, Alexandrine, quel trio
charmant! Même bonté, même affabilité chez les
dames; même bonhomie rude, franche et cordiale
chez Victor, qui reste pour moi un type accompli du
gentilhomme campagnard dans tout ce qu'il a d'élevé:
honnêteté antique, simplicité, charité pour les personnes, inflexibilité dans les principes. Quel dommage que tout ce cher monde vieillisse! On se
demande s'il sera jamais remplacé; mais on est tenté
de répondre affirmativement en visitant les jeunes

de La Rivière. Hubert m'a beaucoup convenu; sa petite femme est très bien et d'une simplicité qui me semble en parfait accord avec celle de son mari. Les rejetons de cette souche ne peuvent manquer d'être très sains physiquement et moralement.

Avec mon bavardage, je me trouve à court de place pour vous faire mes amitiés. Interprétez donc, chères petites.

LOUIS.

Lampre, 7 octobre 1879.

CHÈRES PETITES SŒURS,

Enfin, me voilà! Je suis en retard, mais qu'y faire? Je ne sais pas mener de front les choses, si petites soient-elles; c'est une des infirmités de ma nature.

A notre arrivée à Lampre, il a fallu régler la question intérieure. *Quand les chats n'y sont pas, les souris dansent;* or les souris avaient dansé pendant cette absence de six semaines. Toutefois, un peu par magnanimité, beaucoup par calcul et nécessité, les chats se sont montrés bons princes; ils ont octroyé amnistie pleine et entière aux révoltés, en échange de promesses qui dureront ou ne dureront pas; il ne faut pas en telle matière préjuger l'avenir. A chaque jour suffit son mal.

La question x est également tranchée à la satisfaction générale. Le brave enfant est en ce moment en retraite à Sion et prendra dès demain le harnais sco-

laire. Je l'avais embarqué avec tous les soins que l'on
prend pour un meuble fragile, quand il s'agit d'un
voyage au long cours. Marc m'écrit qu'il l'a reçu en
bon état et même que l'envoi a produit bon effet.
O Révérend Père de Ravignan, votre esprit était donc
là! Notre oblat a fait déjeuner le brave enfant, après
un lavage préalable indispensable, puis l'a conduit à
Montmartre, où il a été admis à la table des Révérends Pères.

Il devait partir dans la nuit pour Sion, accompa-
gué du Révérend Père M., le meilleur voyageur de
la Congrégation, dit Marc. Avant son départ, il a dû
visiter Notre-Dame, Notre-Dame-des-Victoires, etc.,
sous la direction d'un Frère. Mes nouvelles s'arrêtent
là; elles sont excellentes, comme vous voyez, et m'ont
comblé de joie.

J'ai enfin reçu ce fameux volume de poésies (in-8°,
734 pages). Quoique mon nom s'étale sur la couver-
ture avec quelques autres, je ne suis nullement flatté
de l'ensemble de la société. Avec un choix judicieux,
on ferait un joli volume; mais la médiocrité abonde,
et çà et là on trouve l'ineptie inconsciente et même
le réalisme révoltant. Je constate cependant avec
plaisir que les poètes spiritualistes ont sur les autres
une supériorité écrasante, et sont en somme les plus
nombreux; mais je crains que le jury n'ait une prédilection pour les idées du jour. Je veux vous en
donner une petite preuve, en vous citant les premiers
vers d'une pièce qui n'a obtenu qu'une insignifiante
mention, et que je viens de rencontrer et de savourer. Elle est signée de Prous.

LES LARMES.

Qu'est-ce donc qu'une larme et d'où vient que l'on pleure ?
Où donc est cette source, et qui la peut tarir ?
Dilemme impitoyable ! Il faut donc que l'on meure
Pour cesser de pleurer, pour cesser de souffrir !
Car tout pleure ici-bas... Terre, vallon des larmes,
Ce sont les pleurs du ciel qui ravivent ton sein ;
C'est la rosée en pleurs qui te donne des charmes,
C'est la goutte d'azur qui fait le flot marin.

N'est-ce pas charmant ?

De Préville a fait une excellente pièce sur le Con-clave de 1878. (Couronnée).

Plus tard, je pourrai vous donner des extraits si vous le désirez ; je n'ai le volume que depuis qua-rante-huit heures et je le connais mal.

Adieu, chères sœurs, bien affectueusement à vous. Soignez vos santés ; de notre côté nous ferons des efforts pour que vous n'ayez rien à nous reprocher quant à la matière.

LOUIS.

Lampre, 8 décembre 1879.

CHÈRES SŒURS,

J'ai à mes ordres un personnel nombreux et tout disposé à me venir en aide ; ne vous inquiétez donc pas de ma personne.

Aujourd'hui la situation est singulièrement amé-liorée ; le médecin est des plus rassurants : d'après lui, ce n'est plus qu'une affaire de soins, de temps et

de nourriture. Pour satisfaire votre fraternelle curiosité, je vais en deux mots vous faire l'historique de
la maladie.

Je revenais de Saint-Flour, après une session d'assises assez fatigante, car j'avais siégé tous les jours,
quelquefois jusqu'à dix heures du soir.

Le lendemain de mon retour, je reconnus à certains signes que Marie, déjà enrhumée, couvait une
maladie. Je la laissai, causant avec le curé et le vicaire
qui étaient venus prendre des nouvelles de notre évêque, et j'expédiai deux estafettes, l'une au médecin,
l'autre à une petite nièce qui devait me venir en aide
si le mal se déclarait. Il était huit heures du soir. Le
lendemain, la fluxion de poitrine apparaissait avec des
symptômes alarmants; mais nous étions en position
de la recevoir. Elle a été, je puis le dire, saisie à la
gorge dès son apparition et jetée à la porte.

Nous avons passé quelques heures cruelles, mais
qui n'ont pas été sans consolation. L'âme se retrempe
et se fortifie lorsque, surchargée de croix, elle peut se
traîner jusqu'au pied de celle du divin Maître. Vos
lettres, celles de Marc, les nombreuses marques de
sympathie qui nous ont été prodiguées m'ont soutenu dans cette épreuve. En somme, j'ai fait bonne
contenance, je dirais presque que je suis content de
moi.

L'Évêque de Saint-Flour a été pour moi d'une bienveillance extrême. J'ai eu l'honneur de déjeuner à
l'évêché et j'ai pu parler à cœur ouvert à notre prélat
de certaines questions d'intérêt religieux local. Peut-
être ai-je mis le feu aux poudres; car l'interdiction de

notre baraque d'église a été prononcée hier. Il y a trente ans que cette question traînait, entravée par le mauvais vouloir des autorités civiles.

J'ai eu hier des nouvelles de mon X. Ses notes sont très bonnes, sauf les places de composition qui laissent à désirer. Cela viendra.

Adieu, chères sœurs, j'abrège pour faire face aux exigences d'une correspondance pressante et fort arriérée.

Fraternellement à vous. Mes remerciements aux petites nièces, et à toutes les Mères et Sœurs de tout ordre qui ont bien voulu nous venir en aide par leurs prières.

LOUIS.

Lettre sans date.

MES CHÈRES SŒURS,

Je vous envoie une tirade qui semble extraite d'une officine de capucin. Je ne m'en défends pas. Ainsi se traîne cahin-caha mon *Prudhomme* pendant vingt-six chapitres, les uns courts comme celui-là, les autres plus longs; les uns médiocres, les autres mauvais.

Marc m'écrit régulièrement, malgré le carême et ses travaux. Il se défend d'être fatigué, mais il avoue sa maigreur et prend du quinquina. Il lui faudrait de la campagne, mais... mais... il ne veut pas, ou il ne peut pas.

Pour vous, rigides Ursulines, je ne vous attends

qu'à Pâques. La privation de vos lettres m'impose
une rude pénitence. C'est la seule de mon carême;
car mon estomac s'accommode très bien du jeûne
anodin que je lui impose. Marie elle-même n'a pas à
se plaindre; je souhaite que la *présente* vous trouve
de même.

Mille remerciements pour votre envoi. Ces lettres
de l'abbé Perreyre sont très belles, trop belles, elles
vous écrasent. Après cette lecture, on se trouve d'une
stupidité et d'un paganisme révoltants, et l'on se
demande, malgré soi, ce que l'on peut bien être en
présence de ces intelligences au nimbe flamboyant.
Vanité! Dieu ne nous demandera compte que pour
les dons que nous aurons reçus.

Si j'avais eu un peu plus de temps, je vous aurais
fait un brin de politique. Je résume ce que j'aurais
pu vous dire en deux mots : l'horizon est affreusement noir, mais je crois qu'il est permis d'affirmer
sans paradoxe que *ça va bien* puisque *ça va si mal.*
Le Christ ne peut pas abandonner ses Francs, et la
France relevée sauvera la Papauté et la civilisation.

A vous du fond du cœur. Souvenirs à qui de droit.

LOUIS.

Mes causeries avec Prudhomme.

CHAPITRE PREMIER

PRUDHOMME

Le... 187... vers sept heures du soir, je rencontrai Joseph Prudhomme dans la rue de la Paix. Depuis la guerre, je n'avais pas revu cette vieille connaissance.

— « C'est rarement, me dit-il, que l'on vous voit dans les beaux quartiers, surtout à pareille heure. Je mets à profit la circonstance; pour ce soir, vous êtes ma victime.

— Avez-vous du nouveau?

— Point! je veux vous apprendre à flâner.

— Je vous suis obligé, Prudhomme, mais je préfère continuer ma route jusqu'à la Madeleine.

— Vous ne m'échapperez pas! Vous fréquentez assez les églises; quand vous donneriez une soirée aux boulevards! Il faut être de son temps. Je n'ai pas perdu la mémoire de vos longues dissertations sur la nécessité de la religion comme force sociale. Je vous ai même fait beaucoup de concessions à ce sujet; à votre tour vous m'en devez une : flânons ensemble.

Flâner, mon ami, c'est un art. Quand on a des rentes, cet art doit entrer dans toute éducation soignée. Pour moi, c'est un besoin. Cela délasse du sérieux de la vie, des ennuis de la politique; cela chasse les vapeurs et fait digérer. »

Il était là, campé sur la hanche droite, légèrement

appuyé sur sa canne, le ventre en avant, le teint fleuri, la physionomie absolument satisfaite; j'étudiai le modèle.

— « Vous admirez ma vigueur, n'est-ce pas ? l'élasticité de mes membres à un âge où beaucoup de mes contemporains donnent des signes évidents de caducité ?

— Je vous ai déjà dit, Prudhomme, que, par habitude, je recherche d'abord dans l'homme la vigueur de l'âme. S'il faut admirer uniquement les qualités du corps, je me rends au jardin des plantes. Le lion a plus de jarret que vous, la girafe plus de taille, l'éléphant plus de ventre.

— Mauvais plaisant ! Dans l'homme, l'un ne marche guère sans l'autre.

— Le prouveriez-vous ?

— Ne vous ai-je pas entendu dire maintes fois : *Mens sana in corpore sano ?*

— C'est le desideratum, l'idéal, mais, hélas! l'exception. Le plus souvent, la matière résiste mal à l'entraînement que lui impose l'âme. Le corps fléchit sous les coups de cravache obligatoires : c'est alors l'âme qui porte le corps. Toutefois, ce dernier, sous des apparences d'épuisement, est capable de grandes choses, parce que, comme l'âne du Fellah, il marche sans regimber, va droit au but, sans demander compte à sa compagne de ses plus grandes exigences. Il sait, par expérience, qu'il ne serait pas le plus fort.

Vous qui flânez, n'avez-vous jamais rencontré dans les musées des portraits authentiques de saints : saint Bruno, saint François d'Assise, saint Ignace ? Et

ne faites-vous aucune différence entre la chair
domptée et la chair rebelle? Vos impressions sont-
elles les mêmes devant une toile de Lesueur ou une
exhibition païenne de Rubens?

Ici, c'est la matière triomphante; là, l'âme vivante
soutenant le corps; et celui-ci, chétif, malingre, par-
cheminé, fait des merveilles. Parfois, il résiste aux
conséquences de la mort : la chair a été embaumée
par l'âme.

— Laissons là vos ascètes, me dit Prudhomme;
nous touchons au boulevard, consentez pour ce soir
à vous occuper de choses mondaines. Pourquoi
refuser à ce que vous appelez *la bête* les légitimes
satisfactions qui la tiennent en gaîté?

— Quand *la bête* est en gaîté, Prudhomme, elle se
cabre et rue, si les motifs de sa gaîté sont étrangers à
ceux qui tiennent l'âme en joie.

— Bon, bon; examiner les vitrines, se former le
goût en contemplant les merveilles de la joaillerie
parisienne, jeter de loin en loin un coup d'œil discret
sur les toilettes, quoi de plus innocent!

Et remarquez qu'on n'arrive pas de prime saut à
l'intelligence de cette bimbeloterie.

Moi qui vous parle, je suis un habitué, et cependant je fais chaque soir des découvertes. Il me faut
une heure pour inspecter les deux côtés de la rue de
la Paix; au Palais-Royal c'est bien autre chose! Je
n'ai jamais pu parcourir les galeries en moins de
deux heures et demie. Connaissez-vous beaucoup de
gens capables de ce travail d'observation? Ah! *non
datur omnibus*. Le loisir ne suffit pas, il faut encore

l'âme de l'artiste. Tenez ! il m'arrive parfois de rester un quart d'heure en face d'une porte cochère. J'examine le cintre, l'œil de bœuf, les ciselures du marteau et jusqu'au chasse-roues ; je critique ou j'admire selon le cas. Hein !! »

La bête parisienne me portait sur les nerfs.

— « Ne flânez-vous jamais dans le faubourg Mouffetard, Prudhomme ?... »

Il s'arrêta, légèrement décontenancé.

— « Vous voulez rire, dit-il. Le faubourg Mouffetard n'est pas dans Paris !

— Pardon ! il est à deux pas de Sainte-Geneviève, *vulgo* le Panthéon ; il complote pendant que vous flânez, et, s'il parvient à abattre la croix qui surmonte le dôme, il dévorera votre Paris, à vous.

— Vous êtes lugubre.

— Un peu, mais j'observe aussi. Cependant, je ne vous enlèverai pas tout espoir ; il vous reste quelques chances. Plus d'une grande dame flâne par là le matin, trois fois la semaine. Leurs mains sont pleines à l'arrivée et vides au départ.

D'autres visitent le quartier Saint-Jacques et le faubourg Saint-Antoine. Cela fait partie des œuvres catholiques, et voilà le contrepoids de vos flâneries et de bien d'autres choses.

— Vous avez le tic des contrepoids, des compensations, que sais-je ?

— Vous y êtes, Prudhomme. Je crois qu'une partie de la race humaine doit prier et faire des œuvres pies pendant que l'autre sautille, se vautre ou flâne

— Voilà Paris menacé parce que je flâne! Quelle thèse insoutenable!

— Une thèse! Dites plutôt un syllogisme. Les quartiers riches aident à poser les prémisses; les quartiers excentriques se chargent de la conclusion. Si vous le voulez, changeons de direction; allons flâner dans les environs des Tuileries ou de l'Hôtel-de-Ville. Je suis arrivé à me rendre parfaitement compte du point de départ des bombes incendiaires.

— Ah! vous en savez plus long que bien d'autres. On s'est demandé souvent si elles partaient de Montmartre ou de Belleville.

— Ni de là, ni de là. Le feu du ciel a fait toute la besogne.

— C'est une opinion nouvelle. Cependant, permettez-moi de vous rappeler que les monuments étaient munis de paratonnerres, et d'ailleurs, je n'ai pas ouï dire qu'un orage ait éclaté sur la capitale le jour de l'entrée des Versaillais.

— Les engins de vos Franklins n'arrêtent pas les bombes de la justice divine, Prudhomme.

Si vous pouviez me comprendre, je vous dirais : Portez votre obole au Sacré-Cœur de Montmartre. Sur la butte des martyrs, on construit un vrai paratonnerre, destiné à protéger Paris et la France, si la France et Paris consentent à fournir les matériaux.

Au revoir, Prudhomme! Flânez, mon ami, flânez! »

                                    LOUIS DE L'HERMITE.

Lampre, 7 novembre 1880.

BIEN-AIMÉES SŒURS,

La maison des Oblats de la rue Saint-Pétersbourg a été crochetée avant-hier. Cet honneur était dû aux Oblats.

En sa qualité de supérieur local, Marc a eu le beau rôle. C'est lui qui a protesté.

Il reste comme représentant des intérêts civils du propriétaire.

Protestation très énergique dans la rue.

« Bienheureux ceux qui souffrent persécution pour la justice. »

Bonne lettre du cher frère martyr.

Surtout du calme.

Les idiots spoliateurs amassent sur leur tête des charbons ardents.

La conscience publique se soulève; la revanche ne saurait être éloignée.

Fraternellement à vous.

LOUIS.

Lampre, 22 février 1881.

CHÈRES SŒURS,

« Il n'y a pas d'hommes plus occupés que ceux qui n'ont rien à faire. » Jusqu'ici, j'avais pris cette phrase pour un paradoxe; je viens d'en éprouver la vérité.

Depuis six semaines, je n'ai pas eu un moment, et je serais bien en peine de vous dire ce que j'ai fait. J'ai dû braver la leçon que me donne Sainte-Rose, sous la forme d'une lettre en style de télégramme, et dévorer ma honte.

J'étais avisé par le libraire du dépôt qu'il a fait entre vos mains de deux albums que je lui avais commandés. Le brave homme est aussi occupé que moi, paraît-il, puisqu'il a mis six mois à parfaire un travail qui devait être livré dans quinze jours.

Vous me direz si vous avez été satisfaites. La vengeance fraternelle de Sainte-Rose a été poussée jusqu'à me laisser ignorer si les albums lui conviennent.

Marc joue toujours son rôle d'otage avec une sérénité admirable. Nous semblons aller aux abîmes; la main de Dieu peut seule nous tirer de là; mais le Bon Maître voudra-t-il nous sauver? Voilà la question.

Je vous envoie une poésie qui m'a valu une médaille de bronze.

Allons, pardonnez à votre paresseux de frère. Si vous saviez comme sa pensée se promène souvent devant les grilles de Saint-Alyre!

Fraternellement à vous.

Louis.

LA POÉSIE DU PRINTEMPS

I.

LE CITADIN.

O vous qui végétez aux champs
Sur un tapis de feuilles mortes,
Que peut vous dire le printemps
Quand il vient frapper à vos portes?

Les pâtres et les laboureurs,
Esprits épais, cerveaux débiles,
Auraient-ils droit à ses faveurs
Comme les habitants des villes?

Non. Le soleil si gai, si beau,
Pour vous est une canicule;
Rien qu'à regarder votre peau,
Malheureux! on voit qu'il vous brûle.

Chez nous, on évite ses feux,
Par prudence et surtout par mode;
C'est à peine si quelque gueux
Brave sa chaleur incommode.

De l'ombre, il n'en faut point parler,
Le nuage seul vous l'apporte;
Dès que vous cessez de brûler,
La pluie est là qui vous escorte.

Et que dire des ouragans
Que mars, avril et mai font naître,
Et que, faute de passe-temps,
On aime à voir... de sa fenêtre!

Vous pouvez, à juste raison,
Traiter de marâtre cruelle
L'inconstante et rude saison
Qui se moque de votre zèle.

Vraiment, c'est acheter trop cher
Les douceurs d'un printemps morose,
Et le droit de vivre au bel air,
Du chant du coq à la nuit close.

Que sont vos oiseaux et vos fleurs
Près des casinos et des squares!
Nous avons de plus beaux chanteurs
Et des plantes autrément rares.

Parlerez-vous du ciel plus pur
Et de la liberté plus grande?
Ce refrain-là — le fait est sûr —
Sort de toute bouche normande.

Mais aux bourgeois, — y songez-vous —
Débiter pareille sottise!
Le ciel est le même pour tous;
La liberté... n'est plus de mise.

Vous grelottez des mois entiers
Sous des vêtements en guenille,
Et dans la fange des sentiers
Vous entrez jusqu'à la cheville.

Le bourgeois, lui, prend son moment;
Il ne sort qu'à sa convenance;
S'il y trouve de l'agrément,
Le lendemain il recommence.

A l'ombre d'arbres inconnus,
Sur un lit de sable ou d'asphalte,
Il se promène à pas menus,
Et s'il est las, dame! il fait halte.

Croyez-le, frères, le progrès
Nous donne tout ce qui vous manque;
A peine vous jetez les dés,
Et nous faisons sauter la banque.

A vous, la nature suffit,
Quelle soit vulgaire ou coquette;
Pour nous, gens de goût et d'esprit,
Elle doit faire sa toilette.

II.

LE RURAL.

Avril a repris sa chanson
Et le bourgeon rougit au hêtre;
Gens des cités, gens du haut ton,

Cachez hautbois et mirliton,
Le rossignolet va paraître.

Parlez de pluie et de beau temps,
D'industrie ou de politique;
Mais ne touchez pas au Printemps!
Peut-être, bourgeois inconstants,
Vous donnerait-on la réplique.

Vous n'avez pas l'amour au cœur,
Pour voir, admirer et comprendre
L'oiseau, la prairie et la fleur;
Cela manque à votre bonheur :
Un paysan peut vous l'apprendre.

Prêtez l'oreille, ouvrez les yeux,
Le Renouveau passe et repasse.
Quoi! vous clignez à qui mieux mieux!
Il est là, pur et gracieux,
Il est là devant votre face.

Le poète et le campagnard
Puisent dans son écrin superbe!
Pauvres gens, vous venez trop tard!
Ils ont pris la plus grosse part
Du festin préparé sur l'herbe,

Et sont partis! — mais Dieu sait où, —
Joyeux et lisant au grand Livre,
La lyre en main, la bêche au cou,
Peut-être sans maille ni sou,
Heureux pourtant, heureux de vivre.

Au cœur ils ont tous les amours :
L'amour de Dieu, l'amour des hommes.
Le plus souvent, sinon toujours,
Dans les villes et les faubourgs,
C'est l'égoïsme en douze tomes.

Tandis que vous courez les champs
A la recherche d'une idylle,
Déçus, harassés, mécontents,
Les villageois, ces innocents,
Sans en chercher, en trouvent mille.

Ames sensibles, corps de fer,
Ils ont traversé sans tristesse
L'été brûlant, le rude hiver;

Ils ne redoutent que l'enfer...
Vous n'avez pas cette faiblesse !

Mais vienne le premier beau jour,
La nature, tendre et câline,
Dit : « Mes enfants, c'est votre tour ! »
Et les fils de faire leur cour
A la mère qui les lutine.

Le laboureur est au sillon
Dès l'aube, et le bourgeois repose ;
Sur la hauteur, dans le vallon,
On le devine à la chanson
Qui s'échappe du brouillard rose.

Le pâtre, lui, s'est empressé
De gagner l'étable sonore
Où son refrain l'a devancé ;
Il règle son pas cadencé
Sur les pas légers de l'Aurore.

Et voilà comme ces vaillants,
Bronzés de teint, larges d'épaules,
Fêtent le retour du Printemps !
Ils savent ce que les savants
N'enseignent pas dans les écoles.

L'arbre, la mousse, le rocher,
Pour eux ont un langage intime ;
Aux champs n'allez pas chevaucher,
L'*Angelus* même et le clocher
N'auraient pour vous ni sens ni rime.

Quand ils passent allègrement,
Gardez-vous de suivre leurs traces !
Ces ruraux vous diraient crûment :
« Le citadin n'est bon, vraiment,
Qu'à déchiffrer des paperasses.

Sur le duvet il rêve encor
Et l'alouette matinale
Se balance aux nuages d'or...
Et le merle au rapide essor,
Siffle l'aubade triomphale. »

Beaux discoureurs aux bras ballants,
Qui savez tout, que rien n'arrête,
Gardez vos suprêmes talents !

Vos équipages insolents
Valent-ils une pâquerette ?

Cultivez le progrès chez vous,
Laissez à l'homme de la terre
Ses genêts fleuris et ses houx.
Le Printemps réserve pour nous
Sa poésie et son mystère.

Lampre, 6 juin 1881.

CHÈRES SŒURS,

Je ne puis m'expliquer votre silence ! Je ne veux
pas m'arrêter à l'idée de maladie, et pourtant quelle
autre raison valable pourriez-vous invoquer pour
justifier cet inexplicable retard ? Dans sa dernière lettre, Sainte-Rose m'annonçait quatre pages serrées de
Marie-Ursule ; j'ai répondu longuement et j'ai posé
quelques questions auxquelles je demandais réponse,
et puis... plus rien !

Réveillez-vous, belles endormies ! Mais non, vous
ne dormez pas ; ce sont les leçons, les classes, les sur-
veillances, les exercices de religion qui absorbent votre temps. Allons ! allons ! un *Pater* de moins et une
lettre de plus ; le bon Dieu ne vous tiendra pas rigueur,
et moi je vous bénirai *ex intimo corde*.

Depuis hier, chères petites, nous voici rapprochés
de vous de quelques heures, par l'ouverture du chemin de fer de Clermont à Ussel. Je me réjouis de ce
gain.

Vous avez appris, sans doute, l'affreux accident
survenu dans nos houillères. Une explosion de grisou,

dans la nuit du 28 au 29 mai, a fait cinq victimes :
trois ingénieurs, un chef mineur et un premier ouvrier. Deux jours avant, un autre ouvrier avait déjà
péri. Hier, le dernier blessé a succombé. On passe le
temps à assister à des funérailles. Je ne vous donne
pas de détails ; tous les journaux en sont pleins.

J'ai écrit quelques mots à la *Semaine catholique* à
ce sujet, et plus particulièrement à l'occasion des
obsèques de Lafon, le chef mineur, sur la tombe
duquel M. de Lapparent a prononcé quelques paroles
pleines de cœur et de sentiment chrétien. C'est affreux
que de tels accidents !

L'un des ingénieurs était protestant et originaire de
Nîmes. Ses parents ont eu la malencontreuse idée de
nous amener le pasteur M., un prédicant illuminé
de la plus belle eau. On s'en est vite débarrassé, et il
était temps.

Allons, petites sœurs, la plume à la main, et ne me
sevrez pas ainsi de vos chères nouvelles.

M. est ici, avec sa femme et ses filles, depuis dix
jours. Il repart demain. Je regrette ce bon ami, si
instruit, si aimable, dont les idées cadrent si bien
avec les miennes. Nous nous séparons en fixant l'époque d'un prochain revenez-y. Sa santé a été parfaite
pendant cette trop courte villégiature.

Adieu et amitiés fraternelles. Hommages et souvenirs aux Révérendes Mères et aux cousines.

LOUIS.

Lampre, 14 septembre 1881.

MA CHÈRE SAINTE-ROSE,

Deux mots pour calmer tes appréhensions fraternelles.

Nous avons fait un excellent voyage : cependant le
froid se faisait sentir à Laqueuille; mais, en revanche,
un temps magnifique nous attendait à Lampre.

Ce chemin de fer, trop décrié, me semble absolument pareil aux autres. On s'y assomme quelquefois,
mais le plus souvent on en réchappe. Il s'agit de
choisir son jour, chose malaisée.

J'ai encore les oreilles pleines de la délicieuse voix
de la signorina Marietta. Pendant le trajet, je n'ai cessé
de fredonner les quelques sons que j'ai pu saisir au
passage; mais, hélas! je n'avais à ma disposition ni
la plupart des notes, ni surtout le contralto. Il ne me
restera donc que le souvenir de cette dernière visite
aux grilles de Saint-Alyre, souvenir rendu plus vif
par l'harmonie et le *genio musicale* qui s'y trou-
vaient représentés merveilleusement.

Adieu, chère bonne sœur, je te quitte pour mettre
un peu d'ordre dans ma bibliothèque qui ressemble
à un bazar.

Tout à toi en N.-S.

LOUIS.

Lampre, 3 avril 1883.

Merci, ma chère Rose, pour ta bonne lettre; merci à Sainte-Ursule pour celle que tu me promets en son nom.

Mademoiselle X. vient de m'arriver sous le patronage de la famille de S. Selon ta recommandation, j'ai été très aimable pour cette jeune fille. Tu peux en juger par la seule phrase que j'ai eu le temps et l'honneur de lui adresser. *Textuel* : « Eh bien, Mademoiselle, êtes-vous contente de mes petites sœurs? Si par cas vous n'en étiez pas satisfaite, vous n'auriez qu'à parler et... » *Réponse* : « Oh! si, Monsieur, si, Monsieur! très contente, très contente! » La vivacité de la réponse et l'air convaincu de cette enfant m'ont vivement touché. Là-dessus on s'est séparé; la matière à conversation était épuisée.

Le lendemain, dimanche de Quasimodo, j'ai quitté mon vêtement de cacochyme et me suis transporté à L. pour rendre la visite. La présence d'un médecin, qui a bien voulu tenir le dé de la conversation, m'a dispensé de faire des frais. D'ailleurs, qu'aurais-je pu ajouter? La matière, je le répète, était épuisée.

Marie est à peu près remise d'un rhume assez tenace qu'elle devait aux brusques variations de température. Pour moi, j'ai toujours quelques douleurs, variables comme le temps, mais point trop méchantes.

Tu me gâtes, chère sœur, avec tes petits envois artistiques et pieux. Je te remercie; ils font le plus bel ornement de notre étagère.

Je crois que tu peux te calmer au sujet de Marc. Il ne semble pas — je dirais presque malheureusement — que l'heure du grand crac final soit arrivée. Nous aurons encore à souffrir en détail et à lutter, et nous serons servis suivant nos œuvres. Pour le moment, il faut nous enfermer dans la prière et ne pas perdre une occasion d'affirmer notre foi.

Mademoiselle X., escortée par la petite Marie de S., est revenue pour prendre mes commissions. J'achève pendant que tes deux gentilles pensionnaires sont à pianoter.

Hommages respectueux aux Révérendes Mères; à vous deux, chères petites, et aux cousines toutes mes amitiés,

LOUIS.

Lampre, 6 septembre 1883.

CHÈRE SŒUR,

Je n'ai pas su trouver jusqu'ici un moment pour t'apprendre que nous avions réintégré notre domicile mardi soir, sans avarie et sans fatigue. Notre voiture nous attendait à la gare, le souper nous attendait à la maison; bêtes et gens ont paru contents de nous revoir; tout est donc pour le mieux.

Dès le lendemain matin, je donnai à l'extérieur ce coup d'œil du propriétaire, avide de se rendre compte de ce qui s'est passé pendant son absence; mais j'étais saisi presque aussitôt par les parents de mon

élève, et il a fallu consacrer toute une journée, Marie
et moi, à leurs affaires de famille. Puis une correspondance arriérée, une visite à notre église provisoire
et aux Soualhat. Bref, si je suis en retard avec toi,
c'est que je n'ai pu faire mieux.

Marie de Maleplane me fait connaître, par une
charmante lettre, que la tante et elle sont tentées de
venir nous visiter. Tu penses bien que je me suis
empressé de les corroborer dans leur quasi résolution.
Il est donc possible que d'ici à peu tu reçoives la
visite de ces bonnes parentes, car elles ne peuvent
nous arriver que par Clermont.

Et notre petite sœur ? Je suppose qu'elle a complété
le narré de son voyage et de sa réception. Je vais lui
écrire *illico* pour provoquer une réponse.

Malgré les ennuis et la douleur d'une séparation
nouvelle, je suppose que cette seconde fugue au pays
du cidre (je dis cidre et non pas Cid) te préoccupe
moins que la première. Les sympathies qui l'attendent
dans son provisoire te mettent à distance du baume
au cœur, bien que ce provisoire soit bien long.

Adieu, chère sœur, fraternellement à toi.

LOUIS.

Lampre, 1er décembre 1883.

MA CHÈRE ROSE,

Tu me dis que, pour une fois encore, je dois me
contenter de ta prose en attendant celle de Marie-

Ursule. Cela n'est pas gentil, comme on dirait à Avallon. Un proverbe, il est vrai, dit que « faute de grives on mange des merles. » Mais, de mes deux sœurs, laquelle est la grive, laquelle est le merle? C'est ce que je n'ai jamais pu décider. Et, s'il faut dévoiler toute ma pensée, toute... j'aime le mélange, même en gastronomie.

Depuis ma *dernière*, un très gros événement s'est passé dans notre canton. Nous sommes enfin reliés à la France par une voie ferrée. Nos locomotives ne marchent guère pour le moment que comme faisaient jadis les carrosses de Louis XIV, et les correspondances ont un retard de vingt-quatre heures; n'importe! nous sommes en progrès!

Nous avons banqueté à plusieurs reprises à l'occasion de l'ouverture de la ligne. Messieurs les administrateurs des houillères nous ont donné un festin de Balthazar, moins le *mane thecel phares*, que du reste personne ne réclamait. M. de Lapparent nous a servi à la place un *speech* d'une délicatesse et d'un à propos charmants. Ici nous ne sommes pas faits à ce langage châtié, étincelant et merveilleux. Un bourgeois quelconque — inutile de citer le nom — a eu l'audace de répondre; pauvre garçon! Néanmoins, il a paru content de lui; c'est triste!

T'ai-je dit que l'abbé V. et l'abbé L. nous ont fait la surprise de venir nous demander à déjeuner par un des beaux jours d'octobre? Ce sont deux hommes d'esprit, fort aimables, et la petite *Semaine* ira bien tant qu'elle aura ces deux colonnes pour la soutenir. Par malheur, l'un est valétudinaire, et

3

l'autre traqué comme un fauve par tous les suppôts de la République satanique du pays.

Mon article Vichy a été absolument éreinté par le prote. Que de coquilles, grand Dieu! et quelles coquilles! Mais j'ai pris mon parti; le métier est entré sans doute, je ne sens plus les piqûres.

Je suis bien aise que tu apprécies *la Fille de Roland*. Ton bon goût ne pouvait faillir. Qu'en dit notre agneau Benjamin?

Jamais Lampre ne m'avait vu gigoter comme je le fais depuis mon retour de Vichy. Les médecins m'ont tous ordonné de l'exercice et recommandé de casser mon bois. Je laisse ce soin à mon domestique; mais je cours, je m'agite, je sors en voiture, *que c'est une bénédiction!* On ne voit que moi sur les routes.

Adieu, petites sœurs, ni merles ni grives; c'est colombes qu'il faut dire. N'oubliez pas que, malgré mes courses folles, les soirées d'hiver sont longues, et que chacune de vos lettres est un rayon de soleil.

Mes respects à M. l'Aumônier; hommages et souvenirs aux Révérendes Mères et aux cousines.

Louis.

Lampre, 30 décembre 1883.

CHÈRE SŒUR,

Marie-Ursule vient de m'adresser quelques mots par lettre postale, en me promettant une lettre plus

sérieuse et plus détaillée sous peu de jours. Elle se
doit d'abord à la correspondance officielle, c'est très
bien; mais ce qui m'afflige, c'est d'avoir été prévenu.

Figure-toi que j'avais discuté avec moi-même un
plan épistolaire qui devait confondre tous mes détrac-
teurs. Je devais, en un mot, être le premier à apporter mes souhaits de bonne année à tous ceux qui me
préviennent d'habitude, et voilà que la lettre postale
d'Evreux vient renverser de si beaux plans! Aussi, je
prends la plume, et ne la quitterai que lorsque j'aurai
épuisé jusqu'à la lie le calice d'amertume représenté
par une centaine de cartes et une quinzaine de lettres.

Mais, avant de boire la lie, je me verse quelques
gouttes de nectar en t'adressant mes vœux, les vœux
d'un frère gâté par l'affection de sa sœur.

Dis-moi, ma chère enfant, si tu te fais tant bien
que mal à l'absence de Marie-Ursule? Il me semble
qu'elle doit manquer un peu au monastère de Saint-
Alyre; mais, si j'en juge par l'unique lettre que j'aie
reçue en dehors de la carte postale, Evreux ne s'en
dessaisira que contraint et forcé.

As-tu lu dans les *Annales de la Congrégation des
Oblats* le récit de l'excursion de Marc à travers les
Iles Britanniques et sa réception à Inchicore? C'est
écrit d'un style alerte et joyeux, qui témoigne tout
à la fois d'une bonne santé corporelle et d'une allégresse d'âme inépuisable, malgré le *fichu* temps que
nous traversons.

Nous avons eu plusieurs visites durant le dernier
mois. Il est question d'aller fêter les Rois à Mauriac.
Les Rois! en ce temps d'ignoble république!

Adieu, très chère, je t'écrase d'amitiés fraternelles.
Cela ne peut te tuer à si longue distance.

LOUIS.

Lampre, 11 février 1884.

MA TRÈS CHÈRE SŒUR,

S'il suffit à ta félicité d'un petit barbouillage fraternel, sois heureuse, le voici! Ta charmante lettre
mérite bien d'ailleurs une prompte réponse, sans
compter que tu me promets en retour une nouvelle
page avant le carême.

Je te félicite de ta modestie. Elle est évidemment
en grand progrès, puisque tu donnes à ta sœur et à
tes frères — quoique Limousins — l'esprit que tu te
refuses. Allez! ma sœur, vous êtes dans la bonne
voie, puisque vous possédez l'humilité, la reine des
vertus.

J'ai reçu ton Noël bénédictin. Il est charmant, en
effet, et d'une coupe naïve, musique et poésie, qui
nous ramène fort en arrière vers les siècles des siècles. Aujourd'hui, nous avons perdu la naïveté; nous
sommes des raffinés, boursouflés et vaniteux en
toute chose : musique, littérature, etc. Cette réflexion
toute philosophique me fait glisser tout naturellement vers la politique, sur laquelle tu m'interroges.

Quoi que disent et fassent les habiles, la mort du
Comte de Chambord est pour la France un châtiment
et un immense malheur; mais le Comte de Paris est

son successeur légitime, malgré les taches ineffaçables de sa race.

S'il n'a pas l'ampleur royale de notre grand Henri V, il a ses qualités morales et sa piété; cela semble résulter de tout ce qu'on murmure à son sujet. Dernièrement encore, une lettre du général de Charette, dont on m'a donné verbalement le contenu, affirmait ce que je dis là.

Mais, tout en représentant chez nous le principe de la Monarchie traditionnelle, le Comte de Paris est-il appelé à régénérer la France, et la France sera-t-elle régénérée et sauvée? Voilà la question. Nous sommes si pervertis, si corrompus, si bêtement pleins de nous-mêmes, malgré notre insuffisance et notre abaissement, qu'on se demande si le Christ n'a pas renoncé à combattre avec ses Francs et pour ses Francs.

Adieu, chère petite, tu sais bien que je t'aime.

LOUIS.

Lampre, 29 avril 1884.

MA SŒUR CHÉRIE,

Il est bien temps que je secoue les cendres qui obstruent toutes les avenues de mon intelligence pour t'adresser enfin un *Resurrexit*. Comme j'ai eu la triste audace de passer et même de dépasser le carême sans t'écrire, je suppose que, malgré ta bienveillance, tu me condamnerais à vivre de silence si je ne te provoquais, et ce serait justice. Mais voici un petit mot qui t'obligera à plier en quatre, dans une prochaine lettre, un de tes meilleurs sourires, et à me l'expédier sans rancune.

Nous avons passé une partie du carnaval et quelques jours du carême à Egletons, au sein de la famille S., nos bons voisins de Madic. Puis sont survenues les courses d'affaires pour cause de changement de fermier et de cuisinière, et aujourd'hui nous sommes au repos, au milieu de Lampre qui reverdit, auprès des oiseaux qui chantent, et entourés de six membres de la famille M., qui resteront ici une bonne quinzaine.

Le 6 mai, confirmation à Champagnac; le 11, fête de Notre-Dame-des-Miracles, rehaussée par la présence de Nosseigneurs de Saint-Flour et de Tulle. Je vais donc voir ces prélats tout à mon aise.

Je te quitte, chère sœur, pour expédier quelques lignes à la Révérende Mère Supérieure d'Evreux. Marc a dû la voir, s'il a tenu la promesse qu'il s'était faite d'aller régler sa montre dans le département de l'Eure. Grâce pour celui-là!

Tout à toi.

Louis.

Lampre, 21 octobre 1884.

Ma chère Marie-Rose,

J'ai cru pendant près de trois mois m'embarquer chaque jour pour Clermont. Mes illusions baissent un peu plus à chaque feuille qui tombe, et j'en suis réduit à t'embrasser à distance. — Ah! pardon; j'oubliais les grilles!...

Mes rhumatismes m'imposaient Vichy; les instances pressantes et réitérées des Mandelot me faisaient un devoir — aimable devoir — d'aller les visiter au Perray, etc. Tout cela semble tomber dans l'eau, comme ma visite annuelle à Saint-Alyre. Si je souffre de cette déconvenue, je n'ai pas à te le dire!... mais la Providence me ménage peut-être quelque trouée par laquelle je pourrai m'échapper. J'attends donc sans trouble.

Ma santé, puisqu'il en faut parler, est assez bonne; celle de Marie est chancelante, et, en vérité, je l'excuse beaucoup de redouter les sorties.

Nous avons souvent fait la navette entre Lampre et Madic. Nos aimables voisins ont été pendant près de trois mois en perpétuel festival; cela nous a tenu lieu de vacances.

Je ne te parle pas du parti politique mort-né, à la tête duquel il a été regrettable de voir des hommes honorables. On les a ridiculisés sous le nom de *Blancs d'Espagne,* car c'est dans la race de Philippe V qu'ils allaient nous chercher un monarque.

Adieu, chère petite, reçois mes fraternelles amitiés.

Louis.

Lampre, 13 avril 1885.

MA CHÈRE SAINTE-ROSE,

J'ai vu hier la petite Gabrielle B., — un bien mauvais sujet au point de vue médical. — Je l'ai trouvée cependant en meilleur état qu'à son départ : bonne note pour Saint-Alyre.

Elle te dira que nos santés sont suffisantes. Marie cependant en est à son second rhume; mais il s'achève, et, si les beaux jours viennent enfin remplacer la neige, il n'en sera plus question d'ici à peu de temps.

Je te félicite de ce renouveau d'harmonie et de poésie. Tu ne pouvais mieux employer ta verve qu'en donnant aux élèves de Saint-Alyre un brevet de bon caractère et de bonne éducation. Sous forme de *coda*, je propose une conclusion politique.

> Pourquoi derrière cette grille,
> Siffle Grévy, d'un air navré,
> N'ai-je pas mis jadis ma fille ?
> Moi, ma femme, dit Compayré !

> Holà ! fermerons-nous boutique,
> Hurle Paul Bert, pour un couvent !
> En avant l'école laïque ;
> L'école laïque en avant !

Rien n'est ridicule, bête et désastreux en résultats comme ce laïcisme à outrance. J'en sais long aujourd'hui, grâce à une institutrice suppléante qui parcourt successivement toutes les écoles municipales, et me met au courant des exploits de la gent pédagogique.

Je suis comme toi sans nouvelles d'Évreux. Je vais aller frapper à la porte de la communauté pour mettre la Supérieure dans l'obligation de m'écrire.

Adieu, chère sœur, et fraternellement à toi. Alleluia !

LOUIS.

Lampre, 29 juin 1885.

MA CHÈRE MARIE,

Dans cette dernière quinzaine, diverses petites raisons m'ont tenu éloigné de toute correspondance, et tout particulièrement la visite des T., auxquels j'ai été heureux de faire les honneurs du pays.

Ma lettre arrivera-t-elle à temps pour que tu exprimes à nos bonnes parentes de Maleplane le regret que j'éprouve à ne pas les rencontrer au parloir de Saint-Alyre? La déception est d'autant plus piquante que je dois sous peu te présenter mon masque; mais impossible de partir aujourd'hui!

De Vichy, où je dois me rendre prochainement, je pousserai vraisemblablement jusqu'au Perray, chez les Mandelot, dont la gracieuse et solide affection ne cesse de me harceler.

J'ai fait entrevoir à ces bons amis que je pourrais bien donner rendez-vous chez eux au père Marc; là-dessus, explosion de joie! Je m'en suis ouvert à l'Oblat, et j'attends sa réponse; mais tant de liens enchaînent les religieux, que j'ose à peine me bercer de l'espoir de lui faire accomplir cette charmante et salutaire villégiature.

A bientôt, chère sœur, le bonheur de se revoir, et de parler un peu à travers les grilles des vivants et des morts qui nous sont chers.

Entre-temps, nous pourrons dire notre mot sur

l'apothéose du dieu Hugo et sur la république de bonne odeur.

A bientôt, à bientôt!

LOUIS.

Vichy, 9 août 1885.

CHÈRE SŒUR,

Tout se passe bien ici; Marie a suivi un petit traitement qui lui a rendu l'appétit, et son estomac proteste à peine contre la nourriture.

J'ai fait quelques bonnes rencontres, dont je me réserve de te parler.

Notre docteur est un catholique, un royaliste très chaud et un homme charmant. La table d'hôte est uniquement composée de pensionnaires qui croient en Dieu et abominent la République; il y a donc moyen de s'entendre.

Marc m'a écrit plusieurs fois : il conserve toujours, dit-il, l'espérance, la santé et une suffisante bonne humeur, malgré le milieu infect où il est condamné à vivre.

A bientôt, et cordialement à toi.

LOUIS.

Le Perray, 27 août 1885.

MA CHÈRE MARIE,

Tu n'imagines pas, je suppose, que j'aie pu oublier ta fête; mais, contre mes habitudes, je me suis réservé pour sainte Rose de Lima.

Reçois donc tous mes vœux. Je ne saurais rien ajouter à ceux que je t'exprime chaque année. Tourne-les, retourne-les, tu les trouveras toujours pénétrés d'affection fraternelle.

Nous ne savons comment nous arracher à la douce intimité qui nous rend le Perray si agréable. Ces bons amis nous enlacent, nous ferment la bouche, nous accablent de propositions irréalisables, mais qui nous montrent jusqu'à quel point ils sont bienveillants pour nous.

Les trois fillettes sont les plus gentilles du monde; on n'oserait choisir dans ce trio qui forme le plus charmant bouquet. Très bonnes musiciennes, elles me tiennent sous le charme avec leur piano et leur harmonium. Deux chantent très gentiment. C'est pieux, c'est bien élevé, cela regarde droit, rit de bon cœur et travaille à l'avenant.

Je remonte le passé avec la grand'mère, et nous avons ensemble d'interminables conversations.

On s'arrache difficilement à ce milieu, surtout quand chacun des membres de la famille s'obstine à vous entraver de toutes les façons les plus charmantes.

Cordialement à toi.

LOUIS.

Lampre, 30 décembre 1885.

MA CHÈRE ROSE,

Très affectueux et très longs souhaits dans une courte lettre, c'est bien cela, n'est-ce pas, à cette époque de l'année?

Je suis effrayé de la situation que j'ai à liquider : j'ai déjà expédié je ne sais combien de cartes, écrit plusieurs lettres, et je ne suis qu'au début. Il est vrai que me voilà bien en position d'occuper ma plume.

Je dois t'avouer que je termine tout doucettement une petite crise de rhumatisme, pas bien douloureuse, puisque je n'ai pas gardé le lit un seul jour complet, mais un peu longue, car elle date du 10 de ce présent mois.

Ne t'inquiète pas, chère petite; déjà je marche cahin-caha, et, si le temps reste au beau, dans deux ou trois jours je reprendrai mes habitudes.

Le *Courrier d'Auvergne* est inondé de ma prose. C'est une vaillante petite feuille, où s'escriment les trois anciens rédacteurs de *La Semaine*, avec le concours de quelques bonnes volontés de passage.

Tous mes vœux aux Révérendes Mères et aux cousines; à toi tout ce que j'ai de meilleur au cœur.

LOUIS.

Lampre, 31 janvier 1886.

MA CHÈRE ROSE,

Tu me combles, et je ne sais plus comment m'acquitter envers toi. Oui, cette impression est ravissante, et l'œil charmé provoque l'esprit à la lecture de ces intéressantes pages. Merci, ci... ci... ci... Merci! je n'ai que cela à te dire.

Le rhumatisme va bien, c'est-à-dire qu'il m'a quitté ou à peu près.

Je remercie les Révérendes Mères et les cousines de leur sympathie et de leurs prières.

Fraternellement à toi.

LOUIS.

Lampre, 10 avril 1886.

MA CHÈRE MARIE,

En t'adressant les quelques paroles que j'ai prononcées sur une chère mémoire, je te demande tes prières et celles de la communauté.

J'ai assisté à cette fin douloureuse, mais tout embaumée de foi virile et d'espérance chrétienne. Depuis près de dix jours, je ne quittais guère ce chevet, auprès duquel le mourant voulait toujours me voir. Il a été fidèle à l'amitié; je veux être fidèle aussi.

Nous avons eu récemment un enfouissement laïque

à Riom-ès-Montagne; la mort chrétienne de M., si intelligent, si ferme de jugement et d'esprit, est une consolation pour les catholiques de la région.

Tout à toi, chère petite sœur.

LOUIS DE L'HERMITE.

« MESSIEURS,

« La dépouille mortelle que nous venons de confier à la terre fut pendant soixante-dix-huit ans la compagne d'une grande intelligence et d'un grand cœur.

« Est-il besoin de rappeler ce que fut M. M., notre regretté compatriote? Depuis longtemps, la voix publique l'avait proclamé le premier homme d'affaires de notre département. Je vais plus loin : ceux qui l'ont vraiment connu, — je parle des hommes capables de juger un homme, — sont unanimes à reconnaître que, sur un théâtre plus vaste, cette nature exceptionnellement douée eût joué le premier rôle, aurait lutté de pair avec les juristes les plus consommés.

« Je ne parlerai pas de l'homme public, parfois méconnu, toujours supérieur à l'épreuve. Tous, Messieurs, à une heure ou à une autre, vous l'avez approché; tous, par conséquent, vous avez subi plus ou moins le charme irrésistible de cet esprit vigoureux, si complet dans sa diversité, toujours armé pour les discussions les plus ardues, disposant toujours des meilleures ressources de l'intelligence la plus prompte, du jugement le plus sain qui furent jamais.

« Mais je pourrais, mieux qu'un autre peut-être, parler de l'homme privé qui m'honora pendant de longues années de son utile et constante amitié.

« Pour le public, M. M. était un érudit, un lettré, un légiste sans pareil ; il portait au front comme une auréole d'omniscience. Pour quelques privilégiés, ce fut l'homme bon du foyer domestique, causeur intarissable et charmant, étincelant de verve, affable, séduisant, d'un dévouement sans bornes.

« Cet homme-là, Messieurs, c'est celui que j'ai connu, celui auquel je garde toutes les affections de mon cœur. Je pourrais en parler longuement ; j'aime mieux laisser la parole aux immenses regrets de la famille de ce patriarche et à l'éloquente manifestation du deuil public.

« J'ajouterai cependant, Messieurs, qu'il y avait en Théodore M. un homme que j'admire plus que le savant et le légiste, que j'aime mieux encore que l'homme de l'intimité, c'est le chrétien.

« Ah ! ce fut un grand chrétien ! Il le fut durant toute sa vie ; mais, dans sa dernière maladie, il a donné les preuves d'une foi si robuste, qu'il peut être cité comme exemple à ceux qui ne veulent pas rompre avec les traditions catholiques.

« Jadis, Messieurs, à l'heure des suprêmes adieux, nos pères s'endormaient en disant à leurs enfants et à leurs amis : « Au revoir ! » Il n'y avait pas d'exception à la règle. Aujourd'hui, des cerveaux que j'ose qualifier de mal équilibrés, cherchent à se persuader qu'il n'y a rien par delà la tombe. Ils ne feront pas école dans notre religieuse Auvergne. Nous continuerons à prononcer le mot consolant du revoir ; mais trois fois heureux ceux qui, comme M. Théodore M., passent du temps à l'éternité avec toutes les garanties de la béatitude future.

« Parents désolés, séchez vos larmes, vous avez un protecteur au ciel.

« Ami très cher, adieu pour peu de temps.

« LOUIS DE L'HERMITE. »

6 avril 1886.

Lampre, 2 mai 1886.

CHÈRE SŒUR,

Merci de ta bonne lettre. Ah ! que cela fait de bien de se sentir ainsi aimé !

L'état de Marie s'est beaucoup amélioré. Toute idée de fluxion de poitrine est écartée. Nous avons eu affaire à une très grosse courbature, avec complication du côté de l'estomac et des intestins.

Merci de tes prières et de celles que tu as récoltées.

Aujourd'hui, inauguration de notre nouvelle église. J'attends le doyen de Saignes, avec lequel je vais me rendre à Champagnac. Ouverture du Jubilé dimanche prochain, par le R. P. Berger et un second Père Jésuite. Bonne affaire d'avoir le P. Berger !

Souvenirs et reconnaissance à tous ceux qui ont prié pour nous, à toi tout particulièrement, ma chérie Rose.

LOUIS.

Lampre, 18 juillet 1886.

MA CHÈRE SŒUR,

Suis-je bien en retard avec toi ? je me le demande, parce que je me perds dans ma correspondance, bien qu'elle soit moins active que celle d'un ministre, et le plaisir que j'ai à recevoir des nouvelles me fait croire assez volontiers que j'ai toujours l'avance sur les autres.

Ton dernier mot, que je relis, est daté du 4 courant. Aïe ! aïe ! plus d'illusion possible.

Eh non, ma bonne, le P. Berger ne m'a pas converti, bien que je me sois saturé de son éloquence ; ce sera pour une autre fois peut-être.

Quant à l'animal, il va comme sur des roulettes, malgré son âge. Le malheur est que ces roulettes tournent sempiternellement — que c'est long ce mot ! — sur la terrasse de Lampre. Le forcerai-je à rouler sur la route de Clermont ? Cela est encore à voir ; mais je ne désespère pas.

La République s'acharne à faire les affaires de la Monarchie. Encore quelques violences, quelques expulsions et quelques impôts, et l'affaire deviendra bonne. Il est impossible d'être plus complètement dans le gâchis, et c'est pourquoi il est permis d'espérer ; tout ne sera sauvé que lorsque tout semblera perdu.

Les lettres d'Autun sont toujours nombreuses et

pressantes; de ce côté-là encore il y a une question à résoudre.

Je suis entouré de tes deux chiens, le griffon noir et le danois. C'est à peine si je t'ai remerciée de ces deux emblèmes de la fidélité, et cependant l'un d'eux me tire la langue comme pour me faire comprendre que je ne lui donne pas à boire. A-t-il soif de ma prose? Tiens, tiens, mon Fidèle, avale, et reçois les caresses que je voudrais pouvoir faire à celle qui t'a confié à moi. Vrai, chère sœur, griffon et danois sont deux charmants bibelots.

Lampre est en ce moment d'un coquet! Tout est vert, frais; les corbeilles s'épanouissent, et de voleurs, il n'en est plus question.

Adieu, sœur très chérie; et quand tu écriras, double, je te prie, la dose; il me semble que tu prends l'habitude de la feuille simple.

LOUIS.

Vichy, 20 août 1886.

MA PETITE SŒUR,

Deux mots de souvenir et quatre mots de détails.

Me voici à l'hôtel Fénelon, côte à côte à table avec un vicaire de Lyon, agréable d'esprit et de conversation. Nous nous sommes voués un peu l'un à l'autre, et déjà nous avons fait de longues promenades.

J'ai trouvé ici, avec M. de Tessières, Frédéric du Authier, sa femme et leur fils Louis; tout ce monde-là

est charmant. De plus, quelques connaissances d'Auvergne, et entre autres un charmant petit vicaire de
Mauriac, qui a eu la naïve bonté de me dire que son
curé lui avait conseillé de me fréquenter, car il ne
pouvait qu'y gagner !!! Où allons-nous, grand Dieu !
si Garot doit faire la leçon à son curé !

Marc m'attend et me mènera à Évreux ; de là j'irai
à Autun, et je reviendrai par tes grilles où nous cau-
serons de la Normande et de l'Oblat ! · · · ·

Tout à toi.

LOUIS.

Lampre, 26 décembre 1886.

MA CHÈRE SAINTE-ROSE,

Je commence par toi mon travail épistolaire de fin
d'année. N'est-ce pas à toi, chère sœur, que vont tout
naturellement mes meilleurs vœux ?

Faut-il faire des souhaits particuliers ? Je serais
disposé à le croire en songeant à la mesure radicale
que vient de prendre Saint-Alyre.

Est-ce simple prudence ; est-ce qu'il y aurait eu
quelque cas typhoïde dans le monastère ?

J'apprends aujourd'hui par Lempret que le fléau
est en décroissance à Clermont, et je suppose que vous
ne tarderez pas à rappeler vos élèves. Cette épidémie
me semble être une importation du Tonkin. Donne-
moi, je te prie, quelques détails.

Une légère indisposition de Marie m'a fait manquer

le voyage de Limoges. On me sollicitait de me rendre au congrès des cercles ouvriers. C'était une tentation d'autant plus grande que M. de Mun devait parler. J'allais boucler ma malle lorsque Marie, à la suite d'une sortie par un temps froid, a été subitement prise de malaise, et j'ai dû renoncer à mon projet. Du reste, l'indisposition n'a pas eu de suites; mais cette santé est bien chancelante!

Je te donnerai prochainement des nouvelles de mes deux *petites saintes*. C'est très probablement à Toulouse qu'elles seront imprimées, tout auprès de leur sœur, sainte Germaine de Pibrac.

Nous sommes sous une large couche de neige. Hier, un peu de dégel et les routes impraticables. C'est le temps des longues lectures au coin du feu, et je ne m'en prive pas.

Beaucoup de Jubilés dans le canton depuis deux mois. Tous ont donné la preuve que la foi est encore vive dans le Cantal.

Nouvelles déjà anciennes de Marc et d'Évreux; mais voici le moment de se parler, c'est inévitable.

Merci de ta musique. Il me semble que ce cahier, très humble d'apparence, contient des beautés de premier ordre.

Mille, mille, mille amitiés fraternelles.

LOUIS.

Lampre, 12 mai 1887.

CHÈRE SAINTE-ROSE,

Figure-toi que mes drames vont avoir de la musique, grâce à l'obligeante initiative de mon excellent aumônier [1] qui en a chargé un de ses amis, artiste de bon coin.

C'était à toi que revenait cette charge; mais je n'ai pas osé dire à mon bienveillant abbé que j'avais une sœur qui ferait peut-être mieux encore que son ami. J'attends cette production, que je me hâterai de soumettre à ta *haute compétence.*

Marc revient de Rome, toujours quatrième assistant et confiné de nouveau à Paris pour six ans. Il paraît enchanté de tout ce qu'il a vu et revu, mais surtout du Saint-Père, dont l'accueil à ses fils Oblats a été des plus aimables.

Pauvres bonnes Mères, mes vénérables amies, comme elles vont manquer à mon Saint-Alyre!

Respects et amitiés aux survivantes et aux nièces.

A toi,

LOUIS DE L'HERMITE.

1. M. l'abbé Vielle, aumônier du Sacré-Cœur de Toulouse.

Lampre, 8 juillet 1887.

MADAME, MA SŒUR,

Il est de mon devoir de rectifier vos idées au sujet
du scrutin de dimanche dernier; il s'agissait tout simplement d'élire un conseiller municipal.

Il est vrai que la presque unanimité des suffrages
me désigne comme le prétendant le plus sérieux aux
redoutables fonctions de maire; mais j'ai encore à
subir une seconde épreuve, le scrutin du conseil municipal.

Hélas! je ne me fais pas d'illusion; il est probable
que je serai bombardé maire! Ne me félicite pas,
plains-moi.

La commune de Champagnac, la plus grande et de
beaucoup la plus importante du canton, doit mener
à bonne fin une foule de choses qui l'intéressent, et
dont je vais endosser la responsabilité : question
d'achèvement d'église, questions de mines, de voirie,
de communaux, etc. C'est à faire trembler! D'autant
que, si le Saint-Esprit n'a pitié de moi, je suis incapable de mener tout cela à bonne fin.

Quant au Conseil général, petite, il faut en prendre ton parti. On me pousse, et mon élection populaire m'interdit de refuser la candidature; mais je
resterai sur le carreau, c'est plus que probable, pié-
tiné par le candidat républicain, une espèce de rustre
sans valeur, prêt à endosser tous les uniformes pour
provoquer un succès.

Ainsi c'est dit : salue le vainqueur d'hier et apprête-toi à offrir tes condoléances au vaincu de demain. Remercie plutôt le bon Dieu de retrouver dans ton cher Lili quelque chose du caractère de ce papa Félix, qui, même en temps d'élection, n'eût pas connu le mensonge.

Mes hommages et mes souvenirs aux bonnes Mères, aux petites nièces et à la si charmante Sœur Chevalier.

A toi, petite !

LOUIS.

Lampre, 6 août 1887.

MA CHÈRE ROSE,

Tu sais sommairement les incidents de la lutte électorale dans notre canton par notre charmante nièce Claire.

Inutile de t'en dire bien long : la chose s'est passée selon les mœurs et les habitudes des républicains, lorsqu'ils sont intéressés dans une question.

La lutte déjà désavantageuse pour moi, à cause de la position centrale de mon concurrent dans le canton, de son titre de notaire, de conseiller d'arrondissement, etc., l'a été bien davantage par le soutien qu'il a trouvé dans l'administration à tous les degrés de l'échelle. Le vin, le vol et le mensonge ont achevé l'œuvre des facteurs, des gardes champêtres, des greffiers de la justice de paix, etc. On porte jusqu'à cent cinquante le nombre des voix qui m'ont été absolument volées, pendant qu'on attribuait à mon adversaire les voix des absents. Tout cela est écœurant, mais instructif.

J'espère avoir mené la campagne sans défaillance, sinon sans fatigue. Reste la mairie de Champagnac à remettre sur ses aplombs : grosse affaire ! Demain, séance du conseil municipal, où vont se débattre nos questions financières d'écoles, d'église, etc. J'en ai fini, je le crois, avec ma vie de travail intime; mais je ne veux pas, sur la fin de mon existence, refuser l'occasion qui m'est providentiellement offerte de rendre quelques légers services à la cause de la Religion et de la Justice dans notre malheureux pays.

A bientôt, je l'espère, mes deux petites saintes, que j'ai dû laisser sommeiller pendant cette période agitée.

Je n'ai pas besoin de te dire si j'ai souffert de voir Marc s'éloigner prématurément de Lampre ! Mais nous étions envahis par les quémandeurs et les mouches du coche qui se glissaient au milieu des vrais amis.

A toi.

LOUIS.

Lampre, 13 août 1887.

MA CHÈRE PETITE SŒUR,

Ma correspondance, très chargée en ce moment à cause de mes nouvelles fonctions, ne sera pas plus lourde lorsque j'y aurai joint ces quelques lignes à l'occasion de ta fête, et me serai donné la satisfaction de te faire poser devant moi pendant une minute. Donc, à travers les grilles, saisis au passage les tendresses que je t'envoie.

Je n'ai pas besoin d'être consolé, petite! avant de combattre, je connaissais le résultat. Je n'ai eu ni déboires ni regrets, absolument comme si j'appartenais à la race du héron; mais, hélas! je dois mon flegme à la vieillesse, ce qui m'enlève tout le mérite de mon impassibilité.

Georges Tom a fait, pendant et après la lutte, deux articles trop élogieux; le rédacteur du *Moniteur d'Aurillac* a bien voulu me féliciter sur ce qu'il appelle ma courageuse attitude; les mineurs, harangués par moi, se sont écriés : « Celui-là au moins dit ce qu'il pense! »

Je ne te parle pas de mes amis, les de Soualhat, les de Vaublanc, etc., qui se sont vaillamment rangés à mes côtés et restent mes amis après l'échec comme ils l'étaient avant. Enfin, chère petite, toutes les honorabilités du pays m'ont prodigué toute leur activité et tout leur dévouement; mais quelle misère que ce suffrage universel! il faut voir cela de près. A côté de quelques caractères énergiques que de défaillances!

Je serais intarissable, ma chère sœur, mais le temps me presse.

Adieu.

LOUIS.

Lampre, 29 août 1887.

MA CHÈRE SŒUR,

Il me semble, bien que je ne sois pas très solide sur les dates et la liturgie, qu'il y a dans ce bienheureux mois d'août une fête en l'honneur d'une Rose. Naturellement, s'il y a fête au ciel pour une Rose, tu dois avoir ici-bas, dans cette vallée de larmes, un petit reflet des joies du ciel! Je viens donc te féliciter.

Cela dit, je te quitte subito. Cette malheureuse commune, trop négligée depuis longtemps, me donne beaucoup d'occupations et de préoccupations. Dans tes prières pour le frère Louis, songe un peu à M. le Maire.

Tout à toi.

LOUIS DE L'HERMITE.

Lampre, 16 octobre 1887.

MA CHÈRE SAINTE-ROSE,

Je te remercie de l'envoi que tu viens de me faire par l'intermédiaire de Mme X. Avec toi, il faut toujours s'attendre à quelque gracieuse surprise.

Je vais t'expédier sous peu de jours — enfin! — *Sainte-Philomène et Sainte-Catherine*. L'édition est fort belle.

Le premier exemplaire, magnifiquement relié, va

prendre le chemin de l'évêché de Saint-Flour, pour être joint aux offrandes du diocèse au Saint-Père à l'occasion de ses Noces d'or.

Qu'en dis-tu, sœur? voilà du toupet! Si par hasard le volume tombe entre les mains de quelque cardinal, — ce qui m'étonnerait, — il me semble entendre l'exclamation : *Maraviglioso!* l'écrin vaut mieux que la perle!

Figure-toi que nous sommes sous la neige depuis ce matin, avec un froid tellement vif qu'on se croirait au mois de janvier.

Adieu, petite sœur; mes hommages aux Révérendes Mères et mes amitiés aux cousines.

Tout à toi.

LOUIS DE L'HERMITE.

Lampre, 11 novembre 1887.

MA CHÈRE ROSE,

Je vais expédier les deux exemplaires aux adresses que tu me donnes. Je ne te dis pas merci pour le Sacré-Cœur, point n'est besoin, mais merci pour ton dévouement fraternel.

Je suis fort occupé : il y a un redoublement d'affaires à la mairie, au moment où j'aurais besoin de tout mon temps pour suffire à ma propre correspondance.

J'ai reçu nombre de lettres flatteuses.

Celle de Mgr de Saint-Flour est charmante et émue.

Il parle de belle et bonne œuvre, de divulgation et de propagande dans les écoles catholiques, etc.

Voici la réponse de M. Henri de Bornier, l'illustre auteur de la *Fille de Roland*.

« Paris, 5 novembre 1887.

« MONSIEUR,

« J'ai reçu et je me suis empressé de lire vos deux beaux drames. Il y a là un sentiment profond, une élévation rare; le mérite religieux et poétique est égal dans les deux ouvrages.

« Cependant, j'ai une préférence pour *Sainte-Catherine* au point de vue dramatique, parce qu'il y a le rôle de Faustine; c'est le côté original de la pièce, et même je voudrais que la lutte entre l'Empereur et l'Impératrice fût développée encore plus.

« N'importe, voilà deux œuvres fortes, réellement fortes, et je vous félicite d'y avoir attaché votre nom, comme je vous remercie de me les avoir adressées.

« Agréez, Monsieur, l'expression sincère de toutes mes sympathies.

« HENRI DE BORNIER. »

Je mets de côté toute modestie pour te mettre au courant de ma petite besogne. Quelle chance si l'on pouvait récolter quelques petits sous pour le Sacré-Cœur, et comme ce serait de l'argent placé à haut intérêt!

Adieu, ma sœur. Marc prêche aujourd'hui à Montmartre.

Mon aumônier de Toulouse, l'abbé Vielle, — n'oublie pas ce nom, — se charge de rédiger le prospectus, et d'agir vigoureusement dans le cercle de ses relations.

Joseph de l'Hermite a eu vent de la publication. Il m'écrit un mot charmant, en me demandant cinq exemplaires et le prix, voulant, dit-il, contribuer à la bonne œuvre.

Adieu encore.

Ton Louis.

Lampre, 6 décembre 1837.

MA CHÈRE SAINTE-ROSE,

Hier, *je suis été* passer la journée à Auzers, auprès de l'ami L., qui m'attendait depuis longtemps. Quelle journée! Nous étions quatre : le curé, le vicaire, l'abbé et moi. Non, non, jamais *républicains* n'ont passé une si délicieuse après-midi!

Quel dommage que cet esprit étincelant soit logé dans une pareille guenille! (Je parle au point de vue de la santé, bien entendu).

« Mais, mon pauvre abbé, il n'y a rien dans votre soutane que de l'esprit! » Cet excellent prêtre a des crises de bronchite à étouffer, et il sort de là tout riant en disant : « Je suis un homme fini! eh bien, après? N'avez-vous pas terminé votre *Philomène* par ces mots : l'Église est immortelle! Cela suffit. »

Le curé d'Auzers, homme très fin, très sagace esprit, ne dédaigne pas le temporel quand il héberge des amis, et c'est lui qui nous hébergeait. Quels vins ! Mais les Bordelais nous eussent lapidés, à nous voir l'abbé L., et moi, gosiers épais, boire cela comme de la piquette.

Je suis revenu par la nuit la plus noire qui se puisse imaginer. « Vois-tu la route, Couderc ? — Non, Monsieur, mais les chevaux la voient. — C'est bien ! quand tu auras versé, tu m'avertiras ? — Oui, Monsieur. » Tout s'est bien passé, malgré nos trois heures à travers ce brouillard impénétrable.

Bonnes nouvelles de Marc : il va, dit-il, de mieux en mieux, sauf les yeux qui demandent encore à ne pas être surmenés. Il regrette le brave général Folloppe, son ami, qui vient de mourir comme il avait vécu, sans peur et sans reproche.

J'ai reçu, par le représentant du Comte de Paris dans le Cantal, un *satisfecit* du prince en bonne forme pour avoir soutenu la candidature conservatrice dans le pays. Le Comte de Paris était au courant de la lutte et savait que j'engageais la partie sans espoir de vaincre.

Adieu, chère Rose, occupe-toi de moi auprès du bon Dieu, car j'ai bien peu de temps à donner à l'église. Quel bête de travail que ce travail de mairie !

Aux Révérendes Mères et aux cousines, hommages et souvenirs.

LOUIS.

Lampre, 12 décembre 1887.

MA CHÈRE ROSE,

Selon ton désir, je t'adresse un exemplaire du prospectus dû à l'initiative obligeante de mon aumônier de Toulouse. Si tu as à me fournir des adresses de pensionnats et d'établissements religieux où ce prospectus puisse être répandu utilement, aie l'obligeance de le faire.

Marc vient de m'écrire. Il paraît très satisfait de *Sainte-Catherine*, le seul drame qu'il ait encore lu. Sa santé se remet, dit-il, énergiquement.

Si tu as des nouvelles de l'abbesse d'Évreux, je te prie de me les transmettre. Ah! certes, elle ne devient pas bavarde; mais, en revanche, je le deviens furieusement! Ma correspondance particulière, très active en ce moment, jointe à la correspondance administrative, fait de moi un des grands paperassiers de l'époque : juste châtiment de ma paresse épistolaire de jadis!

Adieu, sœur, je baise tes grilles.

LOUIS DE L'HERMITE.

Lampre, 5 janvier 1888.

TRÈS CHÈRE SŒUR,

Je suis bien en retard, mais me voilà débordé.

Ai-je besoin d'ailleurs de t'offrir des vœux; ne sont-ils pas de tous les instants?

Voici encore une matière à correspondance; ton humilité va rougir jusqu'au blanc des yeux.

Samedi, M. le Curé de Champagnac accourt à Lampre avec la dépêche télégraphique suivante :

« Complimenter M. de l'Hermite pour décoration de Saint-Grégoire-le-Grand, dont il va recevoir titre.

« BADUEL, *évêque.* »

Le lendemain, 1er janvier, je recevais, pour mes étrennes, le Bref pontifical sur parchemin, avec le sceau de l'anneau du Pêcheur, accompagné d'une lettre de mon évêque tellement charmante qu'il ne me restait qu'à me voiler la face.

Et maintenant, ma chère sœur, reçois les souhaits de ton illustre frère, et fais-toi son interprète auprès des Révérendes Mères et des cousines.

LOUIS DE L'HERMITE.

Lampre, 25 janvier 1888.

CHÈRE ROSE,

Je commence à respirer. Ma correspondance est à jour ou à peu près, et je t'arrive pour satisfaire ta légitime curiosité.

Apprends d'abord que Sainte-Ursule, assez sérieusement malade d'une angine, est aussi *guillerette* que jamais, selon sa propre expression. J'en ai d'ailleurs l'assurance par son infirmière.

Notre digne abbesse m'apprend également que Marc est dans un état presque florissant. Ce saint frère nous prêche avec raison l'humilité, et je tâcherai de faire mon profit de ses avis.

Jusqu'ici je n'ai eu que trop d'occasions de manquer au précepte. La faute en est à mes amis, et il t'en revient une part, puisque tu veux que je te mette au courant de certaines choses que je devrais cacher.

Voici, pour commencer, la lettre de mon bon évêque; plus tard, tu auras le Bref : il est, je crois, à la Chancellerie de France pour certaines formalités obligatoires.

« MONSIEUR LE MAIRE,

« Dans mon récent voyage *ad limina,* je vous ai signalé au Souverain Pontife comme un des plus vaillants défenseurs de la cause catholique dans mon diocèse, et j'ai fait remarquer à Sa Sainteté votre magnifique livre renfermant les deux *Drames chrétiens, Sainte-Catherine* et *Sainte-Philomène,* déjà si justement appréciés.

« Léon XIII a bien voulu, sur ma demande, reconnaître par une distinction honorifique votre dévouement à l'Église et au Saint-Siège, et il a daigné vous créer chevalier de Saint-Grégoire-le-Grand.

« Je suis heureux, Monsieur le Maire, de vous adresser sous ce pli le Bref pontifical qui vous confère cette haute faveur.

« Cette décoration, du reste, ne pouvait aller à meilleure adresse, et elle sera justement et très dignement placée sur votre poitrine.

« Veuillez la recevoir aussi, très honoré Monsieur, comme un gage de mon estime personnelle, et comme un témoignage de ma reconnaissance pour les services rendus à la cause de l'Église dans mon diocèse.

« Avec mes meilleurs souhaits pour la nouvelle année et mes félicitations, je vous prie, Monsieur le Maire, d'agréer l'assurance réitérée de mon respectueux et tout cordial dévouement.

« BENJAMIN,

« Évêque de Saint-Flour. »

Est-il possible d'être plus bienveillant?

LOUIS.

Lampre, 15 février 1888.

MA TRÈS CHÈRE SŒUR ET RÉVÉRENDE MÈRE,

Soyez sans inquiétude sur vos timbres ; ils sont en lieu sûr dans la bourse du Sacré-Cœur, car il faut que tu saches qu'il y a ici une bourse du Sacré-Cœur : cela se fait sans tenue de livres, sans vérification importune de messieurs les inspecteurs des finances. Je m'entends très bien avec Montmartre.

Je te remercie de répandre ainsi ce petit volume. Tu es un de mes meilleurs courtiers.

Dis-moi, sœur, là, la main sur la conscience...,

est-ce que l'amour fraternel n'est pas pour une trop grande part dans ton zèle ? Prends garde, mon enfant chérie, tu vas gâter la besogne ! Après tout, je te donne l'absolution *secundum facultatem*, c'est-à-dire autant que je le puis faire. Pour ce qui est de tes gros péchés, tu t'arrangeras avec ton aumônier.

Puisqu'il m'arrive parfois de te faire un brin de politique, je viens te dire que l'horizon s'embrase de plus en plus. Il me semble difficile que l'année 1889, cette fameuse année qui doit chanter les gloires républicaines, se passe en compliments. De partout on sent la poudre. J'espère qu'après la nouvelle épreuve qui se prépare, la France se retrouvera purifiée et réhabilitée. D'autres, moins optimistes, chantent déjà sur elle le *De Profundis*. Est-ce possible ? La nation des œuvres catholiques, la fille aînée de l'Église, la terre des miracles ! Non, jamais je n'admettrai cette éventualité.

Je vais faire un premier et tout petit versement à Montmartre ; cela portera peut-être bonheur à l'œuvre littéraire.

Je t'embrasse à travers tes grilles, ma chère prisonnière, et je me recommande à toi pour m'acquitter auprès des Révérendes Mères et des cousines.

LOUIS.

Lampre, 21 mars 1888.

MA CHÈRE ROSE,

Un mot avant les Lamentations de la grande Semaine et l'*Alleluia* de la Résurrection.

Sainte-Philomène a été jouée le lundi avant les Cendres, par les élèves du Pensionnat de Notre-Dame, à Aurillac. Le clergé seul était admis.

D'un autre côté, j'ai reçu de Marseille, de la supérieure d'un pensionnat religieux, une longue lettre où l'on me demande les plus minutieux détails sur les costumes, les décors, les lieux, les catacombes, etc. On veut jouer *Sainte-Philomène* avec tout l'éclat possible, en se rapprochant de la vérité historique.

J'ai envoyé quelques sous au Sacré-Cœur.

T'ai-je dit que l'aimable baron d'Auzers, instruit du but de la vente, m'avait donné 100 francs pour un exemplaire? On ne saurait être plus courtois pour Dieu et ses amis.

Ci-joint une traduction littérale du Bref pontifical. Si j'avais le sentiment de la profondeur de mon néant, je m'écrierais avec Marc : *Non nobis Domine.* Tu t'humilieras pour moi.

La chancellerie de France, après examen, m'a expédié un superbe parchemin, avec insigne colorié, signé *Faidherbe*, grand chancelier de la Légion d'honneur, et *Carnot*, président de la République française, par lequel je suis autorisé à accepter et à porter la décoration de Saint-Grégoire-le-Grand que le Saint-Père a bien voulu m'accorder.

Je fais quelque différence entre le diplôme et le Bref.

Adieu, chère sœur, et tout à toi.

LOUIS.

« BREF PONTIFICAL.

« *A notre cher fils Louis de l'Hermite, du diocèse de Saint-Flour.*

« LÉON P. P. XIII.

« Cher fils, salut et bénédiction apostolique.

« Nous avons pour habitude de distinguer par des honneurs spéciaux ceux que recommandent à Nous l'intégrité de la vie, le zèle pieux, l'amour de ce Siège apostolique prouvé par des actes, la libéralité, ou d'autres vertus qu'on peut offrir en exemple. Comme vous méritez d'être inscrit dans cette élite, vous absolvant et vous tenant pour absous, à cette occasion seulement, de toutes les excommunications, interdictions, peines et censures ecclésiastiques que vous pourriez avoir encourues, quelles qu'en soient la matière et la cause, par les présentes Nous vous choisissons, vous faisons chevalier de Saint-Grégoire-le-Grand dans l'ordre civil, et vous admettons dans cette illustre compagnie de chevaliers. C'est pourquoi, cher fils, Nous vous autorisons à porter le costume spécial à

cet ordre et l'insigne qui lui est propre, c'est-à-dire
une croix d'or octogone, sur le milieu de laquelle se
détache l'effigie de saint Grégoire le Grand. Cette
croix, suspendue à un ruban de soie rouge bordé de
jaune, doit être suspendue au côté gauche de la poitrine, selon l'usage des autres chevaliers. Et, pour que
vous ne soyez point troublé dans le port du costume
et de la croix, Nous avons ordonné qu'il vous soit
délivré un Bref scellé. Donné à Rome, près Saint-
Pierre, sous l'anneau du Pêcheur, le seizième jour de
décembre MDCCCLXXXVII. De notre Pontificat l'an
dixième.

« M. Card. LEDOCHOWSKI. »

Lampre, 14 avril 1888.

MA CHÈRE SAINTE-ROSE,

Merci pour ton *Alleluia*. Il me semble que *messire
Carême*, comme tu le nommes, a été tout particulièrement favorable à ton esprit, sinon à ta guenille;
car ta lettre est plus étincelante que jamais. Il semble
que tu viennes de sortir du tombeau toute renouvelée
et rajeunie.

A Marseille, les choses se font en grand pour ma
Philomène : on se procure des livres illustrés pour
étudier les coutumes, on fait peindre des décors spéciaux, on se familiarise avec les moindres détails, etc.
Enfin, après une première représentation en famille,
on en donnera une seconde devant les parents et les

anciennes élèves, à la suite de laquelle il y aura une quête pour l'œuvre du Vœu National.

J'ai été mis à contribution par la Sœur Marguerite-Marie, la cheville ouvrière. Il a fallu un compliment à Monseigneur, des strophes pour le début du second acte, afin de mettre en relief la voix magnifique de Polydore, quelques corrections à une hymne à sainte Cécile, chantée devant son tombeau et accompagnée en sourdine dans les coulisses par cinq violons tenus par les élèves, enfin des strophes finales pour ouvrir les bourses.

Ah! ces méridionaux, race d'enthousiastes!

Excellente lettre de tante d'Aigueperse; rien d'Ursule. Pauvre supérieure, obligée de consoler, d'instruire, d'administrer, etc. Qu'il lui faut de qualités et d'assistance divine!

Adieu, chère sœur, tous les deux à toi.

LOUIS DE L'HERMITE.

Lampre, 16 mai 1888.

MA CHÈRE ROSE,

Par la grâce de Dieu et par l'intermédiaire du suffrage populaire, je suis encore maire de Champagnac-les-Mines. Garderai-je longtemps cette écharpe ou plutôt cette sous-ventrière aux trois couleurs? Je voudrais la passer à plus fort et plus ambitieux que moi; mais je suis dans l'engrenage et ne puis échapper.

Dimanche, j'*abreuvais* une foule qui venait de plan-

ter son drapeau à *la plus pointe* — style auvergnat
— d'un peuplier, à peu de distance de notre humble
demeure et dans la cour même. Demain, grand dîner
à Lampre, dîner officiel bien entendu.

Tu verras, par la lettre ci-incluse, que *Sainte-Philomène* a fait fortune à Marseille. Garde la lettre de
Sœur Marguerte-Marie; je pourrais bien te la rede-
mander.

> Ton Louis d'or.

Lampre, 25 septembre 1888.

MA CHÈRE ROSE,

Je t'ai raconté sommairement les incidents de mon
voyage de noce; aujourd'hui, j'ai à te parler du Congrès des associations catholiques ouvrières.

Je commence en te disant que je reviens enchanté,
bien qu'un peu éreinté. Quoique nombre d'orateurs
de marque se soient fait excuser, les choses se sont
grandement passées.

Deux évêques présidaient les grandes réunions du
soir. Parmi les apôtres les plus ardents, il faut citer :
M. Harmel, le comte Yvert, les abbés Garnier, de
Caen; Deflôtrière, de Lyon; Mimil, de Reims; Tour-
namille, de Toulouse; Lucas-Championnière, de
Paris.

En arrivant à Aurillac, j'ai appris avec un étonnement mêlé d'effroi que j'étais désigné comme l'un des
vice-présidents de la *Commission des Œuvres*, présidée par le R. P. Delaporte, et comme devant parler

sur la question du syndicat agricole de ma région. Il n'y avait pas à s'en défendre, la chose était imprimée dans le programme discuté à l'avance.

Tu seras consternée quand tu sauras que j'ai dû m'exécuter, et que, sans notes, sans un mot écrit, j'ai été condamné à jacasser du haut de l'estrade à la grande réunion du soir. En vérité, j'étais médiocrement rassuré, bien que je n'aie pas entièrement perdu la tête et me sois abandonné à la Providence. Parler devant un auditoire de huit cents personnes au moins, et quel auditoire! des évêques, l'élite du clergé saint-florain, des prêtres de tous les points de la France, des hommes rompus aux luttes oratoires! De plus, j'étais malade et assommé par le travail des journées précédentes.

J'ai trouvé à Aurillac nombre de personnes qui me connaissaient de nom et m'ont fait bon accueil. M. de Parieu, l'ancien ministre, a bien voulu m'amener déjeuner à sa maison de campagne, au milieu de sa charmante et si chrétienne famille.

L'abbé Millault, curé de Saint-Roch de Paris, faisait les homélies du matin. Quel saint! Le second jour, je rencontrai un ami, homme assez froid, qui venait d'arriver et me disait en quittant l'église : « Je ne me souviens pas d'avoir été jamais ému à ce point; bon gré, mal gré, il m'a fallu pleurer. » La veille, j'avais fait comme lui.

M. Harmel est un homme étonnant : apôtre dans l'âme, il secoue les masses par les élans de sa foi, et débrouille, l'Évangile à la main, les questions les plus délicates.

Je lui dois un bouquet spirituel que j'ai cueilli au Congrès. Après une magnifique exposition du principe de l'atelier chrétien, où se rencontrent tant de misères et de douleurs, il s'écriait avec une foi et une ardeur incomparables : « La plus grande richesse de l'homme, c'est la souffrance! » Je suis décidé à me souvenir de cela, non seulement quand j'aurai la goutte, mais aussi quand je serai aux prises avec certaines souffrances morales plus difficiles à supporter que la goutte.

J'aurais à bavarder longuement si je voulais entrer dans les détails; je termine par un trait qui t'amusera.

Au moment où Monseigneur me disait : « Nous allons avoir le plaisir de vous entendre », et où je répondais : « Hélas! Monseigneur, je vais barbouiller », le P. Lucas-Championnière me glissait à l'oreille : « Allez sans crainte, je dirai le chapelet pour vous pendant que vous serez en scène. » Et de fait, les choses se sont passées ainsi.

Adieu.

LOUIS.

Lampre, 18 octobre 1888.

MA CHÈRE ROSE,

Voudras-tu reconnaître ton frère dans cet exemplaire photographique? Je suis plus éteint peut-être que de raison, et cependant j'ai peine à me dissimu-

ler que je suis flatté. Tel que me voici, c'est le barbu
de toujours.

Mon fermier vient de mourir, après une très longue
maladie qui lui a laissé tout le temps nécessaire pour
procéder à la toilette du grand voyage.

C'était un homme droit, honnête, un cœur généreux sous une enveloppe rude, un bon chrétien. Il est
regretté dans la contrée, et les paroles que j'ai prononcées sur sa tombe ont trouvé de l'écho dans le
très nombreux auditoire. Il était conseiller municipal
de Saignes et président du conseil de fabrique, ce qui
te montre qu'il sortait un peu de la ligne commune.
Ce brave homme m'a donné, dans les derniers jours
de sa maladie, les témoignages les moins équivoques
de l'estime qu'il avait pour moi.

Je viens de frapper à la porte du couvent d'Evreux,
dans l'espérance de recevoir un bout de réponse.
Marc est également en retard ; je le suppose à Bordeaux ou à Arcachon : c'est une santé bien délabrée,
mais non compromise.

Je transcris ici les strophes que j'ai composées pour
le mariage de Guillaume :

En Auvergne, ami, point de fête
Sans des couplets bons ou méchants ;
Mais, au moment où je m'apprête
A célébrer votre conquête,
La Muse dit : Trève, à tes chants !

Ici des vers ! quelle impudence !
Et d'ailleurs la langue des dieux
N'est pas de ton âge, et je pense
Que tu dois garder le silence ;
Le silence est l'esprit des vieux,

Et cependant, Muse, ma mie,
Dussiez-vous me prendre en pitié,
Je veux céder à ma folie,
Et l'on boira jusqu'à la lie
Les vers que j'offre à l'amitié.

Sur la tige de la famille
S'entr'ouvre une nouvelle fleur ;
Permettez donc que je babille,
Mère, votre huitième fille
Nous met à tous la joie au cœur.

Comte Guillaume, puis-je taire
Les vœux que je forme pour vous ?
Vous êtes bon fils et bon frère,
Bon ami, s'il en est sur terre,
Vous serez donc un bon époux.

Dans votre race on voit paraître
Clermont, Damas ! noms respectés ;
La Tour du Pin, plus grand peut-être !
L'un des vôtres au roi son maître
Donna cent bourgs et vingt cités.

Mais la gloire n'est qu'une idole ;
Ce qui vaut mieux, en vérité,
C'est le cœur aimant qui console,
Et vous avez pour auréole
Tous les signes de la bonté.

Cette bonté, fleur maternelle,
Gardez-la bien ! mais, en tout lieu,
Luttez pour la cause immortelle
Que votre devise rappelle :
« Mandelot, *bataille pour Dieu !* »

Et vous dont la grâce charmante
Eveille tant de doux espoirs,
Fille chérie, épouse aimante,
Acceptez en femme vaillante
Et vos succès et vos devoirs.

A toi, sœur chérie,

LOUIS DE L'HERMITE.

Lampre, 31 décembre 1888.

MA CHÈRE ROSE,

Ce n'est pas l'époque des longues lettres, surtout pour un maire de Champagnac ; tu m'excuseras donc si j'enferme tous mes vœux pour toi dans quelques lignes de prose vulgaire. Tu méritais mieux cependant, chère sœur, car tu t'obstines à me gâter.

Pourquoi t'être dépouillée pour moi de ce joli petit cadre ? Enfin, il n'y a pas à récriminer ; tu le veux ainsi, soit donc ainsi fait et merci ! J'avais comme tu sais la photographie du Comte de Chambord, signée de sa main ; me voici en possession de celle de sa femme, et j'en suis heureux.

Je te remercie de tout ce que tu fais pour mes deux petites saintes ; jamais je n'eusse rêvé un agent en librairie plus actif que toi.

Ici je suis un peu et même beaucoup débordé par mes occupations journalières administratives, auxquelles viennent se joindre des complications relatives aux bâtiments scolaires de la commune.

De plus, l'abbé L. n'a pas eu de cesse qu'il ne m'ait fait reprendre ma place au *Courrier d'Auvergne*, en sorte que deux fois la semaine je suis obligé de fournir de la copie.

Et puis dans ce moment que de lettres !! que de cartes !! c'est un déluge.

Adieu, sœur chérie, je secoue tes grilles pour saisir un bout de ta manche.

Souhaits de bonne année aux Révérendes Mères et
aux cousines.

LOUIS DE L'HERMITE.

Lampre, 21 janvier 1889.

Pour calmer tes épouvantes, je m'attelle, non pas à
l'orgue d'où l'on vient de te dételer, mais à ma plume,
pauvre rosse qui a l'habitude du travail, et qui au
fond ne demande pas mieux, l'excellente bête, que de
prendre le chemin de Saint-Alyre. Si tu voulais
épiloguer sur les mots, tu me dirais qu'on attelle les
bêtes et qu'on ne s'attelle pas aux bêtes ; mais pourquoi me chicaner pour si peu ?

Donc, deux maisons ont été brûlées à Lempret
dans la nuit du 5 au 6 du présent mois. C'est regrettable assurément ; mais le sinistre a été relativement
bénin, si l'on considère ce qu'il pouvait être. Les
maisons voisines ont été préservées et il n'y a eu accident de personne.

Le maire était à son poste comme le curé ; ni l'un
ni l'autre, malgré leur bonne volonté et un froid
assez vif, n'ont pu conquérir le moindre rhume en
preuve de leur vaillance. J'ai dû mettre en mouvement
la justice, car on parlait de malveillance. Le juge
d'instruction, le procureur de la République, la gen-
darmerie se sont donc transportés sur les lieux.
L'instruction a semblé prouver qu'il pouvait y avoir
crime : au bout de huit jours de recherches, un
citoyen quelconque a été arrêté à Mauriac sous pré-

vention d'incendie ; la suite prouvera si la justice a eu
la main heureuse. Te voilà renseignée, dors tranquille, je veille !!

Tu as eu du chagrin, ma chère sœur, au sujet de
notre Benjamine. J'en ai eu comme toi ; mais j'étais
mieux que toi préparé à recevoir cette tuile : non pas
que je fusse dans le secret des dieux et des déesses ;
mais, à mon voyage à Évreux, j'avais étudié la question *tout seul,* et je m'étais dit, par manière de conclusion : on ne lâchera pas de sitôt cette petite ! Ma
surprise a donc été médiocre.

J'ai reçu depuis une lettre d'une jeune sœur qui
daigne m'appeler son *oncle,* et cette lettre si naïve
dans l'expression de la joie m'a fait oublier pour un
instant que Lampre est bien loin d'Évreux. C'est pour
toi d'ailleurs que je réserve la meilleure part de ma
commisération. Je suppose qu'en bonne ursuline, et
après avoir maudit le destin, ne pouvant t'en prendre
aux Évêques, tu as multiplié les *Fiat voluntas tua.*

Je vais t'envoyer une liasse du *Courrier.* Beaucoup
d'articles ont de grosses coquilles : fautes de genre, de
nombre, de sens, etc. Je laisse à ta clairvoyance de
les attribuer au prote. Si tu rencontres la signature :
Un converti, tu sauras que ce converti est ton frère et
tu seras dans la joie.

LOUIS DE L'HERMITE.

Lampre, 8 février 1889.

MA CHÈRE URSULE,

Ce qu'il y a de vrai, c'est que ta lettre vient de me surprendre agréablement sur la fin d'une crise de goutte. Il y a plus de deux ans que cette vieille camarade ne m'avait rendu visite; il n'y a donc pas à se plaindre.

Ce qu'il y a de vrai encore, c'est que mon cœur a des caprices; c'est que j'ai eu soixante-cinq ans révolus le 25 août dernier; c'est que j'ai bien le droit de n'avoir pas ma vigueur de vingt ans; c'est que mes amis, eux, n'ont pas le droit de s'étonner si ma machine se détraque petit à petit, puisque je suis dans la règle et non dans l'exception.

Je t'assure d'ailleurs que, malgré l'âge, j'ai conservé un fond de bonne humeur, ou si tu veux d'insouciance, qui me permet de réagir contre ma sensibilité native, et me fait accepter bravement la vie et ses ennuis.

Comme toi, je voudrais pouvoir dire que je mûris; mais, hélas! je ne mûris pas, du moins dans le sens de l'amélioration de mon être moral; je crois plutôt que je me gâte. La charge qui m'a été imposée sur mes vieux jours me fait voir le monde en laid; cela me gêne un peu.

Inutile, n'est-ce pas, d'insister sur les détails après cette explication. Ce n'est pas avec intention que je n'ai pas parlé à Sainte-Rose de ma santé, c'est par oubli.

Jusqu'ici, si le corps faiblit, l'esprit est resté assez net. J'écris toujours dans le *Courrier d'Auvergne*, et je suis tout aussi activement le mouvement politique et social qui nous emporte, Dieu sait où !

Je t'écris assis sur mon lit que je n'ai pas quitté depuis samedi, mais que j'espère quitter avant dimanche, et je te laisse parce que, malgré mes efforts, je griffonne.

Adieu, chérie supérieure, je t'aime de toute mon âme ! Mes respectueuses amitiés à mes nièces.

Louis.

Une réflexion en terminant : Marc à Paris, Louis à Lampre, Sainte-Rose à Clermont, Benjamine à Évreux, est-ce une famille cela ?... Mais cette séparation momentanée a eu peut-être son bon côté : nous n'avons aperçu mutuellement que nos qualités ; nous nous sommes fait les uns des autres des types imaginaires, sans ombre au tableau ; c'est ainsi que tu as vécu dans l'illusion sur ton frère aîné si plein de misères. Espérons, ma petite, que nous nous retrouverons pour ne plus nous quitter, et véritablement dignes de notre mutuelle admiration.

Encore Louis.

Lampre, 7 mars 1889.

MA CHÈRE ROSE,

Tu es le plus vaillant courtier en librairie de ma connaissance; merci! Marc vient aussi de m'adresser 20 francs; tout va bien! Je vais pouvoir envoyer une troisième offrande au Sacré-Cœur.

Oui, ma bonne, oui, la goutte m'a de nouveau visité. Je me serais bien passé de cette importune; mais enfin c'est pendant le froid et la neige qu'elle a bien voulu me tenir compagnie : il y a dans ce procédé quelque chose de délicat dont je lui sais gré. Pendant près de trois semaines, j'ai dû converser avec mon traversin, et donner audience à mes administrés le dos appuyé sur trois oreillers.

Je ne sors guère encore, la prudence m'oblige à ne pas quitter le coin du feu, mais je ne souffre plus et l'appétit est revenu. En voilà assez, n'est-ce pas, sur ma personne, et tu ne te plaindras pas du bulletin? Je vais tâcher de reprendre ma place au *Courrier*, car l'excellent abbé Laurichesse se fâche.

Marc me parle de son retour à la santé comme d'une chose faite : Ainsi soit-il!

La Normande m'écrit de ci de là quelques lettres à la vapeur; il semble à l'entendre qu'elle ait de la santé à vendre.

Bonnes nouvelles de Château-Chinon. Cette cousine, quelle vaillante fille!

Est-ce que tu vas rester muette jusqu'à Pâques? Ce

serait bien long pour un goutteux! Songe que l'heure
du courrier est attendue ici avec impatience, et dire
qu'il ne m'arrive souvent que des tartines administratives! Avec cela on fait maigre chère, même en épi-
çant les dites tartines avec la politique du gâchis.

Hommages et souvenirs aux Révérendes Mères, aux
cousines, et tout à toi.

LOUIS DE L'HERMITE.

Lampre, 12 mars 1889.

Oh! la curieuse Ursule qui veut tout savoir et tout
approfondir! Mais au fait tu as le droit d'enquête et
je n'ai pas celui de te refuser. Voici donc les réponses
à ton questionnaire :

1° J'ai vu le docteur de Bort qui m'a dit : « Ne
vous préoccupez pas. » C'est à peu près toute sa con-
sultation. J'ai vu celui de Mauriac qui m'a dit à son
tour : « Sur cent personnes de votre âge, soixante-
cinq ont des troubles du côté du cœur; donc vous
êtes dans la règle commune, gardez-vous de vous
préoccuper. »

Puis il m'a ordonné une préparation à l'iodure de
sodium, qui au bout de quelques jours m'a remis sur
mes aplombs; mais, quand je cesse de la prendre,
les troubles ne tardent pas à reparaître. J'étais prévenu et cela ne m'étonne plus. Je suis donc condamné
à absorber tous les mois un flacon de cette drogue, et
je dois en suspendre l'emploi pendant dix à douze
jours.

2° Ce-que j'éprouve : des intermittences dans les mouvements du cœur et des irrégularités manifestes dans l'intensité des pulsations. J'ai la perception très sensible de ces phénomènes; cela m'agace et me détraque un peu. Je ne puis alors me livrer à aucun travail suivi ou un peu absorbant. J'ai d'ailleurs conservé mon appétit; le jeûne m'est interdit et l'on m'ordonne de manger la côtelette le vendredi : me voilà donc dans le camp des païens.

3° Pour finir, je te dis qu'il n'y a ni aggravation ni diminution des caprices de l'organe précieux; mais je dois le ménager, éviter les courses fatigantes, le travail continu, et me distraire, me distraire!... Ah! si j'allais à Évreux, quel bon remède!

Marc, s'il faut l'en croire, touche à la guérison.

Sainte-Rose m'écrit des lettres charmantes.

Tu sais bien, ma petite, que les infirmités arrivent presque fatalement avec l'âge; nous devons donc nous attendre à bien des misères.

Marie est souffrante depuis plusieurs jours; mais elle a eu le bon esprit de n'entrer à l'hôpital qu'après ma sortie. Si nous tombions malades tous les deux à la fois, ce serait plus triste.

Adieu, chérie, ton indigne frère se recommande à tes prières et à celles de ses nièces.

LOUIS.

Lampre, 12 avril 1889.

Tu sais déjà la triste nouvelle, ma chère Rose; je t'écris cependant pour te donner quelques détails.

Marie et sa fille rentraient à Lempret le jour même de la mort de ce pauvre Albert, ne se doutant de rien, heureuses de se retrouver chez elles. J'étais à la gare, ayant en poche un télégramme de Ludovic m'annonçant son départ et l'état désespéré de son père. Le soir, vers quatre heures, nouveau télégramme d'Algérie apportant la triste nouvelle.

Marie a été comme assommée par ce terrible coup. Elle est cependant pleine de résignation; mais les larmes se refusent à couler et la détente ne s'est pas encore produite.

Hier soir, sa belle-sœur, Mme Henri de G., veuve aussi et grande chrétienne, est arrivée; ce soir, Marc et sa femme seront ici.

Mais que de scènes déchirantes se préparent! Le corps arrivera, on le suppose, lundi ou mardi.

Où donc est le bonheur dans ce monde? Hier la maison était pleine de joie et de projets d'avenir; aujourd'hui!...

Adieu, chère petite, écris à cette bonne voisine et parente.

Fraternellement à toi.

LOUIS.

Bien que les détails fassent défaut, on est comme

certain que les secours de la religion n'auront pas manqué, car la crise a été assez longue.

Lampre, 27 avril 1889.

MA CHÈRE SAINTE-ROSE,

Les deux jeunes de Soualhat rentrent ce soir. Pauvre Marie! bien forte, mais bien écrasée. Sa belle-sœur et ses deux frères sont repartis; des amis les ont remplacés. Les marques de sympathie abondent; ta lettre est du nombre de celles qui l'ont plus particulièrement touchée. Je fais ma visite quotidienne, et il semble qu'on la reçoive avec consolation. La jeune Marie de Soualhat n'a pas plus manqué de clairvoyance que de cœur.

Nous avons gardé pendant huit jours le bon Stanislas V., aujourd'hui receveur de l'enregistrement à Fréjus; c'est le meilleur et le plus utile des hommes. A peine arrivé, il s'est mis à arranger les serrures et les pendules, à raccommoder les chaises, à mettre du vin en bouteille; toujours riant, toujours bon enfant et la mémoire bien meublée. Il y a des gens pour lesquels ces qualités ne suffisent pas.

Jean Grange a fait paraître dans *l'Univers*, à la date du 15 avril, un petit article sur mes drames : c'est court, mais suffisant. J'aime mieux cela que les coups d'encensoir et la réclame à outrance.

Je t'adresse quelques vieux articles du *Courrier d'Auvergne*. Les préoccupations de Lampret, que je

partageais, m'ont absorbé au point que j'ai dû déposer
la plume.

Bonnes nouvelles de Marc. L'anémie fuit devant
les douches.

Mille compliments fraternels, chère Sainte-Rose, et
souvenirs affectueux aux cousines.

LOUIS DE L'HERMITE.

Lampre, 24 mai 1889.

Pour ne pas encourir de reproches, je me hâte de
répondre à ta lettre. Tu dois remarquer que, depuis
plusieurs années, j'ai singulièrement modifié ma première manière : je réponds toujours et quelquefois
même je prends l'initiative.

Ta petite X. m'est très sympathique : j'aime les
originaux; il y a tant de copies dans le monde!

Marc confesse et prêchote — c'est son expression.
— Il visite les malades, et, en somme, ce bon frère
est content. Après quelques jours de villégiature de ci
et de là, il va reprendre quelques douches et fera la
nique à la Faculté.

Ici il y a bien à dire. Depuis quelques semaines,
Marie a des douleurs intestinales violentes, mais inter-
mittentes cependant; je *nous* recommande à tes prières. J'ai eu, puisque tu veux tout savoir, une nouvelle
menace de crise goutteuse; j'ai risqué néanmoins une
visite à Notre-Dame-des-Miracles, le 12 de ce mois,
et je m'en suis bien trouvé.

Je t'adresse un volume publié par l'abbé Laurichesse; tu seras ravie de certaines pages dans ce *journal de Firmin Suc* : il y a encore de belles âmes en
notre malheureuse patrie!

Rien de la Normande : cette *petite dernière* est décidément absorbée par les devoirs de la maternité. Marc
me dit qu'il se propose d'aller la voir au premier jour;
il faudra bien que cette Ursule nous mette au courant
de la visite.

A toi, chère Rose, de tout mon cœur.

LOUIS.

Lampre, 8 juin 1889.

MA TRÈS CHÈRE ROSE,

Comme je ne reçois pas de réponse à ma dernière
lettre, je veux supposer que tu attends la réalisation
de la promesse que je t'ai faite de t'envoyer les vieux
journaux où tu pourras lire ma vieille prose. Tu trouveras, dans le numéro du 9 mai, un petit article
nécrologique sur ce bon Albert, et, dans celui du
2 juin, un article bibliographique sur Firmin Suc.
Je devais bien cette gracieuseté à l'abbé Laurichesse,
si aimable pour moi. Ah! voilà un homme qui connaît sa langue !

Je t'ai parlé dans ma dernière lettre de la santé de
Marie. Rien de bien nouveau à t'en dire. Il me semble cependant qu'elle est mieux, sous l'influence du
régime du Dr de Bort. Marie mange un peu, dort

assez bien, et, chose merveilleuse, consent à faire un peu d'exercice. Ah! quelle envie j'ai de te voir! mais je suis cloué. Si le bon Dieu me donne un peu de répit, j'entends au point de vue de la santé, je tâcherai d'aller passer vingt-quatre heures auprès de toi.

Bonnes nouvelles de Marc; rien de Normandie.

Lettre de la Supérieure du pensionnat de la Mère-de-Dieu, à Dijon, me demandant un exemplaire de mes drames.

Avec la mairie je suis voué à l'embêtement, comme certains enfants au blanc et au bleu : j'en prends mon parti.

A toi, sœur chérie.

LOUIS.

Je ferai prochainement à ton intention l'inventaire de toutes les plantes qui ornent la terrasse de Lampre, pour que tu connaisses mieux ce petit coin de terre.

J'ai beaucoup jardiné cette année.

Lampre, 15 juin 1889.

Merci, Rose chérie, pour ce délicieux exemplaire de consécration au Sacré-Cœur. Comme il est question de signatures, j'attendrai que tu me renseignes et m'expliques si je dois écrire moi-même tous les noms de notre branche, c'est-à-dire, Louis et sa femme, Marc, Marie, Henriette, ou si chacun doit signer.

Nos santés sont ce qu'elles peuvent être ; cependant

Marie est évidemment mieux ; Louis a toujours le cœur un peu en déroute.

Lundi dernier, j'assistais aux obsèques de Mme V., la mère de Stanislas, la sœur de l'otage, M. Sabatier. C'était le modèle des mères chrétiennes, et assurément l'*homme* le plus intelligent et le plus honnête de la commune de Chastel. Elle a supporté avec une soumission, une aménité parfaite vingt ans de martyre. Presque chaque jour menacée d'étouffement, elle trouvait moyen d'être gracieuse et de s'oublier pour les autres. Je l'aimais et je l'estimais. Sa bru est une femme sérieuse, très chrétienne ; elle remplacera dignement celle qui est partie.

Nous espérons déterminer M. Excourbaniès à affronter de nouveau le scrutin ; il aurait des chances.

Amagat vient de prononcer un magistral discours sur les finances ; cela le met au premier rang des députés militants.

Sur ce, passons à la flore de la terrasse de Lampre. Je t'envoie la nomenclature annoncée.

Corbeilles.

Rosiers hybrides remontants variés, francs de pied (deux).
Hortensias (deux).
Agapanthe ombellifère.
Pivoine (appartenant aux pivoines variées).
Pelargonium zonale.
Zinnias variés, avec deux couronnes de géraniums doubles.
Pétunias et Zinnias alternant par zones.

Plates-bandes de géraniums rouges, saumon et roses, lavés de blanc, alternant par bandes.

Bordure de sedum.

Plate-bande de glaïeuls variés.

Plate-bande de rosiers bengale.

Massifs toujours verts.

Rhododendrons (trois).

Kalmia.

Azaréro.

Mahonia.

Ligustrum ovalifolium.

Garrya elliptica, bourgène, phyllirea (arbustes mélangés).

Massifs mélangés d'arbustes à feuilles persistantes et d'arbustes à feuilles caduques.

On y trouve :

Lilas variés, symphorine, troène, althæa, cognassier du Japon, laurier-cerise, aucuba Japonica, corète, cythises, alisiers, aubépines.

Plantes et arbrisseaux isolés.

Lilas Varin, aucuba, laurier-tin, gynérium argenteum, balisiers, rhododendrons, pivoines, cognassier du Japon, yucca, lis blanc, lis asphodèle, houx panaché, arbre de Judée.

Grands arbres isolés ou par groupes.

Sapins blancs, epicea, pin du Lord, pin sylvestre, acacias, marronniers, peuplier d'Italie, sorbier des oiseleurs, épine-double rose, magnolia, catalpa; rangée de sycomores, bordant le mur et l'allée du côté de la route.

Flore tapissant les murs.

Lierre d'Islande, rosiers multiflores, corète du Japon, jasmin blanc, glycine, vigne-vierge.

Flore des caisses.

Pittosporums (deux).
Lauriers-roses (deux).
Lauriers-tins (deux).
Grenadier.
Quatre vases en fonte terminant les deux plates-bandes de géraniums.
Table ronde en granit sur piédestal rustique, en pierres brutes, servant à supporter des pots de fleurs en pyramide.

Je suis effrayé de ce catalogue, et cependant tout y est, malgré l'espace restreint, et tout y est sans encombrement.

Et dire que j'ai planté tout cela !!

Franchement, quand les allées sont ratissées de frais, les gazons tondus et que le temps est clair, avec ce magnifique horizon de montagnes et cette immense vallée fuyant sous la vue et semée de villages, vers six heures du matin ou quatre heures du soir, la terrasse de Lampre a un chic rare. Idée de propriétaire peut-être, illusion de créateur en sous-ordre.

Lampre, 15 août 1889.

MA CHÈRE SAINTE-ROSE,

Je suis en retard avec toi, c'est affreux ! Et dire que je n'ai que cinq minutes pour me mettre en règle !

les chevaux sont attelés et je pars pour Champagnac.

Mais que feraient les longues phrases ? Je te souhaite en deux mots tous les bonheurs qu'un frère peut souhaiter à une sœur qui le gâte, et à laquelle il voudrait rendre la pareille.

A travers les grilles et l'espace, toute mon affection.

Donne-moi la date de votre retraite.

Bon ! voilà qu'on se fâche. Adieu.

LOUIS.

Lettre sans date.

MA CHÈRE SAINTE-ROSE,

Je te rends ton hirondelle : le thème est gracieux, le détail charmant ; toutefois, chacun ayant son tour d'esprit, j'ai voulu la refondre à ma manière. Il me semble que dans cette retouche la morale est plus apparente ; tu jugeras et tu critiqueras à l'aise.

Je t'ai adressé le compte rendu de la fête de Murat. C'est tellement froid qu'on croirait volontiers que l'auteur a trempé son papier et sa plume dans un bain de glace. J'aurais mieux aimé un article moins précis sur les détails et plus chaud. Enfin, c'est fait.

Je suis très préoccupé des élections locales. Je crois que le canton et ma commune en particulier n'iront pas au candidat conservateur, pour diverses raisons qu'il serait trop long de t'expliquer, et qui d'ailleurs t'intéresseraient peu.

Mᵍʳ Trégaro, évêque de Séez, et Mᵍʳ Rougerie,

évêque de Pamiers, — ce dernier notre compatriote Limousin je crois, — ont écrit des lettres fulminantes sur le devoir des électeurs et pour protester contre les intimidations ministérielles. Si les élections sont mauvaises, la France est perdue, car elle ne me semble pas pouvoir supporter une nouvelle période de quatre ans aux mains républicaines.

Lettre de dix pages de Mme de Mandelot qui me confirme toutes les bonnes nouvelles. L'excellente femme est comme écrasée par les bienfaits successifs dont le Christ et sa sainte Mère ont daigné l'accabler. Elle vit en présence des miracles dont elle a été l'objet : sur les quatre petites filles indigentes et infirmes qu'elle avait menées à Lourdes, deux ont été guéries. Pour sa fille, sauf une assez vive douleur aux pieds lorsqu'elle marche, c'est une guérison absolue. Chaque fois que Mme Caillault va à la messe, la foule se presse sur ses pas pour constater la guérison. Je t'assure que l'effet de ces miracles ne sera pas perdu pour les âmes.

Ah ! si le bon Dieu voulait, comme cette gueuse de république qui nous ruine et nous démoralise aurait vite déguerpi !

Je t'envoie les deux derniers numéros du *Courrier* ; tu y verras que je me suis plongé dans Garcia Moreno, et que je fais mon profit de cette lecture si saine et si attachante.

Voilà ce que c'est que d'avoir un grand papier, on bavarde sans mesure.

Pour répondre au désir que tu m'as exprimé, je te dirai que Marie et moi nous avons consulté dimanche dernier une célébrité médicale de Paris, le docteur Rigal, homme charmant, d'une finesse, d'une bienveillance et d'une perspicacité rares. Quand il prend ses vacances en Auvergne, il se laisse rarement aborder; mais il a bien voulu faire une exception en notre faveur. Je connaissais, du reste, sa famille. Son diagnostic n'a été très alarmant ni pour moi ni pour Marie. Cependant, il nous a imposé un traitement et une hygiène que nous exécuterons dans la mesure du possible.

Assez babillé; c'est un volume! A titre de revanche. Il me semble que pour ta sortie de retraite je t'impose un rude travail de lecture.

Adieu, petite sœur, et tout à toi.

LOUIS DE L'HERMITE.

RONDE ENFANTINE[1].

REFRAIN.

Il était une jeune aronde, —
Fort légère à ce que l'on dit, —
Qui voulut visiter le monde!...
Pour nous, enfants, dans notre ronde
Proclamons les douceurs du nid.

COUPLETS.

Ses compagnes quittaient la France;
Mais elle voulut s'arrêter
Sur un phare de la Provence
Pour mieux voir et s'orienter.

« Adieu, mes sœurs, dit la pauvrette,
Je renonce à franchir la mer,

---

1. Sous ce titre : *Odyssée d'une hirondelle*, cette poésie a paru dans un petit volume musical publié par les Ursulines d'Évreux.

Et je compte me rendre à Cette
Pour prendre mes quartiers d'hiver. »

Mais, quand de son aile légère
Le printemps vint raser le sol,
Fuyant la côte hospitalière,
Vers le Gange elle prit son vol.

Dans ce pays d'étrange faune,
Où l'on voit tigres et boas,
Un fort accès de fièvre jaune
La mit à deux doigts du trépas.

Elle agonisait, l'innocente,
Quand survint un pauvre faquir,
Qui, dans le bec de la mourante,
Versa trois gouttes d'élixir.

Et la voilà qui vole et plane
Et gazouille au plus haut des airs !
« Grand merci, monsieur le brahmane,
Je puis visiter l'univers. »

Qui dira de cette volage
Les fugues, les tours, les détours,
Les aventures de voyage,
Les tristesses et les amours !

Un beau soir avisant la lune,
Qui semblait rire au fond des eaux :
« Oh ! dit-elle, quelle fortune !
Allons voir des mondes nouveaux !

Et sans crier : *Gare !* ou *Qui vive !*
Elle plongea comme un marsouin.
Comment revint-elle à la rive ?
Nul, à vrai dire, n'en sait rien.

Un jour, trouvant l'air trop humide,
Aéronaute sans pareil,
Elle enfla sa voile rapide
Et s'élança vers le soleil.

Mais, au lieu de la chaleur douce
Qu'elle espérait, elle trouva
Un froid intense, et sur la mousse,
A moitié morte, elle tomba.

Cette chercheuse d'aventures,
Frêle et chétive, avait juré

De laisser aux races futures
Un nom à jamais illustré.

Pauvre oisillon, quelle folie !
Pourquoi rêver de vains exploits ?
Restez ici, restez, ma mie,
Voltigez autour de nos toits !

Mais non. A tout avis rebelle,
Pour échapper aux sermonneurs,
Elle partait à tire-d'aile
Jetant de petits cris moqueurs...

Sans frein, sans guide, sans boussole,
Courts furent ses jours triomphants...
Elle est morte, la bestiole...
Elle est morte ! Pleurez, enfants !

REFRAIN.

Il était une jeune aronde, —
Fort légère à ce que l'on dit, —
Qui voulut visiter le monde !...
Pour nous, enfants, dans notre ronde,
Proclamons les douceurs du nid.

Lampre, 25 novembre 1889.

Es-tu bien sûre que je ne t'ai pas écrit depuis le commencement de septembre ? Cela me paraît monstrueux, au point que je suis tenté de n'y pas croire. Cependant ton affirmation est là... Comment faire ? Je me décide à t'adresser des excuses conditionnelles : cela suffit-il ?

Je suis toujours le maire que tu sais : ennuyé, bête, légèrement grincheux, peu agréable à l'administration.

Je porte lourdement une petite croix ; mais j'ai d'autres soucis plus sérieux, au sujet desquels j'ai pris le parti de vivre au jour le jour, en philosophe ; je voudrais pouvoir dire en chrétien absolument résigné.

T'ai-je dit que je songeais à rééditer les *Saintes Causes* ?

Roger de l'Hermite, chargé de me chercher un éditeur à Paris, m'a écrit une lettre tellement courtoise, tellement charmante, que je serais tenté de croire, si je m'en rapportais à la dite lettre, que je lui rends le plus grand des services.

Inutile de te dire que mon aumônier du Sacré-Cœur est toujours le plus aimable des correspondants. Il m'écrit que la composition va bon train et se fait dans de bonnes conditions.

On m'a demandé les *Drames* aux Ursulines de Tullins pour le pensionnat ; à Amiens pour un patronage.

Réponse à tes questions :

1º La dépouille mortelle d'Albert de Soualhat arrive ici jeudi prochain. Grande secousse pour cette pauvre Marie !

2º L'abbé Laurichesse a été souffrant ; il va mieux et ne quitte pas la brèche. Son *Firmin Suc* fait merveille : l'*Univers* et M. le marquis de Ségur s'en sont emparés ; l'ouvrage aura un grand et très légitime succès.

3º La question relative à Mgr P. est moins grave que ne le supposent certaines personnes. Ce charmant évêque m'en a parlé lui-même. Il est à Rome en ce moment, et ses explications sur la philosophie de son ami et élève l'abbé D. dissiperont bien des préventions. Cependant il y aura certainement des retouches à faire.

Tout à toi fraternellement.

LOUIS.

Lampre, 4 janvier 1890.

CHÈRE URSULE,

Je me jette dans tes bras pour pleurer sans contrainte. Quelle croix! quelle croix!! Et je n'ai pu le revoir! Cher et bien aimé frère, ma consolation, mon mentor! C'était à moi de partir.

Mais pourquoi verser des larmes égoïstes? Je te supplie, ma chère sœur, d'être forte. Un instant de faiblesse, une dette payée à cette pauvre nature humaine, toujours faible, et puis relevons la tête et regardons le ciel. C'est désormais sa demeure; c'est là que nous devons le retrouver.

Pour vous, mes chères sœurs, qui dès votre jeunesse avez choisi la bonne part, c'est chose facile. Pour moi, exilé à travers un monde auquel j'ai fait tant de sacrifices mauvais, qui ai subi tant et tant de sensations, la chose est plus difficile. C'est donc pour moi qu'il faut prier.

Je t'embrasse, oh! comme je t'embrasse, chère Benjamine! Ah! si j'étais de force à suppléer ce frère si fort sous sa mince enveloppe!

Enfin! enfin! Dieu nous prenne en pitié.

Je me recommande à mes nièces.

Adieu, et que Dieu soit béni !

LOUIS.

Lampre, 7 janvier 1890.

MA PAUVRE ROSE,

Je voulais, en effet, que la main délicate de la bonne Mère supérieure pansât la blessure au moment même où tu recevais la fatale nouvelle. Aujourd'hui que le sacrifice est consommé, point n'est besoin de voile et de précautions.

Je me croyais plus fort que toi, chère sœur, quelle erreur ! je suis écrasé. Mon pauvre Marc ! Que la volonté de Dieu soit faite ; mais qu'elle semble parfois dure à la pauvre humanité !

Si encore j'avais eu la consolation d'assister aux derniers moments de notre cher et saint apôtre !

Roger de l'Hermite, le meilleur et le plus dévoué des parents, m'a remplacé. J'avais eu l'idée de m'adresser à lui, mais il avait prévenu mes désirs, et c'est cet excellent neveu qui a représenté la famille.

La dépouille de notre frère est restée exposée pendant deux jours dans une chapelle ardente, où grande a été l'affluence des pieux et sympathiques visiteurs. Ce bon Marc était si aimé et si digne de l'être ! Aujourd'hui il repose dans le caveau des Révérends Pères Oblats au cimetière du Nord : c'est là que j'irai prier si Dieu m'accorde la santé.

Je m'arrête, chère sœur, car je suis tellement occupé et préoccupé que j'ai besoin de compter avec mes moments.

Je t'embrasse à travers tes grilles, chère Rose, et je te souhaite, avec la résignation et l'esprit de prière, tout ce qu'un frère dévoué peut souhaiter à la meilleure des sœurs.

LOUIS.

Lampre, 12 janvier 1890.

Je t'envoie, chère Rose, des extraits textuels de lettres qui t'apporteront bien des consolations, tout en faisant couler tes larmes.

Premier extrait des lettres de Roger. — « Vers six heures du soir il m'avait reconnu encore, et, à la demande du P. Martinet, sollicitant de lui une dernière bénédiction pour son frère, ses sœurs et pour moi-même, il avait répondu : *Oui.* Cette bénédiction adressée du seuil de l'Éternité à tout ce qu'il avait de plus cher a été son suprême effort et sa dernière parole. La mort de mon oncle Marc a été calme et douce, la mort d'un saint !

« Aujourd'hui le Père repose dans une salle du couvent, convertie en chapelle ardente; il est revêtu de ses ornements sacerdotaux, et sa figure calme et pure est bien celle des prédestinés. J'ai passé une partie de la journée près de lui, au milieu d'une affluence de pieux fidèles, dont la douleur exprime assez les sentiments de vénération que notre saint défunt leur avait inspirés. »

Second extrait des lettres de Roger. — « Nous venons de conduire notre pieux défunt à sa dernière demeure, au milieu d'un très grand concours de fidèles et d'amis, qui nous ont montré par leur recueillement et par leurs larmes toute l'étendue de la perte que nous venons de faire. Dans l'assistance, les Supérieurs, Provinciaux et chefs d'Ordre présents à Paris, un certain nombre de curés, M. Buffet, ancien ministre, un amiral (probablement l'amiral Miot) et un très grand nombre de prêtres.

« Votre saint frère repose dans le caveau des Révérends Pères Oblats, au cimetière du Nord.

« Je suis chargé par le Supérieur général et les assistants de vous dire combien le nom que vous portez restera en vénération dans la Congrégation des Oblats, et combien les Pères seront heureux, si les circonstances leur permettent, de vous revoir. »

Extrait d'une lettre du R. P. Soullier, assistant général[1]. « Nous venons d'accompagner à sa dernière demeure votre cher et saint frère. Vous avez eu par M. Roger de l'Hermite des détails sur sa maladie et sur sa bienheureuse mort.

« Ses obsèques ont été dignes d'un si parfait religieux. Notre chapelle s'est trouvée trop petite pour le nombreux clergé et pour la foule des fidèles accourus à une cérémonie qui était pour tous l'occasion de témoigner de leur reconnaissance et de leur profonde vénération à l'égard de ce cher défunt. L'émotion était générale, les larmes abondantes. C'est un

---

1. Aujourd'hui Général de la Congrégation.

bel éloge des vertus de notre bon Père et surtout de son zèle pour les âmes, de sa charité pour les malheureux et de sa tendre assiduité au lit de mort de ses pénitents.

« Ai-je besoin de vous dire l'immense étendue de nos regrets? Nous perdons un religieux modèle, un confrère excellent, un prêtre qui, par sa belle intelligence, par la distinction de ses manières et le charme de ses relations, honorait grandement notre Congrégation. »

Que notre douleur est profonde, et pourtant que notre croix est douce, ma chère Sainte-Rose. Nous avons donc un saint dans notre famille!

Je vais mieux ainsi que Marie. Cette terrible influenza n'épargne personne; mais, je te le répète, il n'en est presque plus question pour nous.

Ton Louis.

Lampre, 13 janvier 1890.

Chère Ursule,

Encore un mot pour te féliciter de tes larmes. Moi aussi j'ai pleuré en lisant la lettre de ce bon Roger. Que cela fait de bien!

Ta douleur est assurément comme la mienne, sans amertume, presque sans regrets. Je ne puis voir ce frère chéri qu'avec une auréole. Il était mon modèle, il devient pour nous tous un très puissant protecteur. C'est égal, notre misérable nature ne peut se faire à ces séparations violentes et inattendues.

Je voudrais te donner à lire les lettres que je reçois; quelques-unes sont admirables, pas une n'est banale. On comprend, à leur lecture, que ce frère qui recherchait la solitude, vivait ignoré et n'aspirait qu'au sacrifice, traçait à travers ce mauvais monde moderne un sillon lumineux.

J'ai donné des extraits de quelques-unes à Sainte-Rose; je veux te citer une phrase de l'abbé Laurichesse :

« Heureux qui a de tels morts à pleurer! heureuses les familles qui portent de pareils deuils! Ce prêtre, ce religieux laisse ici-bas une traînée lumineuse; on fera la moisson dans le sillon qu'il a ensemencé. C'était un sauveur d'âmes, il a sauvé la sienne; que la volonté de Dieu soit faite! Il y aura ici un concert de prières, ce sera une poussée vers la rive. »

Ma table est encombrée. Cette bonne Marie de Soualhat a bien voulu m'aider, et, condamné à garder la chambre, j'ai fait ce que j'ai pu pour remercier ceux qui nous témoignent de la sympathie.

Je partage ta douleur au sujet de la bonne sœur, ta fille, qui s'apprête aussi à quitter ce triste monde. Je te sais forte, chère petite, forte et douce. Comme le bon Dieu doit t'aimer, puisqu'il t'envoie en même temps deux croix à porter!

Remercie mes deux nièces et particulièrement Marie-Gabriel, dont la lettre toute pleine de vraie douleur m'a été tout droit au cœur. Elle voudra bien m'excuser si je ne lui écris pas directement; je suis encombré à ne savoir que faire.

Nos santés sont meilleures, mais nous prenons des précautions; fais de même et aime-moi.

LOUIS.

Lampre, 6 mars 1890.

CHÈRE ROSE,

Je viens rassurer un peu ta fraternelle amitié. Depuis quelques jours les grandes douleurs intestinales ont disparu, le sommeil et l'appétit sont revenus, et, n'était l'âge de ma malade, je serais tenté de me rassurer entièrement; mais la faiblesse est grande encore.

J'ai toujours auprès de moi Henriette V.; elle est inappréciable. Sa bonne volonté, sa discrétion sont au-dessus de tout éloge. Elle repart ce soir, se disant inutile; mais je vais lui poser mes conditions avant de la lâcher, et cette bonne Henriette ne tardera pas à revenir.

Tu m'as deviné, chère petite; à peine notre cher Marc s'était-il envolé vers la Patrie que j'ai pris la plume pour lui dédier *Les Saintes Causes*. Les quelques vers qui lui sont consacrés pourraient être meilleurs, peut-être même aurais-je pu mieux faire, mais j'ai voulu laisser ce qui m'était venu spontanément, et, telles quelles, j'ai envoyé ces lignes à l'imprimeur.

Je te remercie d'avoir recommandé partout la malade et son gardien ; cela vaut bien une ordonnance du docteur.

Marie de Maleplane m'a écrit une bonne lettre ; Mme de Mandelot, une lettre admirable. Elle me demande, la généreuse femme, si j'ai besoin d'elle. Je la connais : si je faisais le moindre signe elle se mettrait en route. Elle a tant souffert, et comprend et partage si bien les souffrances de ceux qu'elle aime !

Le froid est très vif ici, mais les journées sont belles. J'en profite pour faire une petite promenade quotidienne, bien sûr que rien ne périclite lorsque Henriette est auprès de la malade. Rassure-toi donc sur ton frère.

Mes amitiés à Gaston et à ses charmantes filles. Je regrette de ne pouvoir écrire partout où je voudrais.

A toi, chère petite.

LOUIS.

Lampre, 22 mai 1890.

MA CHÈRE SAINTE-ROSE,

J'ai reçu il y a peu de jours un numéro de la revue *l'Université catholique*, paru le 15 janvier dernier, et j'y ai trouvé, sous la signature *H. de Leymont*, un article bibliographique sur *Sainte-Catherine* et *Sainte-Philomène*.

Bien que je sois convaincu que Mlle Blanche T. abrite son talent sous un pseudonyme, j'hésite à lui attribuer cet article ; voici mes raisons :

La revue l'*Université catholique* est dirigée et rédigée par un groupe de professeurs et de savants, et je doute qu'une femme en puisse facilement forcer l'entrée.

Le style est d'une sobriété, d'une netteté et d'une force toutes masculines. L'esprit critique est parfait, l'érudition artistique et historique s'y montre modestement, mais très sûrement, et donne du relief et de la couleur à ces pages. Il y a dans tout cela, dans l'étude du caractère de Dioclétien en particulier, une justesse d'appréciation qui séduit et aussi une harmonie singulière. Je ne dis point que Mlle T. ne soit pas une personne de haut style, mais je trouve dans l'ensemble de l'article une saveur qui me semble dénoter plutôt la plume d'un professeur de lettres. Me trompé-je? tu me le diras[1].

Je suis à la fin d'une bronchite qui m'a tenu dans la chambre depuis près d'un mois. Je n'ai d'ailleurs pas gardé le lit; mais la susceptibilité de la poitrine m'a privé de toute sortie. Monseigneur, en tournée de confirmation, a bien voulu nous faire une longue visite.

A toi, chère petite, et aux chers habitants de la cité Vaudoit.

LOUIS.

Lampre, 3 juin 1890.

CHÈRE SŒUR,

Si tu n'es atteinte, comme tu le dis, que de la ma-

[1]. L'artile était bien de Mlle Blanche T. de G.

ladie de bêtise, je suis complètement rassuré; si la
musique est pour quelque chose dans ton état, j'en
bénis le ciel, car la musique est un réconfortant et
même un fébrifuge puissant : au moins c'est ainsi
que j'en juge avec mes aspirations musicales inassou-
vies. Si la correspondance arriérée te donne le frisson,
ajourne! j'ai longtemps usé de ce moyen; mais Dieu
te garde de l'influenza et de toute grippe; c'est absolument monotone.

Pour moi, j'ai donné congé à ma bronchite et je
reprends ma vie habituelle.

Puisque tu aimes ma petite filleule, je t'envoie l'im-
promptu que je lui ai adressé en 1887, à l'occasion de
ses dix-huit ans.

Si vous aviez quatre-vingts ans,
Je m'inclinerais jusqu'à terre
Pour honorer vos cheveux blancs;
Mais, devant vos dix-huit printemps,
    Que dois-je faire?

Voyons! avancez ce minois
Qui n'a rien d'un minois d'aïeule,
Je veux le baiser dix-huit fois;
Un parrain a bien quelques droits
    Sur sa filleule.

Et maintenant, pour le merci
De la peine que je vous donne,
Je vous dis simplement ceci :
Dieu vous garde de tout souci,
    Chère mignonne.

Ces bons Mandelot! que de témoignages d'affection
j'en reçois!

J'ai envoyé les *Saintes Causes* à la Normande : son
cœur va battre un peu plus vite.

Je vais écrire à Varvasse.

Adieu, chérie, soigne ton enveloppe et reçois toutes nos fraternelles assurances.

LOUIS DE L'HERMITE.

Lampre, 8 juillet 1890.

CHÈRE SŒUR,

J'ai reçu le précieux envoi que tu m'as fait[1]. Comme remerciement et double souvenir, je t'adresse une grande photographie de notre oblat.

Il faut bien que tu aies un arrière-goût des félicitations que me valent les *Saintes Causes*. Je vais te transcrire une lettre au sujet de laquelle tu demanderas pour moi l'humilité. Évidemment l'auteur de la lettre s'emballe, et tu vas juger jusqu'à quel point.

J'avais fait remettre à ce lettré, qui n'est autre qu'un professeur à l'*Institut catholique* de Toulouse, poète distingué, membre de l'*Académie des Jeux Floraux*, un volume des *Saintes Causes*, et voici l'accusé de réception :

« MONSIEUR LE CHEVALIER,

« Oh! que vous aimez donc Dieu et la France, vous qui en parlez si bien! J'aime, j'adore ce que vous dites et je goûte infiniment la manière dont vous le

---

1. Petit tableau des cheveux du R. P. de l'Hermite.

dites. Votre vers n'a point les curiosités, les coquet-
teries puériles de certains modernes; il est simple, il
est naturel, il est vrai, il est fort il est cornélien.
(N'est-ce pas que vous aimez Corneille?)

« Si vous désirez adresser un exemplaire de votre
ouvrage à l'Académie des Jeux Floraux, je serai heureux d'être votre intermédiaire, et je demanderai
même à l'Académie l'honneur de lui faire un rapport
sur votre ouvrage. Je suis sûr que ce vendredi-là je
n'aurai pas le malheur d'ennuyer mes confrères.

« Voilà dans quels sentiments j'ai l'honneur d'être,
dans l'amour de Dieu et de la France, votre serviteur
et ami.   « L. VALENTIN,

                    « Chanoine honoraire. »

Que dis-tu, ma Sainte-Rose, d'une pareille bienveillance?

Voici maintenant une phrase de M. d'Auzers père.

« J'aime à relire ces vers qui me rappellent, par la
forme et le rythme, les premiers enthousiasmes de
ma jeunesse pour les *Odes* et *Ballades* de Victor
Hugo et les *Méditations* de Lamartine; mais qui, par
la pureté et la hauteur céleste de l'inspiration et des
sentiments, leur sont si supérieurs. Heureuse serait la
France si telle était l'orientation de tous les poètes! »

Tu comprends, ma petite, que cette transcription
n'est que pour ma sœur et exige de la discrétion. Je
sens très bien que ces évocations de Corneille, de Lamartine et d'Hugo me rejettent dans les ténèbres.

Par contre, je te donne, de mémoire, l'appréciation
d'un journal radical et irréligieux du département :

« Il faut être bien audacieux pour avoir choisi un pareil titre et quasi stupide pour avoir écrit ce livre. » Le tout agrémenté de gros mots. Je suis une des bêtes noires de ce journal, auquel je ne réponds jamais.

Tu as deviné juste : un second volume de poésies est sous presse, et la composition est même assez avancée.

A toi toutes mes amitiés.

LOUIS.

Lampre, 12 août 1890.

MA CHÈRE SAINTE-ROSE,

La Normande m'a écrit hier pour me souhaiter ma fête. Elle s'y prend assez tôt, comme tu vois, mais c'est prudent, car ses lettres sont rarissimes, et elle aurait bien pu, tant elle est occupée, sauter à pieds joints par-dessus les *Saintes Causes*. Je suppose que cette chère cadette n'est guère bavarde avec toi non plus, mais que tu l'excuses : il est évident qu'elle est débordée par ses devoirs de supérieure.

Tu apprendras avec plaisir que la composition de mon nouveau volume est terminée. Reste à traiter avec l'éditeur par l'intermédiaire de ce bon Roger; cela peut prendre encore quelques semaines. Tu connais déjà un bon nombre de ces poésies; tu les reliras en songeant qu'elles ont contribué à charmer la solitude de ton vieux barbu et tu seras bienveillante. Ce n'est au fond ni meilleur ni pire que les *Saintes Causes*, quoique d'un sentiment généralement moins élevé.

Je rêve toujours d'une fugue sur Clermont, c'est-à-dire sur Saint-Alyre ; pourrai-je la réaliser ? La santé de Marie est déplorable ; elle ne sort plus ou à peine, et tu comprends que je ne puis guère la quitter. Elle consent d'ailleurs difficilement à me prêter, même pour vingt-quatre heures. Cependant il a été convenu que je répondrais aux instances qui me sont faites du côté d'Auzers. J'irai donc passer une journée entière avec l'ami L. Quelle partie de cailletage !

Les Mandelot s'apprêtent à prendre le chemin de Lourdes. Robertine, se faisant l'interprète de tous, me prie de recommander leur voyage à mes *saintes* sœurs. Tu voudras bien ne pas les oublier.

Et maintenant, ma petite, cette demi-page suffira-t-elle à contenir l'expression de mes vœux ? Je puis bien oublier sainte Rose de Lima, mais l'Assomption !

C'est donc à la plus grande des saintes que je te recommande, et comme je m'appelle Marie aussi bien que toi et que je suis un parfait égoïste, je m'accroche à ta robe noire pour que tu me serves d'introductrice auprès de notre divine Mère.

Adieu.

LOUIS DE L'HERMITE.

Lampre, 7 octobre 1890.

Tu crois sans doute que je t'oublie, ma chère Rose ; il n'en est rien, petite !

Jusqu'à présent je n'ai fait de ma correspondance

personnelle que tout juste ce que je ne pouvais éviter, et j'ai passé les six semaines qui me séparent de ma fugue sur Clermont à beaucoup de choses moins qu'agréables, particulièrement à me chamailler avec l'administration.

J'étais même tout disposé à jeter ma démission à la tête du préfet; mais j'en ai été empêché par quelques amis que je consulte habituellement dans les cas graves. Au diable l'écharpe à laquelle je suis attaché! Je t'assure que, n'était l'austère perspective du devoir, il y a beau temps que j'aurais mis au rancard cette sous-ventrière.

L'élection de Saint-Flour pour le remplacement de notre regretté Amagat a mis le désarroi dans la rédaction du *Courrier d'Auvergne*. L'argent, ce grand corrupteur, a dû passer par là. L'abbé L. m'écrit une lettre triste et se retire; l'abbé C. en fait autant.

Voici une jolie boutade du dit abbé à propos de poésie :

> J'aime surtout les vers, cette langue immortelle,
> C'est peut-être un blasphème, et je le dis tout bas;
> Mais je l'aime à la rage! elle a ceci pour elle
> Que les sots d'aucun temps n'en ont jamais fait cas.

Marie est toujours aux prises avec son catarrhe. Elle ne sort pas, mange peu, et cependant, à la voir lisant ou jasant, elle semble assez bien portante. Le temps, d'ailleurs, lui est merveilleusement favorable. Tandis que les inondations dévastent le Midi, nous vivons ici dans un azur perpétuel; mais gare l'hiver!

Amitiés à Gaston et aux nièces cloîtrées et autres.

Je garde de mon séjour à la cité Vaudoit un délicieux souvenir.

J'ai de bonnes nouvelles de La Rivière. Ferdinand m'écrit une lettre étincelante de verve, de bonne humeur et de jeunesse. Roger, rentré tout récemment à Versailles, s'occupe du volume *Aux Champs.*

J'ai envoyé sans écrire des échantillons minéralogiques à Évreux.

Il y a encore des roses à Lampre; tâche que celle dont tu as la garde conserve une éternelle fraîcheur. Je glisse mes amitiés fraternelles à travers tes grilles.

LOUIS.

LETTRES

DE

LOUIS DE L'HERMITE

A DIVERS

A Mademoiselle Marie de Maleplane.

Lampre, 30 août 1880.

Ma chère Marie,

Nous sommes rentrés depuis peu de jours; ce long voyage a été mêlé de grandes satisfactions et de grandes fatigues.

Te parlerai-je de Rome, de Naples, de Venise et de la Suisse? oui, mais point par écrit. Quand tu honoreras Lampre de ta visite tu pourras me faire subir un examen sévère, et t'assurer si l'écolier a mis à profit les occasions de s'instruire qui lui ont été fournies; mais t'écrire là-dessus!...

Je ne sais d'ailleurs si je pourrai jamais débrouiller l'écheveau qui s'est enchevêtré dans ma cervelle; pour le moment, c'est le chaos : il me reste cependant un fond de paysage et d'émotions qui à lui seul vaut le voyage.

Cette grande figure du Saint-Père, prisonnier dans l'immense palais du Vatican; ces églises, où les marbres, les fresques, les mosaïques, se mêlent et se confondent jusqu'à donner le vertige; ces musées tellement riches qu'on devient difficile jusqu'à négliger

certains chefs-d'œuvre, tout cela et tant d'autres choses encore font naître dans l'âme le sentiment de l'admiration à tous les points de vue.

J'ai passé quelques heureux jours à Clermont, partageant ma vie entre mes visites à la nymphe de
Royat et aux recluses de Saint-Alyre. Je n'ai pas à te
dire combien ces quinze jours ont été rapides.

Adieu, chère cousine, je t'adresse nos meilleures
amitiés, et te rappelle que nous unissons dans nos
affections tous les membres de la famille actuellement
en exil à Carpentras (Vaucluse). Buvez de l'eau de la
fontaine et tenez-vous en paix : le moment de la résurrection et du retour ne saurait être éloigné.

LOUIS DE L'HERMITE.

Lampré, 7 janvier 1881.

MA CHÈRE MARIE,

Au risque de soulever chez toi un mouvement de
dénégation, je viens te dire que je me disposais à
prendre la plume à ton intention, lorsque j'ai été prévenu par ton aimable lettre. A mesure que les vides
se produisent autour de nous, j'éprouve un besoin
plus vif de me rapprocher des survivants, et je par-
viens *quelquefois* à vaincre ma paresse épistolaire.

Tu as, comme notre bonne *Tasie*, le secret des
lettres détaillées et attachantes. Après t'avoir lue, on
sait tout ce que l'on désire savoir sur la famille et les
quelques amis qui surnagent; c'est bon cela! Aussi
je viens de te relire et j'y reviendrai encore, jusqu'à

ce que mon ingrate mémoire ait consenti à retenir les moindres faits que tu consignes. Voilà l'avantage de tenir sa vie à jour, comme un registre, et de confier chaque soir au papier les impressions et les détails de l'heure qui passe : on double ainsi les forces de son esprit et l'on avive les affections de son cœur. J'ai le grand regret de ne t'imiter pas en beaucoup de choses, et spécialement en celle que je signale.

Pour la première fois depuis longtemps, je me suis absenté de Lampre, et j'ai été passer vingt-quatre heures à Mauriac, auprès d'un vieil ami dangereusement malade. C'est à mon retour, hier neuf heures du soir, que je t'ai trouvée sur mon bureau. J'ai, tu le vois, tout le loisir de réfléchir sur les vanités de ce monde et les turpitudes sociales dont les honnêtes gens sont les premières victimes ; aussi je ne me fais pas faute de broyer du noir patriotique. Quelles infamies et quelles perspectives ! tout semble perdu pour notre France, *même l'honneur*. Si le mouvement catholique qui semble s'accentuer ne triomphe pas prochainement, c'en est fait de nous ! *Finis Galliæ*.

Comme dérivatif à nos colères, j'ai la collaboration à la *Semaine catholique* du diocèse, qui est en même temps un journal politique. Depuis près de trois mois on m'a lancé dans cette affaire ; Mgr Baduel a bien voulu me donner directement l'assurance de sa satisfaction : voilà qui me met à l'aise et me suffit.

Voilà aussi que tes friandises me reviennent en mémoire : je vais donc interrompre ma lettre jusqu'à ce que ce produit de Vaucluse me soit parvenu, et je te dirai, en toute vérité, ce qu'en pensent mon palais et mon estomac; mais je puis bien dès à présent t'assurer que le cœur est tout à fait sensible à cette attention.

9 *janvier*. — Nous avons procédé à la dégustation des produits du sieur C. Cet aimable confiseur est un véritable artiste, et toi, tu es et tu demeures une charmante cousine.

Adieu, chère amie, nos souhaits les plus affectueux pour toi et ton entourage.

J'espère que Paul fera un homme de son Gabriel. Ce qui nous manque aujourd'hui, ce sont des hommes.

Affectueusement à vous tous,

Louis DE L'HERMITE.

Lampre, 31 août 1881.

MA CHÈRE MARIE,

D'aimables visiteurs, arrivés en même temps que ta lettre, ont absorbé mes moments et m'ont mis en retard avec toi.

Bientôt, j'espère, j'aurai les détails complets de tout ce qui vous regarde à la grille de Saint-Alyre, où je vais rendre visite à Sainte-Rose.

Ce n'est pas sans un serrement de cœur que j'ai vu s'éloigner Marie-Ursule; mais tout ce que j'apprends à son sujet, soit directement, soit par Marc et Marie, me rassure.

Il y a un peu de tout dans ce que tu me mandes à votre sujet, la compensation à côté de l'épreuve. Dieu

veuille qu'on vous oublie dans ce nouveau séjour ; si
l'on pensait trop à vous, ce serait sans doute pour
vous engager à plier bagage de nouveau. Je me rassure en songeant que l'ami X., devenu plus puissant, se souviendra de ses affections de collège et
voudra se montrer bon camarade.

Nous avons eu, comme vous, des chaleurs invrai-
semblables ; mais voici les froides nuits et les fraîches
matinées qui nous ramènent une température très
supportable. Le mois de septembre est un des plus
beaux mois de la Haute-Auvergne. Je voudrais vous
présenter, du haut de mon balcon, la vue splendide
et alpestre dont je jouis à chaque heure. En parcou-
rant la Suisse, j'ai presque dit : « Ce n'est que ça ! »
tant je suis disposé à mettre au premier rang le panorama de Lampre. Je confesse cependant que les
beaux lacs bleus et les cimes neigeuses de l'Helvétie
ont aussi leur mérite. Ne me trouves-tu pas assez
semblable au Marseillais : « Si Paris avait une Can-
nebière ! »

Adieu, chère cousine, je te prie de croire à mon
affection bien tendre, et de distribuer mes souvenirs
autour de toi.

LOUIS.

Lampre, 1er janvier 188?.

MA CHÈRE MARIE,

Voilà donc notre grossier ministère républicain qui
est allé retrouver les vieilles lunes ! Bien que cette
lourde chute du signor génois ne change rien aux

affaires en général, cependant on est bien aise, en sa qualité d'honnête homme, de voir dégringoler successivement toutes ces personnalités bouffies, incapables et haineuses. Le gouvernement républicain donne chaque jour davantage la preuve de son impuissance en tant que pouvoir organisateur. Tous ses représentants ont la puissance du mal et du désordre, de par Satan leur chef de file, et c'est tout! Leur pouvoir durera ce qu'il plaira à Dieu; mais leur procès est jugé, et toute conscience droite réprouve désormais l'œuvre de ces sinistres charlatans.

Marc est calme dans cette Babylone : son rôle d'otage n'a rien de gai; mais je constate que son moral ne faiblit pas.

Adieu, chère cousine, sois notre interprète autour de toi, et songez que l'Auvergne ne tardera pas à être reliée à la France par une voie ferrée qui passe à vingt minutes de Lampre : vous jugerez, sans doute, qu'il serait temps de faire connaissance avec les beautés de la *Charabie*.

Tous nos souhaits de bonne année.

Louis DE L'HERMITE.

Lampre, 8 janvier 1882.

MA CHÈRE MARIE,

Avant de te répondre, j'ai voulu être en possession des objets que ta délicate attention a bien voulu nous offrir[1].

---

1. Mlle de Maleplane envoyait à son cousin quelques spécimens de l'industrie de Saint-Claude. (Ouvrages au tour.)

Je t'écris donc entre le *cheval* et la *tabatière*. Tu fais trop bien les choses, chère cousine, et tu devines d'instinct mes préférences. Mes *dadas* et mes chiens sont en effet mes grandes affections à Lampre, et je serai heureux de te présenter tout ce *peuple animal* et de te mettre au courant des douceurs qu'il procure. Viens donc! venez donc, veux-je dire! et je me charge de vous faire voir les beautés du pays sans trop de fatigue.

Me voici donc hors du coup de feu du premier de l'an! Je retrouve mes loisirs et me remets à mes *tartines* pour la *Semaine catholique*. De paille ou de foin, de prose ou de vers, j'adresse au moins un article par quinzaine à mon Directeur.

Je tremble toujours pour Paul. Avec les appétits qui hurlent autour de nos aimables gouvernants, il est bien difficile de conserver une position enviée. Je souhaite, entre autres vœux de bonne année, que la République vous oublie dans ce coin retiré du Jura et que vous puissiez y attendre la débâcle, car il y aura une débâcle, cela me paraît certain; reste à savoir si elle se fera dans le sens que nous désirons. Brûlez des cierges à saint X., mes chers amis; c'est un patron tout-puissant pour le quart d'heure.

Pas plus que vous nous ne connaissons d'hiver; ici, c'est le climat de Nice. A peine de la neige sur les plus hauts sommets, et dans la vallée un soleil étincelant, obscurci tout au plus par quelques rosées bienfaisantes.

Oui, assurément, la vue est splendide du haut du col de la Faucille; mais je crois que, même après la contemplation du Léman et du Mont-Blanc, on peut sans dédain jeter un coup d'œil sur le paysage de Lampre.

A vous tous, tous les deux cordialement,

LOUIS.

Lampre, 8 mars 1882.

MA CHÈRE MARIE,

Nous sommes rentrés hier soir de Mauriac, où, contre notre habitude, nous avons passé quinze jours. Ta lettre est donc restée en fourrière à Champagnac et ne m'a été remise que ce matin.

Tu dis vrai, chère cousine, la liste de nos morts augmente sans cesse et accumule les regrets sur le cœur des survivants. Telle est la marche logique des choses, et l'on peut dire que la vie n'est qu'une succession de deuils; mais, en prenant de l'âge, nous devenons plus sensibles aux vides qui se produisent et augmentent notre isolement.

Je connaissais à peine Gabriel de Foucauld, et j'ignorais qu'il eût été blessé à Gravelotte; je prends néanmoins ma part de ce deuil de famille, et je compatis particulièrement à la douleur de ce bon Gabriel d'Aigueperse.

En même temps que ta lettre, j'en ai reçu une de Clermont et d'Evreux. Les petites ursulines vont bien et aspirent à se revoir. Marie-Ursule est écrasée de travail; elle le dit et on peut l'en croire, car elle n'a pas pour habitude de *rechigner* devant la besogne.

Nous avons eu comme vous un hiver exceptionnellement beau : point de froid, point de neige, à peine quelques pluies dans ces derniers temps, et un soleil presque toujours radieux. Cela est fort bien pour le citadin; mais les cultivateurs redoutent la sécheresse.

Lampre commence à sortir de son tombeau annuel; les boutons de fleurs éclatent, les oiseaux gazouillent : viendrez-vous enfin visiter les deux solitaires et leur ermitage ?

Adieu, chère amie, serrons nos rangs puisqu'ils s'éclaircissent et aimons-nous toujours.

Nos compliments autour de toi, et un souvenir spécial à la bonne tante Élisa.

LOUIS.

Lampre, 9 janvier 1883.

MA CHÈRE AMIE,

En échange de tes vœux, nous t'adressons, pour tout votre intérieur et pour toi en particulier, nos meilleurs souhaits de bonne année. Inutile d'insister sur les détails; ils se devinent sans les écrire.

Enfin Gambetta est mort! On a beau faire appel à ses sentiments chrétiens et se dire que cet homme avait une âme, on ne parvient pas à exciter en soi de regret, et l'on a même une certaine peine à contenir sa joie. Ce Français bâtard était pour nous l'Ennemi.

Il a trouvé la formule de la guerre contre nos croyances, et les pompes extraordinaires et cyniques de ses
obsèques laïques ne le sauveront pas, ni maintenant
ni dans l'histoire, de la réprobation des honnêtes
gens. Il a soulevé contre lui la conscience catholique;
bon voyage pour l'Éternité!

N'est-ce pas l'enfer, chère amie, qui est pavé de
bonnes intentions? Ah! vous avez eu le projet de
venir à Lampre; à merveille! mais c'est un projet à
reprendre, ou pas d'absolution!

Voilà que j'oublie près de vous les cartes et les
lettres officielles. Adieu donc, je retourne à mes
moutons, c'est-à-dire aux indifférents ou aux amis de
rencontre.

Louis.

Lampre, 8 mars 1883.

MA CHÈRE MARIE,

Je te remercie des détails que tu me donnes sur la
petite colonie limousine de Saint-Claude; cela me
remet en famille et me rappelle aussi tout le cher
monde des absents. Nos rangs s'éclaircissent, chère
amie, et ceux qui restent sont disséminés un peu sur
tous les horizons de la France; il serait si bon de se
voir de temps en temps!

Ici nous luttons avec les années, les rhumatismes
et les maux d'estomac. Les années sont impitoya-
bles; mais les rhumatismes et les maux d'estomac

nous laissent parfois du répit, et nous sentons alors doublement le prix de la santé.

Tu as su le voyage de Marc à Hyères après sa station de Limoges ? Voilà un camarade *qui remue ses fièvres!* Je suis toujours heureux quand je le sais hors de Babylone; car je ne m'accoutume pas à l'idée de le voir saisi comme otage, quand arrivera le grand *crac* politique et social qui se prépare.

Je m'arrête sur la lisière d'une *tartine.* Inutile avec toi d'insister; nous avons mêmes haines et mêmes affections.

Mille et mille amitiés, de ma part et de celle de Marie, à tous les tiens qui sont aussi les nôtres.

Je félicite Gabriel — un bonhomme que je voudrais bien connaître — de son application et de ses succès.

Bonne tante Élisa, permettez-moi de vous embrasser en terminant, et de me recommander tout particulièrement à votre affection.

Louis de l'Hermite.

Lampré, 27 mars 1883.

Ma chère Marie,

Des Jurassiens qui demandent du fromage au Cantal! Quel honneur pour la *fourme!*

Et comment réclames-tu d'un Auvergnat la recette de la *fondue,* alors que Brillat-Savarin, un Jurassien si je ne me trompe, en a donné le détail dans sa *Physiologie du goût?*

Quoi qu'il en soit, heureux d'une occasion de te faire plaisir, je mettrai aujourd'hui en gare de Saignes une petite caisse à ton adresse, et voici la recette de la fondue, elle est très simple.

Faire fondre du fromage dans la poêle, quantité *ad libitum*, avec beurre frais et ail haché menu. Ce n'est rien de bon ; mais certains gosiers violents l'apprécient.

Adieu, bonne et chère cousine, à toi et autour de toi, mille et mille amitiés.

LOUIS DE L'HERMITE.

Comment vous traite à Saint-Claude cette affreuse queue d'hiver?

Lampre, 8 octobre 1883.

MA CHÈRE MARIE,

La corbeille que tu nous as adressée est arrivée à bon port.

Je pourrais bien, au sujet de son contenu, te reprocher de vouloir altérer notre simplicité spartiate et faire pénétrer à Lampre des goûts de luxe ; mais j'aime mieux te remercier de tous ces charmants objets, et surtout des lignes aimables qui les accompagnent.

J'ai enfin reçu hier une première lettre d'Evreux. Il paraît que tout ce monde normand, petits et grands, y compris le supérieur, sont dans la joie de l'emprunt fait à Saint-Alyre. Cela m'étonne médiocrement, car cette petite mère a bien des dons faits pour charmer.

J'attends chaque jour une lettre détaillée de Marc; il paraît satisfait de son voyage.

A propos, te figures-tu ce Révérend Père sur le *Steam Boat*, en veston court et un stick à la main ! Prodigieux !!!

Tous les deux à vous bien cordialement.

LOUIS.

Lampre, 6 novembre 1883.

MA CHÈRE MARIE,

Pendant que ta lettre prenait le chemin de Lampre, nous prenions, nous, celui de Mauriac, où nous avons passé plus d'une semaine.

Vingt-quatre heures après notre retour, nous avons vu arriver deux grandes voitures, pleines des bons Spinasse auxquels s'étaient joints des visiteurs amis. Il a fallu suivre tout ce monde pour aller festoyer à Madic pendant cinq grands jours. Nous menons, tu le vois, une vie d'un tel *débraillé* que notre correspondance en souffre beaucoup. Et, pour tout avouer, j'ajoute que, si le temps se remet au beau, sous les auspices du grand saint Martin, nous prendrons la route d'Egletons, où nous attendent les aimables châtelains de Madic. C'est insensé! mais, puisque les médecins de Vichy m'ordonnent l'exercice et la distraction, j'accepte sans trop de déplaisir le rôle de *toupie tournante.*

Les photographies que tu m'adresses ne sont pas aussi insignifiantes que tu te plais à le dire. Le numéro premier particulièrement est admirable comme ensemble : cette petite ville, au pied de ce gros mamelon, et tout en pente étagée, est ravissante. Par malheur, l'horizon, charmant quant aux lignes, est brouillé et mal venu. J'en dis autant du numéro trois : les grandes arches et ce bouillonnement d'eaux sont fort artistiques ; mais le massif boisé de la droite est empâté et confus ; la montagne de face, trop rapprochée. En revanche, le dessous des arcades est bien. En somme, Paul obtient des résultats, malgré les difficultés inhérentes à toute vue de paysage photographique. Je le félicite, et je me félicite moi=même d'avoir sous les yeux le cadre au milieu duquel vous vivez.

Nous conservons, chère amie, le souvenir reconnaissant de votre visite, et nous faisons des vœux pour qu'il plaise à la Providence de nous fournir une nouvelle occasion de nous revoir.

Ici, nous sommes atteints de la fièvre industrielle ; on ne parle que de charbons et de mines. Le pays est bouleversé ; mais, hélas ! il ne se moralise guère. L'élément étranger qui afflue autour de nous nous apporte toutes les misères des grandes villes.

Vous voilà seules, sans doute, si, comme tu me le fais entrevoir, Paul s'est transporté auprès de son cher monde du Limousin.

A vous tous, petits et grands, présents et absents, nos amitiés les plus cordiales.

LOUIS.

Lampre, 1ᵉʳ janvier 1884.

MA CHÈRE AMIE,

Comme je suis généralement en retard pour ma correspondance, et particulièrement à cette époque solennelle où chacun aiguise sa plume et se morfond le cerveau, je m'étais promis de me mettre à l'œuvre dès le lendemain de Noël, et d'étonner mes amis par mon *impétuosité* épistolaire.

Va-t-en voir s'ils viennent !

Enfin me voici ! Prends ta large part de mes vœux et de mes tendresses, et fais-en la distribution autour de toi.

Que te dire de Lampre et de sa solitude ? La neige nous entoure ; mais à grande distance le paysage est encore beau : il faut savoir comprendre cette sorte de beauté sévère. Du reste, nous avons été rarement seuls depuis votre visite : des amis et quelques connaissances agréables nous sont venus voir en se succédant.

Notre industrie houillère prend de grandes proportions ; mais l'Internationale s'introduit avec des ouvriers rouleurs de Brassac et de Montceau ; ce voisinage a bien des inconvénients.

Tu me donneras, je te prie, des nouvelles précises sur tout le monde : sur les progrès des mioches, les santés, les occupations, le froid et la neige, sur tout en un mot. Il me semble qu'il y a un moment d'accalmie dans la persécution religieuse. Les cléricaux fonctionnaires sont donc moins menacés, et peut-être Paul sera-t-il libre d'aller à la messe sans avoir l'air d'un paria de l'humanité. Vraiment, ma chère amie, nous vivons à une époque bien troublée, et le métier d'honnête homme, toujours assez ingrat, devient de plus en plus difficile : raison de plus, me diras-tu, pour porter haut ses convictions !

Lis donc dans *le Correspondant*, s'il te tombe sous la main, le travail d'Henri Le Trésor sur les finances de la République : c'est du propre !

Adieu à tous, et à tous bon courage, vigueur de corps et d'âme, que puis-je souhaiter de mieux !

Louis de l'HERMITE.

Marie s'unit à moi dans l'expression de tous ces vœux.

Lampre, 7 mars 1884.

MA CHÈRE MARIE,

Ce n'est pas à Mauriac que nous avons passé les derniers jours du carnaval, mais à Egletons, chez nos amis les Spinasse, propriétaires de Madic. Nous démarrons difficilement ; mais, une fois partis, nous ne savons plus réintégrer notre domicile politique ; aussi avons-nous ajouté huit jours de carême aux jours du carnaval.

C'est hier seulement que nous avons touché barre à Lampre, et nous allons tâcher de réparer par la modestie de notre cuisine les excès *carnavalesques* des fourneaux d'Egletons.

J'ai trouvé sur mon bureau une lettre d'Alexandrine de Nedde qui m'annonçait la mort de ce cher oncle d'Aigueperse, un preux du vieux temps, une sorte de chrétien du Moyen Age, bon et raide tout à la fois. De cette race-là, il ne nous restera bientôt que le souvenir, si l'école laïque a le temps de tenir toutes ses promesses.

Hier aussi m'arrivait l'annonce de la mort subite de Victor de Nedde, un autre chrétien de la même trempe. Sans la fatigue du voyage précédent, je me serais rendu aux obsèques de cet excellent parent, pour donner à la famille une preuve de ma vive affection ; mais j'étais un peu rhumatisé et j'ai dû reculer. Pauvre bonne Louise ! voilà deux épreuves successives et bien lourdes ! ce sont des fleurons ajoutés à la couronne de cette grande chrétienne.

La *Semaine catholique* va bien dans le cercle restreint où elle s'est enfermée; mais il est difficile, vu le petit nombre des rédacteurs et leur éloignement du centre, de lui donner plus de développement.

Soixante-dix mineurs viennent d'être remerciés : est-ce par suite de la crise industrielle ou pour épurer le personnel? les deux versions courent les rues. Ce qu'il y a de certain, c'esf que sept de ces *messieurs* sont entre les mains de la justice, à la suite d'une rixe après boire.

Je félicite Gabriel et Thérèse de leur application

et de leurs succès. Pour ce qui est de leur loquacité, je ne vois pas qu'il y ait lieu de s'en préoccuper : cela prouve que leur jeune imagination est toujours en campagne et qu'ils veulent s'instruire et *instruire les autres*.

Je tiens à leur dire que le *microbe du fromage* est parfaitement inoffensif; mais je ne puis les blâmer de leur répugnance que je partage.

Adieu, chère amie, mes hommages et mes amitiés selon l'âge et le sexe; un souvenir particulier à tante Élisa.

LOUIS.

Lampre, 30 août 1884.

MA CHÈRE MARIE,

Que dirait le monde s'il était appelé à juger de notre affection réciproque par la rareté de nos lettres? Mais le monde devenant de jour en jour plus idiot, il n'y a pas à tenir compte de ses jugements.

Reconnaissons néanmoins, malgré cette sage et judicieuse réflexion, que les apparences sont contre nous.

Sainte-Rose t'a mise au courant de mes misères. Adieu Vichy! le rhumatisme m'a fait manquer cette saison balnéaire. Nous comptons aller à Clermont dans le courant de septembre — vers la fin — et remplacer les verres d'eau thermale par une cure de raisins.

Je vous plains d'avoir à déménager sans changer

de département; cet exil à Saint-Claude me semble bien long. Je vous plains surtout d'avoir à essuyer des plâtres et à subir l'odeur de l'essence et des couleurs. Songez-y! Cela n'est pas du tout inoffensif. Marie a été assez gravement malade, il y a quelques quinze ans, pour avoir habité trop tôt une chambre fraîchement peinte.

Je frémis rien qu'en songeant au dévouement chrétien de Mlle Geneviève[1], suivi de si près par celui de sa mère. Hélas! hélas! quels enseignements on pourrait puiser dans de pareils actes de foi!

Est-ce que vous ne pourriez pas venir à Lampre pour donner à vos persiennes le temps de sécher?

Bien cordialement à vous tous.

LOUIS.

Lampre, 31 décembre 1884.

MA CHÈRE MARIE,

Comme d'habitude, c'est toi qui seras chargée de distribuer nos vœux de bonne année à toute la colonie de Saint-Claude.

L'année qui s'achève, ou du moins celle qui commence, verra-t-elle la fin de votre exil? Je le désire de tout mon cœur, et je vous souhaite en attendant tout ce qui peut contribuer à le rendre

---

1. Mlle Geneviève Noualhier, sœur de Mme Paul de Maleplane, venait de transformer en hôpital de cancéreuses la maison qui devait entrer dans la part de son héritage.

moins maussade. Je ne parle ni de la santé, ni des longs jours, ni du paradis à la fin d'une existence patriarcale; tout cela est compris dans les vœux de bonne année.

Que te dire de plus?

Acheté une tondeuse pour le service de Sarah, Babet et Belle. Résultat satisfaisant.

Marché conclu avec trois maçons pour la construction de murs entre le *pré des Clos* et le *pacage de la Foujasse.*

Me voilà au bout de mon reportage.

Mais toi, qui as à me parler de tout un personnel, des progrès de Gabriel et de Thérèse, de la persécution religieuse dans la localité, etc., j'espère que tu ne seras pas sobre de détails.

De nouveau toutes nos amitiés pour toi et pour tous.

Louis de l'Hermite.

Lampre, 5 mars 1885.

Ma chère Marie,

Sais-tu ce que c'est que la fièvre du sécateur? Pour moi, à chaque printemps, je suis aux prises avec ce mal rural, et je taille à tort et à travers, libre de toute autre préoccupation : voilà pourquoi, chère amie, j'ai tardé plusieurs jours à répondre à ta bonne lettre.

Notre hiver n'a pas été très rigoureux : froid modéré, neige moyenne, mais des vents à écorner les bœufs. Nombre d'arbres ont été brisés dans la propriété, et l'un de mes plus beaux épicéas n'a pas résisté à la tourmente.

Je grelotte à la description de ton paysage saint-claudien. Comment fait donc tante Élisa *pour se permettre la messe ?* Elle est sans doute portée jusqu'au pied de l'autel sur l'aile des anges.

A ta prochaine visite, tu trouveras le pré des Clos séparé de la Foujasse par un mur primitif, épais comme un bastion. Sarah et Belle, toujours très vigoureuses, seraient assurément très fières de vous voiturer à travers notre canton.

Affectueusement à vous tous; je retourne à mon sécateur.

Louis de l'Hermite.

Château du Perray, 25 août 1885.

MA CHÈRE MARIE,

Comme il est dans nos habitudes d'échanger une lettre à cette époque de l'année, je veux te prévenir que Lampre est désert en ce moment, et que ta lettre, si elle est partie, risque fort de demeurer quelque temps sans réponse.

Après notre saison de Vichy, nous avons pris le chemin du Perray, où l'on nous attendait depuis longtemps, et où la bonne amitié de nos hôtes nous lie absolument les mains, pour nous obliger à prolonger indéfiniment notre séjour.

Rien n'est charmant d'ailleurs comme cette vie de

campagne au milieu des bois. Aux promenades pé-
destres ou en voiture succèdent des séances d'harmonie qui sont toujours trop courtes à mon gré. Nous
faisons aussi un peu de paysage, des lectures, mais
peu ou point de politique, bien que je sois condamné
à collaborer au nouveau journal qui vient de se fonder à Saint-Flour, Monseigneur m'ayant écrit quelques lignes charmantes pour me pousser à cette collaboration.

A vous tous très cordialement.

LOUIS.

Château du Perray, 5 septembre 1885.

MA CHÈRE MARIE,

Nous sommes encore au Perray, ne sachant comment nous arracher aux insistances et aux amabilités
dont on nous entoure.

Aux promenades à travers bois, l'album sous le
bras, ont succédé pour moi de petites parties de
chasse à travers cette immense forêt, où l'on risque-
rait de se perdre si l'on n'était en compagnie.

Je voudrais t'adresser un petit croquis, pris n'importe où selon ta demande; j'essayerai, si le temps
s'y prête. Tout ce que j'ai fait jusqu'ici a été grif-
fonné sur l'album de ces demoiselles.

Je n'oublie pas notre *Courrier d'Auvergne*, et je
broche de loin en loin quelques articles. Le petit
journal va bien, les abonnés augmentent, l'impri-

meur et le rédacteur en chef sont contents, et l'on se propose d'améliorer le matériel. Il n'est pas créé seulement en vue de la période électorale, et compte rester sur la brèche aussi longtemps qu'il sera soutenu par son public.

Dans le Cantal, on n'a pu encore former de liste conservatrice. Cependant, il est probable que les choses vont s'arranger, et que les petites et sottes susceptibilités des candidats disparaîtront devant le péril commun; toutefois, rien d'assuré encore.

Dans la Nièvre, la lutte sera vive; la résistance est fortement organisée, malgré un mélange hétéroclite de royalistes et de bonapartistes.

Adieu, et mille amitiés autour de toi.

LOUIS DE L'HERMITE.

Lampre, 15 mars 1886.

MA CHÈRE MARIE,

Je venais d'apprendre par Marc le déplacement de Paul lorsque ta lettre m'est arrivée : cet acte arbitraire vient d'ajouter au bilan hideux de nos gouvernants.

Évidemment cette situation ne peut durer, et si Wilson s'entête!... Il est vrai que la République peut sauter d'un moment à l'autre, car il n'est pas possible que toutes les questions brûlantes qu'elle a soulevées et qu'elle ne peut résoudre ne finissent par l'ensevelir; mais il y a si longtemps qu'on attend son agonie !

Notre petit *Courrier d'Auvergne* lutte comme un *très bon diable*. Il a de chauds amis et quelques ennemis, même dans le clergé. Il est vrai que nous avons pour nous l'Evêque, le Grand Séminaire, etc., et que, par conséquent, notre ligne est parfaitement correcte. Le petit nombre de rédacteurs fait que nous sommes deux ou trois constamment sur la brèche.

Adieu, chère amie; en dépit de la République, soyez heureux à Château-Chinon!

LOUIS.

Bonnes nouvelles de Clermont.

Vichy, 29 août 1886.

MA CHÈRE MARIE,

Demain je prends la direction de Paris; il y a fort longtemps que je n'ai embrassé Marc, et nous devons aller ensemble à Évreux.

Je vois avec plaisir que le Morvan ne paraît pas vous effrayer outre mesure. La République semble avoir juré de vous faire faire un cours complet et pratique de géographie nationale; c'est ce qu'elle appelle, dans son langage grotesque, *une leçon de choses*. Je ne sais pourquoi il me semble que votre nouvelle résidence vous ramène en France; ce Jura était bien loin!

De tous les professeurs entre les mains desquels j'ai dû passer pendant ma longue vie d'écolier, l'abbé Pratmel est celui dont j'ai gardé le meilleur souvenir:

c'était un homme charmant, instruit et bienveillant au possible. C'est en rhétorique que je l'ai eu pour maître. Tu voudras bien, à l'occasion, lui présenter mes hommages et mes affectueux respects.

Je te quitte pour mettre à jour ma correspondance. Tu ne peux te figurer, ma chère Marie, combien je griffonne du papier : est-ce une punition du ciel?

Adieu, très chère, à toi et à vous tous.

LOUIS DE L'HERMITE.

Lampre, 8 mars 1887.

MA CHÈRE MARIE,

Je reviens, tu le vois, à ma première manière; il est vrai que pour un paresseux je suis rudement occupé. Te représentes-tu Lampre avec son personnel habituel augmenté de huit pionniers? Voilà mon cas, ma chère. Je puis donc, sans être accusé de passer à côté de la question, plaider les circonstances atténuantes de mon retard à t'écrire.

Que peux-tu faire de huit pionniers? j'entends d'ici ta demande.

Réponse : Marie a eu la fantaisie de créer une prairie immense pour le pays, — 15 ou 18 hectares au moins; — il a fallu abattre des haies et déplacer quelques murs. Tu comprends l'équipe de huit pionniers?

Autre réponse à une seconde question :

M. de C., l'ingénieur que tu as connu, est aujour-

d'hui en Grèce et nos mines sont en déconfiture.
Rachetées par une équipe de républicains, elles sont,
dit-on, sur le point d'être revendues à qui en voudra.
C'est presque un désastre pour le pays; beaucoup de
gens avaient joué sur la probabilité de notre richesse
houillère. Cette richesse s'en va, comme tant d'autres
entreprises englouties par le régime républicain.

Je vais enfin revoir mon élève, le jeune X., dont
les Oblats ont fait un prêtre : cette perspective m'est
très douce.

Bonnes nouvelles des deux sœurs et du frère.

Adieu, chère amie, à toi et à vous tous.

Louis de l'Hermite.

Lampre, 9 septembre 1887.

Ma chère Marie,

Enfin l'oblat s'est retrempé dans ce bon air natal
du Limousin !

Il me parle de Paul et de tous les siens avec un
enthousiasme qui me fait rêver. Ne verrai-je donc
jamais ce cousin flanqué de sa jeune famille, ou faudra-t-il attendre *in extremis* ? C'est triste.

J'ai revu avec joie mon élève, aujourd'hui prêtre et
oblat; c'est un charmant enfant.

Mes compliments à Gabriel sur ses succès à Saint-
Romain. Tu oublies de me dire quelle est la classe
qu'il vient de terminer.

Notre espoir est dans la jeunesse élevée chrétienne-

ment. Oh! ma chère amie, que de défaillances et que
de turpitudes ! Il faut voir cela de près.

Cordialement à vous tous.

LOUIS.

Lampre, 27 décembre 1887.

Vite que je t'embrasse, ma chère Marie, pour le
plaisir que tu viens de me faire, toi et tout ton
entour. Mais est-ce vraiment Paul qui a produit ce
petit chef-d'œuvre photographique ? S'il en est ainsi,
il ferait peut-être bien de quitter les finances et de
courir le monde avec son objectif en sautoir. Vraiment cette épreuve est admirable dans son ensemble
et dans ses détails ! je la considère à la loupe et je ne
puis m'en détacher. La pose est artistique, la tête
bien plantée; le mouvement des épaules et l'attitude
générale sont d'une vérité frappante. Je t'assure, ma
petite, que c'est un chef-d'œuvre !

Mais comment avez-vous fait pour obtenir de l'oblat
son consentement ? J'aurais quelque droit d'être jaloux, car, pour mon compte, je n'ai jamais pu y
réussir.

As-tu jamais vu le portrait de Frère Philippe, ce
chef-d'œuvre d'Horace Vernet ? Eh bien, cette épreuve
me le rappelle. C'est la même simplicité de pose, le
même naturel, le même ensemble fin et reposé; c'est
charmant !

Avec mes remerciements, tous mes vœux pour toi
et pour tous, par rang d'âge.

Tu me demandes où vont les bénéfices, — si bénéfices il y a, — de mon volume. Eh bien, ma chère, ils vont à l'œuvre du Sacré-Cœur de Montmartre, rien que cela !

Je m'arrête, poussé par Marie, qui, tout en me chargeant de ses amitiés pour vous tous, me fait remarquer qu'il est onze heures et demie et qu'il est temps d'aller dormir.

Cordialement à vous,

Louis DE L'HERMITE.

Lampre, 2 mars 1888.

MA CHÈRE MARIE,

Le Morvan est-il plus froid que le Cantal ? Son manteau de neige est-il plus épais ? Ses rôdeurs sont-ils plus nombreux ? Sans établir de comparaison, je puis te dire que nous avons pour notre part assez de rôdeurs, de froid et de neige ; cet hiver est interminable.

La crise agricole bat son plein en Auvergne. Jusqu'à ces dernières années, nous avions échappé aux conséquences du triste gouvernement qui nous ruine ; mais, depuis bientôt un an, nous souffrons affreusement ; mes fonctions me font voir et toucher de près bien des misères.

Notre industrie houillère est atteinte aussi. Après avoir passé de main en main, la mine de Champagnac est aujourd'hui la propriété d'un petit banquier et d'un marchand de boutons enrichi à Paris. Je n'augure rien de bon de cette association : ces deux compères m'ont tout l'air de vouloir faire *une affaire*, s'il est possible, et disparaître ensuite dans la coulisse. En attendant, l'ouvrier souffre. J'admire cependant combien les prolétaires, ceux qui demandent à leur travail le pain de chaque jour, se résignent facilement au besoin, à la souffrance, à la mort même. Il y a encore du ressort et de généreux sentiments dans ces populations tourmentées par la misère et poussées à la révolte par une bande de misérables sans entrailles et sans foi.

Arriverons-nous prochainement à une solution ? C'est le secret de Dieu ; cependant, il semble qu'il y ait quelques signes de réaction et cela nourrit l'espoir. Assurément, notre futur souverain n'approche pas du type idéal, le comte de Chambord ; mais d'aucuns lui reconnaissent de l'honnêteté, de la volonté et un bon ensemble de qualités royales.

J'ai lu la *France juive* : le livre, quoique broussailleux et un peu excessif, est d'une lecture saine. Je sais bien que ce que l'on nomme le *grand monde* a beaucoup trouvé à redire à cette publication ; c'est assez naturel : il a senti les coups de verge et vu se soulever le voile derrière lequel s'abritent tant de turpitudes dorées.

A toi, chère cousine, et à toute la maisonnée nos compliments les plus affectueux.

LOUIS.

Lampre, 22 août 1888.

Figure-toi, chère amie, que Guillaume de Mandelot
se mariant à deux pas de Lons-le-Saunier, dans ton
ancien département, a eu l'idée, très amicale et
très obstinée, de faire de moi l'un des témoins de son
mariage. Tu vois, d'où tu es, la figure bouleversée de
Marie ? mais impossible de résister au flot de lettres
qui n'a cessé de m'arriver depuis un mois : mère,
sœurs, nièces se sont mises à mes trousses, et me
voilà contraint d'endosser l'habit noir pour être le
parrain de cet excellent ami, en compagnie du général Herbet, ancien subdivisionnaire de la Nièvre, que
je connais un peu.

Je penserai plus que jamais à vous tous en péné-
trant dans ce Jura. Il est probable qu'au retour je
toucherai barre à Autun : c'est le chemin des écoliers ; mais, quand on est lancé, on ne compte pas
avec les kilomètres.

Que dis-je ? le mariage religieux de Mandelot aura
lieu le 6 septembre, et je dois être de retour en
Auvergne pour assister, le 17, aux grandes assises du
Congrès des Associations ouvrières à Aurillac. Tu
vois que, bon gré mal gré, je serai obligé de serrer de
près la question des kilomètres et de piocher mon
indicateur. Je te garantis cependant que, si rien de
grave n'y met obstacle, j'irai voir votre installation de
Château-Chinon.

Ici, c'est toujours le tracas municipal ; je suis
encore loin du moment où je pourrai m'étendre sur

ma chaise curule en me disant : Enfin, j'ai payé les dettes communales!

Oui, très chère, tu as cent fois raison : nous vivons sous le régime du vol, de l'improbité administrative, du chantage, de l'immoralité; mais assez!

Comme je ne puis faire ma fugue sur Lons-Le-Saunier d'une seule traite, j'ai choisi pour étape Paray-le-Monial. Que dis-tu de l'idée, petite cousine ? Il me semble que, pour un Auvergnat, ce n'est pas trop mal trouvé.

Les dames de Mandelot reviennent de Lourdes. Cécile Caillault est sensiblement mieux. La sœur de lait d'une de ses filles, paralysée depuis quatre ans environ, revient sur ses jambes et ne tardera pas à danser. C'est au moment du passage du Saint-Sacrement qu'elle a quitté son lit de souffrances. Vive le Christ! Vive Notre-Dame de Lourdes!

Tout à toi et aux tiens. Souvenir particulier à tante Élisa.

LOUIS.

Lampre, 8 novembre 1888.

MA CHÈRE MARIE,

Tu me renverses en me disant que je ne t'ai pas écrit depuis ma trop courte visite à Château-Chinon! C'est de la meilleure foi du monde que je me croyais en règle avec toi : ce que c'est qu'un paresseux débordé par sa correspondance et les mille riens qui encombrent la vie!

J'ai pensé souvent, je t'assure, à l'agréable demi-journée passée près de toi, de tante et de Paul; faut-il que ma mauvaise étoile m'ait encore une fois refusé de faire la connaissance de Fanny et de ses enfants!

Robertine de Mandelot et sa nièce Adèle, ravies de leur promenade et de votre charmant accueil, m'ont répété bien des fois de les rappeler à votre souvenir.

Le Congrès d'Aurillac a été plein d'entrain, et les grands orateurs, Garnier, Harmel, Delaporte, etc., ont fait merveille. Mgr Baduel a paru ravi et commence déjà à organiser certaines œuvres dans son diocèse.

Mes chers administrés n'ont pas allumé de feux de joie à mon retour; quelques-uns eussent peut-être allumé un bûcher pour me faire cuire. Toutefois, ma chère, sois sans inquiétude sur ton cousin : il vit en paix au milieu de toutes ces petites traverses.

Assez bonnes nouvelles de Marc et des Ursulines. Cordialement à vous tous.

Louis.

Lampre, 6 mars 1889.

MA CHÈRE MARIE,

Ta lettre nous est arrivée dans un *méchant* moment, comme on dit en Auvergne. J'ai passé la plus grande partie de février en conversation intime avec mon traversin, et il n'y a que peu de jours que j'ai pu lui fausser compagnie : affaire de goutte, de rhu-

matisme, de tout ce que tu voudras; affaire d'âge,
surtout.

J'étais à peine remis, que ma femme, jugeant que
j'étais en état de la soigner, s'est empressée de donner
asile à ses douleurs; toujours *affaire de jeunesse.* La
cuisinière, très souffrante pendant tout l'hiver, l'est
plus que jamais; la femme de chambre a une toux à
la croire poussive; tu vois le tableau! Pour comble,
les affaires administratives ont été plus lourdes que
jamais, et j'ai dû donner de sempiternelles audiences
en grimaçant sur trois oreillers.

En fait de neige et de froid, le Cantal et la commune de Champagnac en particulier n'ont rien à envier au Morvan et à Château-Chinon : nous avons été
sous un linceul pendant six semaines; depuis hier,
la neige se retire lentement; mais elle est encore à
quelques centaines de mètres de notre porte et pourrait bien revenir.

J'ai dû, pour le moment, renoncer à faire gémir
la presse; depuis un mois, je n'ai pas écrit dans le
Courrier; mais l'abbé Laurichesse n'entend pas rail-
lerie là-dessus; il me sermonne d'importance et il en
a le droit, car cet homme épuisé a de l'énergie comme
un jeune homme.

Je me rappelle toujours avec le plus grand plaisir
notre si rapide excursion à Château-Chinon. Il me
reste le regret d'avoir perdu l'occasion de faire la connaissance de ma cousine; qu'elle veuille bien accepter
mes plus affectueux hommages.

A la vénérée tante, à toi et à vous tous.

Louis DE L'HERMITE.

Oui, je lis quelquefois l'*Autorité*. Cassagnac est un brave, un lutteur de première force; je l'aime beaucoup.

Lampre, 30 août 1889.

MA CHÈRE MARIE,

Suis-je donc aussi en retard que cela, et vais-je retomber dans mon défaut de jeunesse? Il faut que je me fasse de singulières illusions; j'aurais juré que j'étais en avance avec toi!

Naturellement, nous avons été battus dans la lutte pour les élections du Conseil général. Ma commune m'a suivi dans le vote et a donné une très forte majorité au vaincu.

Je me propose d'être encore parmi les battus aux élections générales; nous aurons pour candidat un monsieur Salvy, fils d'un ancien député, homme de talent, mais qui a le grand tort d'être peu connu dans son pays d'origine, qu'il a quitté tout jeune pour aller se fixer comme avocat à Riom d'Auvergne.

Je te confesse que j'ai par-dessus la tête de la politique et de l'administration, de l'administration surtout. Ma situation de maire me condamne à surveiller ma plume, ce qui me gêne, et, comme j'oublie parfois que je porte l'écharpe, je risque chaque semaine une révocation; d'autant que je suis marqué à l'encre rouge de longue date. Au diable l'écharpe! J'attends toujours un remplaçant; mais je voudrais un *homme propre*.

Quelle sainte fille que Mlle Geneviève, et que de telles saintes font rougir les tièdes comme moi !

Mme Caillault vient d'être guérie miraculeusement à Lourdes. J'ai déjà plusieurs lettres ; mais j'attends avec impatience des détails complets. La persévérance, les prières et les œuvres de charité de ces dames ont enfin leur récompense !

Nous n'irons pas rendre visite à la tour Eiffel, notre santé ne nous le permet pas. Je tâcherai de me joindre aux pèlerins qui vont le 4 septembre à Murat, pour la plantation de la Croix de Jérusalem sur la montagne de Bonnevie, très connue de Paul. Peut-être pousserai-je jusqu'à Clermont, et ce sera tout.

Adieu, à toi et à tous.

LOUIS DE L'HERMITE.

Lampre, 6 septembre 1890.

MA CHÈRE MARIE,

Il est vrai, nous correspondons trop rarement et nous rentrons ainsi dans la catégorie des gens dont les conditions de vie sont différentes, et qui, malgré leur mutuelle affection, se contentent d'apprendre tous les trimestres qu'ils habitent toujours la même planète. J'ajoute que, puisque je fais mon *mea culpa*, tu devrais bien aussi faire le tien.

Peut-être sais-tu déjà que je viens de faire une excursion de cinq jours pour aller saluer à Clermont ma révérende sœur, la supérieure d'Évreux ? J'ai passé là de bons moments, tant à Saint-Alyre qu'auprès de Gaston de l'Hermite et de ses filles, dont le courage chrétien est au-dessus de tout éloge.

Là se borneront mes courtes vacances. La santé de Marie, sans être immédiatement alarmante, exige des soins et une surveillance de tous les instants. D'ailleurs, c'est pour elle un si grand crève-cœur de me voir m'éloigner que j'y regarde à deux fois avant de me permettre la plus petite absence.

Les Mandelot viennent d'accomplir leur quatrième pèlerinage à Lourdes. Mme Caillault m'écrit une lettre toute pleine de ses sentiments de reconnaissance pour la Mère de miséricorde.

La jeune Marie de Soualhat a vu un enfant de douze à quinze ans, chétif, malingre, qui n'avait jamais marché, et qu'elle tenait entre ses bras devant la grotte, se lever subitement et suivre la procession du Saint-Sacrement. La main de Dieu n'a pas cessé d'être puissante ; quand donc soulèvera-t-elle la France en lui disant : Tu as assez souffert, lève-toi et marche !

Cordialement à vous tous.

LOUIS.

A Madame la comtesse de Mandelot.

Bort, 1ᵉʳ février 1874.

CHÈRE MADAME,

Je reçois votre courte et triste lettre en me rendant à Bort, et je veux sans tarder vous répondre un mot, car il me semble que le seul baume à appliquer sur votre cruelle blessure, c'est la sympathie de vos amis.

Hier, j'écrivais à Robertine et je vous priais tous, par son intermédiaire, de conserver votre courage et de faire tous vos efforts pour éloigner autant que possible les sombres images qui sûrement vous obsèdent : reportez vos pensées vers le monde meilleur où nous sommes destinés à nous retrouver.

Soyez, chères amies, ce que doivent être les femmes chrétiennes dans les épreuves : résignées et courageuses.

Vous surtout, Madame, vous avez à remplir une tâche un peu lourde, mais bien glorieuse, ou plutôt bien sérieuse, et vous êtes assurément au niveau du surcroît de travail et de dévouement qui vous incombe.

Il me semble, Madame, qu'après vous et votre

entourage immédiat, je suis le plus atteint par la perte de ce véritable et si charmant ami. Le journal dit à merveille que Charles avait beaucoup d'obligés et pas un ennemi; il aurait pu ajouter qu'il avait nombre d'amis sincères. Mais, il me semble que peu d'entre eux connaissaient aussi complètement que moi ce qu'il y avait de délicat et d'affectueux dans cette nature d'élite. Que la volonté de Dieu reste bénie parmi nous, et sachons ne donner à la douleur que ce que la nature exige. Pensons à lui pour prier, pour nous souvenir de ses éminentes qualités, mais sans trop d'amertume et sans désespoir.

Marie compte écrire demain à Cécile. Dites en attendant à cette pauvre femme que nous ne cessons de nous unir à elle dans sa douleur.

Adieu, chères et bonnes amies, recevez l'expression de notre inviolable attachement.

LOUIS DE L'HERMITE.

Lampre, 26 septembre 1876.

BIEN CHÈRE MADAME,

Nous sommes consternés! Vraiment nous en venons presque à désirer de ne pas recevoir de lettres d'Autun, puisque chacune nous apporte la nouvelle d'un nouveau malheur.

Que de croix accumulées coup sur coup! Pauvre Aristide! pauvre Guillemette! Quels projets peut-on former en ce monde? les mieux établis, ceux qui paraissent les plus certains, viennent échouer avant leur réalisation, et appeler les larmes où l'on se tenait assuré de n'avoir que des joies.

Je n'ose pas écrire à Guillemette, tellement je me sens le cœur serré, rien qu'à l'idée de n'avoir à lui offrir que d'inutiles consolations. D'ailleurs, si les moyens humains ont le pouvoir d'adoucir de telles amertumes, dans cette douloureuse circonstance, elle est entourée d'assez de soins et de sympathies! Mais, hélas! les épreuves du genre de celles qu'elle vient de traverser en quelques mois résistent longtemps aux consolations extérieures, et ne s'adoucissent que par le temps et une grande résignation chrétienne.

Vous devenez de plus en plus, chère Madame, le centre nécessaire et le lien d'union de toute votre famille; c'est autour de vous que se groupent toutes les afflictions. Fasse le ciel que vous ayez aussi à concentrer auprès de vous des bonheurs qui puissent compenser tant de tristesses.

Ne nous oubliez, je vous prie, auprès d'aucun des vôtres, et veuillez croire que, plus que jamais, nous vous sommes unis de cœur.

Bien douloureusement et affectueusement à vous.

LOUIS DE L'HERMITE.

Lampre, 28 décembre 1885.

CHÈRE MADAME,

Voici le moment venu des courtes lettres et des

longs compliments. Je veux commencer par Autun
mon voyage circulaire à travers mes amitiés et mes
relations; et, si je m'écoutais, une fois à Autun, j'y
prendrais racine. Pour cette fois, j'ai l'intention d'être
très court, même avec vous, tellement je suis effrayé
du travail de scribe qui se présente à moi à cette
heure. Pensez donc! cent lettres ou cartes à expédier
quand on n'a pas de secrétaire, et qu'on a l'horreur
des banalités et du convenu!

Donc, en deux mots, je vous prie d'agréer mes
souhaits. Grâce à votre bienveillance et à une longue
pratique, je sais bien à peu près ce qui vous manque,
et mes vœux ne porteront pas à faux.

Si vos filles et vos petites-filles veulent bien se contenter pour le moment des souhaits par *transmission*
que vous voudrez bien leur faire de ma part, je profi-
terai du consentement pour débrouiller un peu ma
situation et me liquider vis-à-vis des impatients.
Comme Guillaume n'est pas auprès de vous, je lui
adresserai directement mon souvenir. Déjà j'ai donné
ordre au *Courrier d'Auvergne* de lui faire parvenir
un exemplaire, qui contient la pièce de vers *amplifiée*
que je lui adressai au Perray; il mettra cela dans
ses archives. Et, pour faire prendre patience à ma
chère filleule, qui sollicite toujours ma muse, vous
lui passerez les *Papillons noirs* ci-inclus.

Bien que je sois bref, chère Madame, je n'entends
pas que vous me payiez de la même monnaie. Pensez
donc que vous avez à me parler de dix ou douze personnes au moins, et qu'il me faut bien quelques
lignes de vous pour chacune.

Je me proposais d'écrire à Devay; mais, puisque vous avez près de vous Louise et Robert, vous voudrez bien m'acquitter auprès d'eux, par *provision*, comme on dit au palais, car je ne me tiens pas quitte envers eux. Devay est pour moi une étape que je n'oublierai pas et que je visite souvent en esprit.

Vous savez que je suis encore condamné au repos. Je vais bien un peu de-ci de-là, cahin-caha, mais la marche est encore un peu douloureuse, et le temps noir et froid qui vient de nous envahir n'est pas fait pour hâter mon complet rétablissement.

Adieu, chère Madame, je termine en offrant à tous le plus tendre, le plus cordial souvenir, et je vous prie d'embrasser les trois mignonnes, qui sont bien un peu miennes à ce qu'elles disent et à ce que vous dites. Ma femme s'unit à moi.

LOUIS DE L'HERMITE.

Comme on barbouille quand on a un pied en l'air! Pardon!

LES PAPILLONS NOIRS.

Mes pareils à deux fois ne se font point connaître [1].
D'un coup de balai j'ai chassé par la fenêtre
Les vilains papillons gris et roux, bruns et noirs,
Qui viennent trop souvent me visiter les soirs;
Et, par ce coup d'éclat, mon âme consolée,
Vers le *Rond*, aussitôt, a pris son envolée.

Mais, hélas! tout est clos!... Allez-vous revenir,
Affreux papillons noirs?... Non, non, le souvenir

1. Corneille.

De tous les êtres chers que la vaste demeure,
Mieux qu'un palais superbe, abritait tout à l'heure,
Me tient fidèle garde, et je revois toujours,
Jusqu'aux moindres détails, les rapides beaux jours
Qui se sont envolés, qui reviendront peut-être!
Où tout était pour moi repos, joie et bien-être.

Un hurlement sonore a traversé les bois;
C'est *Porthos*, c'est bien lui! j'ai reconnu sa voix.
Il est là, gravement couché sur une dalle,
Et jamais chevalier de l'ère féodale
Ne veilla sur le fort dont il est gardien,
Comme jour et nuit veille ici ce brave chien.
Il vient à moi jappant, joyeux, frétillant d'aise;
A grand'peine ma main le contient et l'apaise !
« Ils sont partis sans moi; reviendront-ils? j'attends! »
Voilà ce que je lis dans ses yeux caressants.

Entrons! Comme l'absence a rendu tout austère,
Et qu'il me semble froid cet escalier de pierre!
Comme mes pas sont lourds dans le long corridor!
La parole est d'argent si le silence est d'or;
Parlez donc, vieux amis! Rien!... Des chambres désertes.
Nulle voix ne franchit les portes entr'ouvertes.
Mais pourquoi m'arrêter à chaque appartement?
C'est une âme qui manque à ce grand bâtiment.

Fuyons ce lieu hanté par le dieu du silence;
On comprend trop ici les ennuis de l'absence.
Viens avec moi, *Porthos*, viens! Nous traverserons
L'office, si tu veux, et puis les deux salons.
C'est là que chaque soir la causerie intime
Sur tout sujet connu prélevait une dîme;
Là, que le temps passé rappelait à nos cœurs
Tantôt un jour de deuil, tantôt des jours meilleurs.
C'est ici qu'emporté sur les ailes du rêve,
De mes printemps vieillis je retrouvais la sève,
Quand Mozart, Beethoven, Mendelssohn, ces charmeurs,
Me parlaient par les doigts agiles des trois sœurs.
Partons! ! ! Il ne faut pas remuer toute cendre,
Ni dans les souvenirs trop vivement descendre;
J'en dépose plusieurs au pied de cette croix
Qui semble se dresser pour protéger les bois.
Allons! vieux compagnon, laisse là ta tristesse
Et prenons le chemin connu de *Vacheresse*.

Mais quoi! Prétendrais-tu me conduire au croquet?
Ainsi que le château désert il est muet;

Les vents l'ont recouvert d'un lit de feuilles mortes ;
Viens, ami, nous irons frapper à d'autres portes.
Je n'ai pas oublié le toit hospitalier
Où je reçus toujours un accueil familier.
Auprès de Maria, tu trouveras ton compte ;
Pour moi, je prendrai place à la table du comte,
Et, tout en devisant et buvant son vin blanc,
Pour toute une saison nous formerons un plan.
Puis, le café servi, près d'une vieille pipe
Et d'un cigare exquis, on parlera principe :
Questions de scrutin, d'honneur, de liberté ;
« Êtes-vous pour Victor ou pour la royauté ? »
Enfin, touchant à tout, à défaut de musique,
Nous pourrons, s'il nous plaît, vanter la république...

Mais, que vois-je ?... Là-bas !... sur le bord de l'étang...
Ne me trompé-je pas ? On dirait qu'il m'attend...
— Bonjour, bonjour ! Deux fois en moins d'une semaine
J'ai cru vous rencontrer ; quel bon vent vous amène ?
— Le plaisir de vous voir et de causer un peu
De ceux que nous aimons, au coin de votre feu.
Ainsi, rien de changé dans votre solitude,
Sauf !... De ne les plus voir prenez-vous l'habitude ?
Dites : Comment va-t-on sur les bords de l'Arroux ?
— Bien, très bien ! Mais d'abord parlons un peu de vous.

. . . .

Au diable le bourdon qui me tinte à l'oreille !
Fût-on jamais troublé d'une façon pareille ?
Toujours ces papillons qui me viennent trouver,
Jaloux des bons moments que je passe à rêver !
Leur escadron volant, en me touchant de l'aile,
Chasse l'illusion qui hante ma cervelle ;
Comme le pauvre oiseau d'un plomb fatal atteint,
Je retombe boiteux près d'un feu qui s'éteint ;
Le coude sur la table, un pied sur une chaise,
Des yeux je suis l'éclat amorti de la braise...
... Au timbre du salon vient de sonner minuit...
Au *Rond* je n'avais pas ces papillons de nuit.

Lampre, 31 janvier 1886.

CHÈRE MADAME,

Est-ce pour aiguiser mon appétit que vous me dites

que vos petites-filles sont à croquer? Voilà bien toutes les grand'mères! Que ne suis-je là afin d'exercer ma critique! Voyez comme je suis sévère pour Marie-Louise, lorsqu'elle s'avise de vouloir s'incarner dans une éternelle jeunesse!

Je vous remercie cependant très cordialement de vouloir bien me faire partager, par l'imagination, l'excellent repas qui vous est servi quotidiennement. Je me pourlèche les lèvres, mais je n'apaise pas ma faim.

Voilà le samedi passé, et par conséquent la messe de *Requiem* chantée, et les entrées et les communions jouées. Je suis sûr que les choses se sont passées à la satisfaction générale. Les fillettes sont exigeantes pour elles-mêmes, tant mieux! C'est un gage assuré de réussite. Et puis, si elles n'ont pas absolument réussi à leur gré, tant mieux encore! leur humilité ne pourra qu'y gagner, et les saintes exhortations de M. Planus, pendant la retraite, auront trouvé une occasion toute naturelle d'être mises en pratique. Il est donc convenu que tout est toujours bien; il suffit de prendre les choses du bon côté, et de retourner vers le mur ce qui déplaît et ce qu'on ne veut pas voir.

Ce qui m'intéresse et me préoccupe plus encore que les travaux et les distractions des chères mignonnes, c'est l'état de santé de leur mère. Pauvre femme, toujours sur la croix! J'espère toutefois que son moral ne fléchit pas, et que, malgré ses souffrances, elle se laisse doucement aller aux charmes de la vie de famille, et s'occupe avec intérêt de ses ouvroirs et de ses œuvres de charité.

J'ai reçu une excellente lettre de Guillaume, et ma femme, une non moins excellente et très détaillée de Louise. Je vais me hâter de me mettre en règle avec ces deux amis. Guillaume, naturellement, fait l'éloge funèbre de ce brave Porthos avec des larmes dans les yeux. Je le regrette aussi très fort. C'était une sorte d'immeuble par destination, faisant partie de la famille et du mobilier. Les vieux s'en vont! Qu'y faire? C'est la loi! en dépit des aspirations furieusement juvéniles de l'*Œillet vert*.

Amitiés et compliments autour de vous, et à vous, chère Madame.

LOUIS DE L'HERMITE.

Lampre, 11 mars 1886.

CHÈRE MADAME,

Je ne veux pas être en reste avec vos prétendus radotages; mais peut-être que je radote aussi, car lorsque j'ai lu votre prose, je recommence et je la savoure. Les six pages dont vous prenez la peine de vous excuser me rappellent les longues lettres de Mme de La Tour du Pin à sa fille aînée, lorsque celle-ci était en exil à Barèges. A cette époque, je ne comprenais pas le charme de certaines correspondances, et je m'étonnais qu'on pût remplir quatre pages tous les deux jours, lorsqu'on n'avait positivement rien à se dire, et cependant ces lettres étaient toujours intéressantes et variées. Les vôtres sont trop espacées

pour que la matière manque; pour moi, obligé de
tenir tête à quatre ou cinq plumes, toutes très déliées
et d'origine commune, il est naturel, l'âge aidant,
que je radote. Mais, si vous le voulez, convenons
d'une chose : vous excuserez mon radotage et je passerai l'éponge sur vos redites, non certes pour les
effacer !

Il faut bien attaquer cette grosse question d'un
voyage à Autun, puisque le commencement, le milieu et la fin de votre bonne lettre me mettent absolument au pied du mur. Donc, ma femme récalcitre;
elle trouve que nous nous désintéressons trop de nos
propres affaires. Pour moi, beaucoup plus désintéressé
qu'elle sous certains rapports, je trouve qu'on ne
saurait trop se mettre en joie en visitant fréquemment ses amis. La raison n'est peut-être pas de mon
côté; c'est égal, je persiste dans mon opinion.

Mais, quelle que soit ma bonne volonté, pour quelque temps encore il y a des obstacles, et les plus
encombrants ne sont pas les plus sérieux. Je ne parle
ni du froid, ni de la neige, ni des pluies diluviennes,
ni de mes deux articles par semaine dans le *Courrier
d'Auvergne.* Je suis, je vous l'ai déjà dit, — mais va
pour le radotage, — le paresseux le plus occupé de la
création, et avec cela peu débrouilleur. Je vous ennuie-
rais à détailler toutes les minuties qui s'accrochent à
mes pieds — outre la goutte — et même à mes mains;
mais je vous garantis que je travaille de mon mieux
pour avancer l'époque où je vous reverrai, et cela
n'est pas une défaite. Sera-ce pour la fin du Carême
ou un peu plus tard? Je ne saurais rien fixer. S'il

tenait uniquement à moi, je serais déjà en route. Viendrai-je seul ou accompagné? Mystère!

Mais je m'aperçois que je parle comme si vous ne deviez jamais quitter Autun, et cela, parce qu'il me semble que vous ne pouvez désirer mieux que votre installation actuelle.

Tout ce que vous me dites des *bébés* me ravit, particulièrement en ce qui touche à la musique. Voilà Berlioz et ses sylphes qui me trottent dans la cervelle. Mais que me parlez-vous d'une Marie-Louise verdissante et maigrissante? C'est à rendre son parrain plus pain d'épice encore qu'il ne l'est!

Mes caresses à cette aimable enfant et à ses sœurs; mon souvenir à toute la famille, et à vous, Madame, mes cordiales et respectueuses assurances.

Louis de l'Hermite.

Lampre, 10 août 1886.

CHÈRE MADAME,

Ma filleule, que j'aurais bien de la peine à appeler *Mademoiselle*, bien qu'elle me donne du *Monsieur*, ne sait peut-être pas encore que, dans ce monde, on fait rarement tout ce que l'on veut. Je puis, hélas! invoquer pour excuser le retard de ma correspondance une trop douloureuse raison.

Depuis trois semaines, j'ai vécu dans une véritable torture morale. Le meilleur de mes amis d'Auvergne, atteint d'une maladie de cœur, ne pouvait ni vivre ni mourir, et chaque fois que je m'éloignais de lui, un coup de télégraphe me rappelait à Mauriac. Il a fallu rester à son chevet pendant ces longs jours d'angoisse, sans pouvoir guère le soulager autrement que par ma présence, et le voir mourir enfin après une terrible agonie. Puis m'occuper de beaucoup de détails, au lieu et à la place de la famille désolée, et rester encore deux jours près d'elle, après avoir dit un dernier adieu sur la tombe de ce bon ami.

Je suis rentré hier, brisé et fiévreux, consolé néanmoins par la vue d'une mort très chrétienne. Si Autun n'était pas à plusieurs centaines de kilomètres, c'est là que j'aurais voulu me reposer; mais je n'en ai pas encore fini avec les entraves. Outre la santé de ma femme qui me donne bien quelque inquiétude, et qui ne lui permettra peut-être pas de me suivre, je suis encore pris pour quelques semaines.

Vous savez, ou vous ne savez pas, que notre église, en reconstruction depuis plusieurs années, est sur le point d'être rendue au culte. Elle doit être bénite le premier dimanche après Pâques, au cours du Jubilé prêché par des Pères Jésuites, dont l'un est presque un ami pour moi. Impossible de fuir devant une fête religieuse lorsqu'on a l'honneur d'être président de la fabrique. Vous voyez où cela me porte? vers la seconde quinzaine de mai peut-être. Où serez-vous à cette date? Vous voudrez bien me renseigner, afin que je combine mes manœuvres, et fasse le ciel qu'il ne survienne rien qui m'accroche de nouveau! Je suis bien découragé, et j'ai vraiment besoin de fouailler ma bête pour l'empêcher de broncher.

Et maintenant que vous connaissez mes *impedi-menta*, vous voudrez bien vous faire mon interprète auprès de tout le petit monde avec lequel je suis furieusement en retard. Ah! j'aimerais mieux dialoguer avec vous tous que de vivre aux prises avec la douleur morale, devant le lit de mort d'un ami; mais il faut bien remplir le rôle que la Providence nous assigne.

Pardonnez-moi, chère Madame, cette lettre funèbre. Je vous adresse l'expression de mes plus affectueux sentiments et vous prie d'en faire part autour de vous.

A l'heure où je vous écris, la neige tombe à flots en Auvergne; on appelle cela la *neige du coucou*; c'est la dernière, sans doute.

De tout cœur à vous tous.

LOUIS DE L'HERMITE.

Vichy, 20 août 1886.

CHÈRE MADAME,

Je viens de recevoir votre *bout* de lettre, et j'ai hâte de vous mettre en demeure de m'écrire plus longuement.

Je me suis uni dès ce matin aux prières qui sont faites à l'intention de Cécile et je suis fidèle à la neuvaine.

En réponse à un mot collectif adressé à Saint-Honoré, j'ai reçu, par le même courrier qui m'appor-

tait votre souvenir, deux pages de Bébé, quatre de
Marie-Louise et autant de Robertine; n'est-ce pas
gentil ?

On est trop heureux de se sentir aimé par tout ce
cher monde, et je me demande souvent comment j'ai
pu conquérir une si chaude et si charmante amitié.
Vous ne sauriez croire combien j'en suis reconnaissant et combien je suis porté à payer de retour.

Très cordialement aux solitaires d'Autun.

LOUIS DE L'HERMITE.

Vichy, 25 août 1886.

CHÈRE MADAME,

Je ne réponds pas directement à la très mignonne
et très affectueuse lettre de ma filleule, dans la crainte
de trouver porte close à Saint-Honoré. En m'adressant à Autun, je suis sûr de vous rencontrer au poste,
bientôt entourée de tout votre monde.

J'aurais des pages et des pages à noircir, si je lais-
sais à ma plume la pleine liberté de répondre à tout
ce que vous me dites d'aimable; mais je veux la contenir et lui imposer d'être brève. Oui, c'est une douce
chose de se sentir en bonne place dans certains
cœurs! Que j'aie mérité ou non cette place de choix,
je sens vivement le prix de ma conquête, et, comme
a dit l'illustre maréchal : « J'y suis, j'y reste! » Voilà
qui est clair.

Je jouis avec vous de la joie que vous allez éprou-

ver à vous sentir de nouveau au milieu de votre couvée complète. Cela n'est pas dit pour suivre l'idée que
vous m'avez exprimée, à propos de la poule qui a
couvé des canards; je me réserve pour vous en parler
de vive voix; mais je ne sais si nous serons entièrement du même avis. D'avance, je me permets de vous
dire que vous devriez souffler plus souvent et plus
vigoureusement sur les vilains papillons noirs qui
voltigent autour de votre esprit, et le tenir bien au-
dessus des sombres préoccupations. Vous savez bien
que la vie n'a pas que des roses, et que si vous n'aviez
pas *ceci*, vous auriez *cela*.

Je fais ma saison en homme sérieux, mais sans
m'interdire la jouissance des bonnes rencontres. Mon
voisin de table est un charmant vicaire de Lyon : de
l'esprit, du trait, un besoin exubérant de se mouvoir
et de jaser, voilà mon homme! Il ne me quitte guère
et je suis ravi de cette société; on ne trouve pas toujours aussi bien. J'ai d'ailleurs beaucoup d'autres connaissances, que je vois entre deux verres d'eau ou
deux morceaux de musique. L'orchestre est merveilleux.

Je voudrais être à Paris le 1er septembre; rien,
j'espère, ne troublera mon plan. De Paris à Autun,
il me semble qu'il n'y a qu'un saut. Ne parlons pas,
je vous prie, du départ avant l'arrivée, cela gâterait
mon séjour auprès de vous; mais ne voyez-vous pas,
ne sentez-vous pas, ne comprenez-vous pas que les
heures seront courtes? Absent de Lampre, j'ai bien
aussi mes papillons noirs, ce qui ne veut pas dire
que je n'en ai pas lorsque j'y suis! Trêve à tout cela!

je me suis permis tout à l'heure une observation, et
je veux prêcher d'exemple et vivre pour quelques
jours dans le rose et dans le bleu.

De Paris, je vous aviserai de mon départ pour
Autun. Mon cher Oblat, qui m'attend avec une impatience toute fraternelle, doit me mener à Évreux
pour passer vingt-quatre heures avec notre plus jeune
sœur. Les beautés de la capitale ne retarderont pas
d'un jour mon départ, et j'avalerai, s'il est possible,
les morceaux au double.

Veuillez embrasser pour moi tout le petit monde,
et faire aux grands mes plus *ferventes* amitiés.

Adieu, chère Madame, n'oubliez pas, si vous en
avez le temps, de joindre quelques lignes à celles que
l'*Œillet vert* me promet. Ce qui me manque ici,
c'est ce que vous pouvez toutes me donner; qu'on se
le dise!

A tous bien affectueusement.

Louis DE L'HERMITE.

Je n'oublie pas la neuvaine.

Lampre, 28 décembre 1886.

CHÈRE MADAME,

Est-ce que vous avez décidé, dans votre sagesse, de
renoncer à la plume, à ses pompes et à ses œuvres?
Et, parce que vous avez autour de vous autant de
secrétaires que vous en pouvez désirer, ne verra-t-on

plus votre fine écriture sans rature, se déroulant sur cinq ou six pages en lignes serrées?

En ce qui me regarde, je proteste absolument. Guillaume le *taciturne* est bavard auprès de vous : il vient de m'écrire la plus charmante lettre du monde, sans la moindre provocation de ma part, pour m'annoncer une énorme bourriche. Mais je m'aperçois que je me répète; il me semble avoir parlé de cela en répondant à Adèle.

Ainsi c'est dit, chère Madame, vous me ferez revoir votre écriture. Assurément vous vous levez toujours à cinq heures du matin; de cinq heures jusqu'au premier déjeuner cela fait trois heures : il me semble que, dans cet espace de temps, vous pouvez aisément remplir quatre pages et même huit au besoin.

Vous voyez que je m'y prends assez tôt pour vous adresser nos souhaits de bonne année; mais si je devais les détailler!... J'espère que le bloc suffira. Il y a bien des *desiderata* dans la vie, et quelque dorée qu'en soit la chaîne, il reste toujours beaucoup de rouille. On passe le temps à astiquer sans jamais parvenir à ses fins; le meilleur est donc de prendre ses misères en patience. Vous avez de la philosophie, chère Madame, beaucoup! mais vous avez ce qui vaut infiniment mieux, un grand esprit de religion. Je fais donc des vœux pour que, conformément à cet esprit, vous acceptiez vos croix, et que vous jouissiez sans trouble des compensations qui vous sont largement accordées.

Je viens d'avoir encore une petite déception qui est

bien faite pour décourager mes projets de voyage.

J'étais sollicité, de divers côtés, de me rendre à Limoges pour la réunion des Cercles ouvriers. Respirer l'air natal, entendre M. de Mun, tout cela me séduisait; bref, ma valise était bouclée. Hélas! ma femme, vous le savez, est une plante de serre. Elle a la malencontreuse idée de rendre une visite dans le voisinage par le grand froid : la nuit suivante, fièvre, toux, spasmes; bref, mon voyage à l'eau! J'en aurais pleuré; maintenant j'en ris, puisque la crise n'a duré que quelques jours.

Nous sommes sous une couche de neige, les routes sont impraticables. C'est le temps des longues veillées et des longues lectures, coupées par deux parties de piquet et trois de bésigue, et pas la moindre note de musique! Ah! notre vie n'est pas futile. Il y aura, j'espère, beaucoup d'harmonie dans l'autre monde; en attendant, je prête l'oreille aux concerts spirituels de Notre-Dame d'Autun, mais ouiche! la distance est décidément trop grande, je n'entends rien!

Nos vœux et souhaits à tout votre entourage; à vous en particulier, chère Madame, le renouvellement de ma vieille et respectueuse affection.

Louis DE L'HERMITE.

Lampre, 2 novembre 1887.

CHÈRE MADAME,

Je suis atterré comme vous, et comme vous je suis des yeux du cœur ces malheureuses femmes, encore

seules à l'heure presente, et si loin, près d'un cercueil!... Heureusement, le dévouement fraternel de
Guillaume va leur venir en aide.

Comment vouliez-vous, Madame, que je m'atten-
disse à pareil événement? La lettre de Marie-Louise
me parlait d'un état grave, mais pour un avenir qui
semblait encore éloigné.

Voilà donc où vont les bonheurs de ce monde!...
Pauvre Louise! son deuil va rouvrir bien des blessures. Rien que des veuves dans cette chère maison!

Vous savez, Madame, si j'aime tout ce qui vous
touche et si je prends ma part de ce nouveau deuil!
J'appréciais Robert : il était bon, sous ses apparences
calmes, et, pour moi surtout, il s'était montré bienveillant, confiant. Malgré la différence de nos âges,
je sentais que j'avais en lui un ami.

Adieu, chère Madame, vous me donnerez des détails, n'est-ce pas, et sur l'événement et sur les personnes? En attendant, exprimez, je vous prie, autour
de vous la sympathie du vieil ami de Lampre.

Louis DE L'HERMITE.

J'arrive seulement d'une excursion de trois jours à
Clermont; cela vous explique le retard de ma réponse.

Lampre, 4 décembre 1888.

BIEN CHÈRE MADAME,

Me voici à l'œuvre pour confectionner les six pages

que vous demandez; puissiez-vous les lire avec le
même intérêt que je lis les vôtres! Votre style de
septuagénaire, comme vous l'appelez, me charme
moins encore par la forme que par la multitude de
détails dont vous savez l'émailler. Vous me rappelez
en tout, même par l'écriture, Mme Adèle de La Tour
du Pin, votre vénérable et charmante mère, que j'ai
placée depuis longtemps sur mon catalogue de saints
non canonisés, et au meilleur endroit. Continuez
donc à m'accabler de votre *bavardage insignifiant*,
et souvenez-vous, en laissant courir votre plume, que
vous faites une bonne œuvre en faveur de celui que
vous daignez appeler votre ami. Ah! certes, je suis
fier de ce titre, mais, vrai! je le mérite.

Si vous saviez à quel point je me suis identifié à vos
joies et à vos peines, à vos peines surtout; et cela est
vieux, vous ne pouvez le nier. Et puis, tout ce monde
qui vous entoure, mais n'est-ce pas le mien? Mon
imagination n'a pas plus vieilli que mon cœur, et je
la laisse faire lorsqu'elle me transporte à Autun ou
au Perray; je voudrais n'en pas revenir! Bon! me
voilà dans les nuages... Mais songez donc que, moi
aussi, je suis à la veille d'être septuagénaire.

Un mot sur moi d'abord, pour revenir à la vie
réelle ou plutôt *réaliste*. Je traîne plusieurs boulets,
et sans compensation aucune, *il me semble*. Je dis :
il me semble, parce qu'évidemment je suis dans l'erreur, attendu qu'il n'y a pas de peine sans compensation; mais, quand je broie du noir, j'ai quelque peine
à entrevoir le bleu. Mes fonctions de maire me font
voir l'humanité sous un si triste jour! Le milieu

social dans lequel je vis ne vaut pas la peine que je déserte ma solitude : beaucoup de tripoteurs, de jaloux, d'ingrats, de gens sans élévation d'esprit et pétris de petitesses! Je m'arrête cependant, car je deviendrais injuste : en regardant autour de moi, j'aperçois quelques amis très chauds, et cela ne suffit-il pas à établir la compensation?

Vous me dites de laisser la politique; mais, pensez donc, cette affreuse politique ne veut pas me lâcher! J'ai beau dire que je suis las, ennuyé, dégoûté, il y a toujours des voix pour me crier : Marche! marche! Et je reprends ma plume, et je barbouille du papier, et le lendemain ressemble à la veille, et toujours ainsi. Ah! si je pouvais me retremper au milieu de tout ce petit monde, si rieur quand il le faut, et si sérieux aussi; si attentif aux moindres signes et aux moindres paroles, lorsqu'il y a quelque chose à récolter, oh! alors, je reprendrais sans peine le harnais et je pousserais joyeusement à la roue; mais, mais... la question des *mais* est insoluble. Vous voyez, chère Madame, que je ne suis pas en gaieté; et moi qui me promettais, en prenant la plume, de vous sermonner, parce que je vous trouvais trop affaissée, trop *grise*, sinon trop noire! Vous pourriez me répondre : *Médecin, guéris-toi toi-même.*

C'est égal, malgré mon incompétence, je reviens à vous pour vous remonter, si je puis, et vous prouver que vous devenez très exigeante. D'abord, Louise va mieux, c'est prouvé; Cécile ne va pas plus mal, loin de là; et puis tout le reste vous comble autant par la santé que par l'affection. Mais espérez-vous donc trouver le paradis sur terre? Ah! sans doute, Louise complètement remise, et Cécile trottant d'un bout à l'autre de la maison, ce serait mieux; peut-être aurez-vous un jour ce bonheur-là, mais sachez l'attendre.

Je commence par être un peu et même bien ridicule, n'est-ce pas? Mais le moyen de faire autrement si je ne m'arrête pas avant la fin de la sixième page!

Parlons un peu des petites; je les ai gardées pour le bouquet. Vous savez que je les aime autant que Monmère[1]. Vous secouez la tête? Eh bien, j'insiste, et je prétends que je les aime, sinon davantage, du moins sans l'intervention possible d'aucune ombre; car, entre votre affection et la mienne, il y a la différence du réel à l'imagination. Je les vois dans la perfection *idéale*, et vous ne pouvez en faire autant; mon argument est irréfutable. Je les aime mieux que si elles étaient à moi, voilà!

Pourquoi l'abandon du dessin? Pour Bébé et Adèle peut-être, car, si j'ai bonne mémoire, leurs mains, si adroites en toutes choses, caressent mal le crayon; mais Nini! avec ses aptitudes de famille, pourquoi y renoncer? Vous me direz, peut-être, que ce charmant *Œillet*, jadis vert, et qui tend à prendre quelques couleurs, ne voudra rien faire que ne fassent ses sœurs? Alors levez seule la difficulté, je ne m'en mêle plus.

Je vais arriver au bout de ma sixième page sans m'en être douté; mais que vais-je faire de ce bavardage? le brûler ou vous l'expédier? Si je ne vous savais si parfaitement aveugle à mon endroit, je pren-

---

1. Mme la comtesse de Mandelot, ainsi appelée par ses enfants et petits-enfants.

drais le premier parti; mais je m'arrête au second, parce que je compte que vous me permettrez d'écrire comme je parle, un peu à l'étourdi.

Je vous charge de mes compliments et de mes tendresses pour toute la maisonnée, qui s'étend, vous le savez, jusqu'au Perray, et j'offre mon souvenir à ce petit groupe d'intimes dont j'envie le sort.

Adieu, Madame, ne m'oubliez pas, *Forget me not.*

Vôtre pour toujours, *Yours for ever.* Est-ce cela ? J'écorche mon anglais.

Louis de l'Hermite.

Lampre, 11 janvier 1889.

BIEN CHÈRE MADAME,

Votre bout de lettre me navre; n'êtes-vous donc plus la femme courageuse de jadis! Vous êtes au pied de la croix, ah! sans doute; mais la place n'est-elle donc pas excellente pour une chrétienne de votre trempe? Vous savez de longue date ce que sont les épines dans la chair, et vous avez porté le poids de tant de douleurs morales, que la dure et longue habitude devrait, ce semble, vous cuirasser contre toutes les éventualités. Mais, je veux croire que vous voyez trop en noir à l'heure actuelle. Vous savez bien que la maladie chez la jeunesse a de brusques retours vers le mieux.

Et maintenant, chère Madame, laissez-moi vous supplier de ne pas concentrer votre douleur, de ne pas la garder pour vous seule, de vous ouvrir, de pleurer, s'il le faut, de compagnie. Je vous connais, vous le savez bien ? et vous savez aussi que la douleur et la tristesse, que vous vous êtes efforcée toute votre vie de garder pour vous seule, vous ont imposé des souffrances plus cuisantes. Écrivez-moi, si vous n'avez pas mieux; votre cœur se dégonflera, et, puisque je ne puis être auprès de vous, j'aurai du moins la triste joie de savoir que vous avez trouvé un peu d'apaisement dans votre correspondance avec moi.

Merci aux fillettes de leurs bonnes lettres; merci à Guillaume, qui me charme vraiment par sa foi et son expansion si amicale.

Vous m'avez promis des nouvelles exactes et fréquentes; j'attends et j'espère.

Je termine, chère Madame et excellente amie, en vous offrant, pour vous et pour tous, l'expression de ma plus profonde sympathie.

Louis de l'Hermite.

Lampre, 7 juin 1889.

CHÈRE MADAME,

Pourquoi vous cacher que j'avais un peu plus que de l'étonnement au sujet du silence d'Autun ? C'était presque du dépit, peut-être de la mauvaise humeur, mais très légère; parce que j'ai la bonne habitude, *que vous n'avez pas,* de vivre au jour le jour avec les tristesses et les joies, et d'interpréter pour le mieux les petits événements quotidiens.

Pardonnez-moi ma *faute vénielle*, le cœur n'était pas atteint dans ses fibres vives ; mais n'avais-je pas raison de dire : que sert d'avoir une filleule, deux filleules, trois filleules, et tout un groupe d'excellents amis, sans parler de la grand'mère, le pivot, la pierre d'angle, la clef de voûte de tout l'édifice, pour être tenu dans l'ignorance de ce qui se passe à l'endroit où mon imagination se transporte si souvent? Je fais cependant une réserve en faveur de ma bonne Robertine qui avait bien voulu me renseigner — mais c'est déjà vieux — et m'annoncer une longue, longue lettre de Marie-Louise qui n'est jamais venue.

C'est encore Robertine qui a pris les devants pour cette fois : je reçois en effet une lettre du Perray en même temps que la vôtre ; vous pensez bien que ma rancune n'a pu tenir contre deux lettres.

Ah ! que de choses j'aurais à vous dire au sujet de vos phrases si correctement alignées, mais si pleines d'*hélas* que je n'y voudrais pas voir ! Peut-on se plaindre quand on a la moitié de la vie jonchée de fleurs? Regardez donc autour de vous, chère Madame ! Pourquoi donc avoir toujours les yeux fixés sur l'avenir, avec l'intention manifeste de le sonder jusqu'à ce que vous ayez brouillé votre vue au point de n'y découvrir que du noir? Dites donc à votre confesseur de vous faire là-dessus la morale. Mon Dieu ! que j'envie votre intérieur, bien que j'aie la conscience qu'il serait pour moi un peu énervant, tant je trouverais la vie aimable et commode.

Parlez-moi toujours de ces petites ingrates que j'absous de leur silence, en pensant à toutes les bonnes œuvres auxquelles elles donnent la préférence. Faire le catéchisme aux enfants du peuple, c'est à l'heure actuelle une des œuvres les plus méritoires.

Vous avouez que Louise est *miraculeusement* mieux; pourquoi donc vivre à son sujet dans une perpétuelle inquiétude? Cécile souffre toujours; allez-vous reprocher à la sainte Vierge d'être trop lente? Votre santé est aussi bonne que possible; pourquoi saupoudrez-vous l'avenir de bitume? Bon! me voilà revenu à mes moutons, c'est-à-dire à la morale; il paraît que j'étais créé pour disserter à tort et à travers sur le bien et le mal; mais, comme je n'ai pas pris mes grades et que je manque de théologie, je vous fais mes excuses et je m'arrête.

Robertine me dit tout le bien possible de Gabrielle: ce bonhomme de Guillaume a-t-il de la chance!

J'attaque ma cinquième page; j'ai à vous demander de me venir en aide par vos prières. C'est à tort que je me pose en docteur; j'aurais aussi besoin qu'on me fît la morale, car j'ai mes moments de dépression et de découragement.

La santé de ma femme me donne de l'inquiétude. Elle est atteinte, je le vois bien malgré les bonnes paroles du médecin, d'une entérite chronique qui l'épuise et la fait parfois beaucoup souffrir. Bien que courageuse, elle s'affecte; elle a beaucoup maigri et s'est affaiblie; d'ailleurs l'âge est là. Je suis parfois effrayé par de noires perspectives, et cependant je ne cesserai de vous répéter ce que je me dis souvent:

A chaque jour suffit son mal. Pensez à nous à Paray
et à Lourdes. Ah! si je pouvais vous joindre! Mais
pourquoi se bercer de sottes illusions? Même dans
mes courses obligatoires les plus longues, je ne dé-
couche jamais; je ne le puis vraiment pas.

Si je n'avais éprouvé maintes fois votre bienveillance,
je m'excuserais pour le décousu de ma lettre; mais
avec vous, chère Madame et excellente amie, est-il
besoin d'excuses? J'écris comme chantent nos grandes filles : *avec le cœur.* Embrassez pour moi toutes
celles qui voudront se laisser embrasser.

Vous gardez, je le vois, la date de vos anniversaires;
cela est bon et réconfortant. On est si heureux de se
retrouver en face des douces images de ceux qu'on a
aimés et qui méritaient de l'être! Il vaut mieux d'ailleurs se réfugier dans le passé que de creuser témé-
rairement l'avenir; cela soit dit comme bouquet spirituel.

Toujours à vous.

LOUIS DE L'HERMITE.

Lampre, 13 août 1889.

CHÈRE MADAME,

Il ne sera pas dit que vous prendrez le chemin de
Lourdes sans avoir reçu un premier mot de réponse à
votre longue lettre.

J'ai eu quelque peine à me retrouver dans toutes
vos pages; mais, après avoir suivi le fil, j'ai lu et

relu sans démordre, et je prends la plume sitôt la chose faite.

Pour aujourd'hui, je ne veux répondre qu'à un seul passage, celui sur lequel votre curé trouverait à re_dire, et que je ne laisserai pas sans protestation. On a beau être *tout d'une pièce* comme vous, cela ne doit pas empêcher, lorsqu'on est chrétienne *comme vous*, d'avoir en la Providence une confiance plus simple, je 'dirais presque plus *bonne femme*. Il me semble que vous êtes payée assez largement en bonheurs intimes pour ne pas discuter avec Celui qui peut tout, mais qui n'aime pas les *réserves* et les *observations*.

Pourquoi, lorsque les événements se déroulent d'une façon si consolante, étant données les misères inévitables de toute existence, pourquoi, dis-je, vous acharner à mettre du sombre si ce n'est du noir partout? Êtes-vous donc à ce point insatiable de bonheur terrestre *pour les vôtres*, que vous fassiez presque un grief à la Providence de ne pas donner entière satisfaction à tous vos désirs? C'est au moment où vous prenez le chemin de cette Grotte, devant laquelle se sont opérés tant et tant de miracles, qu'il convient d'être absolument résignée à toutes les volontés de Dieu.

Je me sens ridicule et je m'arrête. C'est à peine, n'est-ce pas, si votre curé oserait vous parler comme je vous parle? Mais a-t-il pour lui la *prescription* de l'amitié?

Emmenez-vous toute votre couvée? Qui donc reste avec Gabrielle? Ah! que j'aurais grand besoin de faire ce pèlerinage! Non pas avec vous tous, car ce serait une joie tellement humaine que l'âme n'y trouverait aucun bénéfice; mais en compagnie de Chartreux ou de Capucins. Je vous confesse que, malgré mes belles phrases ci-dessus, je ne vaux rien. Depuis que je suis maire, je deviens mauvaise langue, et je perds au contact des hommes ce que m'avait valu la solitude.

Un article sur lequel nous serons toujours d'accord, chère Madame, c'est celui de *nos* filles; mais, hélas! je ne les vois plus qu'en imagination : quelle pénitence!

Un second article sur lequel nous nous entendons à merveille, c'est l'article *Boulanger*; votre appréciation sur ce polichinelle néfaste concorde absolument avec la mienne. Et dire que je suis obligé de briser des lances avec des curés pour les amener à confesser que leur adhésion, même momentanée, à la politique de cet homme est une monstruosité!

A vous, chère Madame et amie, et à tous les vôtres. Courage, abandon à la Providence, confiance surtout! et puis ne m'oubliez pas auprès de ma Patronne à la Grotte.

Louis DE L'HERMITE.

Lampre, 20 septembre 1889.

CHÈRE MADAME,

Entre une séance de club et une tournée électorale, je vais tâcher de répondre quelques mots à votre lettre-journal. Et d'abord, merci pour le journal ; c'est ainsi que j'aime et que j'entends la correspondance lorsqu'il y a de grosses choses à conter, et certes, pour cette fois, le thème est large! .

Ah! je comprends vos émotions, et cette espèce d'abattement intérieur qui vous empêche de remercier Dieu d'une manière aussi fervente que vous le voudriez, en reconnaissance des merveilles qu'il a opérées autour de vous; mais n'est-ce pas prier excellemment que d'avoir conscience de son néant, lorsqu'on est l'objet des prédilections du bon Maître?

Chose étrange! après le premier soubresaut, à l'annonce du miracle, je suis devenu froid comme un marbre; absolument comme si j'avais tort de m'émouvoir d'une chose qui ne pouvait manquer d'arriver. Lourdes, c'est la terre des merveilles! et lorsqu'on revient de Lourdes on n'a pas le droit de s'étonner; on ne peut, comme vous le faites, que prier et s'anéantir.

Mais, encore une fois, pourquoi cette peur dans la joie? Voulez-vous donc gâter les dons de Dieu et vous montrer avec lui d'une exigence telle qu'il ne puisse arriver à vous satisfaire? Soyez donc raisonnable, chère Madame et excellente amie, et jouissez du présent avec cette simplicité d'âme et cette droiture qui sont un de vos plus heureux privilèges.

Vous me demandez de vous parler de la fête religieuse de Murat; qu'est-ce à côté des splendeurs de Lourdes!! et cependant j'ai rapporté de mon voyage les plus suaves impressions. Cette petite ville de montagne, incrustée en quelque sorte dans un immense rocher de basalte au sommet duquel se trouvait déjà

une statue de la Vierge, reproduction de Notre-Dame-
de-France du Puy; cette petite ville, dis-je, noyée
dans la verdure et dont les horizons sont couverts
d'arbres verts, avait fait pour la circonstance des pré-
paratifs merveilleux. D'une maison à l'autre, des
tresses de feuillage, des guirlandes, des torsades; à
chaque fenêtre, une croix, tantôt simple, comme celle
du Calvaire, tantôt brillante et ornée; des arcs de
triomphe, des inscriptions, tout cela était d'un pittoresque achevé, et l'on se sentait dans un milieu absolument catholique! La procession a été fort belle.
La croix, portée par des escouades renouvelées de
seize hommes, a monté rapidement cette pente très
rude de quatre kilomètres. Pour mon compte, je dois
vous avouer que, malgré ma bonne volonté, je n'ai
eu qu'un très léger aperçu de la pesanteur de cette
croix. Que pouvais-je au milieu de ces montagnards
énormes qui me dépassaient de toute la tête? Toutes
les classes de la société étaient là, et toutes ont eu
des représentants sous la croix. Il y avait des noms
de votre connaissance, Monsieur de Miramont, entre
autres, un petit-fils ou un petit-neveu, je crois, de
Mᵐᵉ de Villeplaine. Les fanfares, vraiment assez
bonnes, alternaient avec les cantiques lancés par des
milliers de voix. Deux surtout faisaient merveille :
Pitié, mon Dieu! et *Catholique et Français*. Figurez-
vous cette montagne basaltique, terminée en pain de
sucre, où la foule était tellement pressée que, dans
les moments de houle, il y avait vraiment danger, et
où l'on s'accrochait l'un à l'autre dans la crainte
d'être entraîné.

Vous voyez, chère Madame, que je m'attarde à ces descriptions, et Dieu sait cependant si j'ai du temps de reste dans cette crise électorale! Avant-hier, j'assistais à une réunion en plein air, où les deux champions se sont vainement escrimés à parler. Belleville était descendu dans le paisible Cantal. Les cris, les injures, les menaces se croisaient sans cesse; impossible aux candidats de se faire écouter. La séance a pris fin lorsque la foule enrouée, mais impitoyable, a obligé les pauvres prétendants à déguerpir. Tout cela est misérable toujours; mais bien plus lorsqu'on revient de Lourdes ou de Murat.

Il me reste à peine la place de vous adresser l'expression de ma vieille amitié, avec prière d'en faire part à tout le jeune monde.

Louis DE L'HERMITE.

Lampre, 13 décembre 1889.

Enfin!!

Cependant, chère Madame, je suis tenté de ne vous remercier que du bout des lèvres, car vous avouerez que vous m'avez fait assez tirer la langue. Autre observation : est-ce que, sur l'exemple de votre fils qui envoie du gibier quand on lui demande une lettre, vous allez envoyer des photographies ou n'importe quoi, au lieu des lignes dont vous me savez très avide? Je n'insiste pas cependant pour aujourd'hui, car je suis trop content pour vous chicaner et chercher la petite bête.

Figurez-vous que, par un pressentiment justifié par le résultat, j'avais fait venir du Petit Saint-Thomas plusieurs cadres à photographies : quand vous me ferez l'honneur de visiter Lampre, vous trouverez vos trois petites-filles installées sur le guéridon du salon. Aujourd'hui je suis tout à la joie à côté de mon trio. Si j'étais sûr que cette lettre ne passera pas de main en main, je vous donnerais mes impressions, mais je ne peux pas. Et d'ailleurs peut-être ne vois-je pas toujours juste quand il s'agit de mes trois grandes filles. En toute vérité, je puis dire qu'en leur présence je ne vois que du bleu.

J'espère, chère Madame, que, après l'observation très juste et le reproche très mérité que je viens de faire au début de ce chiffon, vous êtes déjà au regret de ne m'avoir pas écrit. J'attends donc une très longue lettre, écrite entre six et sept heures du matin, avant le chocolat, à cette heure solennelle et froide où vous vous trouvez seule dans votre chambre, avant le baiser de vos filles et le compte de vos fermiers. Vous me direz tout ce que vous voudrez : je lis tout avec plaisir et avec émotion.

Gabrielle semble avoir épousé son mari jusque dans ses goûts *pervers;* elle fuit l'écritoire comme l'époux fuit les bouquins. Vont-ils assez gâter cette petite Marguerite !

Adieu, chère Madame et amie, à vous et à tous l'expression de mon inaltérable dévouement.

LOUIS DE L'HERMITE.

Lampre, 9 janvier 1890.

MA CHÈRE AMIE,

C'est bien ainsi qu'il faut dire, n'est-ce pas? Et
quelle circonstance meilleure pourrais-je choisir pour
user de ce titre que vous m'autorisez à vous donner?
Je suis bien malheureux! mais, à côté de ce malheur,
que de consolations, je dirais presque que de joies!
Et cependant mon vieux cœur se refuse à les goûter
toutes et pleure comme il eût pleuré à vingt ans.

J'étais condamné à garder la chambre lorsque m'est
arrivée la première nouvelle du danger. Trois jours
après, mon cher et si digne frère s'éteignait, ayant à
son chevet, pour représenter la famille, votre ancien
sous-préfet. En cette circonstance, ce bon Roger s'est
montré d'un dévouement, d'une attention, d'une sensibilité dont je suis touché profondément. Ce sont ses
lettres qui m'ont arraché les premières larmes, et ces
larmes m'ont tant fait de bien!

J'ai aujourd'hui des détails; ils sont si consolants
que je me reproche presque ma douleur. Et que vous
dire des lettres que je reçois!

A vous, chère Madame, je dois un remerciement
spécial. J'embrasse tout votre monde, grands et petits,
les larmes aux yeux, mais heureux de me sentir
appuyé par l'affection si généreuse de tant de parfaits
amis. Écrivez à ce bon Guillaume et à Gabrielle; je
ne puis suffire à ma triste correspondance.

Laissez le noir, chère amie, goûtez votre bonheur

présent sans sonder imprudemment l'avenir. On est toujours heureux quand on vit sous la main de Dieu. Je voudrais qu'au milieu de vos peines vous eussiez comme moi le sentiment de sa grande miséricorde quand il nous afflige pour nous rappeler notre néant et nous ramener à lui.

Votre ami bien malheureux, mais plus que jamais affectionné.

Louis de l'Hermite.

Lampré, 24 février 1890.

Très chère Madame et Amie,

Je suis bien sûr que vous vous êtes dit plus d'une fois que j'avais quelque raison sérieuse pour me mettre ainsi en retard avec vous. Cette raison, la voici :

Depuis un mois et plus, je remplis auprès de ma femme le rôle de garde-malade, et dans des conditions qui m'enlèvent toute possibilité de faire autre chose. A la suite d'une violente attaque d'influenza est survenu un état de faiblesse générale, accompagné de violentes douleurs intestinales qui m'ont fait craindre pendant plusieurs jours un dénouement fatal. Songez dans quel état se trouvait votre très solitaire et très impressionnable ami ! Je suis cependant très secondé par une excellente femme qui nous est entièrement dévouée, et nous pouvons aujourd'hui constater un peu de mieux.

Voilà la situation ; je n'ai pas à m'excuser, n'est-

ce pas? ni vis-à-vis de vous, ni auprès de ma bonne
filleule, dont j'ai reçu la plus aimable, la plus charmante lettre qu'il soit possible d'écrire. Elle comprend bien, la chère enfant, que le vieux parrain
n'est pas sur un lit de roses. Mais que dis-je? Qui
donc n'a pas ses croix? Et les vôtres!

Je m'arrête après ces deux mots égoïstes, en vous
priant de me conserver cette forte et sûre amitié qui
est le côté bleu de mon ciel.

A vous toutes du plus profond de mon cœur.

LOUIS DE L'HERMITE.

Lampre, 6 mars 1890.

TRÈS CHÈRE MADAME ET AMIE,

Vous ne sauriez croire combien j'ai été touché par
la proposition que vous me faites de venir m'aider
s'il y a urgence. Mais, lorsque vous écriviez cette ligne,
vous ne compreniez donc pas, malheureuse amie,
que je me ferais un crime de vous arracher, ne serait-
ce qu'une minute, à cet intérieur où vous êtes indispensable! L'amitié est aveugle, voilà tout ce que l'on
peut dire pour expliquer votre proposition; je n'en
demeure pas moins tellement pénétré que je l'ai lue
et relue, et chaque fois avec un redoublement de joie
intérieure. Pauvre bonne et chère amie, vous savez
ce que c'est que la douleur intime qui provient de la
souffrance de ceux qu'on aime!

J'ai passé de bien mauvais jours; aujourd'hui mon

ciel s'est un peu rasséréné, et n'était l'âge de ma malade, je serais rassuré entièrement.

Je ne sais comment vous avez pu me dire que vous voudriez avoir ma résignation chrétienne; où donc avez-vous les yeux de votre esprit? En fait de dévouement et de résignation qui peut vous être comparé? Je dis résignation, bien qu'il soit convenu entre vous et votre imagination que vous en manquez absolument. Si je voulais discuter ici mon opinion à ce sujet, il ne me serait pas difficile de vous prouver que, malgré les *cercles* un peu *vicieux* dans lesquels vous tournez sans cesse, vous êtes pleine de résignation et d'abandon à la volonté de Dieu. Mais, je ne me hasarde pas sur ce terrain, parce que vous me rediriez des choses que je n'aime pas à entendre, attendu qu'elles humilient mon égoïsme, en me forçant à le comparer à votre générosité.

Chère Cécile! il est bien sûr qu'elle guérira! Mais comme le bon Maître doit être content de la voir si calme, si pieuse dans la rude épreuve qu'il lui a imposée!

Hier, par le même courrier qui m'apportait votre lettre, j'en ai reçu une de Robertine. La chère âme se plaint du poids des ans; savez-vous pourquoi? Parce qu'elle ne peut pas faire sauter sa quatrième fille aussi facilement que la grosse Bébé il y a vingt-cinq ans! Jamais *tante* ne fut aussi *maman* que cela.

A toutes, mes amitiés; à vous, chère Madame et amie, tout mon cœur.

Louis DE L'HERMITE.

Lampre, 8 juillet 1890.

CHÈRE MADAME ET AMIE,

Tout votre monde a raison de dormir à une heure
du matin, et vous avez grand tort de veiller à pareille
heure, même pour écrire au vieil ami de quarante
ans.

Ah ! si je croyais pouvoir vous corriger, combien
de reproches plus graves ·j'aurais à vous faire ! Dans
vos lettres, toujours longues, mais encore trop courtes à mon gré, je retrouve toujours cette note triste,
absolument *déraisonnable*, permettez-moi de le dire,
qui me fait désespérer de vous voir arriver à une
guérison radicale. Mais, où donc est la cause d'un état
d'esprit aussi sombre ? Assurément, vous, fervente
chrétienne ; vous, qui aimez à vivre auprès du Tabernacle ; vous, qui, en toute occasion, avez fait
preuve d'une grande virilité d'esprit et d'une recti-
tude parfaite de jugement, vous êtes moins excusable
que personne d'agir comme si vous n'aviez qu'une
foi médiocre et un tempérament de femmelette.

Tout va bien autour de vous, vous dis-je, et ce
n'est pas parce que Cécile attend encore une guérison
complète, parce que Louise tousse et que ma chère
filleule grandit trop, que vous avez le droit de broyer
sempiternellement du noir. Mais, que vous dit donc
le bon Maître lorsque vous faites *toc, toc* à la porte
du Tabernacle ? Oh ! la simplicité de la foi et la confiance ! Trop de *cercles*, trop de *mais*, de *si*, de *car*,

de *peut-être*. Je suis peu pieux par tempérament, très mou, très lâche devant l'épreuve, etc.; aussi n'est-ce pas le chrétien qui vous fait la morale, c'est l'homme qui raisonne et l'ami qui vous plaint.

Ici les santés sont médiocres et les épreuves lourdes. Je travaille beaucoup pour éviter la sensation de vivre : c'est peut-être imprudent, égoïste, stupide, mais c'est commode ; c'est le jour le jour, et franchement, je crois que ceux qui font autrement que moi ne font guère mieux.

Étudiez, s'il vous plaît, les habitudes de l'autruche : cet inintelligent animal ne voit pas venir le danger, et par suite est absolument indifférent aux préoccupations qui dévorent le lièvre lorsqu'il est poursuivi. J'ai adopté la méthode de l'autruche. Oh ! bêtise humaine ! Je m'en veux d'être à ce point stupide, et encore de faire la morale.

Excusez-moi, très bonne et très chère amie, et ne comptez pour rien mes paroles, sauf celles qui vous disent que je vous suis entièrement dévoué.

Amitiés autour de vous, spécialement à ma chère Cécile, qui guérira, entendez-vous !

Louis DE L'HERMITE.

Lampre, 16 août 1890.

CHÈRE MADAME ET AMIE,

Malgré mon *encombrement*, dû à la fête, vous ne quitterez pas Autun sans un mot de moi, et, ce mot, je serais tenté de le tremper dans une réprimande.

Oh! très chère amie, pourquoi ces peurs, pourquoi ces cercles qui ne peuvent aboutir qu'au découragement? Que ne dites-vous à Dieu : Mon Dieu, vous faites bien de ne pas guérir ma chère fille, parce que les exigences de la mère font injure à votre bonté.

Mais ce serait trop dur, et une telle parole ne peut sortir de vos lèvres ; dites donc tout simplement, bonne et chère amie : Seigneur, que votre volonté soit faite! et puis allez à la Grotte, sans trouble et sans récrimination.

Je compte sur le bulletin que vous me promettez : Dieu fasse la grâce que je reçoive un télégramme, puisque c'est par télégramme que je dois apprendre la bonne nouvelle.

Si vous aviez le temps de me lire, je répondrais à toutes les questions, objurgations, observations, etc., que vous me faites dans votre *longue* lettre, et je vous répéterais d'abord, pour la centième fois, que je ne vous trouve jamais assez longue. Non, *Madame*, non! je ne lis pas vos lettres à moitié; je ne les fourre pas en poche, comme vous supposez, avant d'arriver à la signature. Après avoir lu très attentivement, je relis, et même je relis encore, voilà ma manière; et n'allez pas douter, si vous ne voulez pas que je vous renie!

La fille de ma plus proche voisine va à Lourdes, sous la garde de M. Henri d'Auzers, l'un des brancardiers du grand pèlerinage. Je l'ai chargée, entre autres commissions pieuses, d'assister aussi près que possible à la guérison de Cécile. Quelle bonne chance si ma petite Marie de Soualhat, juste de l'âge de

Marie-Louise, m'apportait les détails *de visu* de l'achèvement du miracle !

Je m'arrête, car vous me lirez au milieu des apprêts du départ, et je pourrais, à mon grand regret, être un embarras. Sachez, chère Madame et amie, que je ne vous quitterai pas un instant ; en revanche, pensez beaucoup à moi, car, je vous le dis sans phrases, j'en ai grand besoin !

A chacune un affectueux souvenir, et mes vœux les plus ardents pour ce qui vous préoccupe toutes !

Chère Cécile, ne m'oubliez pas dans votre action de grâces.

Louis de l'Hermite.

Lampre, 22 octobre 1890.

Chère Madame et Amie,

Enfin, je trouve une matinée libre pour répondre à votre bonne, à votre longue lettre ! Je vous dis incidemment que lorsque la matinée m'échappe, c'en est fini de la journée entière ; je suis pris pour une cause ou pour une autre, et adieu ma correspondance !

Vous n'avez jamais mieux *radoté*, et Dieu vous continue longtemps cette parfaite lucidité d'esprit ! Si je reprenais mes *petits sermons*, j'aurais un texte tout trouvé. N'avez-vous pas appris, au catéchisme de persévérance de l'abbé Dupanloup, que les responsabilités sont en raison des lumières de l'esprit ? Sachez-moi donc gré de ne pas développer ce texte pour vous en faire l'application ; je veux vous dire seulement, afin de ne pas perdre l'habitude de prêcher — dans le désert — que vous êtes trop pressée relativement à Cécile. L'attente dans la confiance est une grande vertu. Mais je me hâte de descendre de chaire pour éviter les bâillements de l'auditoire.

Vous avez donc encore deux amis? Si vous saviez comme je suis fier d'être l'un de ces deux! Dites-moi si l'autre a toujours ses beaux yeux et son charmant sourire.

Ma petite voisine, très occupée auprès des malades, n'a pas eu la bonne chance de vous rencontrer; mais elle est revenue charmée d'une partie du personnel masculin, et particulièrement d'un M. de Bonvouloir. Vous devez penser si ce nom m'a fait ouvrir les oreilles.

Tout ce que vous me dites de ma chère Cécile, de Robertine, de Guillemette, des mignonnes, me fait un plaisir extrême, et je suis confondu de certaines phrases que je rencontre au courant de vos lettres :

« Je suis comme autrefois, plus qu'autrefois, enveloppée dans un voile de tristesse. Cécile fait mon admiration ; elle me donne l'exemple, mais je ne puis la suivre. »

Tenez! voulez-vous que je parle net? Vous êtes la plus heureuse des mères et des grand'mères, et vous fatiguerez le bon Dieu par vos exigences. Non, non! je rétracte cette dernière phrase : elle n'est pas chrétienne, le bon Dieu ne se lasse pas. Laissez-vous donc aimer, choyer par tout ce monde, et jetez au loin et pour toujours ce *voile de tristesse*.

Vous me demandez si je me souviens de votre mère
et de votre grand'mère ? Comment oublier ces charmantes femmes ! J'avoue cependant que Mme d'Orvilliers me faisait un peu peur : elle me rappelait trop
ces grandes dames de la cour qui n'avaient rien à voir
avec le menu peuple et les campagnards, et je me
trouvais trop moderne et trop étriqué en sa présence.
Mais Mme de La Tour du Pin ! oh ! celle-là, je l'abor-
dais comme ma propre mère.

Croyez-vous, chère Madame, que je ne suis pas
touché jusqu'au fond du cœur, lorsque vous me dites
que vous vous mettriez en route pour Lampre au
moindre signal ? Mais ce sont des paroles que l'on
n'oublie pas et qui rassérènent lorsqu'on est pris de
noir ! Je compte sur la Providence ; je sais qu'elle
proportionne le fardeau à la faiblesse de mes épaules,
et j'espère bien n'avoir à demander à mes amis qu'un
échange de prières.

Vous me demandez quelques bribes de ce que vous
appelez mes *productions littéraires* ? Je ne veux pas
vous cacher que j'ai un volume tout prêt à paraître ;
mais mon éditeur parisien fait quelques difficultés sur
certaines satires que je n'ai pu m'empêcher de mêler
à mes pastorales, me souvenant trop de mes luttes
dans le journalisme. La difficulté une fois levée, le
volume paraîtra et vous en aurez la primeur. Je ne
vous demande pas pour ce nouveau-né votre indulgence, je sais qu'elle m'est acquise.

A vous, autour de vous, mille et mille amitiés.
Your friend for ever.

Louis de l'Hermite.

A Monsieur le Comte Guillaume de Mandelot.

Lampre, 20 décembre 1887.

Mon cher Ami,

Le jour où vous serez marié, et marié selon vos goûts, c'est-à-dire avec une femme simple, bien élevée, aimant son intérieur plus que le monde, désireuse avant tout d'assurer le bonheur de son *homme* et s'accommodant de sa vie, etc., ce jour-là, mon bon ami, je serai aussi heureux que vous! C'est vous dire si je désire que l'abbé X... ait eu la main heureuse et mène à bonne fin cette grave négociation.

Je partage d'ailleurs entièrement votre avis sur le solitaire du Perray : il ne lui manque qu'une femme; mais il lui faut une *femme* et non pas une poupée.

Quant aux petites concessions qui vous seront nécessairement demandées, je vous engage à les accorder la main haute. Dans la question mariage, on ne peut décemment exiger d'avoir en mains tous les atouts, et, les grandes lignes assurées, il faut savoir marcher de l'avant sans préoccupation trop vive.

Il me semble qu'on peut avoir une absolue confiance dans l'abbé X..., c'est bien le négociateur qu'il vous faut; son esprit loyal et franc le porte à aborder l'ennemi de face, et vous saurez sans détour tout ce qu'il vous importe de savoir. Je regrette presque cette grosse dot, et je crains qu'elle n'abrite derrière elle certaines exigences; mais si tout le reste y est!... Vous saurez me dire, mon cher Guillaume, quelle tournure prend l'affaire; puisque vous me faites vos confidences dès le début, vous ne pouvez me cacher la suite.

Je comprends que votre solitude vous semble plus lourde lorsque vous avez eu pendant quelques jours la société des fillettes et d'une sœur. Ce monde féminin est très *meublant,* et, malgré nos prétentions à la sagesse et à la philosophie, nous autres *du sexe fort,* nous deviendrions bien épais et bien lourds si nous étions privés de cette plus belle moitié du genre humain. Décidément le Créateur a bien fait en ne laissant pas dans l'isolement notre premier père et ses malheureux fils.

Je suis ennuyé au possible de mes nouvelles fonctions; quelle sottise de m'être laissé brider et bâter! Le désarroi est grand dans cette malheureuse commune et je me heurte à chaque instant à des difficultés nouvelles. Que ne suis-je maire de Toury-sur-Jour! mais, lorsque ça m'aura trop em...bêté. j'ai la ressource de déposer l'écharpe, et cette perspective ne m'est pas désagréable.

Je termine, mon cher ami, en redoublant mes vœux pour vous, au début de cette année où vous êtes peut-être appelé à entrer dans la *confrérie.* Vous savez que nul plus que moi ne prendra part à vos joies et à vos bonnes chances.

Tout à vous.

LOUIS DE L'HERMITE.

Ma femme vous adresse ses souhaits et désire y joindre bientôt ses félicitations.

Lampre, 28 décembre 1887.

TRÈS CHER ET TRÈS HONORÉ COLLÈGUE,

Si j'y comprends un mot, je veux être pendu!
Pour mon esprit épais, c'est du fruit défendu.
Que d'autres moins lourdauds s'escriment à comprendre,
Pour moi je n'y vois goutte et j'aime mieux me rendre.
A lire cet hébreu, j'ai perdu mon latin;
Quoique pur Auvergnat, je ne suis pas devin,
Et je me sens rétif et plus bête qu'un zèbre
Rien qu'à considérer cette page d'algèbre.

Puisque vous voulez des vers, en voilà, et certes ils rendent à merveille mon état d'esprit lorsque je me suis trouvé en présence du logogriphe que vous m'avez soumis! Il y a surtout une certaine page ineffable, écrite sans doute après boire. On y trouve toutes les signatures, toutes les écritures, toutes les majuscules et tous les paraphes; mais de commencement et de fin, vas-y voir, Jean!

Toutefois, après une étude approfondie, après avoir pâli et rêvé sur ce manuscrit tout semé de problèmes, j'ai cru comprendre que j'avais dû lâcher quelques sottises dans ma réponse à Bébé. J'en suis fort capable, car il m'arrive souvent de voyager dans la lune, et alors... Quant à la lettre de Bébé, elle est d'une correction antique, et pure de toute peccadille; elle n'a que le seul défaut de s'embarbouiller dans de petits scrupules qui témoignent de la parfaite innocence de celle qui l'a écrite. Je vous engage donc, mon cher collègue, à rendre à cette jeune fille méconnue toute votre estime, et à réserver vos critiques et vos foudres pour l'infortuné magistrat qui préside aux destinées de Champagnac-Les-Mines.

Je pourrais donner pour excuse à la prose qui a soulevé vos susceptibilités, que je venais de recevoir un acte d'huissier m'invitant, le plus poliment du monde, à me rendre à quelques centaines de kilomètres de mon domicile légal, pour m'entendre condamner, en ma qualité de maire, à payer *une couple* de mille francs à je ne sais quel entrepreneur jovial, qui se dit créancier de ma commune. Il m'arrive de loin en loin de ces surprises, et, ces jours-là, ma prose tourne à l'aigre.

Que me parle-t-on de corriger des vers dans le manuscrit pittoresque que vous m'adressez? Des vers! oncques je n'en vis dans le dit manuscrit, à moins qu'il ne faille compter comme appartenant à la langue des dieux ce passage étonnant, devant lequel mon esprit est demeuré absolument perplexe :

. . . .
Et qui de mon oncle
M'attire une semonce.

Cette manière de scander et surtout cette rime

fantaisiste, bouleversent entièrement mes idées sur la prosodie. J'engage la personne auteur de ce passage bizarre, à publier un lexique à l'usage des profanes, si mieux elle n'aime écrire dorénavant en prose.

Mais je me rappelle très opportunément un vers de Molière :

Je vis de bonne soupe et non de beau langage,

et cela m'amène à vous remercier de l'envoi de la bourriche. Lampre trouve que le gibier du Perray a un goût tout particulier et des plus agréables.

Prière à mon cher collègue de Toury-sur-Jour de vouloir bien transmettre un duplicata du présent acte à Mlle Béatrix Caillault, si mieux il n'aime lui communiquer la minute.

En foi de quoi et pour copie conforme, etc.

LDLH.

Lampré, 23 janvier 1888.

MON CHER GUILLAUME,

Je crois vraiment que vous me prenez pour Mgr Lelong, et que vous me supposez, comme ce digne évêque, abonné aux chevreuils du Perray. Merci, toujours merci, mon cher ami, c'est tout ce que je sais dire.

J'attends avec impatience la communication de ce

que vous dira l'abbé X. Celui-ci se livre à une chasse
que je voudrais bien voir aboutir. Mais vous savez!
si le gibier qu'il poursuit lui échappe, il y en a, Dieu
merci, assez d'autres dans la forêt humaine, et il n'y
aurait pas à se décourager. Je compte d'ailleurs beaucoup sur cet abbé qui est un homme de mouvement
et de détermination.

Adieu, mon cher ami, bonne chance!

Louis DE L'HERMITE.

Lampré, 17 février 1888.

MON CHER GUILLAUME,

J'avoue que je comptais assez sur la réussite de
votre premier projet, à cause de l'abbé X., qui doit
avoir du coup d'œil, en sa qualité d'aumônier militaire; mais je confesse aussi que la perspective de
vous voir partager votre temps entre Paris et le
Perray me souriait médiocrement.

Vous dites avec raison que vous êtes un *rural* et
cela fait votre éloge, car c'est le parisianisme qui nous
tue. Donc, puisque la belle a les goûts parisiens, il
n'y a pas à regretter qu'elle cherche un épouseur
ailleurs qu'au Perray.

Pour ce qui est de votre perspective actuelle, je ne
vois guère que la différence d'âge qui puisse vous
troubler, et encore cette différence peut-elle être atté-
nuée en majeure partie, si la jeune fille a les goûts
sérieux et provinciaux. Pour le reste, il me semble

que tout irait à merveille. La parenté de la famille de
B. est une excellente carte dans votre jeu, et votre
intimité avec l'excellent M. H. s'en trouverait res-
serrée.

Pour ce qui est de la fortune, mon cher ami, je
n'ai pas à vous dire quelles sont mes idées. Je suis,
vous le savez, absolument opposé à la tendance
moderne qui veut que les jeunes gens poursuivent
les grosses dots. Que de sots mariages sont le résultat
de cette fureur de l'or! D'ailleurs, avec vos allures
simples, vous avez bien au delà de ce qui constitue
l'aisance, et si votre future a le bon esprit de ne pas
introduire dans son ménage le luxe exagéré et la pro-
digalité fastueuse, vous n'avez pas la moindre chance
de mourir l'un et l'autre à l'hôpital.

Vous poursuivez, dites-vous, le bonheur et non la
dot! Eh bien! je crois très fermement que le bonheur,
autant qu'on peut l'avoir ici-bas, est dans les situa-
tions intermédiaires : ni trop de fortune, ni trop peu,
voilà le *desideratum*.

Je n'ai pas besoin de vous dire, mon cher ami,
que je suis absolument à votre disposition, si — ce
qui d'ailleurs est peu probable — vous avez besoin
que je gratte du papier à votre intention; vous savez
bien qu'en tout, je suis prêt à vous être agréable.

Bien affectueusement à vous et les compliments de
ma femme.

LOUIS DE L'HERMITE.

Lampre, 26 décembre 1889.

Vous fendre d'une lettre en ma faveur! c'est presque un événement, mon cher bonhomme, et je vous
suis extrêmement reconnaissant de cet effort de
plume; ce qui ne veut pas dire, d'ailleurs, que je
n'apprécie pas le lièvre et le cuissot de chevreuil.

Je vois que votre lune de miel est toujours dans
son plein et qu'il n'y a aucune probabilité qu'elle
décline jamais. Je vous en félicite et j'en suis heureux
au possible, pour vous, pour les vôtres, pour vos
beaux-parents, dont j'ai gardé le meilleur souvenir, et
surtout pour cette charmante *nièce*, qui n'a qu'à se
montrer pour se faire aimer. Je serais bien tenté
cependant de trouver une imperfection au milieu de
tant de qualités aimables; vous devinez laquelle! Que
diriez-vous d'un pénitent qui n'irait plus trouver son
curé sous prétexte qu'il y a trop longtemps qu'il ne
s'est confessé? Toutes réserves faites, il n'y a pas de
raison pour que Mme la comtesse Guillaume écrive
dorénavant à son oncle d'adoption, car, plus le temps
marche, plus sa raison prend de force, si toutefois
elle est acceptable. Rassurez-la, mon cher ami, et
dites-lui bien que ses compliments m'arrivant par
votre intermédiaire ne perdent rien de leur valeur.

Vous raffolez de Maguy; que sera-ce quand vous
aurez un Pierre!

Je vais vous adresser ce chiffon à Autun, puisque
vous devez vous y rendre prochainement, cela me

fournira l'occasion de m'acquitter de nouveau, par votre intermédiaire, auprès de tout ce monde *si bien portant;* mais dites donc à votre mère qu'elle n'écrit pas, et que je suis tenté de croire que c'est par tradition maternelle que vous avez horreur de l'écritoire.

Ici, nous soignons de notre mieux nos rhumes et nos rhumatismes. Sans parler des années qui s'accumulent, nous avons, ma femme et moi, des gouttières sérieuses; mais, à la grâce de Dieu! Il n'y a, mon cher ami, que le cœur qui ne vieillit pas, et je prétends que le mien est aussi chaud qu'à vingt ans pour des amis tels que vous et les vôtres.

J'ai les trois petites sous verre et faisant le plus bel ornement de mon salon. J'espère que Mᵐᵉ Gabrielle, son époux et sa Maguy ne tarderont pas à venir les rejoindre.

Un souvenir tout particulier à *maman* Robertine.

A vous de tout cœur.

LOUIS DE L'HERMITE.

A Mademoiselle Marie-Louise Caillault.

Lettre sans date.

MA PETITE NINI,

Je suis très content, et ta *parraine* aussi, très satisfaite, que ton oncle Guillaume ait acheté Bretonne
pour Monmère. Nous sommes aussi très- contents
que la poule de ton Nana ait pondu un bracelet; c'est
très rare les poules qui pondent des bracelets. Nous
ne sommes pas contents que ton papa ait coupé les
cheveux de ta maman à la mode de ton parrain, parce
qu'elle doit ressembler à un homme.

Nous attendons les deux ouvrages que tu m'an-
nonces; je pense qu'ils doivent être très soignés.

Adieu, ma petite filleule, nous t'embrassons et tes
sœurs aussi.

Je te recommande d'être toujours bien sage et bien
obéissante.

Je pense que tu viendras bientôt nous voir.

LOUIS.

Lampre, 7 février 1873.

MA PETITE NINI CHÉRIE,

Je te remercie de la jolie petite lettre que tu m'as écrite. Je vois que tu n'oublies pas ton pauvre petit parrain, et cela me fait grand plaisir.

Je pense bien souvent de mon côté à ma filleule, et il me tarde beaucoup de la revoir. Sans doute, je la retrouverai grande et sage, et très obéissante.

Il est bien fâcheux que tu n'aies pas pu amener à Autun la petite Bretonne et Marcel; mais, puisque tu as une poupée et un chemin de fer, tu sauras bien te passer de Marcel et de Bretonne pendant quelque temps.

Je t'embrasse bien fort, et je te charge d'embrasser de ma part Bébé et Mimi.

Adieu, ma petite filleule, tâche de n'oublier jamais ta *parraine* et ton pauvre petit parrain.

LOUIS.

Lampre, 4 janvier 1874.

MA BONNE PETITE FILLEULE,

Je te remercie de n'avoir pas oublié ton vieux parrain barbu et ta *parraine*. Je veux bien aller te voir, je t'assure, mais un peu plus tard. En attendant, je pense tous les jours à toi et à tes petites sœurs, et à ton père, et à ta maman Cécile, et à ton Nana et à tes autres tantes, enfin à tous ceux qui sont autour de toi. Je te charge de souhaiter une bonne, bonne année à tout le monde, et tu diras que je les aime bien tous. Et toi aussi, ma petite Nini, je t'aime beaucoup, et je t'embrasse bien fort, et je te prie d'embrasser aussi tes sœurs.

Ta *parraine* te donne la même commission; elle t'aime beaucoup, beaucoup! ainsi que tes sœurs, et elle vous embrasse bien tendrement.

Ton parrain de Lampre.

LOUIS DE L'HERMITE.

Lampre, 22 janvier 1875.

MA CHÈRE FILLEULE,

Je n'ai pas oublié la jolie petite lettre que tu m'as écrite pour me souhaiter la bonne année, ainsi qu'à ta *parraine*; mais j'ai eu beaucoup, beaucoup à écrire, et j'ai pensé que tu attendrais quelques jours sans te fâcher contre ton petit parrain.

A mon tour, ma chère filleule, je te souhaite une bonne année, et je te charge de la souhaiter pour moi à Bébé et à Mimi.

D'après la belle lettre que tu m'as adressée, je vois que tu fais de grands progrès, surtout en écriture, et je suppose que, lorsque j'aurai le plaisir de te revoir, je te trouverai tout à fait savante. Tu penses bien,

ma chère Nini, que je suis très heureux et très fier de
ton application, et je trouve que ton Nana a eu une
bien bonne idée lorsqu'elle t'a menée à la promenade
sur la glace de l'étang du Perray, pour récompenser
ton application. Je suis sûr que tu es très heureuse
d'avoir retrouvé ta petite maman Cécile, après en
avoir été séparée pendant si longtemps, ainsi que
Bébé qui devait beaucoup te manquer.

Adieu, ma chère filleule, je t'embrasse tendrement
et te charge d'embrasser tes sœurs pour moi et ta
parraine.

N'oublie jamais ton pauvre petit parrain qui t'aime
de tout son cœur, mais qui aurait bien de la peine à
faire un aussi beau paraphe que le tien.

Louis DE L'HERMITE.

Lampre, 10 janvier 1880.

MA CHÈRE FILLEULE,

Je te remercie de tout mon cœur de la bonne lettre
que tu m'adresses, et je forme pour ton bonheur et
celui de tes parents les mêmes vœux que tu formes
pour le mien.

Le tableau que tu me fais de Paris me rend presque heureux d'habiter un pays comme l'Auvergne,
habituellement très froid et couvert de neige pendant
l'hiver; car il faut que tu saches que les lois de la
nature paraissent absolument changées, et que le
printemps s'est réfugié dans le Cantal. Les nuits sont

un peu froidés; mais les jours sont magnifiques : point de neige, point de vents froids, un soleil toujours radieux et chaud; c'est à n'y rien comprendre. Tu demanderas à ta bonne maman si elle ne pense pas que la République soit pour quelque chose dans cette interversion de climat.

Il y a une question dont tu ne me parles pas, et qui cependant m'intéresse beaucoup, je veux parler de ta première communion. Je suis convaincu que tu t'y prépares par un redoublement de sagesse et d'application. Quand le moment sera venu, j'espère que tu n'oublieras pas ton vieux parrain, qui garde pour toi et pour tes sœurs toute l'affection qu'il portait à ton excellent père.

Adieu, ma chère Marie-Louise; quand tu auras lu ma lettre, tu feras le tour de la compagnie et tu embrasseras tout le monde : ce sera comme si je serrais la main à tous ces chers amis, que j'aime d'autant plus que je suis privé de les voir comme je voudrais.

Et maintenant que tu t'es acquittée de ma commission, je t'embrasse, ma bonne petite, à mon tour, et de tout mon cœur ; ta *parraine* en fait autant.

Louis de l'Hermite.

Lampre, 4 janvier 1885.

Ma belle Filleule,

Savez-vous que vos pattes de mouche, votre papier vert de mer, aux initiales fleuronnées, et surtout votre

manière toute simple et charmante de me dire que
vous m'embrassez de tout votre cœur, pourraient bien
me faire un peu tourner la tête ?

D'autant plus que je connais une grand'mère qui
parle de ses trois petites filles en des termes tels que
les gens à l'esprit mal fait pourraient la taxer d'aveuglement. Voici la phrase : « Ces trois enfants si bien
douées et auxquelles vraiment on aurait peine à trouver un défaut. » Vous jugez s'il me tarde de voir des
perles d'une si belle eau, moi qui suis habitué à considérer comme parole d'Évangile tout ce qui sort de
la bouche de cette grand'mère !

Je vous préviens cependant, ma chère filleule, que
je suis naturellement porté à la critique, et déterminé
à accomplir mon rôle de parrain sans faiblesse.

Il faut cependant aussi que je vous déclare que, telle
que vous êtes, je vous aime de tout mon cœur ; c'est
la réponse au gros baiser que vous adressez à ma
barbe grise.

Je suis en ce moment aux prises avec un vieux
rhumatisme qui me rend de trop fréquentes visites et
me condamne au coin du feu ; je n'en ai que plus de
temps pour penser à mes amis et à vous tous en particulier.

Vous ne manquerez pas, je vous prie, de transmettre à vos charmantes sœurs, à votre excellente mère
et à vos bonnes tantes, le souvenir amical des deux
vieux de Lampre. Je ne parle pas de votre grand'-
mère, à laquelle j'ai écrit récemment un bout de lettre
qui devait se ressentir de la maussaderie du rhumatisme.

Je termine en vous embrassant de nouveau ; je ne
me lasse pas, vous le voyez, d'user du privilège de
parrain.

LOUIS DE L'HERMITE.

Lampre, 10 novembre 1885.

MA CHÈRE MARIE-LOUISE,

Enfin, nous voici rendus à Lampre ! depuis hier au
soir seulement, après une heure et demie de retard,
occasionné par la rencontre d'un train en détresse sur
la voie de Tulle.

Vous jugez si après la présentation obligatoire du
personnel de la ferme et de la maison, — qui, soit dit
en passant, a bien voulu nous reconnaître malgré la
longue séparation, — vous jugez, dis-je, si je me suis
précipité avec avidité sur ma correspondance. C'est à
votre enveloppe verte que j'ai eu d'abord à faire, cher
petit Œillet vert ; je l'ai lue une première fois, puis
une seconde, et puis, ce matin, une troisième. Et,
tout en lisant, je voyais repasser devant moi, jour par
jour, ces trois bons mois du Perray qui vont désormais égayer ma solitude.

Je vous confesse — mais soyez discrète — que je
n'ai pas retrouvé la même température morale, sauf
pendant les quelques heures fort gaies que j'ai passées
auprès de ma sœur. Cependant, le soleil nous attendait à Lampre, et je vois bleu en vous écrivant, chère
filleule.

Ici, tout nous a paru en ordre; il est vrai que je me suis à peine donné le temps de faire un tour de propriétaire. Nos serviteurs paraissaient contents de nous revoir, notre meute était folle de joie; que pouvions-nous espérer de mieux?

Est-ce vieille habitude, est-ce sot amour-propre, Lampre m'a paru joli. Il est vrai qu'il serait difficile de résister au charme de tout ce que me laisse voir le rayon de soleil qui visite en ce moment ma bibliothèque : à l'horizon, les montagnes neigeuses; dans la vallée, une légère brume, qui dessine nettement les étages successifs des collines; tout le premier plan étincelant de lumière; les prés encore verts; les arbres avec tous les tons variés de l'automne, c'est charmant! Allons, petite, ne vous moquez pas du vieux parrain; vous savez bien qu'il essaye d'être poète à ses heures!

Puisqu'il s'agit de poésie, je vais vous transcrire, selon votre désir, une quelconque de celles qui encombrent mon tiroir à malices. Mais avant, je vous charge de distribuer mes compliments, mes amitiés, tout ce que j'ai de meilleur dans l'âme, au cher monde qui vous entoure, à commencer par le *chef de la République*, et en suivant selon les âges, et, puisque vous êtes auprès de vos sœurs, je termine par trois gros baisers.

LOUIS.

Bon! voilà que je tire au sort une aménité bien plutôt qu'une malice.

A des amis absents.

Avant que les frimas n'alourdissent son aile,
Avant que l'air glacé n'ait blanchi les prés verts,
Sous le ciel du Midi, la prudente hirondelle
Va chercher le printemps ; vous avez fait comme elle,
Amis, et, loin de nous, vous narguez les hivers.

Vous vivez dans l'azur quand le froid nous assiège ;
Les pieds sur les chenets, nous grelottons encor ;
Mais il fait bon rêver sous un manteau de neige
De rayons bienfaisants, d'Italie, et que sais-je ?
De vos horizons bleus, frangés de pourpre et d'or.

Ainsi, des éléments on peut braver la rage
En conservant au cœur un éternel printemps ;
Ni cette âpre saison ni les glaces de l'âge
Ne sauraient effacer en nous la douce image
De ceux que l'amitié nous rend toujours présents.

Pour que ces vers aillent directement à votre adresse, chère famille de Mandelot, il ne vous manque que d'être partie pour Menton, vous aussi.

Lampre, 6 décembre 1885.

MA FILLEULE CHÉRIE,

Votre lettre et celle que j'écrivais à Mimi se sont rencontrées dans la boîte de Champagnac, ce qui signifie que lorsque vous songez à Lampre je pense au Perray. Je veux que celle-ci vous devance à Autun et vous oblige à tenir l'engagement que vous aviez pris de m'instruire des péripéties du voyage. Aujourd'hui,

temps détestable; mais le baromètre monte, je viens
de m'en assurer; ce sera, j'espère, le beau pour demain.

Vous avez donc le don de seconde vue, petite, puisque vous me voyez naviguer de ma bibliothèque au
hangar où Couderc casse le bois? C'est tout à fait
cela, si vous y ajoutez la surveillance de trois ouvriers
maçons qui réparent le portail d'entrée. Mais alors,
vous devez me voir, en chair et en os, sur le fauteuil,
près du casier à musique, — ce fauteuil trop petit
pour deux personnes, trop grand pour une seule, —
où je ne cesse de me prélasser, pendant que l'une de
vous, ou deux ou trois, s'escriment sur le piano ou
l'harmonium. En ce moment, je fredonne l'air du
Petit Mousse; m'entendez-vous ?

J'use de mon autorité de parrain, filleule, pour
vous interdire de vous excuser désormais sur la fré-
quence ou la longueur de vos lettres; vous m'oblige-
riez à dire des choses qui feraient faire la roue à
Monmère et à Mlle S., mais que vous n'aimeriez pas
à entendre. Cela soit dit pour les trois sœurs. Je
demande seulement l'indulgence de mes correspon-
dantes, si je me mets en retard pour les réponses;
j'ai tant à *écrivailler* que je ne suffis pas toujours à
la besogne. Cela vous étonne, n'est-ce pas? Mais souvenez-vous donc combien je suis peu débrouilleur.
Ah! si tous mes barbouillages étaient aussi libres,
aussi intéressants pour moi que celui que je produis
en ce moment! Mais il n'en est rien. Il faut le plus
souvent que ma plume prenne son parti de mettre
du noir sur du blanc, gravement, méthodiquement,

sans cet attrait que l'on éprouve quand on converse avec des amis ou avec une filleule.

Je viens de recevoir une très affectueuse lettre de Guillaume, et j'ai répondu sans débrider. Il est triste de votre départ; je le crois bien! J'en connais d'autres qui ont éprouvé aussi ce sentiment de tristesse, et qui n'ont pas comme lui la facilité de retrouver tout le personnel du Rond à volonté et en quelques heures. Ici je placerais volontiers une réflexion philosophique, si je ne savais que, pour le moment, vous n'avez aucun attrait pour cette science à l'usage des barbes grises.

Je fais le tour de la table : Monmère, Cécile, Robestine, Guillemette, Mlle S., et je vous charge pour toutes d'un gros ballot d'affection et de souvenirs. A vous de faire correctement et consciencieusement la distribution, en retenant un gros baiser pour Bébé, pour Mimi et pour vous.

Louis de l'Hermite.

Lampre, 16 mai 1886.

Ma chère Filleule,

Je suis ravi du reproche très discret que vous me faites d'être en retard avec vous; cela me prouve que vous n'oubliez pas le vieux parrain et que vous avez quelque plaisir à correspondre avec lui. Aujourd'hui, que je suis décidé à régler mes comptes, je vous prie d'accepter cette lettre, non pas à titre personnel, mais à titre collectif; elle sera également pour Sagesse et Mimi. Comment ferais-je, en effet, pour m'acquitter envers toutes, si je n'usais de ce petit stratagème? C'est donc avec vous trois que je cause, et c'est vous trois que je veux féliciter de la vie studieuse que vous menez.

Pauvre Bébé, pauvre Mimi! condamnées à chanter en compagnie des artistes de la cathédrale! quels efforts de volonté! et combien leur prière chantée a eu plus de mérite en mettant en action leur humilité! Je suis convaincu que les choses se sont passées à la satisfaction générale, et que les terribles artistes de Notre-Dame eux-mêmes se sont montrés satisfaits. Quant à vous, fillette, qui vous noyiez modestement dans la foule, je suis très sûr que vous aviez aussi pour la circonstance quelques roses sur le vert de votre œillet.

Je vous remercie des détails que vous me donnez sur toutes les santés. Je voudrais pouvoir vous dire que tout se passe également bien à Lampre; mais c'est à peine si nous sommes en convalescence. En ce qui me regarde, point d'appétit, une faiblesse extrême, des nausées fréquentes, parfois des vomissements, un sommeil médiocre, etc.; tout cela n'est pas réjouissant. Ce qui me préoccupe le plus, c'est cet état continuel de faiblesse; il faudrait un brin d'exercice, et les jambes se refusent encore à tout service. Point de fièvre cependant, et je compte sur le retour des beaux jours pour assurer la guérison.

J'ai pensé et je pense journellement à vous pendant notre Jubilé. Je demande à Dieu que vous soyez *bonnes, meilleures, parfaites,* et toutefois il me semble que le bon Dieu doit se rire un peu de moi; car l'image qui me reste de mes chères mignonnes ne comporte guère des prières de cette nature.

On traite Champagnac en grande ville; l'éloquence déborde dans notre nouvelle *basilique,* fort incomplète d'ailleurs; mais je crains que la masse du public ne soit pas toujours à la hauteur de nos brillants prédicateurs. Du reste, l'église est très raisonnablement pleine. Le Cantal a conservé des habitudes religieuses.

Je ne résiste pas au plaisir de vous conter deux histoires de voleurs que vous pourrez transcrire dans votre recueil des événements remarquables.

Dans notre canton, à quelques kilomètres de Lampre, une personne âgée, Mˡˡᵉ de Bassignac, habite seule avec sa servante une maisonnette presque isolée. Tout dernièrement, par un beau clair de lune, deux aimables citoyens s'introduisent dans la maison, après avoir fait sauter un volet et détaché discrètement une vitre. Les voilà dans la chambrette de la servante tout ébaubie. « Mademoiselle, dit l'un d'eux, levez-vous sans bruit, sans crier, et ne vous donnez pas la peine d'allumer votre lampion; nous avons porté tout ce qu'il nous faut. » Là-dessus, ils allument une bougie. « Et maintenant, allez prévenir votre maîtresse, que notre présence soudaine pourrait émotionner, qu'il y a ici deux braves hommes venus dans le but de garnir leur gousset, mais sans nulle mauvaise intention contre les personnes. » Après cette entrée en matière, ils se mettent en devoir de dévaliser l'appartement. Mlle de Bassignac, toujours au lit et sans trop d'émoi, suivait l'opération. Tout à coup, elle s'aperçoit que les deux gentlemen fourragent certains papiers : « Vous me paraissez de braves compagnons, dit-elle, laissez donc cela, ce sont des papiers de famille. — Vous avez raison, Mademoiselle, calmez-vous, nous ne prendrons que ce qui peut nous être utile. » Cela fait, ils saluent et se retirent.

Trois jours après, un *quidam* s'introduit, vers le soir, dans le presbytère d'une petite paroisse voisine de Mauriac, profitant de l'absence momentanée du curé. C'était un dimanche. Il sort les poches bien garnies, et, rencontrant la servante, il lui tient ce petit discours plein de délicatesse : « Mademoiselle, vous direz à M. le Curé, que je considère comme un très honnête homme, que, me trouvant à court d'argent, je suis venu faire un léger emprunt aux fonds de la Fabrique. Je regrette de n'avoir pu forcer le tiroir à droite du secrétaire; mais je suppose que celui que j'ai enfoncé renfermait le principal magot, et cela me console. Dites à M. le Curé de ne pas m'en vouloir; je ne suis pas un mauvais homme, mais simplement un homme dans le besoin. Votre serviteur ! »

J'ai le regret de vous annoncer que ces chevaliers de la nuit sont aujourd'hui sous les verroux ; ils méritaient mieux, n'est-ce pas ? Si l'urbanité et le savoir-vivre disparaissaient du sein de la France, il faudrait les venir demander aux coureurs de grand chemin du département du Cantal. Cependant, depuis ces petites scènes nocturnes, mon fusil ne quitte pas mon chevet.

Monmère m'annonce que la grève des bûcherons touche à sa fin ; d'un autre côté, mon journal me dit qu'elle recommence de plus belle. Jolie génération que nous prépare la République ! Chut ! chut ! je sais que vous ne me permettez pas de politiquer et je m'arrête.

Adieu, mes bien chères petites, croyez à ma bien sincère affection.

LOUIS DE L'HERMITE.

Lampre, 3 juillet 1886.

Vous savez bien, ma filleule mignonne, que je n'ai rien à vous refuser.

Donc, je vous envoie une *Berceuse* qui a reçu un très modeste laurier dans un concours du Midi. Cela, j'imagine, ne fera pas l'affaire de M. Laurent ; je tâcherai, si ma verve épuisée le permet, de faire mieux, et tout exprès, un peu plus tard.

Vos instances, ma bonne petite, me donnent des rages au cœur. — Pour le moment, je n'ai pas de rage de dents. — Vous savez bien que Le Perray est pour moi un objectif de tous les instants. Soyez donc sûre que je ferai mes efforts pour que les beaux jours ne passent pas sans une visite ; mais je suis si solidement attaché à Lampre que je ne puis fixer d'époque.

Dites à tout votre monde de me conserver la bonne

amitié dont je suis si fier, et que, sans vanité, je
mérite, parce que je sais rendre la monnaie de la
pièce. A bientôt une lettre à Monmère; si par cas
j'étais en retard, que cela n'empêche pas d'écrire.

Trois bons baisers, vous savez à qui? et aux autres toutes mes affections.

LOUIS DE L'HERMITE.

Vichy, 18 août 1886.

MA CHÈRE MARIE-LOUISE,

Je viens de débarquer à Vichy, et me hâte de vous
en donner avis.

Vichy me rapproche de vous, et je n'ai pas à vous
dire que c'est pour cette raison surtout que cette
première étape m'est très agréable.

Je viens d'expliquer à Monmère pourquoi, étant
seul, je ne pourrai pas vous voir longuement comme
je l'aurais désiré, mais enfin je vous verrai, et c'est
le point capital.

Malgré votre bonne lettre, ma chère filleule, ma
femme n'a pu se décider à me suivre; il est donc
inutile d'insister davantage, et il faut nous contenter
du peu de temps que je puis accorder à mon affection pour vous.

J'espère que les gorges seront nettes, et que vous
n'aurez pas trouvé quelque affreux docteur assez dur
pour m'infliger l'ennui de ne pas vous entendre.

Quant aux doigts, ils seront libres, et je vous préviens que je les mettrai à contribution.

Si vous voulez charmer les ennuis passagers d'un vieux solitaire, souvenez-vous que, pour quelques jours, je gîte hôtel Fénelon.

Amitiés à tous.

LOUIS DE L'HERMITE.

Lampre, 14 octobre 1886.

MA CHÈRE FILLEULE,

Je suppose que si je veux des nouvelles du Perray, il faut en demander.

J'arrive donc — un peu tardivement me direz-vous — mais enfin j'arrive! et je vous trouve... où? S'il fait là-bas le temps qu'il fait ici, vous n'êtes pas en forêt assurément; mais alors où êtes-vous?

Je me figure difficilement cinq femmes dans le petit salon de Guillaume, sans piano, sans bibliothèque à leur convenance, sans l'ouvroir d'Autun, sans Mme d'A., etc. Vous saurez m'expliquer, fillette, ce que je ne comprends pas. Je sais bien que vous avez, à l'occasion, une ressource dans les courses au Bessay; mais par cette pluie battante?...

J'imagine que vous devez remplir successivement le rôle de ménagères, gaver des canards et gâter des sauces. Ne riez pas, Mesdemoiselles; il est bon, *très bon* de connaître un peu de cuisine. Et vos soirées? Vous n'avez pas le petit salon du Rond; mais où donc mettez-vous les fumeurs?

Vous voyez, filleule chérie, que mon cerveau travaille; vous allez donc me donner des détails très circonstanciés, afin que mon imagination ne se promène plus dans le vague. Ah! j'oubliais, vous avez les lessives, c'est une ressource! Quand vous m'aurez mis au courant du Perray, vous me direz un mot de votre correspondance avec Autun et Devay. D'Autun, j'ai reçu ces jours-ci une lettre de Monmère; mais de Devay, j'ignore à peu près tout : Louise en a-t-elle fini avec ses réparations, et Robert, avec ses préoccupations de grand propriétaire? Voilà encore un thème sur lequel vous voudrez bien exécuter en ma faveur quelques variations.

Il me semble que vous avez au Rond une bibliothèque, que vous pourriez fouiller sous l'œil vigilant des tantes, ou plutôt de ces mères d'adoption. Je crois que Walter Scott y est au complet. Je vous signale particulièrement de cet auteur : *l'Antiquaire, les Puritains, Quentin Durward, Richard en Palestine, le Monastère*. Je vous recommande de ne pas précipiter votre lecture, et de ne pas dédaigner les descriptions un peu longues du grand romancier. Il y a à gagner à cette lecture, à la condition qu'on la fasse comme étude autant que comme distraction.

Ici rien à signaler : nous ne sommes pas sortis; mais nous avons eu quelques amis, et les santés sont bonnes.

Mes amitiés à tout le monde, à commencer par le *chef de clan*. J'aime à croire que vous êtes toutes aux petits soins pour ce père de famille improvisé : a-t-il de la chance, ce tonton-là!

Je vous embrasse, chère petite, avec prière de transmettre ce baiser à Béatrix et à Adèle.

LOUIS DE L'HERMITE.

Lampre, 2 janvier 1887.

MA CHÈRE MARIE-LOUISE,

Assurément ce n'était pas trop de deux parrains pour une personne de votre importance, alors que vous étiez un objet fragile, frêle, une petite maigrillote qui semblait n'avoir qu'une médiocre envie de vivre. Sans compter qu'on ne pouvait deviner ce que seraient votre intelligence et vos aptitudes. Mais aujourd'hui que vous avez pris rang, et un rang honorable, dans la grande armée du sexe faible, et qu'on peut faire fond sur votre personne physique, morale et intellectuelle, il me semble que la charge de parrain est assez légère à porter, et je me sens de force à accepter seul la responsabilité du parrainage.

Je n'en regrette pas moins le digne M. V. C'était de longue date un ami de la famille, et je suis convaincu qu'il laisse un vide au milieu de vous, bien que depuis longtemps déjà il n'eût plus d'attache que par le cœur et le souvenir. Je me suis acquitté religieusement de votre recommandation ; j'ai prié pour lui et pour vous. Je suis convaincu que, de votre côté, vous n'avez pas oublié l'unique parrain qui vous reste.

Comme j'ai déjà chargé votre grand'mère de m'acquitter officiellement près de chacune de vous, je n'ai plus qu'à vous prier de renouveler mes souhaits. Je n'entre ni dans les détails ni dans les formules; il me semble que cela fanerait mon bouquet.

Vous me demandez comment on peut guérir la fièvre de paresse dont vous êtes parfois atteinte? En vérité, je ne vous comprends pas. Quoi! lorsqu'on a des yeux pour lire, une intelligence pour comprendre, des doigts pour travailler ou courir tantôt sur l'harmonium, tantôt sur le piano, on trouverait encore le moyen de rester inoccupée et de *bayer* aux corneilles! Réfléchissez de loin en loin aux avantages d'une vie sérieuse, à la grande loi du travail dont personne ne se peut exempter, et vous serez vite guérie. Remarquez, en outre, que c'est un paresseux qui vous parle et qui sait par expérience la valeur du temps, parce qu'il en a lui-même beaucoup perdu.

L'hiver est très rude en Auvergne : hier encore, la vieille couche de neige s'est augmentée d'une nouvelle couche; le froid est très vif, les routes sont mauvaises; il faut vivre avec ses souvenirs au coin du feu, et je n'ai pas comme vous la ressource de l'harmonium. Je vous avoue cependant, *sans vanité,* que j'ignore absolument ce que c'est que l'ennui; je laisse cette maladie aux imbéciles. Pardon de l'expression; je me sens moi-même un peu imbécile pour l'avoir produite, mais tant pis !

Merci de tous les détails que vous me donnez. Que je voudrais entendre, autrement que par ouï-dire, vos concerts spirituels ou autres !

J'embrasse Bébé, Mimi et vous, ma grande fille,

toutes les trois avec la plus grande affection. Aux tantes et aux mères mes compliments les meilleurs.

LOUIS DE L'HERMITE.

Lampre, 4 août 1887.

MA BONNE ET CHÈRE MARIE-LOUISE,

Votre lettre me comble de joie : enfin le voilà donc décidé ce grand voyage qui depuis longtemps est en projet! Dieu veuille qu'il ait un heureux résultat! Et comment ne pas être rempli d'espérance lorsqu'on songe à toutes les péripéties, à toutes les fluctuations par lesquelles la Providence a voulu vous faire passer avant d'en provoquer l'accomplissement!

Je vous vois toutes à genoux aux pieds de notre bonne Mère, les larmes aux yeux et la foi dans l'âme. Que Dieu vous accompagne, chères amies, et qu'il vous ramène consolées et heureuses!

Vous me demandez, chère petite, de me joindre à vous; le puis-je autrement que par le cœur? jugez-en : J'ai dû renoncer à tout éloignement, même à un tout petit voyage à Vichy, tellement je suis pris par tous les côtés. Bien que je fasse appel à ce qui me reste d'énergie, je ne puis suffire à mon travail. Me voilà, par la plus triste des chances, à la tête d'une commune de quinze cents habitants, obérée, disloquée, affolée par un récent désastre financier. Lampre n'est plus qu'un caravansérail, encombré de gens qui mangent mon temps et troublent mon repos. En

16

outre, je viens de passer un mois dans la plus grande
agitation. Vous savez qu'il a fallu subir l'épreuve de
la candidature conservatrice au Conseil général. J'ai
été vaincu, comme cela devait être et comme je le
savais d'avance; mais que d'ennuis pour aboutir à
une défaite! Je dormais à peine, je prenais mes repas
où je pouvais et je courais toujours! Bonté divine!
quelle vie! Du reste, comme compensation, j'ai eu
l'appui de tout ce qui compte dans mon canton. N'en
parlons plus. J'ai rempli de mon mieux le devoir
qu'on m'avait imposé, et je serais vite remis de ma
fatigue si mon rôle de maire prenait aussi fin; mais
hélas! il ne fait que commencer.

Je reviens à vous et à ce grand voyage. Chère Cécile, comme je lui sais gré d'être si courageuse et si
absolument confiante dans la Providence! Quant à
Monmère, je connais sa vaillance qui sera doublée
par l'énergie de sa foi; mais qu'il me tarde d'avoir de
vos nouvelles pendant ce long voyage, et sur vous
toutes, et sur les incidents de la route! Souvenez-
vous, mes chères filles, que vous êtes trois et que
toutes les trois vous savez tenir une plume.

Je me souviens, comme après un rêve, que j'ai
reçu une lettre de Robertine et une autre de Louise;
ai-je répondu? Non, sans doute. Et comment vais-je
m'y prendre pour me faire pardonner? Venez à mon
aide, chère petite, et dites à vos tantes d'excuser ma
misérable cervelle, si malheureusement encombrée
en ce moment, et qui est assurément plus facile à
obstruer que mon cœur.

Ainsi, c'est convenu, je serai avec vous toutes, plus

particulièrement aux environs de la fête de Notre-
Dame, et vous m'entendrez chuchoter ma petite prière.
La distance de Lampre au ciel n'est pas plus longue
que celle du ciel à la grotte de Lourdes; qu'importe
donc que je sois ici où là? Nous serons tous réunis
dans le cœur du Grand Guérisseur.

Adieu, chère petite, je vous embrasse et j'embrasse
vos sœurs, et j'adresse à vos mères les meilleurs souvenirs de ma vieille amitié.

LOUIS DE L'HERMITE.

Ma femme s'unit à moi. Elle a été bien troublée et
fatiguée par cette longue période électorale.

J'espère que Robert ne s'est pas mal trouvé du
Mont-Dore. Je lui adresse toutes mes amitiés, ainsi
qu'à Louise.

Lampre, 5 janvier 1888.

MA CHÈRE FILLEULE,

Votre lettre est un peu courte, un peu sèche, un
peu froide, absolument comme si j'avais mérité le
reproche que vous me faites d'être en retard avec
vous.

Ah! si nous comptions bien!

A travers ce déluge de cartes, de lettres, de visites
en sabots, je suis encore heureux de pouvoir m'échapper un instant pour vous souhaiter une bonne année,
et, par votre bouche, tous les bonheurs désirables à
tous les membres de la famille. Quant à vous dire
tout cela en vers, ou même en prose châtiée, j'y dois

renoncer et vous prier de vous contenter d'un court barbouillage.

Je devrais, il semble, être inspiré par l'approche de vos dix-neuf ans, mais point! La prose administrative, à laquelle je suis condamné, a fait de moi un mollusque.

D'ailleurs, êtes-vous sûre d'être sensible à ma muse? J'ai adressé à Autun deux exemplaires d'un volume, publié il y a tantôt deux mois, et Dieu sait si ma muse s'en donne dans ce volume! A cette occasion, j'ai reçu cent lettres de critique ou de félicitations : des évêques m'ont remercié; des auteurs éminents ont daigné m'en écrire; vingt journaux en ont parlé; tous mes amis m'ont envoyé des bribes de leur prose, et d'Autun... rien! pas même un accusé de réception; ce n'est pas encourageant!

Je veux vous faire monter la honte jusqu'au blanc des yeux. Sa Sainteté Léon XIII vient de me créer chevalier de l'ordre de Saint-Grégoire-le-Grand, et je suppose que mon livre est bien pour quelque chose dans cette distinction absolument inattendue; et ma filleule, elle, est restée bouche close. Que sert d'avoir une filleule et des amis!

Mais trêve aux reproches : le volume, sans doute, n'est pas arrivé à son adresse.

Guillaume a bien voulu rompre en ma faveur avec ses habitudes antiépistolaires et me mettre au courant des faits et gestes de vos sœurs pendant leur séjour au Perray. Je m'aperçois qu'on n'y a pas séché d'ennui, et l'oncle solitaire me paraît avoir fort goûté la présence de ses nièces. Pour vous, mignonne, qui gardiez le foyer comme Cendrillon, vous n'avez eu que l'écho de ce tumulte au milieu des bois; mais vous avez appris par expérience, votre lettre le constate, que l'absence est chose cruelle, que l'amité est le premier des biens, et que pour bien savourer les bonheurs d'ici-bas, il faut en être privé de temps en temps.

Je m'étais promis de n'écrire que quelques lignes, et me voici à ma quatrième page. Je pourrais dire avec le ton dégagé que vous savez prendre : « Je ne veux pas, mon parrain, vous ennuyer plus longtemps. » Mais non, ma filleule, vous aurez à absorber la quatrième page dans son entier, et je vais la bourrer de banalités pour rendre plus cuisant votre supplice.

A Guillaume, qui me souhaite la vie éternelle à la fin de nos jours, vous direz que je serai charmé de lui servir de cavalier et d'introducteur. A Robertine, avec mes vœux, que j'attends une lettre promise et force détails sur Le Bessay. A Montmère, que je deviens de plus en plus le plus vieux de ses amis, et que je tiens à mon titre. A Cécile, que je lui souhaite une visite de Notre-Dame de Lourdes pour achever le miracle. A vos sœurs, que je les adresse au Perray pour se dilater la rate. Enfin, vous pourrez vous murmurer à l'oreille, entre vous, que je vous aime comme des filles, sans préjudice pour ceux qui vous entourent.

Je vais écrire à Louise. Si elle est près de vous, dites-lui tout ce que vous saurez de plus aimable.

LOUIS DE L'HERMITE.

Lampre, 4 juin 1888.

MA CHÈRE MARIE-LOUISE,

Voilà longtemps, bien longtemps, que je suis votre débiteur. Votre dernière lettre, en effet, remonte, si j'ai bonne mémoire, à la fin du mois d'avril. Vous dirai-je que j'ai des remords? Non, je n'ai que des regrets.

Voilà deux mois au moins que j'ai dû renoncer à toute correspondance intime. Il serait trop long de vous détailler les raisons multiples qui m'ont condamné à cette dure nécessité; qu'il vous suffise de savoir que la lutte électorale sur le terrain municipal a surtout absorbé mes moments. Quand on est dans l'engrenage administratif, ma chère filleule, il est difficile d'échapper. J'ai recueilli depuis un an une succession d'affaires extrêmement chargée : tout en désarroi, la guerre intestine, la malveillance écoutant aux portes, que sais-je! tout ce qu'un malheureux maire peut récolter d'ennuis et de tracas. Le parti vaincu, après avoir ruiné le pays, n'a pas manqué de saisir l'occasion des élections pour m'être désagréable et essayer de ressaisir le pouvoir. J'ai triomphé cependant sur toute la ligne, avec une grande majorité; mais vous jugez si pendant toute cette période j'ai dormi sur un lit de roses. C'est à peine si les esprits sont calmés, et pour moi, je suis encore un peu éreinté.

Joignez à cela que mon cœur fait des siennes. J'ai

dû pendant plusieurs semaines avaler des sirops et prendre les précautions les plus gênantes. Voici ma gouttière, ma chère mignonne : le cœur, ce vieil organe affaibli, qui commence à me refuser son service. Je vais mieux, et d'ailleurs je n'ai jamais cessé d'agir ; mais je dois me tenir sur le qui-vive, car ce qui s'est montré une première fois reviendra sans doute.

En voilà bien long sur mon compte ; mais il fallait bien que je vous donnasse à comprendre que le vieux parrain n'oublie pas la jeune filleule. Sachez, ma petite, que, vous et les vôtres, vous êtes toujours sur mon horizon. Mais, comme vous auriez été aimables si l'une de vous m'eût donné les renseignements dont je suis avide. Voyons ! avouez que vous m'avez tenu rigueur, que vous avez douté de moi, et que vous avez voulu me faire expier mon silence.

Que j'aurais besoin de me détendre les nerfs en savourant la marche du *Tannhäuser* ou tout autre morceau, orgue et piano, piano seul, orgue seul, voix seules ou d'ensemble. Ici je n'entends guère que la voix aigre de l'enfant de chœur. Il y a quelques jours cependant, j'ai entendu une vraie musicienne, Mme de Vaublanc, qui m'a fait savourer du Gounod ; mais que ces occasions sont rares !

Je vous félicite toutes les trois de votre application ; je voudrais être là pour juger de vos progrès : hélas ! plus je vais, moins j'ai l'espoir de me mettre en mouvement. Il paraît qu'il ne peut plus être question de Vichy pour moi ; c'était cependant une occasion de me rapprocher du Perray.

Guillaume m'a écrit plusieurs fois ; c'est toujours le

meilleur ami du monde. Il s'est donné la peine de nous faire manger du gibier et du poisson du Perray, et, à votre défaut, m'a donné des nouvelles de la famille, bien qu'il ne soit pas bavard d'habitude.

Vous savez, ma chère petite, combien vous me ferez plaisir en m'adressant de longues lettres.

Je vous quitte en vous embrassant toutes les trois, et vous priant de transmettre mes amitiés autour de vous.

LOUIS.

Lampre, 15 octobre 1888.

MA CHÈRE FILLEULE,

J'attendais depuis longtemps votre lettre. Pourquoi depuis longtemps, puisque déjà j'étais par Mimi très au courant de votre vie au Perray ! c'est que sans doute je suis exigeant plus que de raison. Vous savez bien que j'aime à tenir par les deux bouts ce petit *funiculus*.

Jouissez bien, mes chères petites, du bon air de la forêt et faites provision de force.

J'ai mené depuis mon retour une vie très émotionnée et fort triste. Mon fermier, homme très estimable, membre du Conseil municipal de Saignes, président de la Fabrique, etc., qui m'était assez dévoué, et pour lequel je professais une véritable estime, vient de mourir après une agonie de plusieurs semaines. Je vous assure, mes chères petites, que j'ai eu le temps de méditer sur les grandes vérités de notre Religion. Jamais, dans nos contrées, cérémonie funèbre n'attira autant de monde, ce qui prouve le cas que l'on faisait de l'homme.

J'ai dû parler sur cette tombe, et je l'ai fait avec une émotion qui a, je crois, été partagée.

J'ose à peine, mes chères filles, vous adresser la photographie de ce parrain si parfaitement éteint, que vous aimez malgré ses rides et sa toison blanche, ou plutôt ses *quatre* cheveux gris. Enfin, je sens très bien que la vieillesse n'a pas atteint les affections du cœur, et cela me console.

Amitiés à tous, un baiser à chacun de vous et à Gabrielle qui me le permet. Remerciements à Guillaume pour sa bourriche.

LOUIS DE L'HERMITE.

Lampre, 16 août 1889.

MA CHÈRE MARIE-LOUISE,

Pourquoi ne répondrais-je pas à votre désir; vous voulez un mot de moi pendant votre séjour à Lourdes, voici ce mot :

Ce matin, à cinq heures, encore tout endormi, je récitais un *Pater* et un *Ave* à l'intention des voyageuses, et maintenant je les suis sur la voie ferrée sans les quitter d'une minute. Il est onze heures; vous êtes entre Mâcon et Lyon. Tout va bien; on prie, on chante des cantiques. Cécile est ravie de

constater que le mouvement ne la fatigue pas outre
mesure; Monmère, toujours préoccupée comme un
chef d'escadre, bien qu'elle ait emmagasiné avant son
départ d'Autun une provision de foi capable de soulever les montagnes, et les trois sœurs admirant la
vaillance de leur mère.

Que de miracles sont réservés à ce grand pèlerinage! Comme vous allez prier, mes chères petites,
dans ce lieu béni où la présence de la sainte Vierge
est en quelque sorte visible pour tous! Je sais que
j'aurai ma part dans vos prières. J'en ai plus besoin
que jamais, non seulement parce que j'approche du
terme, mais encore parce que ma vie d'homme public
m'est préjudiciable, tant au point de vue de la piété
qu'à celui du caractère : il me passe sous les yeux
tant de vilaines choses !

Ce bout de confession fait, je reviens à vous,
chères pèlerines. En passant à Castelnaudary, ne pen-
serez-vous pas à sœur Xavier, Mlle T., cette sainte
fille si pieuse, si intelligente et si dévouée, qui vous
a eues quelque temps sous sa garde? Cinq jours à
Lourdes! vous êtes bien des privilégiées.

Robertine me fait pressentir que je n'aurai rien en
date de Lourdes; je fais donc mon deuil de la correspondance pendant huit jours, bien que Monmère se
soit un peu engagée; mais après! Vous êtes nombreuses et vous pouvez vous relayer; je compte donc
sur des détails : des détails non seulement sur ce
qui vous touche plus particulièrement, mais encore
sur tout ce que vous aurez vu, entendu, rêvé, désiré. Je suis ridiculement indiscret; mais avec vous,

chères petites, je ne fais nul mystère de mes désirs.

Le 4 septembre, on érige, sur une montagne qui domine la petite ville de Murat, une croix donnée par l'œuvre des pèlerinages à Jérusalem. Cette croix a été portée processionnellement dans les principaux Lieux visités par Notre-Seigneur Jésus-Christ pendant sa vie mortelle. Je tâcherai de me rendre à cette fête; j'en ai le grand désir, et je vous prie de dire un *Pater* afin que les difficultés que je prévois soient aplanies.

Adieu, courage, confiance, esprit de foi. Je vous embrasse, mes chères petites, et vous particulièrement, ma chère filleule. Autour de vous toutes mes affections.

Louis de l'Hermite.

A Monsieur Spinasse.

MON CHER AMI,

Je reçois à l'instant votre lettre si aimable et si cordiale; elle met le comble à ma confusion.

Depuis longtemps j'aurais dû vous tenir au courant de notre épreuve, mais je compte sur votre indulgence. Les préoccupations d'une part, et de l'autre l'obligation de satisfaire à une correspondance multipliée ne m'ont laissé ni le loisir ni la liberté d'esprit nécessaires. Toutefois, ma pensée allait souvent vous relancer. Je me suis dit bien des fois que le dévouement, l'activité et l'habileté de Mme Spinasse eussent remplacé avec avantage mes soins gauches et inexpérimentés, pendant que votre sympathie et votre présence auraient un peu remonté mon moral, légèrement déprimé, je dois en convenir. Enfin, s'il faut en croire mon docteur, nous sommes hors d'affaire! mais qu'il faut encore de surveillance avec cette température sibérienne! Ne nous plaignons pas cependant; à Lampre, le thermomètre n'est descendu qu'à douze degrés; c'est presque le printemps en comparaison de ce qui se passe ailleurs. Ah! si le dégel pouvait fondre la Rép.!

Ma femme est tombée malade le lendemain de mon arrivée de Saint-Flour, où m'avaient appelé mes fonctions de juré. Je n'ai pas à vous dire quel aimable accueil j'ai reçu de M. Féry d'Esclands.

Il porte la parole avec une distinction, une élégance et une facilité remarquables. Poussez-moi ce cousin-là !

Je m'arrête, votre dédain connu pour les longues lettres me faisant craindre d'être mis au *panier* avant lecture.

Adieu, bien cher Ami, recevez mes meilleurs sentiments, et veuillez faire agréer à Mme Spinasse, avec mes hommages, les compliments les plus affectueux de ma femme.

LOUIS DE L'HERMITE.

Lampre, 30 décembre 1879.

MON CHER AMI,

« Voir Séville et mourir! » a dit je ne sais quel idiot. Moi je dis : vous voir et... vivre, si possible, afin de jouir de tout le charme que nous apporte votre présence.

Mais cela me paraît un *desideratum* absolument impossible à atteindre : quand vous arrivez, nous partons; quand vous partez, nous arrivons; c'est un jeu perpétuel de navette auquel nous ne gagnons que des déceptions. A défaut de vos personnes, vos lettres viennent éclairer d'un rayon les solitaires de Lampre; nous vous en remercions cordialement.

Je n'en finirais pas, mon très cher, si je me mettais à énumérer les vœux que nous formons pour vous et les vôtres. J'aime mieux laisser à votre imagination si riche ce petit travail d'amitié, que je suis prêt à ratifier, quel qu'il soit, dans sa plénitude. Cependant, ma femme veut que je devienne plus précis en ce qui regarde ses compliments à l'égard de Mme Spinasse; je me soumets à cette exigence et je joins mes vœux spéciaux à son adresse.

Je ne vous parle pas politique; tout ce que j'entends à ce sujet m'horripile. Nous sommes livrés aux bêtes, voilà le fait. Évidemment, le général Billot est dépassé. Son heure viendra quand on reviendra; mais d'où reviendra-t-on, et même reviendra-t-on? voilà la question. Votre *allons-y gaiement* me laisse un froid dans le dos.

Attendez-vous donc les hirondelles pour venir à Madic? Voici le dégel, tâchez de vous condamner à un exil de quelques jours; vos amis d'Auvergne vous tendent les bras.

Louis DE L'HERMITE.

Surtout, ne désertez pas la lutte, vous êtes trop utile comme conseiller général et la position vous coûte assez cher.

Lampre, 3 octobre 1880.

Très cher Ami,

Bien que nous devions nous voir enfin, sous peu de jours, il faut que vous subissiez quelques lignes de moi, en réponse à votre charmante lettre.

Vous êtes vraiment un homme admirable, taillé pour la lutte comme pas un. Il me tarde de vous féliciter sur vos derniers succès et d'apprendre de vous comment on s'y prend pour nettoyer les écuries d'Augias. Vous sortez victorieux quand tant d'autres succombent; c'est d'un bon exemple. Il faut espérer que les idiots qui nous gouvernent rencontreront de plus en plus, sur leur chemin émaillé de roses, des épines effilées comme celles que vous savez si bien leur planter dans la chair.

La question de voiture reste en chantier jusqu'à ce que j'aie vos conseils. J'accepte d'avance votre proposition d'aller avec vous à Tulle et même à Périgueux, si besoin est.

Que de choses nous aurons à nous dire, cher Ami! Arrivez donc vite et prenez vos mesures pour n'être pas, comme d'habitude, une sorte de pigeon voyageur, toujours pressé de regagner son colombier.

A vous et aux vôtres, tous les deux très affectueusement.

Louis de l'Hermite.

Lampre, 3 août 1881.

CHER AMI,

Vous devez penser que je suis de ceux qui ne se gênent pas avec leurs amis ; mais, si je me présente avec une bonne raison pour excuser mon retard, que direz-vous ?

Votre lettre m'arrivait *via Ussel* pendant que mon frère m'arrivait *via Laqueuille ;* vous comprenez, n'est-ce pas, pourquoi je ne suis pas en règle avec vous, et pourquoi, malgré notre désir de vous voir ainsi que tous les vôtres dans votre *royauté* d'Egletons, nous sommes pour le moment retenus à Lampre ?

Mon frère nous quitte vers le 12 ou le 15 du présent mois, et puis un petit voyage à Clermont, et nous voilà en septembre ! C'est, je le présume, l'époque où vous daignerez visiter Madic, en compagnie de Mme Spinasse et de vos charmantes filles. Dieu veuille que vos combinaisons ne vous le fassent pas traverser comme la comète vagabonde qui fuit en ce moment loin de notre planète ! Tâchez de prendre du temps, de façon à ce qu'on puisse se voir.

Peut-être êtes-vous déjà lancé dans la politique ; voilà un aliment pour votre activité et un moyen tout trouvé de vous débarrasser de votre jument blanche. Si la pauvre bête résiste à cette élection, je la proclame immortelle.

Ici, rien ne bouge encore; on parle cependant de la candidature Excourbaniès.

Merci de votre condoléance. J'avais bien mérité ce chevron, n'est-ce pas?

A vous, à Madame Spinasse, à tous les vôtres, mes hommages et mes meilleures affections.

Louis de l'Hermite.

Lampre, 4 janvier 1882.

Cher Ami,

Vous ne devez pas être surpris de mon retard, sachant bien que le coup de feu du premier janvier est pour moi une grosse affaire. Je cours d'abord aux indifférents, comme il est juste : ceux-ci sont inexorables et formalistes; il faut arriver à l'heure sous peine d'être contrôlé et épilogué. Les amis sont tolérants, avec eux point de gêne.

Je vous retourne vos vœux et vos souhaits avec l'amplitude et la cordialité que vous mettez à nous détailler les vôtres.

Jamais, il semble, nous n'eûmes plus grand besoin de nous souhaiter bonne chance, tant est noir l'horizon politique et social, et nous sommes de ceux qui paieront les violons de cette danse infernale.

Évidemment, mon très cher, vous deviez être retoqué dans la personne de votre boucher. Les républicains radicaux aiment le sang, mais ils sont pleins de vanité, et ne dédaignent pas de se faire représenter

par ceux qui professent leurs idées, mais les abritent
sous un habit noir. Tenez ferme, au moins ! et n'allez
pas vous décourager. Toutes ces violences, toutes ces
inepties n'auront qu'un temps, et votre devoir est de
rester imperturbablement sur la brèche : *Impavidum
ferient ruinæ.*

J'imagine que Mlle *** a un goût très modéré pour
le mariage. Cependant elle n'a guère le choix qu'entre
le cloître et le mari; on n'imagine pas une *fille unique*
devenant *vieille fille.*

Et les vôtres ? quels tracas donne la paternité !
Vous me semblez à la recherche de la meilleure des
institutrices, comme Jérôme Paturot à la recherche
de la meilleure des Républiques ; mais vous n'abou-
tirez point, pas plus que ledit Jérôme, et le temps
passe. Enfin, cela me paraît un détail ; ces demoiselles commencent à friser l'âge où l'institutrice devient presque un objet de surrérogation.

Ici point de rhumatismes ; ils reviendront sans
doute à Pâques ou à la Trinité, sans que j'aille les
chercher. Ils ont été remplacés par les rhumes. On
tousse sur toute la ligne : à la villa et à la ferme ; à
la cuisine et au salon. Comme vous ne dites rien de
vos santés, nous supposons que tout se passe pour le
mieux dans votre intérieur.

Adieu, mon très cher, venez donc voir un peu cette
vieille Auvergne que vous délaissez trop, et des amis
qui vous conservent une vive et très sincère affection.

LOUIS DE L'HERMITE.

Vichy, 4 août 1882.

TRÈS CHER AMI,

Nous voici depuis huit jours installés hôtel *Des-brets-Surnin*, dans la chambre que nous occupions il y a dix ans et où rien n'est changé. Mais, si les choses restent, les hommes passent, et le garçon d'hôtel d'il y a dix ans est monté en grade; il a succédé au patron.

Vichy a du monde, mais que ce monde-là paraît donc ennuyé, grand Dieu ! Les goutteux et les diabétiques s'étirent en bâillant à qui mieux mieux sur les promenades et autour des sources, pendant que les gandins se ruinent autour du tapis vert du Casino.

Les docteurs Bourgade et Villemin, que j'ai vus, s'obstinent à me retirer le bénéfice de l'idiotisme ; me voilà donc condamné à ne pouvoir abriter derrière la maladie les sottises que je pourrai commettre.

Sérieusement je vais mieux. Sauf quelques lointains souvenirs des éblouissements qui m'ont visité, je ne puis vraiment me plaindre. J'ai un appétit à effrayer un maître d'hôtel, un sommeil suffisant, et assez de vigueur pour promener chaque jour très longuement mon oisiveté. Nous sommes de cinquante à soixante à table d'hôte : peu de jeunes gens, beaucoup de têtes chauves, et tout ce personnel, du reste, point gênant et parfois agréable.

Ma femme va bien ou à peu près. Elle passe la

plus grande partie de son temps derrière sa fenêtre ;
mais la chambre est au premier, sur le devant, dans
le quartier le plus gai de Vichy. Le soir, en compagnie de quelques commensaux, elle consent à faire
une promenade. Pour moi, je suis toujours fourré
auprès des kiosques de musique ; voilà ma principale
distraction jusqu'ici. Tout cela, cher ami, ne vaut
pas Madic et nos bonnes causeries avec ses habitants ;
aussi nous tarde-t-il d'aller vous rejoindre.

Tous les deux à vous bien cordialement.

LOUIS DE L'HERMITE.

Vous savez qu'une lettre est une bonne fortune
quand on est exilé ; donc écrivez.

Lampre, 21 avril 1883.

MON CHER AMI,

Est-il donc décidé que désormais les rats seuls et
les souris habiteront le château de Madic ? A votre
place j'y ferais mettre les scellés ou je le vendrais ;
voici la conversion, c'est le moment d'acheter des
rentes.

Au point de vue auvergnat, votre conduite est
absolument... comment dirai-je ? étonnante : ce n'est
pas assez. Elle est ridicule, absurde, scandaleuse,
féroce. Tant pis ! je vous ai dit votre fait, et là-dessus
je vous serre la main et je dépose mes hommages
aux pieds de ces dames, en les suppliant de se sou-

venir que, si Madic n'a pas tous les agréments d'Egletons, il n'est cependant pas à dédaigner ; et, si vous le jetez au ruisseau, vous trouverez sûrement des chiffonniers pour le ramasser.

Vous savez bien, d'ailleurs, que lorsque Madic est vide, Lampre ne voit que d'un œil et pleure de l'autre.

Ici, j'ai besoin de vos conseils. J'ai fait faire une immense barrière de bois (style gare), autour de ma réserve. C'est assez laid, mais c'est pratique. De quelle couleur dois-je la peindre ? Quel est votre fournisseur de couleurs et pinceaux à Bordeaux, etc.

Vous voyez bien que vous ne pouvez pas me répondre par lettre, il faut venir. Si Madic peut se passer de vous, Lampre est décidé à vous réclamer, par affection d'abord et besoin du conseil ensuite.

Adieu, très cher, à vous et aux vôtres aussi amicalement que possible. Souvenir à l'artiste et faites provision de nouvelles.

Louis de l'Hermite.

Lampre, 25 juin 1885.

Cher Ami,

Tout en ne perdant aucune occasion de multiplier les tranchées autour de la place, je suis d'avis de ne pas tenter un assaut immédiat. La prudence exige qu'on imite en cette circonstance la conduite de *Fabius Cunctator*.

Une mauvaise carte dans le jeu, et que je dois vous faire connaître, c'est que la jeune fille a eu et n'a peut-être pas entièrement perdu le goût de la vie religieuse.

Si nous avions à lutter avec le bon Dieu, évidemment nos chances de succès seraient médiocres. Vraiment il serait dommage de perdre la partie, car on ne tarit pas sur les qualités physiques et morales de la jeune personne, sans parler de la question financière et des yeux de la cassette.

Cordialement à vous; mes hommages à ces dames.

LOUIS DE L'HERMITE.

Le Perray, par Chantenay-Saint-Imbert (Nièvre),
le 20 septembre 1885.

CHER AMI,

Votre lettre du 14 m'arrive à l'instant. Non, non, je n'oublie pas mes amis et vous moins que personne! Est-il possible que j'aie laissé une de vos lettres sans réponse? J'aime mieux croire à l'infidélité postale que de me reconnaître coupable d'un tel méfait.

Le 29, plus que jamais, nous serons au milieu de vous par le cœur et la prière, et nous serons avec vous effectivement pour le jour de la consécration de l'église. Il est bien temps, cher ami, que nous nous revoyions!

Nous ne savons comment nous arracher du Perray, tellement sont multipliées et charmantes les insistances de nos hôtes. Je vous raconterai par le menu notre vie actuelle à notre première rencontre. Ma femme a retrouvé le sommeil, l'appétit, etc., tout ce qu'elle avait perdu... moins la jeunesse. Pour moi, je mène une vie active, entremêlée d'intéressantes causeries et d'intermèdes artistiques qui font paraître le temps court.

J'ai reçu un mot charmant de Bourbon. Mme Loyseau a bien voulu se souvenir de nous, et nous le dit en termes dont elle a seule le secret.

J'ai déjà fait mes compliments à Annecy; je les fais à toute la famille. M. de Bruchard m'a paru un homme; je veux dire qu'il possède un reflet d'intelligence qui m'a charmé, et je demeure convaincu que le choix d'Annecy est aussi bon que possible. D'ailleurs Annecy fut toujours femme de goût; elle le prouve surabondamment en cette grave circonstance.

J'oubliais, cher ami, que vous avez horreur des longues lettres. Je m'arrête donc en vous serrant la main et en vous priant de m'acquitter auprès de toutes et de tous.

Cordialement à vous.

LOUIS DE L'HERMITE.

A Monsieur Guillaume Féry d'Esclands.

Royat-Les-Bains, 13 août 1878.

MONSIEUR,

Je viens trop en retard vous remercier d'avoir bien voulu songer à moi.

Malgré mon incompétence, j'ai parcouru votre thèse, si complète et si élégamment écrite, et je me suis aperçu que la lucidité de votre style rend le fond accessible même aux ignorants de mon espèce.

Veuillez donc recevoir mes sincères félicitations. Je serai doublement heureux si à mon retour je puis vous les répéter de vive voix à Madic.

Agréez, je vous prie, Monsieur, l'expression de mes meilleurs sentiments.

LOUIS DE L'HERMITE.

Lampre, 5 novembre 1879.

CHER MONSIEUR,

En ma qualité de juré, je reçois journellement des lettres d'hôteliers, tous très désireux d'être *honorés* de ma clientèle.

Comme j'ignore absolument le mérite respectif de ces honorables gargotiers, je vous serais reconnaissant de me retenir chez l'un d'eux, à votre choix, une chambre à feu si possible.

J'use sans nulle discrétion de votre obligeance, parce que je me persuade qu'à l'occasion, vous agiriez de même avec moi, et voilà toute mon excuse.

A bientôt le plaisir de vous serrer la main ; ce sera une compensation à la corvée qui m'attend.

Bien affectueusement à vous.

Louis DE L'HERMITE.

Vichy, août 1882.

CHER MONSIEUR,

Si vos préoccupations matrimoniales vous laissent quelque liberté, et si vous ne craignez pas d'être *compromis* en fréquentant des réactionnaires, faites donc à vos amis de Lampre le plaisir de venir déjeuner avec eux à leur caboulot, hôtel Desbrets-Surnin, place Rosalie, le jour qui vous conviendra.

Bien à vous.

Louis DE L'HERMITE.

Lampre, 16 avril 1883.

CHER MONSIEUR,

Toutes nos félicitations, tous nos compliments et nos souhaits pour l'union que vous venez de contracter; car c'est chose faite, je suppose, à l'heure qu'il est — midi et demie.

Vous appartenez désormais à l'Auvergne, autant qu'à la Corrèze et à l'île Bourbon. Puissiez-vous vous souvenir que vous avez à Lampre des amis dévoués qui prennent part à vos succès de tout genre.

Madame Féry d'Esclands voudra bien nous permettre de joindre les vœux que nous formons pour elle à ceux que nous vous adressons, et de lui exprimer notre désir de faire sa connaissance.

Cordialement à vous.

LOUIS DE L'HERMITE.

Lampre, 12 novembre 1883.

CHER MONSIEUR,

Je voudrais vous dire à quel point nous avons été contrariés, ma femme et moi, que les circonstances nous aient empêchés de nous rendre à Egletons à l'époque convenue.

Nos regrets sont d'autant plus vifs, que pendant les quatre jours que nous venons de passer à Madic, en compagnie de votre aimable et *universel* cousin, M. Alphonse, et de sa famille, nous avons entendu chanter sur tous les tons l'éloge de Mme Guillaume.

Nous prendrons assurément notre revanche, et, pour peu qu'une occasion nous attire à Clermont, vous nous verrez indiscrètement apparaître sur l'horizon de Riom. Veuillez, en attendant, faire agréer à

Mme Féry d'Esclands l'expression du déplaisir que nous a causé notre malchance.

Vous devez avoir connaissance d'une rixe entre le curé de Z. et un nommé X. du village de K. C'est une affaire criarde, à laquelle certaines personnes peu dignes d'estime voudraient donner encore plus de retentissement dans un but facile à comprendre.

Je puis vous dire que les torts sont du côté de X., un assez mauvais drôle, d'une réputation authentiquement déplorable. Le curé de Z. est un homme inoffensif, paisible, sans malice, sobre, presque aveuglé par la cataracte, absolument incapable d'un mauvais procédé. S'il a riposté par un coup de badine à l'attaque sauvage et aux coups de pied d'une brute, il a fait beaucoup moins que d'autres n'eussent fait à sa place.

Du reste, tous les hommes honorables de ce canton pensent comme moi.

Veuillez faire agréer mes hommages à Mme Féry d'Esclands, et recevoir, avec mes meilleures amitiés, les compliments affectueux de ma femme.

Louis DE L'HERMITE.

J'allais oublier de vous dire que le renvoi du dragon enjuponné de l'école communale de Madic a produit le meilleur effet.

A Monsieur le chanoine Laurichesse.

Lampre, 30 septembre 1880.

MONSIEUR L'ABBÉ,

A pareil appel, point de résistance possible. Je veux vous dire toutefois que celle que vous nommez une indigente ne sera guère plus riche si elle consent à accepter mes griffonnages. D'ailleurs, je ne crois pas à votre indigence.

Bien que je ne connaisse pas la *Semaine catholique,* — je le dis à ma honte, — je demeure convaincu que, sous votre habile direction, elle tient un rang honorable dans la presse chrétienne.

Que vous dire, Monsieur l'Abbé ? S'il vous faut une cheville, me voici ! Je ne vous propose pas, vous le comprendrez, de sauter à la crête des imbécillités qui se publient chaque matin : cette tâche de polémique quotidienne doit être remplie par de plus habiles ; mais, dès à présent, je suis en mesure de vous fournir une série d'articles indépendants les uns des autres, où, de-ci, de-là, on pourrait relever quelques grosses vérités, de celles que tout le monde devrait connaître et que beaucoup ignorent. C'est du remplissage que je vous offre.

Si ma proposition est acceptée, ce sera pour moi une occasion précieuse de me rendre à Auzers, et de nouer des relations avec un prêtre distingué que j'ai le regret de ne connaître que de nom.

Vous le voyez, je n'y mets pas de façon. Je suis prêt à monter à l'assaut sous votre commandement, *pede claudo* il est vrai. Vous pourrez mener la charge avec M. le baron d'Auzers et vos habiles auxiliaires ; je me trouverai trop honoré de combattre au dernier rang sous le drapeau catholique, et même de rester à la garde du camp.

Veuillez agréer, Monsieur l'Abbé, l'expression de mes sentiments les plus distingués.

Louis DE L'HERMITE.

Lampré, le 10 novembre 1880.

MONSIEUR L'ABBÉ,

J'étouffe de rage ! Vous avez pu lire le compte rendu de l'expulsion des Oblats, rue Saint-Pétersbourg, à Paris. Mon frère, supérieur local, a eu de l'énergie, mais a beaucoup pleuré après l'exécution. Il devait ces larmes de reconnaissance à ceux qui l'ont assisté de leurs sympathies et de leurs conseils.

Si la République ne crève pas de ce coup-là, je la déclare immortelle ; mais elle est phtisique, l'ignoble Marianne, et nous aurons, je l'espère, le plaisir sans

mélange d'assister à l'enfouissement de cette bête de
l'Apocalypse qui persécute les enfants de Dieu.

Mille chauds remerciements, cher Monsieur l'Abbé.
Je suis tout à vous de sympathie et, permettez-moi de
le dire, d'affection.

Louis DE L'HERMITE.

Lampre, 1er janvier 1881.

MONSIEUR L'ABBÉ,

Votre trop bonne lettre me fait regretter de vous
avoir adressé hier une carte de visite, froide comme
une civilité de convenance. Pardonnez-moi cette étour-
derie.

Mais, qu'allez-vous me traiter de capitaine quand je
n'ai pas encore conquis mes galons de sergent? Non,
non, je ne m'abuse pas! l'honneur de combattre sous
un chef tel que vous suffit à mon ambition; n'inter-
vertissons pas les rôles, s'il vous plaît.

Malgré la plume qui me sert de soupape de sûreté,
je ne puis me défendre de la fièvre. Comme vous, j'ai
l'horreur — une horreur impersonnelle et générale
— de ces conservateurs béats et égoïstes qui s'arran-
gent de toutes les politiques et même de toutes les
religions, et je frappe un peu à tort et à travers sur
ma *tête de turc*.

Comment voulez-vous, cher Monsieur l'Abbé, que
je n'accepte pas la fraternité de prières que vous voulez bien me proposer? C'est pour moi un coup de

bourse inespéré. Nous voici donc frères d'armes et
frères en Jésus-Christ. *Euge! euge!*

Je vous remercie de tous vos souhaits et je vous
adresse les miens sincères et vastes.

Cordialement à vous.

Louis DE L'HERMITE.

Lampre, le 18 janvier 1890.

CHER AMI,

Vous m'aimez donc bien pour trouver le moyen de
parler ainsi de moi à propos du saint frère que je
viens de perdre ! Eh bien, tant mieux ! gardez sur moi
vos illusions, mais souvenez-vous que l'ami est devenu un frère. Après un tel article, où vous avez mis
toute votre âme, le mot d'ami est presque insuffisant.

Oui, vous l'avez dépeint par inspiration — car les
notes étaient incomplètes — tel qu'il était véritablement ; mais, au fait, tous les saints ne se ressemblent-
ils pas, au moins par les grandes lignes ?

Je commence à sortir, mais je ne puis me lancer
encore. Ma première visite sera pour vous ; il me
tarde de sentir votre cœur battre contre le mien.

Je ne suis pas encore au courant de mon énorme
correspondance. Quelle correspondance ! Que les larmes viennent facilement ; mais comme le cœur est
en paix ! Travaillez, très cher, pour la gloire et
l'amour de Dieu ; vous avez l'arme, servez-vous-en !
Dites-moi où en est l'affaire de la refonte du *Cour-*

rier d'Auvergne. Si je puis, je reviendrai ; vous saurez bientôt pourquoi je suis en retard. Le cœur n'y est pour rien ; j'ai toujours été près de vous dans le combat.

Je vous embrasse fraternellement.

LOUIS DE L'HERMITE.

A Monsieur Aristide Caillault[1].

Lampre, 18 juin 1876.

MON CHER ARISTIDE,

Je veux vous exprimer ma sympathie à l'occasion
de l'épreuve que vous venez de traverser. Je n'ai pas
besoin de vous dire que je prends part à votre douleur, qui est sans doute l'une des premières et tout au
moins l'une des plus grandes que vous ayez éprou-
vées.

Dans ces tristes moments, je le sais, les consolations amicales sont insuffisantes, et on a beau faire
appel à sa force morale et à toute sa philosophie, on
reste sous le coup de l'abattement si l'on n'a recours
aux fortes croyances qui relient notre pauvre nature
à une éternité meilleure. Je souhaite vivement, mon
cher ami, que vous ayez recherché de ce côté les
seules mais aussi les vraies consolations.

Offrez, je vous prie, à Guillemette l'expression

---

1. Les lettres qui vont suivre, ne pouvant former une série pour
chaque destinataire, seront exclusivement classées par ordre de date.

toute particulière de notre affection et de notre douloureuse sympathie, et veuillez aussi vous charger de
nous rappeler au souvenir de chaque membre de la
nombreuse colonie du Perray.

A vous bien affectueusement.

LOUIS DE L'HERMITE.

A Mademoiselle Béatrix Caillault.

Lampre, 11 janvier 1886.

MA CHÈRE MIGNONNE,

Me voici ! un peu confus de mon retard ; mais si vous voyiez le désordre de ma table, les papiers encombrants qui l'obstruent, vous me pardonneriez vite ces quelques jours de silence : et puis, j'ose à peine en parler, puisque la chose passe à l'état d'habitude.

Je ne suis pas encore libre de mes mouvements ; j'ai toujours une jambe en l'air, seulement c'est aujourd'hui la gauche, et *je ne désespère pas* de voir le rhumatisme grimper jusqu'aux genoux. Du reste, je ne suis point à plaindre puisque le moral n'est nullement atteint, et, tant que le moral est intact, il n'y a pas à se préoccuper des infirmités physiques, n'est-il pas vrai, Bébé ?

Je vous remercie, nous vous remercions de toutes les choses charmantes que vous avez su trouver pour nous exprimer votre affection. Rien ne peut nous être plus agréable que de savoir que vous pensez à nous.

Pour moi, je suis toujours auprès de vous, et si j'ai quelques *papillons noirs,* c'est uniquement parce que la machine voudrait suivre l'esprit.

Marie-Louise me promet le programme détaillé de vos journées : travaux littéraires avec Mlle Soulaine, travaux artistiques avec MM. Laurent et Marillier. Il paraît que ceux-ci ont été très heureux de retrouver leurs élèves, et je crois bien ! Comment avez-vous eu la malice de montrer mes barbouillages à M. Marillier ! Je reconnais là cette perfide filleule qui commence sa lettre en me présentant les caricatures de ses sœurs. Oh ! petite *Elmagace,* vous en avez donc à revendre de la malice !

J'ai vainement *agacé* l'oncle Guillaume en prose et en vers, j'attends toujours sa réponse. Il doit s'ennuyer loin de son monde. Au fait, je ferais comme lui; mais je m'arrangerais de façon à ce que l'ennui fût de courte durée : il lui est si facile d'aller à Autun !

Pour vous engager à laisser dormir votre modestie quand vous me parlez de vous, je vais vous donner l'exemple de la vanité satisfaite. Sachez donc, mes mignonnes, que le vieux parrain a reçu de son évêque, à l'occasion du premier de l'an, un *satisfecit* en forme. On est content de moi; n'est-ce pas très encourageant ? Sachez me dire que tout le monde est content de vous.

Nous sommes sous la neige : depuis trois jours le froid augmente et je suis prêt à me féliciter d'être condamné au repos; la goutte ne pouvait choisir de moment plus opportun pour me rendre visite.

Je suis sûr que vous allez dire à l'envi que je ne
suis pas difficile ? Vous devriez plutôt dire que je suis
habile. La bonne habileté, en effet, consiste à s'arranger de la vie telle qu'elle nous est faite ; cela soit dit
pour la collection de maximes philosophiques que
vous ne manquez pas de faire, ma chère Bébé-Sa-
gesse.

Vous saurez mieux que moi exprimer à bonne-ma-
man, à Cécile, à Robertine, à Guillemette, tout ce que
je serais si heureux de leur dire de vive voix ; je m'en
rapporte à vous.

Mille tendresses et un baiser pour les trois sœurs.

LOUIS DE L'HERMITE.

A Monsieur l'abbé Vielle.

Lampré, 1er novembre 1887.

CHER MONSIEUR L'ABBÉ,

Je rentre, après une excursion de trois jours que je méditais depuis longtemps, et me voici tout disposé à régler les notes. Mais la plus grosse, celle que je suis incapable d'acquitter, c'est la vôtre. Pour moi, un inconnu souvent importun, vous vous êtes dévoué comme pour un vieil ami. Soyez donc remercié, et que les deux grandes Saintes dont nous nous sommes occupés ensemble vous rendent avec usure ce que vous avez fait pour Elles et pour moi !

Le volume a été trouvé beau, soigné, très convenable pour prix et étrennes. Je vous dirais bien un mot des compliments que j'ai reçus ; mais à quoi bon ? Ne serons-nous pas assez rémunérés si Dieu tire sa gloire, si peu que ce soit, de l'œuvre qu'il a daigné nous confier ? Répétez-vous donc ce que je me dis chaque jour : *All's right !*

Assurément, je connais Salers et Saint-Martin ! La vue de la vallée de Fontanges, du haut de Barouze, est un des plus beaux sites que l'on puisse voir.

Mais je connais aussi Toulouse *la Sainte*; je connais surtout les Pyrénées, dont j'ai escaladé les principaux pics — y compris le mont Perdu — depuis Luchon jusqu'aux Eaux-Bonnes.

Je suis allé huit fois aux Pyrénées, et la dernière en pèlerinage à Lourdes. Vous verrez, du reste, par certaines de mes poésies, que je suis fanatique de la montagne.

Merci encore, et respectueusement à vous.

Louis DE L'HERMITE.

A Monsieur le comte Roger de l'Hermite.

Lampre, 16 novembre 1887.

MON CHER ROGER,

Rien ne pouvait m'être plus agréable que cette chaleureuse approbation de mon récent travail littéraire.

Sans fausse modestie comme sans aveuglement, je
puis dire que mes drames ont reçu le meilleur accueil
auprès des deux évêques auxquels je les ai adressés :
mon évêque, en particulier, m'a remercié en termes
émus ; Monseigneur de Verdun — un lettré — m'a
complimenté en règle.

Assez causé de moi, parlons de vous.

Votre projet me séduit absolument, et je fais des
vœux pour que l'œuvre soit digne de l'auteur, digne
surtout du sujet. Comme l'ancien préfet de Gap, j'ai
toujours en perspective l'honneur et l'illustration de
notre race. Dans la famille, nous sommes tous soli-
daires de ce grand nom ; il nous appartient *très légi-
timement,* et tous les pasteurs protestants de l'Alle-

magne ne parviendront pas à nous expulser de cette glorieuse filiation [1].

La grande figure de Pierre ne peut d'ailleurs être obscurcie par les injures des folliculaires d'outre-Rhin; mais il est bon qu'on sache que, nous autres, l'Hermite modernes, nous avons bien réellement dans les veines du sang des Croisades.

Courage donc, et tous mes compliments, mon cher Roger! nul mieux que vous ne saurait mener à bonne fin une telle entreprise. Vous êtes au centre des lumières; vous aurez sous la main tous les documents de l'histoire; en outre, vous apporterez à cette œuvre, avec vos loisirs, le talent, le goût des grandes choses, l'expérience des hommes qui forme le jugement, l'amour de la famille, etc.; en un mot, vous êtes tout à fait en position de parachever un travail dont les savants, les patriotes et les parents vous seront reconnaissants.

Vous aurez de plus cette dignité de bon aloi qui n'a rien de commun avec la jactance. Plusieurs, vous

1. Allusion à une notice du docteur allemand Hagenmeyer, qui s'est appliqué à défigurer la grande œuvre de Pierre l'Hermite et le rôle capital de la France dans la conquête de Jérusalem.

Tous les esprits impartiaux ont fait justice des attaques parties de l'autre côté du Rhin, et un savant français, l'honorable comte Riant, membre de l'Institut, qui avait accepté la lourde tâche de présenter au public français la traduction de l'œuvre de M. Hagenmeyer, n'a pas hésité à écrire plus tard de ce livre : « Ce que Hagenmeyer dit de d'Oultreman et de la famille de l'Hermite doit être entièrement modifié. On vient de découvrir que Pierre l'Hermite, quoique né en Amiénois, était bien de la famille du centre de la France, qui par une singularité extraordinaire était possessionnée à la fois vers 1100 en Picardie et en Auvergne. Les chartes qui établissent cela sont inattaquables. » (*Bulletin de la Société dunoise*, p. 67. Janvier 1886.)

le savez, ont le respect du nom ; mais tous ne l'ont pas de la même manière.

Je ne sais si je trouverai dans mes souvenirs quelque chose d'utile pour vous. Quant à mes archives, elles sont pauvres ; je possède cependant deux volumes qui pourraient trouver leur place dans votre collection, tous les deux du sire Tristan l'Hermite : le premier, publié en 1648, *Vers héroïques ;* le second, en 1656, *les Heures* dédiées *à la Sainte Vierge,* ce dernier publié sans doute après la conversion du sire, qui, je le crains, fut un peu léger dans sa jeunesse. Ce volume, parfaitement conservé, renferme des vignettes et des gravures fort belles. Je tiens ces deux ouvrages à votre disposition, si vous ne les possédez déjà. Vous remarquerez dans *les Heures,* page 145, d'admirables stances sur la réception du Sacrement de l'Eucharistie. « *Prier vault à l'Hermite* » est une devise qui semble avoir porté bonheur à la race.

Adieu, mon cher Roger ; offrez, je vous prie, mes plus respectueux hommages à ma nièce, que je ne me pardonne pas de ne pas connaître, et recevez pour vous le souvenir de ma femme et mes meilleurs compliments.

LOUIS DE L'HERMITE.

A Monsieur le comte Ferdinand de l'Hermite.

Lampre, 29 novembre 1887.

MON CHER FERDINAND,

Les occasions de correspondance sont trop rares entre nous pour que je ne saisisse pas celle qui se présente aujourd'hui.

Pour répondre à tes aimables lignes, je te dirai que la branche aînée a trop d'avantage sur l'autre pour qu'elle puisse envier les maigres lauriers d'un cadet. N'aurait-elle à son actif que la descendance et la fécondité, cela suffirait à assurer sa supériorité. L'atavisme d'ailleurs n'a pas dévié : tes enfants sont tous marqués au bon coin.

Roger m'a écrit deux lettres charmantes et pleines de détails très intéressants. J'attends avec impatience que le travail qu'il prépare voie enfin le jour. L'idée est bonne, utile, et remettra dans leur vrai jour certains types de la famille que l'histoire, qui souvent n'est qu'un mensonge, a complètement méconnus ou travestis.

Joseph m'a écrit aussi un mot des plus aimables.

Tu ne me dis rien d'Hubert; mais je connais ce type-là et je l'ai en grande estime. Quant à tes saintes filles, on ne peut que s'incliner devant elles. « *Prier vault à l'Hermite* »; la tradition y est et le sang parle.

D'ici je n'ai rien à te dire qui te puisse intéresser. De malheureuses circonstances m'ont imposé la charge de maire, tu sais cela, je crois? La position est très occupante ; sans parler du désastre financier de mon prédécesseur, il y a beaucoup à faire dans ma commune, la plus grande, la plus importante et la plus remuante du canton à cause des houillères. Eglise et écoles à achever et à payer, pas le sou ou peu de sous, etc., tu vois le tableau?

Quant au Conseil général, dont on m'avait imposé la candidature, j'espère bien qu'on me laissera tranquille dorénavant; non pas que j'aie à me plaindre, car j'ai été suivi et approuvé par tout ce qui compte dans le pays — tout ce qui compte en dehors du suffrage universel — mais je suis trop vieux pour ces luttes de place publique, et c'est déjà trop pour moi que d'avoir à patauger à travers les budgets communaux. D'ailleurs notre heure n'a pas sonné.

Assurément, j'ai le grand désir de visiter la montagne du Limousin, et, puisque tu ne veux pas venir, il faudra bien que je tente l'expédition; mais quand? Je gage que je suis plus assujetti que toi. J'ai, pour mille causes plus bêtes les unes que les autres, des entraves aux pieds et aux mains.

Pour ce qui regarde mes drames, je voudrais assurément intéresser les critiques en ma faveur; mais que peut un méchant provincial! Enfin Bornier a parlé, c'est beaucoup, et, grâce au Sacré-Cœur, j'ai l'espoir que mon papier n'est pas destiné à faire des cornets de poivre. J'ai envoyé à Roger deux articles émanés de la plume la plus fine de notre Cantal; on m'y abîme d'éloges. S'il te plaît d'être renseigné plus amplement, tu peux en parler à ton fils aîné.

Adieu, mon cher ami, sois de bonne composition comme *Gambetta*, et ne songe à la vieillesse que pour voir tes enfants et petits-enfants marcher dans la bonne voie.

Amitiés et hommages autour de toi.

Louis de l'Hermite.

A Madame la baronne d'Aigueperse.

Lampre, 6 avril 1888.

MA BONNE ET TOUJOURS CHÈRE COUSINE ET
TANTE LOUISE,

Tu ne peux savoir à quel point j'ai été remué par
ta lettre! Tu fais appel à des souvenirs qui me seront
toujours chers. Je suis de ceux qui n'oublient pas,
et, malgré mon engourdissement apparent, malgré
les conditions d'existence qui m'ont presque séparé
de la famille, je garde précieusement le culte d'un
certain passé. Ce n'est pas toi seulement que je revois,
si allante et si active, c'est toute une génération dis-
parue ou vieillie, au milieu de laquelle je me retrouvais périodiquement, à Aigueperse, à Beaune, à
Nedde, etc., et avec laquelle j'ai passé mes plus beaux
jours.

Le temps a marché, les têtes folles sont devenues
des têtes grises, les larmes et les deuils ont succédé
aux rires et aux espérances, et les survivants auraient
quelque peine à se reconnaître si leur cœur, toujours
jeune, ne conservait religieusement le culte du passé.

Merci, ma bonne Louise, de m'avoir rappelé, en quelques mots, tant de choses et tant de personnes chères.

Je suis très fier du mouvement d'orgueil que tu éprouves pour ton indigne neveu. Aurais-tu jamais pu croire que l'écervelé que tu as connu jadis, et qui semblait voué à l'impénitence, deviendrait, avec le temps et la grâce de Dieu, une sorte d'écrivain catholique et un chevalier de Saint-Grégoire-le-Grand ? Le miracle est grand, en effet, et j'en bénis la Providence, ce qui ne m'empêche pas de me recommander à tes prières afin que la conversion se complète.

Chère Alexandrine! dis-lui combien je l'aime; celle-là aussi a toujours été sur mon catalogue, et j'espère bien que je suis resté sur le sien.

Nous sommes encore sous la neige. Ma femme est à peine sortie pendant ce rude hiver. En revanche, j'ai beaucoup *navigué* pour remplir tant bien que mal mes fonctions administratives. Nos santés vont cahin-caha, c'est-à-dire, tantôt assez bien, tantôt médiocrement; mais que servirait de se plaindre! le sort commun n'est-il pas de vieillir, de souffrir et d'aller enfin rendre ses comptes? Ce que nous avons de mieux à faire, c'est de nous soutenir mutuellement et de prier les uns pour les autres, n'est-il pas vrai, tante?

Adieu, je t'embrasse, ainsi qu'Alexandrine, et t'offre le souvenir de Marie.

LOUIS DE L'HERMITE.

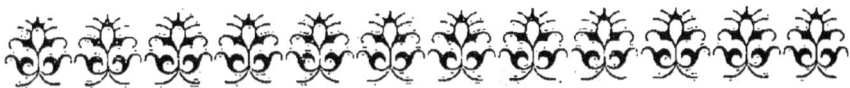

A Mademoiselle Adèle Caillault [1].

Lampre, 25 septembre 1888.

MA CHÈRE GRANDE FILLE,

Je vous ai déjà dit de ne jamais vous excuser de vos longues lettres. Faites, tant que vous le voudrez, des actes d'humilité au sujet de vos *barbouillages* et du *décousu* de votre prose, cela c'est très bien ; mais je m'accommode parfaitement de ces barbouillages et de ce décousu.

Vous me faites assister à toute votre vie depuis mon départ ; je savoure tous ces petits détails, et cependant je ne puis m'empêcher d'y trouver une légère amertume ; vous devinez bien pourquoi ? il manquait un convive au Perray, un chasseur dans la plaine, un ami au foyer, et vous savez quel est ce chasseur, cet ami, ce convive ! Mais pourquoi rêver de vivre toujours dans l'atmosphère d'affection que vous créez autour de vous, mes chères filles, lorsque je dois me contenter de retrouver par le souvenir ces moments si doux et si courts.

1. Aujourd'hui Mme Henri de Gislain de Bontin.

Je ne suis rentré que samedi soir, juste pour dormir quelques heures, avant d'aller revoir mon Champagnac et entendre la messe.

Ma sœur de Clermont n'était pas trop contente de la courte visite que je lui ai faite; mais le Congrès des associations ouvrières catholiques m'appelait à Aurillac. J'ai dû parler sans préparation, devant plus de sept cents personnes, dans la grande réunion du soir présidée par deux évêques. J'ai été littéralement éreinté; mais, grâce à Dieu, je me suis promptement remis et j'ai pu, tant bien que mal, toucher mon âne jusqu'au bout.

Ces réunions catholiques sont très émouvantes; cela retrempe la foi et remet sur pieds les âmes débiles. J'aurais voulu vous voir là, au milieu des dames de l'aristocratie cantalienne, prêtant l'oreille aux admirables homélies de M. l'abbé Millault, curé de Saint-Roch, ou aux accents enthousiastes et convaincus de M. Harmel, le grand industriel et le grand chrétien. Je demeure convaincu que vous auriez trouvé, pour votre âme et pour votre esprit, des satisfactions aussi grandes que celles que vous avez eues au Bessay.

Dites à ma filleule de bien aimer le bon Dieu, la famille et le parrain, et de ne pas se laisser empoisonner par les remèdes. J'attends beaucoup du fond de son tempérament, qui me paraît avoir de grandes ressources.

A propos! on ne fait donc plus de musique de vos côtés! Eh bien! fillettes, que deviennent vos promesses?

Mais, je ne veux plus vous faire la morale, car, je le comprends chaque jour davantage, l'âge n'y fait rien, et vous valez cent fois mieux que moi! Il est vrai que je n'ai pas comme vous le *funiculus triplex...* [1]. C'est une belle devise que celle-là, mes chères filles, et j'espère que vous y serez fidèles.

Et maintenant, ma chère Adèle, c'est à vous, aujourd'hui, à faire le tour de l'assemblée pour embrasser toutes celles qui voudront se laisser faire, et pour offrir de respectueux hommages à celles qui tiennent à la forme. Une fois la commission faite, vous voudrez bien me présenter votre front.

Adieu, mes chères mignonnes, je vous aime trop, c'est bien certain! mais je sens que vous me rendez la pareille.

Louis DE L'HERMITE.

---

1. Allusion à l'union des trois sœurs et à cette parole biblique que Louis de l'Hermite se plaisait à leur appliquer : « *Funiculus triplex non rumpitur* : Un triple lien ne se rompt pas. »

A *Mademoiselle Robertine de Mandelot.*

Lampre, 12 mars 1889.

MA CHÈRE ROBERTINE,

Dans sa dernière lettre, Béatrix me faisait entrevoir
un peu de mieux ; vous venez aujourd'hui me le con-
firmer, Dieu soit loué ! Je me plais à me persuader
que la douloureuse crise par laquelle vient de passer
cette chère Louise de Vitry est la dernière. Peut-être
les prières ont-elles eu plus d'efficacité que les dro-
gues des médecins.

Expliquez-moi par quel miracle Monmère est toujours sur le chemin de l'église, à pieds, dans la neige
et la boue ? Cela passe mon imagination ! A défaut
de voiture, c'est donc la foi qui la porte ? Quoi qu'il
en soit, je la félicite de ce renouveau d'activité.

Si vous saviez, ma chère Robertine, comme vous
me flattez le cœur en me chantant les louanges des
petites ! Et dire que je ne puis jouir qu'en imagination de cette joie qu'elles apportent à la maison !

Ce cher bonhomme de Guillaume ! comme sa forêt
doit lui paraître plus belle ; comme ses étangs doivent

lui sembler plus poétiques ! En vrai sage, il a pris son temps pour faire le saut dans le mariage ; mais comme il a bien sauté !

Vous ai-je dit que j'ai reçu une lettre de l'aimable beau-père, qui nage, lui aussi, dans la joie ?

Je connaissais la mort du jeune d'Orglandes ; c'est le second des fils de Mme Marthe, n'est-ce pas ?

Mais je rencontre bien d'autres choses depuis quelque temps dans mon journal :

1° Une protestation des États de Bourgogne, en 1700 et je ne sais combien, avec la signature d'un Mandelot, secrétaire ;

2° La devise des Mandelot : « *Bataille pour Dieu* », à côté de celle des l'Hermite : « *Prier vault à l'Hermite* » ;

3° En 1789 (février), la présentation au Roi de M. d'Orvilliers et de sa jeune femme, et la signature du contrat.

Êtes-vous boulangistes à Autun ? Pour moi, je deviens sceptique en politique. Mes convictions restent les mêmes ; mais elles sont là-bas, là-bas... si loin... que j'ai quelque peine à les rattraper.

Adieu, soignez notre Œillet vert. Je suppose que M. de X. est toujours à ses pieds.

LOUIS DE L'HERMITE.

A Madame la Supérieure des Ursulines
de Clermont-Ferrand.

Lampre, 3 janvier 1890.

MA RÉVÉRENDE MÈRE,

Je reçois à l'instant, cinq heures du soir, un télégramme relatif à mon frère que je transcris ici :

« Malade beaucoup plus mal, administré ce matin. »

J'en suis d'autant plus troublé que, ma femme et moi, nous sommes condamnés à garder la chambre pour cause de grippe et que je ne puis me rendre auprès de ce cher malade.

D'un instant à l'autre j'attends la triste nouvelle.

Bien que je fasse tous mes efforts pour me résigner à la volonté de Dieu, je ne puis m'empêcher d'être extrêmement agité, et je juge par moi-même de l'état où l'annonce de la gravité de la situation jetterait ma sœur si elle lui parvenait sans préparation.

A vous, ma bonne et Révérende Mère, de préparer votre fille en Notre-Seigneur à accepter le calice, si amer qu'il soit.

Je vous prie de recommander à la communauté ce bon prêtre et ce bon frère.

Agréez, ma Révérende Mère, l'expression de mon entier et très respectueux dévouement.

Louis DE L'Hermite.

Lampre, 4 janvier 1890.

MA BONNE MÈRE SUPÉRIEURE,

Mon bon, mon pieux, mon excellent frère est décédé hier, onze heures du soir. Je n'ose annoncer directement la triste nouvelle à ma pauvre Rose, bien que je sois en ce moment plus près d'elle que jamais par l'affection.

Dites bien à cette chère sœur que son frère désolé, mais très décidé à garder dans cette épreuve une résignation absolue à la volonté de la Providence, est avec elle du plus profond de son cœur.

C'était à moi de partir; Dieu ne l'a pas voulu!

Agréez, Madame et très bonne Mère, l'expression de mes respectueux hommages.

Louis DE L'Hermite.

Veuillez me donner des nouvelles de Sœur Sainte-Rose, si elle ne peut le faire elle-même.

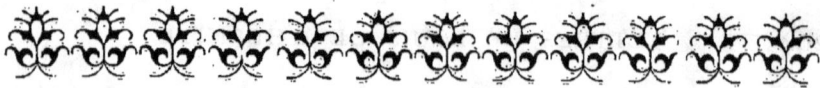

A Monsieur Émile Thibaud.

Lampre, 7 janvier 1890.

MON CHER AMI,

Je suis accablé! Malgré les consolations contenues dans cette épreuve, je ne puis encore calmer mon émotion. Le coup a été si rapide! et, pour comble, je n'ai pu assister aux derniers moments de mon digne et saint frère!...

C'était un prêtre selon le cœur de Dieu; cependant, priez pour lui.

Je ne saurais vous dire quel élan de sympathie est venu me trouver dans ma solitude, et quels détails consolants m'ont été fournis!

Adieu, mon cher ami, conservez-moi cette bonne affection dont j'ai plus besoin que jamais.

Louis DE L'HERMITE.

A Mademoiselle Robertine de Mandelot.

Lampre, 28 juin 1890.

Ma chère Robertine,

Je suis ravi de vous savoir en famille à Saint-Ho-noré. Je me doute bien que vous avez abrité cette campagne derrière la nécessité de *quelque chose*, ceci par exemple : Bébé est trop grasse, Nini est trop mai-gre, Mimi est trop grande!!! Mais, au fait, je tiens pour certain que vous faites à Saint-Honoré une sai-son d'agrément. Que vous êtes donc heureuses de pouvoir vous diviser en deux et même en trois et d'être toujours plusieurs ensemble!

Monmère a-t-elle définitivement renoncé à la plume? Quel dommage; j'aime tant sa prose! Que ferais-je sans vous, chère Nana? J'en serais réduit à me pro-mener en esprit, et comme une âme en peine, d'Au-tun au Perray, à Devay, à Saint-Honoré, etc.

Amitiés à Guillemette et aux petites. Soignez bien toutes vos maladies — imaginaires — et que Dieu vous ait en sa sainte garde.

Louis de l'Hermite.

A Monsieur l'abbé Vielle.

Lampre, 11 octobre 1890.

CHER MONSIEUR L'ABBÉ,

Votre dernière lettre est de celles que l'on garde précieusement, à côté de ses reliques de famille et de tous les chers souvenirs que la main va chercher lorsque le cœur est triste et a besoin de réconfort. Mais comment ai-je fait pour obtenir cet autographe qui m'a remué plus que je ne puis dire? Ainsi, vous ne m'avez pas cru lorsque je vous ai dit que vous ne pouviez que perdre à l'échange en vous unissant à moi par les liens d'une réciproque et religieuse amitié! Vous êtes généreux, voilà! et très gratuitement vous me faites l'aumône de vos prières et de votre affection. Je ne m'explique cela que par le grand besoin qui vous poursuit d'être utile aux âmes; la mienne s'est trouvée sur votre chemin, vous avez cru la reconnaître comme une sœur de la vôtre, et vous vous êtes penché pour l'aider fraternellement. Merci! J'accepte tout, en vrai égoïste; mais, je vous le répète, ne m'incriminez pas si vous venez à découvrir que le

marché est onéreux pour vous. Sufficit ! Je suis sur
votre catalogue et j'en remercie Dieu.

Vous me parlez de beaucoup de pèlerinages que je
ne connais pas même de nom, sauf Lourdes, bien
entendu ; mais le renom d'un pèlerinage importe peu.

> C'était une humble église, au cintre surbaissé,
> L'église où nous entrâmes,
> Où depuis trois cents ans avaient déjà passé
> Et pleuré bien des âmes.

Je suis assuré que, tout aussi bien qu'à Lourdes ou
à Paray, *vous avez trouvé ce que vous cherchiez.*

A vous bien affectueusement et sans barguignage.

LOUIS DE L'HERMITE.

Au même.

Lampre, 17 novembre 1890.

CHER MONSIEUR L'ABBÉ,

J'ai reçu, dans les temps, une très aimable lettre
de M. l'abbé Aujoulet et le manuscrit de la *Ronde enfantine.* J'ai remercié l'auteur ; l'air est charmant.

Enfin, nous allons aboutir, grâces à vous et à mon
aimable neveu Roger !

A quoi me servira ce travail pour l'éternité ? Je
suis vieux et mon bagage pour l'autre monde est
léger.

Vous, au contraire, cher Monsieur l'Abbé, vous êtes
jeune et vous avez déjà fait votre gerbe. Quelle jeu-

nesse utile et comme je vous porte envie! Merci de penser à moi dans vos œuvres et dans vos prières. Je suis si faible et j'ai tant besoin d'être soutenu [1]!

Tout à vous en Notre-Seigneur.

Louis DE L'HERMITE.

---

1. M. Louis de l'Hermite écrivait ces lignes si humbles et si chrétiennes une quinzaine de jours avant sa mort.

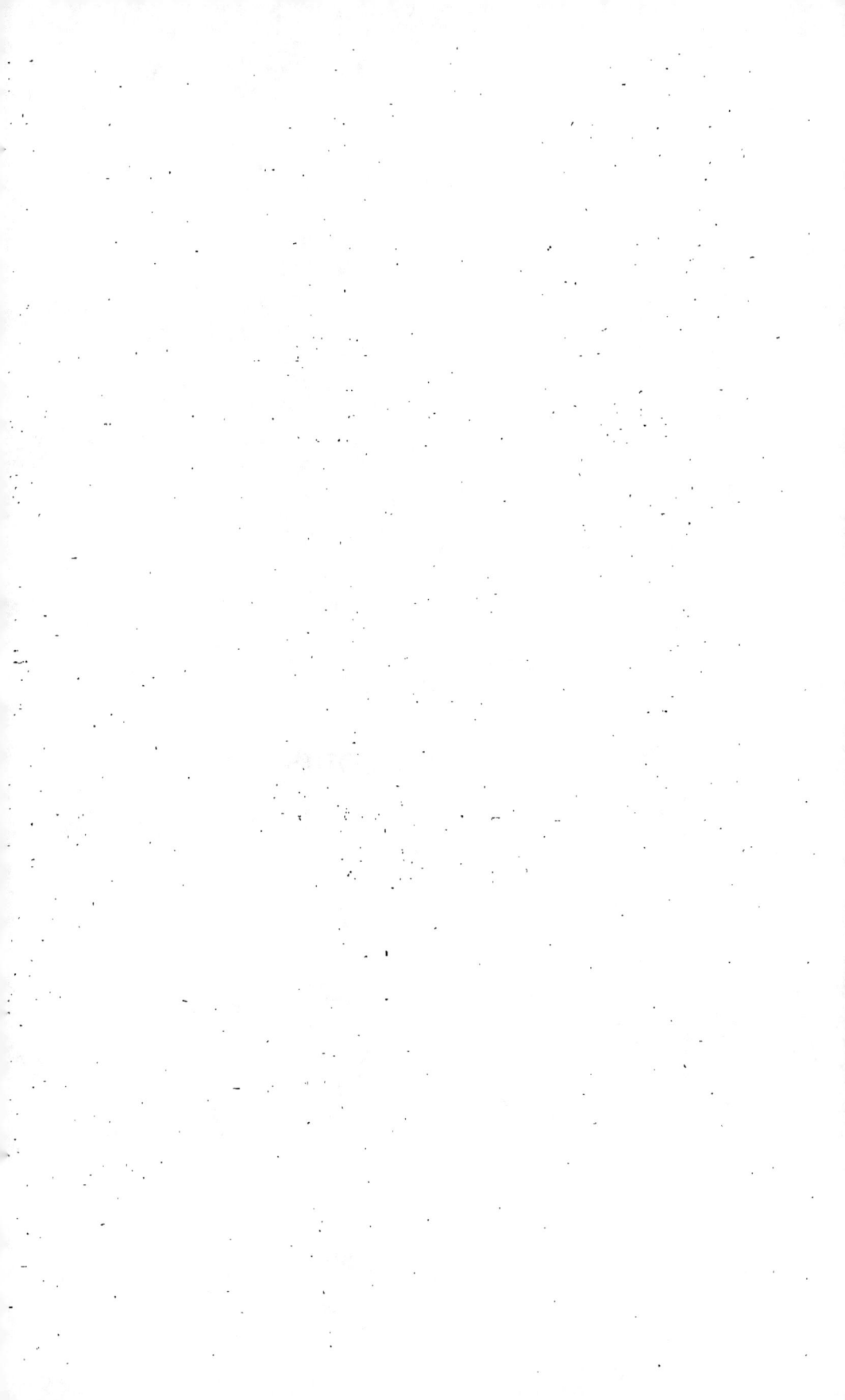

LETTRES

DU

R. P. MARC DE L'HERMITE

A SON FRÈRE LOUIS

✝

L. J. C. & M. I.

Tours, le 11 août 1874.

MON CHER AMI,

Tout embaumé des parfums de mon séjour en
Auvergne, des bons souvenirs que j'en garde, du bon
accueil reçu, des charmantes heures de délassement
passées en famille, je t'envoie un vieux volume qui
m'a été remis à l'Emérillon, où j'ai reçu l'hospitalité
dimanche soir et hier matin.

Le poète Tristan l'Hermite n'est pas le parent des
Tristans, mais il est, je crois, un de nos ancêtres[1].
N'est-ce pas un des héros de la pléiade de Ronsard,
ou plutôt un de ses premiers disciples?

Le marquis de Tristan m'a offert ce livre, dont je
te fais cadeau comme chef de notre branche. En le
faisant relier à neuf, pour retenir les pages, tu auras
un volume à ravir les antiquaires. Il est dommage

---

1. François l'Hermite, dit Tristan, gentilhomme ordinaire du duc
d'Orléans, membre de l'Académie française, et Jean-Baptiste l'Hermite, son frère, gentilhomme de la chambre du Roi, chevalier de
l'ordre de l'Étoile, étaient cousins de François, comte de l'Hermite,
seigneur de La Rivière, aïeul du R. P. de l'Hermite.

que la poésie soit exclusivement profane et un peu trop mythologique.

J'ai confié ces vers de l'ancêtre à la poste, *franco*. Je t'enverrai la lettre de Mme d'Autichamp d'Orléans au marquis de Tristan. C'est le cas de dire en voyant les saints du bouquin : *Habeant sua fata libelli*.

A Clermont, je vis nos sœurs et assistai à la distribution des prix *intra muros*, avec Monseigneur, M. le Curé de la cathédrale, M. l'abbé Cosse, curé d'Ambert et ancien aumônier, et quelques autres ecclésiastiques.

Le soir, à huit heures, je repartais pour Tours où il était temps d'arriver ; j'ai dû payer pendant quatre jours un arriéré de travail.

Dimanche matin, je suis parti pour la belle fête de Cléry, organisée à l'occasion de la construction du monument à la sainte Vierge. La fête a été aussi belle que celle du couronnement, bien qu'il y eût de deux à trois mille personnes de moins.

J'ai retrouvé là le cardinal de Bordeaux qui a pontifié et prêché (mais avec sobriété) à la grand'messe, Mgr Dupanloup bien cassé, et j'ai aperçu des évêques inconnus de moi : Luçon, Saint-Brieuc, Oran, Bayeux, Châlons.

Magnifique fête ! procession après vêpres et beau discours de l'abbé Bougaud ; le soir, illumination.

Le trône de la sainte Vierge en pierre, avec double escalier, est fort beau. On a placé deux vitraux dans la grande galerie au-dessus du monument : c'est bien ; mais ce ne sont pas ceux que me fit Emile Thibaud ! L'autel de la paroisse a été placé au transept.

J'ai été accueilli par la population de Cléry avec

force embrassades, poignées de mains et démonstra-
tions touchantes. Les braves gens! ils n'oublient pas!
De Chaulnes prépare des articles pour *l'Univers*
sur cette fête, à laquelle assistait, chapeau bas et en
tenue, le général de Salignac-Fénelon qui commande
une brigade à Orléans, etc., etc.

Le jour de l'Assomption, j'aurai la musique du
2e chasseurs à cheval; le colonel Pétier, à qui je l'ai
demandée, a été d'un gracieux rare : ce sera le
moyen d'attirer ce régiment que nous n'avons ici que
depuis deux mois.

Dans une dizaine de jours, j'irai à Rennes prêcher
la retraite des Sœurs de l'Espérance; ce petit travail
sans fatigue sera une distraction et achèvera le bien
que m'a fait l'Auvergne.

Mon souvenir fraternel à Marie. Ne m'oublie pas
auprès des charmants habitants de Lempret.

Ton dévoué frère,

MARC, O. M. I.

✝

L. J. C. & M. I.

Paris, 4 février 1876.

CHER AMI,

Ton volume, distribué au Supérieur général et à
nos principaux Pères, a été bien reçu et bien apprécié; je te transmets de sincères et encourageantes
félicitations. Pour moi, tout en mettant de côté

l'amour-propre fraternel, je suis très content, et, m'attendant à bien, je l'avoue, je ne m'attendais pas à si bien. Il y a des pièces fort remarquablement tournées, entre autres : *Liserons, Henri,* les *Otages.*

J'ai apporté le volume à Laurentie; mais, hélas! il était au plus mal et lui sera présenté comme une fleur sur un tombeau. Je l'ai laissé entre les mains de sa fille.

Veuillot prétend que les chrétiens ne savent pas faire les vers, parce qu'ils ne sont pas assez canailles pour cela. Néanmoins, sur ma demande, il a pris le volume, et m'a dit avec un gracieux sourire : « Donnez-le-moi; je ne le lirai pas, parce que je suis malade et ai la vue fatiguée, mais je le confierai à un autre. »

Et, apprenant que l'auteur m'était bien cher, le plus proche parent possible, il a été gentilhomme et m'a dit : « Cela ne gâte pas l'ouvrage. »

Adieu, cher ami,

Ton bon beau frère,

MARC, O. M. I.

†

L. J. C. & M. I.

Paris, 7 mars 1876.

MON CHER AMI,

Ton volume est charmant! P. Delpeuch, aujourd'hui supérieur à Saint-Martin, P. Vivier, professeur à notre juniorat de Sion, t'envoient les plus chaudes

félicitations. Nos Pères d'ici ont été enchantés. Mon
affection fraternelle voit tout en beau; cependant, je
me suis permis quelques critiques de détail pour les
imperfections dont Horace a dit : *Quas humana pa-
rum cavet natura.*

Tu diras une autre fois à ton imprimeur de faire
moins de fautes typographiques; malgré cela, le petit
volume a bonne façon.

Je t'envoie, sous deux types, la photographie du
P. Petitot, qui va se rembarquer le 25 de ce mois
pour le Mackensie. Je t'enverrai aussi ses ouvrages :
c'est un missionnaire et c'est un savant!

Je prêche le Carême dans la chapelle de l'Abbaye-
au-Bois, tous les vendredis et tous les dimanches; ce
n'est pas fatigant et c'est édifiant. Recommandation
de prières.

Nos Pères sont à Montmartre, où les pèlerinages
se forment déjà. Que le Sacré-Cœur enlève le voile
qui aveugle la France!

Les élections de ballottage sont un peu meilleures
et nous donnent quelques braves gens; mais pourquoi avez-vous laissé passer ce vieux Paulin D.? Ne
nous décourageons pas, nous catholiques; quoi qu'il
arrive, ramons et agissons.

En lisant le *Syllabus*, tu verras que le pape aurait
sauvé la Société. Les libéraux ont cru être plus sages
que l'Eglise et nous subissons la peine de leur erreur.
Oui, il se peut qu'un seul homme ait raison contre
cent, et l'Église l'a affirmé en décrétant l'*Infaillibi-
lité d'un seul :* c'est la réponse au dogme ridicule du
suffrage universel.

Adieu, donne de tes nouvelles, ainsi que de celles de ta femme et de nos sœurs.

Ton bon frère,

MARC, O. M. I.

✝

L. J. C. & M. I.

Paris, 20 mars 1876.

MON CHER LOUIS,

Gabriel de Chaulnes, à qui j'ai envoyé ton volume, m'adresse d'Orléans ses félicitations. Le général Folloppe m'envoie sa carte, avec force remerciements et compliments. Enfin, M. Martial de La Villarmois, celui de Tours, dont la fille vient d'entrer au couvent de la Visitation du Mans, m'écrit les lignes suivantes :

« Merci du charmant livre que vous m'avez adressé. Figurez-vous qu'en l'ouvrant, je suis tombé à la page 169 : *Benjamine*. Je n'ai lu encore que cela; mais cette consolation que vous m'envoyez m'a été droit au cœur. Je copierai *Benjamine* et l'enverrai à sœur Marie. »

Mlle de La Villarmois a vu nos deux sœurs à Clermont il y a quelques années.

Le lundi gras, j'ai assisté, au collège de Vaugirard, à une séance littéraire pour le tirage d'une loterie de la conférence du collège. Père Chauveau avait invité Coquelin, de la Comédie Française : ça été parfait.

Je crois avoir trouvé pour toi une veine de poésie.

Il faudrait composer et écrire en beaux vers un drame chrétien, emprunté à l'histoire des premiers siècles de l'Église, sainte Philomène par exemple. Ce drame du temps de Dioclétien serait un charmant sujet. Inspire-toi de *Fabiola*, de la *Sainte-Cécile* de Dom Guéranger, et aussi de *Aurelia, ou les Juifs de la Porte-Capène*, par Quinton, bâtonnier des avocats à Orléans. Sainte Philomène t'offrirait une mine à exploiter, et ce serait une œuvre. Prends ton temps, mais commence.

Tout chrétien doit agir aujourd'hui, par l'exemple et la prière d'abord, et puis par les œuvres de la charité ou de la plume : il faut sauver la Société ; que d'erreurs !

Je parcourais, il y a quelques jours, deux volumes de l'*Histoire de France*, de M. Guizot, *A mes petits enfants*. Cet ouvrage a été vanté ; il est très répandu. Hélas ! quelle déception de voir un esprit si élevé, une plume qui classifie et raconte si bien, descendre à des préjugés indignes d'un homme séparé de la foule par un si beau rang ! L'esprit sectaire se manifeste partout. Oh ! que cela m'a fait de peine ! Il faut se défier beaucoup de cet ouvrage, que le talent de l'auteur recommande et rend un péril de plus.

Le Carême occupe beaucoup : on se remue ; mais il faudrait deux cent mille hommes de plus auprès des confessionnaux.

Ma santé est parfaite.

A toi, cher ami, à ma chère belle-sœur, mes meilleurs souvenirs.

MARC, O. M. I.

☩

L. J. C. & M. I.

Paris, le 1ᵉʳ mai 1876.

MON CHER AMI,

Merci à toi, merci à ma chère belle-sœur pour vos souhaits fraternels de bonne fête. A mon tour, je vous offre des vœux pour le mois de Marie qui débute à Paris par une pluie torrentielle : que ce soit un symbole de grâces !

Notre chapelle est envahie depuis un mois ; le travail est fort, mais consolant. Je me porte bien et ne demande qu'à vivre ; *je souhaite que la présente vous trouve de même*, malgré les airs vieux que tu te donnes dans ta lettre, mon cher aîné.

Je t'envoie une *Vie de sainte Philomène* ; accuse-moi réception de ce petit volume et du *Bulletin du Vœu National*.

Où en sommes-nous, grand Dieu, et dans quels abîmes va se précipiter notre France ! Espoir cependant : que d'hommes reviennent à Dieu à cette heure !

Ton tout dévoué frère,

MARC, O. M. I.

✝

L. J. C. & M. I.

Paris, le 9 juin 1876.

Mon cher Louis,

Comme notre France est pauvre en idées ! les meilleurs n'ont rien dans la tête. Il faudrait un peu de théologie, ajoutée au bon sens si bien défini par Bossuet, « le maître de la vie humaine. » Seule la régénération chrétienne peut nous sauver.

Le Père Émile Chauveau m'a invité à sa fête au collège de Vaugirard, dernier dimanche de mai. Représentation splendide (*Henri de Guise*) jouée par les élèves ; dîner de gala. J'avais pour voisin de droite le comte d'Aiguesvives, député *enquêté* de Toulouse ; avons-nous jasé ! Type : Paul de Maleplane, avec quinze ans de plus que notre cousin. A ma gauche, M. de Mouy, attaché d'ambassade, je crois, à Athènes. Père Émile Chauveau fait grandement les choses.

Nous nous reverrons bientôt : je suis invité à prêcher la Saint-Ignace à ses huit cents élèves, le 31 juillet.

As-tu reçu un premier ouvrage du Père Pétitot ? les autres viendront en leur temps. Le Père Soullier est au Canada comme Visiteur ; nous en avons de bonnes nouvelles.

Bon souvenir à toi, cher ami, et à ma chère belle-sœur. Êtes-vous donc heureux de respirer à votre aise et d'entendre chanter les alouettes et les pinsons !

Ton dévoué frère,

MARC, O. M. I.

J'ai vu, il y a huit jours, Mme Ferdinand de l'Hermite et sa fille Thérèse, charmante et gracieuse enfant, qui vient d'entrer au noviciat du Sacré-Cœur à Conflans. Sa sœur Adrienne, déjà professe, est à Orléans.

✝

L. J. C. & M. I.

Paris, 4 août 1876.

MON CHER AMI,

Rassure-toi, ma santé n'est pas mauvaise ; elle souffre simplement, comme bien d'autres, de l'excessive chaleur et du renfermé, voilà tout.

Je viens de prendre dix jours de vacances à Royaumont : les bois, les eaux, le grand air, la solitude m'ont fait le plus grand bien. J'ai poussé ma pointe jusqu'à Beauvais, où j'ai admiré la belle cathédrale, dont la nef de 48 mètres sous voûte est seule achevée. Que c'est grandiose !

Lundi dernier, j'ai prêché la Saint-Ignace aux huit cents élèves de Vaugirard. Messe en musique de Gounod ; fête splendide ; chaudes félicitations à l'orateur de la part du Père Émile Chauveau, toujours le plus aimable des vieux amis. On a bien parlé de toi.

Après l'Assomption, j'irai à Bordeaux assister au *Congrès catholique des Œuvres ouvrières*, comme membre du bureau central de l'*Union*, dont je fais partie depuis trois mois; cela durera du 20 au 25. Quelques jours plus tard, j'irai commencer la retraite de l'Espérance à Amiens, et revoir la magnifique cathédrale et la statue de Pierre l'Hermite.

Ah! Lampre, Lampre! c'est difficile, tu le vois. Mais, ne viendrez-vous pas quelque jour faire un pèlerinage au Sacré-Cœur de Montmartre et un pèlerinage à votre frère? Les religieux ne sont propriétaires ni de leur temps ni de leur volonté, mais vous!

Adieu, mes bons amis, aimez-moi toujours.

MARC, O. M. I.

✝

L. J. C. & M. I.

Talence, le 23 août 1876.

CHER FRÈRE,

Bonne fête pour après-demain saint Louis; bonne fête à ma chère belle-sœur pour la Sainte-Marie dont nous faisions hier l'octave.

Au Congrès de Bordeaux, je préside la cinquième Commission, en l'absence du Père de Boylesve, malade à Paris. Il y a quatre à cinq cents congressistes en tout. Ces réunions fatiguent, mais elles font du bien.

A Limoges, où j'ai stationné quarante-huit heures, j'ai vu Paul de Maleplane, sa femme et leur chérubin. Notre cousin est un parfait gentleman chrétien.

Je t'écrirai de nouveau après le Congrès; en ce moment j'ai trop à faire.

Tout à toi de cœur,

MARC, O. M. I.

✝

L. J. C. & M. I.

Paris, le 31 août 1876.

CHER AMI,

Tu as dû recevoir ma lettre de bonne fête datée de Talence. Après ce beau mais fatigant Congrès, j'ai pris un jour de repos à Arcachon, splendide station où nos Pères font du bien. A Limoges, j'ai trouvé tante Anastasie rajeunie encore. Ce même jour, douze cents Limousins partaient pour Lourdes avec leur évêque. Hier, retour à Paris; aujourd'hui, repos; demain à Amiens, chez les Sœurs de l'Espérance auxquelles je vais donner la retraite : c'est là qu'il faudra m'écrire d'ici au 8 septembre. J'irai ensuite à Liège pour la seconde fois.

En arrivant, j'ai trouvé sur ma table une lettre de

Gaston m'annonçant la mort de son fils Cyprien. Que je regrette de ne pouvoir être près de lui, et aussi près de toi, cher ami! La vie religieuse a ses exigences.

Ma santé est bonne, malgré les chemins de fer et le travail.

A toi et à ma chère belle-sœur,

MARC, O. M. I.

J'ai retrouvé une foule d'amis au Congrès, entre autres l'abbé de Bellaigue, aumônier militaire à Clermont.

Les Congrès font beaucoup de bien; prêtres et laïques y réchauffent leur zèle, mais qu'il est difficile d'arriver à des conclusions pratiques utiles!

✝

L. J. C. & M. I.

Amiens, le 8 septembre 1876, en la fête de la Nativité de la sainte Vierge.

MON CHER LOUIS,

Ta lettre est arrivée à bon port il y a deux jours; je viens t'en remercier en t'écrivant de nouveau. Ma retraite de l'Espérance vient de se clôturer par la messe du gracieux et bel évêque qui m'avait fait l'honneur de m'inviter à dîner dimanche dernier, bien que je le visse pour la première fois.

Amiens a de magnifiques boulevards et une promenade au nom de *Hotoie*, belle comme pas une; mais sa merveille c'est la cathédrale. Napoléon Ier avait raison de dire, en entrant dans ce grandiose monument gothique : « Un athée serait ici mal à l'aise. » Reims m'a paru moins admirable, à part son incomparable portail et le souvenir du sacre des rois. Que le Moyen Age était donc grand et que notre génie moderne est médiocre!

Derrière la cathédrale et en face de l'évêché, sur une petite place appelée place Saint-Michel — pourquoi ? — se trouve là statue de Pierre l'Hermite. Notre ancêtre est représenté debout, en tenue de moine, avec le chapelet autour de la ceinture et retombant sur le côté. Dans sa main droite est une croix qu'il brandit comme une épée; sur son épaule gauche, celle du croisé. Le piédestal de la statue porte l'inscription historique : « Dieu le veut! »

J'ai eu la chance, dimanche soir, en rentrant coucher chez mon brave aumônier, de voir Godard s'élever en ballon sous les yeux de vingt mille personnes : c'était fort beau.

Demain, je pars pour Liège, où je vais pour la seconde fois prêcher la retraite à l'Espérance. J'y serai jusqu'au dix-sept inclusivement.

Ma santé se refait hors de ce vulgaire Paris, inhabitable pendant l'été.

Je suis ravi de te savoir à l'œuvre pour *Sainte Philomène* et j'insiste pour que tu lises l'*Esquisse de Rome chrétienne* de l'abbé Gerbet, mort évêque de Perpignan.

Tes appréciations sur le Congrès de Bordeaux sont

vraies : nous avons émis bien des vœux et pris des
résolutions excellentes ; mais, au point de vue pratique, le résultat est minime. Il est difficile de préciser
les choses : on va se briser aux obstacles du côté des
gouvernants et du côté des masses ; du côté des pa-
trons et du côté des ouvriers. Toutefois, une assemblée de ce genre a son utilité : on se compte, on se
voit, on se soutient, et chacun bénéficie des lumières
de tous.

A vous deux, et souvenirs aux aimables hôtes que
vous attendez.

Ton dévoué frère,

MARC, O. M. I.

✝

L. J. C. & M. I.

Liège, 18 septembre 1876.

MON CHER LOUIS,

J'ai revu Liège, si bien assise sur la belle Meuse :
ville de cent trente mille âmes, large, spacieuse et
imposante ; belles églises, entre autres Saint-Martin.

J'habite au bas du mont Cornillon où sainte
Julienne eut ses révélations ; mais dès ce soir je
redeviens Parisien.

Bien à vous deux en N.-S.

MARC DE L'HÉRMITE, O. M. I.

†

L. J. C. & M. I.

Paris, le 22 octobre 1876.

MON CHER LOUIS,

Paris s'encanaille de plus en plus, grâce à la faiblesse du gouvernement. Si l'explosion est retardée jusqu'en 1880, nous aurons de la chance. Malgré cela, il se fait beaucoup de bien et le catholicisme refleurit dans toutes les classes; mais nous ne sommes pas assez de prêtres dans Babylone.

Confiants en la Providence, nous faisons bâtir comme s'il n'y avait aucune menace. Notre chapelle contient quatre cents personnes; nous arriverons à en recevoir sept ou huit cents si le *quibus auxiliis*, nerf de la guerre, ne manque pas. Il faut que tous, prêtres et laïques chrétiens, nous unissions nos efforts pour sauver la Société.

Gaston est-il venu te voir ?

Nous entrons ce soir en retraite et nous en sortirons le 29. J'espère que ce jour-là je recevrai de tes nouvelles, car depuis Amiens tu m'as complètement abandonné.

Tu devrais, outre l'excellente *Union*, lire *l'Univers*.

As-tu reçu mon *Esprit de Saint Martin* ? J'ai la confiance que le 11 novembre on sortira mes bannières à Champagnac.

A toi, cher ami, à vous deux et aux Soualhat.
Ton dévoué frère,

MARC, O. M. I.

Le 21 septembre, j'atteignais mes vingt-cinq ans de sacerdoce!...

†

L. J. C. & M. I.

Paris, le 27 décembre 1876.

CHER AMI,

Voici la nouvelle année qui nous arrive; permets-moi de t'offrir mes vœux, ainsi qu'à ma chère belle-sœur, et laisse-moi te demander de vos nouvelles.

Tranquillement assis au coin du feu, vous goûtez les joies de la littérature; aussi je vous adresse un almanach qui n'est pas sans charmes.

Le travail ne chôme pas à Paris. Quel mouvement religieux pour Noël! quelles séances au confessionnal pendant plusieurs jours! Il faudrait plus de prêtres.

La comtesse Renaud des Monstiers vient de perdre son mari subitement, à Sannat par Bellac. Elle m'a écrit sa désolation et me prie de prévenir tous les miens. J'aimais beaucoup ce brave Renaud et ses deux aînés, jeunes officiers aujourd'hui.

Hier, j'ai reçu la visite de ce bon Aurèle de La Villarmois, qui est venu m'annoncer le mariage de sa seconde fille avec un de ses voisins de Bretagne. Ça ne fait que commencer ; il en a encore six à marier. C'est du bon ces chers Aurèle Villarmois Miramont !

A Paris, on bâtit avec fureur, sans doute à cause de l'Exposition ; mais, d'autre part, les démolisseurs abondent. Dans quel pétrin nous sommes ! Avec cela, la Religion gagne ; mais il faudrait plus d'églises, plus de prêtres et un frein aux mauvais journaux, sans compter beaucoup d'autres réformes.

Le ciel physique est sombre, lui aussi, mais il ne fait pas froid ; je n'ai pas encore vu le feu.

Je désespère d'écrire ; cette lettre commencée hier ne se termine que ce matin, et encore ce n'est pas une lettre, mais un brouillon informe.

Bien à vous deux,

MARC, O. M. I.

†

L. J. C. & M. I.

Limoges, le 1er février 1877.

MON CHER LOUIS,

Je repars dans quelques instants pour Paris, après avoir terminé mon travail à la cathédrale. M. de Bogenet, qui m'avait invité, a été content, et l'auditoire s'est montré constamment fidèle et édifiant. Une belle communion a terminé la neuvaine ; prêtres, parents et amis m'ont comblé d'attentions.

Je suis resté quatre jours à la montagne, d'où j'arrive ; j'ai vu Beaune, La Rivière et Nedde. Gaston est

un grand chrétien; tante Rose, la plus aimable relique que je connaisse; Augustine ne vieillit pas; les
filles de Gaston sont des anges. Et les Neddé! Quels
cœurs d'or que la civilisation moderne n'a pas enta-
més et qui, loin du progrès ridicule du jour, gardent
à leur foyer hospitalier la grandeur d'âme et la simplicité d'autrefois! A Limoges, j'ai rencontré Ferdinand qui se rendait à Bourges. L'excellent Hubert a
une femme très sympathique et ses enfants sont de
petits amours. J'ai vu aussi André du Authier et sa
femme : charmant ménage. Que te dire encore? Les
d'Aigueperse et les Lostende m'ont fait le plus aimable accueil; tante Anastasie a retrouvé sa jeunesse
pour fêter son filleul.

En voilà un de journal! Si tu en veux plus long, je
puis te dire que l'air du Limousin m'a ravigoté.
Maintenant, je vais retrouver la civilisation de Paris
que j'abomine, mais aussi mes chères œuvres! Je
dois prêcher le Carême à Saint-Pierre de Montmartre,
le dimanche seulement.

A toi de cœur, cher frère, et à vous deux.

Marc, O. M. I.

†

L. J. C. & M. I.

Lettre sans date.

MON BIEN CHER FRÈRE,

C'est avec bonheur que j'apprends que tu vas
avoir un élève destiné au sacerdoce; tu ne peux faire

d'œuvre plus utile et plus méritoire. Si tu trouves un apprenti oblat, ne le manque pas. A Cléry, j'en ai formé un pour le ciel, car il est mort après un an de prêtrise, et un autre pour la mission de Saint-Albert, où il travaille sous la juridiction de Mgr Grandin.

Tu sais ma vie : prêcher un peu, confesser beaucoup et visiter beaucoup de malades, sans compter les petits accessoires.

Reçois-tu exactement les *Annales* ? Je prépare en ce moment le numéro qui paraîtra le 1er décembre.

Adieu à tous deux du fond du cœur. Le 11, fête de saint Martin, priez beaucoup pour la France.

Votre tout dévoué frère,

Marc, O. M. I.

✝

L. J. C. & M. I.

Paris, le 26 avril 1877.

CHĔR FRÈRE,

Merci de tes souhaits de fête, arrivés très exactement et en bon état hier matin.

Figure-toi que je termine ce soir à Passy, gracieuse oasis où dorment près des pelouses et bois de la *Muette* les belles villas parisiennes, la retraite que je prêche à quatre cents enfants de la première et seconde communion. Chaque jour je me rendais là par le chemin de fer de ceinture. Ce petit travail m'a fait du bien en me donnant l'occasion de prendre l'air et de voir des arbres en fleurs.

Mᵐᵉ de Mandelot t'a effrayé sans motif. Elle m'a vu après le Carême; ma mine en ce moment pouvait être mauvaise, je n'en disconviens pas. On ne fait pas faire de douze à quinze cents pâques en quelques semaines sans avoir l'air hâlé du confessionnal; mais, quand le hareng sort de la caque, il reprend vie et couleur. Un tour de promenade me remet vite. Poitrine excellente, appétit convenable; les nerfs seuls sont quelquefois tendus; un peu d'air et tout est fini.

Tu me parles d'aller à Lampre, cher ami. Quoi de plus attrayant! Mais crois-tu que ce soit toujours facile dans la vie religieuse, surtout à l'heure où nous sommes? Et puis, je ne suis pas le seul à aimer l'air des montagnes; pouvons-nous tous nous envoler vers les hauts sommets?

Paris s'encanaille de plus en plus. Hâtons-nous de dire qu'au sein de cette Babylone, pays de la fraude alimentaire et de la fraude politique, il y a un mouvement religieux immense. Ah! si l'Église de France avait seulement dix ans de vraie liberté, sous un gouvernement honnête, le pays serait refait en entier par l'éducation et par les œuvres!

Dimanche j'étais à Notre-Dame, à la réunion des œuvres ouvrières. Ce qu'en dit Poujoulat dans l'*Union* est la *vérité vraie*.

J'ai entendu au cercle catholique des jeunes gens, rue Bonaparte, 112, une conférence de M. de Lapparent sur la percée sous-marine du Pas de Calais. Clarté, science, élocution heureuse, choisie, technique, et surtout esprit chrétien dans la science, tout y était. C'est une fameuse acquisition pour notre Université catholique!

Mon petit Claudio Janet, aujourd'hui père de six enfants, vient d'être nommé professeur d'économie sociale. Tu as dû le voir à Aix, où il était notre locataire. Connais-tu les *Chants du Soldat,* de Déroulède? les veux-tu? Il y a là un sergent qui est admirable!

Continue tes études sur l'histoire de l'Église : je te conseillerais beaucoup de lire d'un trait les vingt-cinq volumes — ne tremble pas, c'est très court, — de Chantrel sur les papes.

Adieu, cher et bon ami, rappelle-moi au souvenir de ta femme. J'aime à croire que vous allez bien tous les deux, respirant à pleins poumons le meilleur air de France.

Souvenirs à Lempret.

Ton tout dévoué frère,

Marc, O. M. I.

✝

L. J. C. & M. I.

Paris, le 11 août 1877.

CHER AMI,

Tu me demandes des nouvelles de mon voyage de Rome; un numéro de nos *Annales* va répondre à tes questions et pourra peut-être t'intéresser. Ce n'est ni une thèse ni un *Guide* du voyageur ; un gros volume ne suffirait pas : ce sont des notes rapides dont tu pourras te servir, comme d'un premier jalon, pour savoir te retrouver quelque jour sur la route de Rome et de l'Italie.

Oui, fais de bonne politique : c'est le moment où tous les hommes d'ordre doivent s'unir, dans le but d'arrêter le radicalisme et la révolution, dût-on parfois sacrifier quelques préférences personnelles. J'ai horreur des mendiants de la députation, qui font échec aux bonnes candidatures en mettant à la place leur ridicule et niaise personne.

L'action, l'action, l'action ! Le Pape l'a dit dans une circonstance mémorable.

Ton dévoué frère,

Marc, O. M. I.

✝

L. J. C. & M. I.

Paris, 22 août 1877.

Je veux, mon cher Louis, arriver à temps pour te souhaiter ta fête et causer avec toi de ton illustre patron. Dis à ce grand roi et saint, si tu as quelque influence sur lui, de sauver la France et de dire sus à la révolution comme il disait : *Sus aux Musulmans !* Mon Dieu, que nous avons donc besoin de tous nos vieux saints ! *Ce n'est pas trop de tout,* comme disait dans un autre sens Mme de Sévigné.

En l'absence des Parisiens, qui sont en villégiature, les étrangers viennent ici : leur bonheur est d'aller au jardin d'acclimatation voir les Nubiens, et les bêtes orientales que ces noirs personnages font manœuvrer comme par un ressort.

Ma santé est bonne, mais je suis maigre comme un clou, et avec ça vif et alerte, malgré la cinquantaine qui me talonne.

Je t'enverrai la *Vie du capitaine Marceau* pour cadeau de fête, mais quand je saurai que tu ne l'as pas lue.

De nouveau, tous mes souhaits à ta femme.

Adieu, cher ami, donne de tes nouvelles pour tout de bon et crois-moi :

Ton tout dévoué frère,

Marc, O. M. I.

✝

L. J. C. & M. I.

Paris, 8 novembre 1877.

CHER AMI,

Ta *Question* est d'une bonne facture, et je voudrais la faire passer dans quelque journal honnête. En ce moment, les esprits sont à la prose; c'est un ignoble gâchis.

Échappant au travail et aux ennuis de Paris, je partirai samedi pour Saint-Martin de Tours : je reverrai ma vieille chapelle, mon vieux tombeau du thaumaturge et bien des amis. Père Delpeuch aura tes souvenirs.

J'ai écrit à Roger pour le féliciter de sa croix d'honneur. Il faut reconnaître qu'il l'a bien méritée par ses succès administratifs pour la bonne cause et son dévouement à l'ordre. Il est joliment intelligent!

Si ton jeune élève veut être oblat, tu n'as qu'à le dire : nous prenons les enfants à partir de la quatrième pour notre juniorat de Sion.

Ma maigreur, que tu appelles apocalyptique, disparaît un peu devant la saison plus vive; les premiers froids me réveillent, et du bon quinquina combat en moi l'affaiblissement parisien. Le fait est que, depuis trois semaines, je me sens beaucoup plus fort. La poitrine, comme de coutume, est superbe; l'appétit est aiguisé.

Tout à vous deux en N.-S.

Marc, O. M. I.

✝

L. J. C. & M. I.

Paris, le 26 novembre 1877.

MON CHER AMI,

Les fêtes de Tours ont été bien belles et les Tourangeaux sont toujours gens charmants. Ça été pour moi une bonne semaine qui m'a tout ragaillardi. Et maintenant voilà le travail qui recommence de plus belle. Hélas! les temps sont bien tristes, et dans quel état est notre pauvre patrie! Il me semble que ton député évincé aurait pu, puisqu'il était sûr de mourir, leur dire quelques vigoureuses vérités; une phrase indignée eût animé cette triste scène.

Un de nos Pères, très bon critique, à qui j'ai fait lire ton travail, en a été ravi et pousse beaucoup à la publication. Il a jeté sur le papier quelques simples observations que je t'envoie et qui pourront te servir pour des corrections de détail, si tu as le double de ton œuvre.

Hier soir, j'ai dîné chez Veuillot, avec Mgr Grandin, notre saint évêque de Saint-Albert (Amérique du Nord), que de nouvelles infirmités contractées dans les neiges ont forcé de rentrer en France pour quelque temps.

Tu as lu le décret qui nomme l'abbé Balaïn, supérieur du Grand Séminaire de Fréjus, à l'évêché de Nice? Cet abbé Balaïn est le R. P. Balaïn, Oblat de Marie; c'est un sujet très capable et bien digne de la position élevée à laquelle il est appelé. On nous a imposé ce sacrifice; Rome s'en est mêlée et il n'y a eu qu'à se soumettre. Le nouvel élu a reçu là sur la tête une tuile bien inattendue.

Ne perdons pas courage au milieu des difficultés du moment : c'est l'heure de la prière, du combat et de l'espérance.

Paris est aussi tranquille que de coutume.

A vous deux mes fraternels souvenirs.

Marc, O. M. I.

✝

L. J. C. & M. I.

Paris, 1er janvier 1878.

Bonne année, mon cher frère; bonne année, ma chère Marie; bonne année à tous deux du fond du cœur et de toutes manières!

Si les radicaux revenus de Nouméa ne m'envoient pas les remplacer en Nouvelle-Calédonie, je continuerai à correspondre fidèlement avec vous. L'arche sainte, c'est-à-dire la France, est au pouvoir des Philistins; mais je n'ai jamais espéré davantage, parce que tout espoir humain est perdu : c'est maintenant l'heure de Dieu; il nous châtie pour nous convertir.

Voilà Roger révoqué. La *Gazette du Midi*, de Marseille, en donnant sa lettre d'adieu aux fonctionnaires des Hautes-Alpes, fait de lui un éloge pompeux; elle le dit *décoré* et *révoqué* pour le même fait; ce mot est très heureux et peint bien la situation politique.

Le 18 janvier, je dois prêcher un sermon d'Adoration dans la petite chapelle publique des Pères de la Miséricorde, rue de Varennes, 15, en présence du Nonce; mais Son Excellence n'est pas un auditeur redoutable et je ne m'effraye pas.

Les 27, 28 et 29 janvier, je prêcherai à Meaux, dans la chapelle de la Visitation, en l'honneur du Doctorat de saint François de Sales. C'est le souvenir de notre père qui m'a valu, de la part du chanoine Denis, l'honneur de cette invitation, et c'est en mémoire de notre père que j'ai accepté.

Ici, le travail ne manque pas, et, malgré la sainte république, en attendant qu'elle nous congédie, nous faisons de l'apostolat.

Ma santé est très bonne : je prends du quinquina, et, tout en quinquinant ainsi, je me requinque complètement.

Adieu, cher ami, souhaite la bonne année de ma part à Lempret.

Ton tout dévoué frère,

Marc, O. M. I.

✝

L. J. C. & M. I.

Paris, le 25 janvier 1878.

CHER AMI,

Quelques lignes de bon souvenir avant de partir pour Meaux, car je ne veux pas te laisser jeûner trop longtemps de mes nouvelles.

Rien de nouveau, comme dit le caporal; santé bonne, quoi que puisse t'en écrire Mme de Mandelot, qui m'a fait l'honneur de venir me voir avec ses fillettes. La maigreur m'est habituelle; à part ça, je vais bien. Hier, j'ai rendu la visite; on est toujours bien bon pour moi. Ta filleule est à croquer et demande si tu viendras la voir.

J'ai aussi vu M. le comte Louis de T., tout perdu dans ses souvenirs d'Amérique, têtes de bisons et dialectes sauvages. Il est allé à Saint-Boniface et dans plusieurs de nos Missions, et ne revient pas moins enthousiasmé du zèle des apôtres que de la vigoureuse nature du Nouveau Monde. Le jeune comte a reçu l'hospitalité chez les *Mormons*, où il n'a pas manqué de mettre en opposition les prêtres catholiques et les ministres protestants.

Le 18, j'ai prêché sur le Pape devant le Nonce. Trois cents personnes formaient l'auditoire, c'est-à-dire autant que la chapelle étroite des Pères de la Miséricorde peut contenir de fidèles. On a été content; je ne dis pas ça pour la gloriole, Dieu m'en garde! — hélas! j'ai bien d'autres chats à peigner! — mais pour répondre à ta fraternelle curiosité.

Travail comme de coutume, actif, utile, consolant.

Tu verras mon nom sur la liste du 21 janvier, sauf mon initiale qu'on a ôtée, je ne sais pourquoi, et que j'avais mise afin qu'il n'y eût pas d'erreur.

Jamais on n'avait vu là tant de monde. Quel *Miserere* à dire!

Mon paroissien Elzéar de Tristan, fils de Théobald, vient d'être nommé chef d'escadrons d'artillerie. Bon choix, enfin! Mon ami, le contre-amiral du Petit-Thouars, chef de cabinet sous les précédents ministres, au moment d'être nommé gouverneur de la Nouvelle-Calédonie, s'est vu envoyer Major général à Brest. Pas assez républicain, trop clérical! Bah! ils ne vivront pas toujours ces gens-là; mais Lacordaire a dit : « Les chênes et les moines sont éternels. »

Pardonne-moi de ne t'envoyer que des tables de matières; je ne sais pas écrire autrement.

Adieu, mes chers amis, jouissez de la vue de votre incomparable paysage. Que j'envie parfois votre solitude dans ce brouhahah de Paris!

Tout à vous,

Marc, O. M. I.

†

L. J. C. & M. I.

Paris, 4 février 1878.

CHER AMI,

Tu as dû recevoir une lettre de moi avant mon départ pour Meaux; je tiens à te renseigner sur une ville où notre père a laissé de si bons souvenirs.

Mon *Triduum* à la Visitation a été charmant. Présence du bon vieil évêque aveugle, le dernier jour; dîné chez lui le premier. Vu deux fois M. D., toujours bon et assez robuste encore, malgré ses soixante-dix ans. Rendu visite à M. V., juge de paix, ancien ami de notre père, pour *parler chrétien* à ce bon vieillard qui s'achève. Il m'a pris pour toi et m'a demandé des nouvelles de la mèche blanche. Hélas! il n'y a plus mèche pour personne! Dîné chez un ancien lieutenant de vaisseau, Noël, ex-commandant des Messageries des Indes, jeune encore, mais obligé par des infirmités contractées en mer de donner sa démission. C'est un rude chrétien. Meaux est comme autrefois, sauf un général de cavalerie en plus et une chapelle de secours pour la cathédrale, bâtie dans le quartier du marché.

Après avoir touché barre ici et fait une jolie fête d'enfants, à l'occasion du soixante-quinzième anniversaire de la Première Communion du Pape, je pars pour Abbeville, où je vais prêcher un *Triduum* au Collège ecclésiastique de Saint-Stanislas. Je suis content de cette sortie; le missionnaire a besoin de cela de temps en temps.

Nous commençons à sortir des ténèbres, mais nous ne sortons pas de la révolution. Vraiment les Parisiens ne comprennent pas ce que c'est que l'ordre et ce qu'exige le bonheur de la France. Peu leur importe tel ou tel régime, pourvu que les omnibus et les tramways marchent et que le gaz ne s'éteigne pas. Ils ont bien des qualités : de la vie, de l'intelligence; mais cette ville gâte le jugement. J'y suis arrivé à un âge où, grâce à Dieu, j'espère être invulnérable à ces séductions de la judiciaire parisienne. Pauvre France! Avec ça les œuvres marchent et on fait des chrétiens; mais la haine contre le clergé est épouvantable; les caricatures des coins de rue sont atroces.

Toutefois, on ne nous insulte pas, au moins de paroles : le seul mal qu'on nous fasse est de cracher sur le trottoir quand nous passons et de nous assommer quand le moment est venu.

Adieu, bon carnaval, esprit chrétien de plus en plus, amour de l'Église.

A vous deux fraternellement,

Marc, O. M. I.

†

L. J. C. & M. I.

Paris, le 19 février 1878.

CHER AMI,

Quels événements se sont produits depuis nos derniers échanges épistolaires! La mémoire de Pie IX
est immortelle. A Paris, sa mort a été l'occasion de
manifestations imposantes qui ont étonné l'impiété et
remué l'indifférence. Hier, dans notre chapelle, service solennel, foule et recueillement. J'ai prononcé un
court éloge funèbre.

Et maintenant je suis plein d'espérance. Dieu veille
sur son Église; elle aura encore des persécutions,
mais je crois à un triomphe, et le salut de la France
pourrait bien venir de ce côté.

C'est à Abbeville, dans la rue, que j'ai appris ce
grand deuil.

Abbeville est une jolie petite cité de vingt mille
âmes possédant de fort belles églises, entre autres
Saint-Wulfran. C'est dans ses murs que naquit Mille-
voye et que Louis XIII consacra la France à la
sainte Vierge. J'ai vu l'emplacement de la petite chapelle des Minimes où s'accomplit ce grand acte.

J'avais trois cents élèves à ma retraite, dont cinquante grands gars, véritables cuirassiers par la taille.

Êtes-vous sous dix pieds de neige? Après des froids

assez vifs, nous avons eu dimanche dernier une journée d'été : quinze degrés à l'ombre. Aujourd'hui,
nous sommes revenus à l'humidité; mais nous sortons des ténèbres, et c'est une grande joie de voir
croître les jours.

Grand salut solennel pour le conclave. L'élection
se fera vite, j'en ai la conviction, et il se pourrait
bien que la semaine prochaine nous eussions un
Pape : *Deo gratias!*

Adieu, mes chers amis, prions bien le bon Dieu et
ne nous décourageons pas, malgré les Philistins qui
ont mis la main sur l'Arche sainte.

Ton dévoué frère,

Marc, O. M. I.

†

L. J. C. & M. I.

Paris, 28 mars 1878.

CHER FRÈRE,

Notre pèlerinage à Montmartre, favorisé par un
beau temps entre plusieurs jours de neige et de gi-
boulées, a été parfait, et nous en sommes revenus
l'âme tout embaumée. Dire que j'ai prié pour vous
deux est chose inutile; j'avais dans le cœur des liasses
de recommandations.

L'après-midi, je suis allé visiter la nouvelle église
romane de Saint-Joseph, rue Saint-Maur, quartier

faubourg du Temple. Que d'églises il faudrait encore à Paris pour convertir ceux que la bêtise moderne aveugle! Chaque mercredi, je leur explique dans notre chapelle quelque chose du *Syllabus*. Que de préjugés! que de gens à éclairer!

Pour la première fois, j'ai pu assister dimanche à une conférence du Père Monsabré. Quel magnifique auditoire d'hommes! L'orateur est très capable; malheureusement, je ne l'ai entendu qu'imparfaitement, me trouvant assez loin de la chaire et le vaisseau de Notre-Dame étant immense.

Ici nous avons un commencement de printemps qui se confond avec l'hiver. Et toi, heureux mortel, à six heures et demie du soir, tu peux lire ton journal, sans lampe et sans lune, sur la terrasse de Lampre!

A vous deux, mon frère et ma sœur, et priez pour moi.

MARC, O. M. I.

†

L. J. C. & M. I.

Paris, le 2 septembre 1878.

CHER FRÈRE,

Donne-moi de tes nouvelles; parle-moi de ta saison à Royat, de tes occupations, de tes bonnes rencontres parmi les baigneurs, de ton *prix de Rome*; parle-moi surtout de nos sœurs.

J'ai fait à Montmartre la rencontre du coadjuteur de Clermont, Monseigneur Boyer, évêque pieux et instruit que j'avais spécialement connu à Aix, et je lui ai dit *tant de mal* des Ursulines, qu'il aura, je l'espère, une prédilection pour ce béni couvent.

Je suis enchanté de te savoir bombardé président de la délégation cantonale pour les écoles, et je t'engage à prendre au sérieux tes fonctions. Nous sommes à une époque où l'indifférence serait un crime et où chaque catholique doit profiter, pour la cause du bien, de l'influence qu'il garde encore, si minime soit-elle.

Que devient ton jeune X.? Nous avons maintenant deux fils de Paul Féval au Juniorat de Sion.

Je viens de lire avec émotion et admiration une brochure de l'abbé Bougaud, intitulée : *Le péril de l'Église de France au dix-neuvième siècle; diminution des vocations ecclésiastiques.* Il expose le fait douloureux; il indique les causes et puis les remèdes. C'est généralement très bien pensé, très exact, et cette brochure est appelée à faire sensation; je t'engage à la lire.

As-tu des nouvelles de ta femme; as-tu vu Emile Thibaud?

J'ai déjeuné jeudi chez le général Bonneau du Martray, avec toute la famille Roger. Thérèse, la seconde novice de Ferdinand, va prononcer ses vœux à Conflans; P. Xavier de Bengy, prêchera. Henri de Lostende est ici en ce moment avec sa fille Hermine, qui entre, elle aussi, au Sacré-Cœur; ce sont bien des bénédictions.

J'écris avec un sabre, pardonne.

A toi et à nos sœurs,

MARC, O. M. I.

Tu vas trouver dans le dernier numéro de nos Annales une petite étude historique de moi, intitulée : *Les Papes religieux.*

✝

L. J. C. & M. I.

Paris, le 16 avril 1879.

MON CHER LOUIS,

Laisse ton sécateur et causons un moment. Ici le temps est mauvais, et nous attendons le beau pour la Saint-Marc.

Nos Pâques ont été splendides ; mais la révolution continue son train, et la question d'enseignement galvanise notre pays.

Hier, j'ai assisté à une magnifique assemblée de catholiques ; nous étions bien huit cents. M. Chesnelong a fait un discours d'une haute éloquence, et qui a enlevé l'assistance. Paul Féval a causé vingt minutes sur Montmartre, Saint-Martin, Sion et les Oblats : beaucoup de foi et d'esprit. Le cardinal qui présidait a eu des mots heureux : c'est un homme !

On dit que le projet Ferry ne passera pas au

Sénat; tant mieux! Je ne voudrais pourtant pas m'y fier; mais la collation des grades par le jury mixte y passera, et les élèves des Universités catholiques ne seront examinés que par les professeurs de l'Etat. La lutte est acharnée; il faut y prendre part : il faut pétitionner, signer. Ce n'est pas une question politique, c'est une question religieuse, sociale; il s'agit, oui ou non, de savoir si la France conservera un reste de liberté. Si oui, espérons; si non, c'est la barbarie. Prions et agissons.

Adieu, cher ami, ton bon frère,

MARC, O. M. I.

†

L. J. C. & M. I.

Paris, le 5 novembre 1880.

CHER AMI,

Ce matin, notre expulsion a commencé à six heures, et la triste cérémonie s'est terminée à neuf et demie. Pas un serrurier n'a voulu prêter son ministère; on a fait venir les pompiers qui ont tout brisé. Scellés sur la chapelle. Je reste avec un Père et trois Frères à la rue Saint-Pétersbourg. Ça été une ovation pour nos Pères; pas un cri hostile. Je suis très heureux et en bon état de santé, malgré les larmes et l'émotion. On vient de partout nous témoigner de la

sympathie, et je ne puis que t'écrire en style télégraphique.

Nous avons le Saint-Sacrement dans notre oratoire
intérieur, et je suis le gardien du divin Prisonnier.
J'ai bien pleuré quand tout a été fini; mais je n'ai
jamais été plus heureux et plus près du bon Maître.
Ma santé est excellente.

Nos gardiens laïques ont été admirables; les ser-
gents de ville et les pompiers pleuraient.

Priez pour moi, qui vais me reposer enfin quelques jours, en attendant de reprendre mon ministère où je pourrai.

Tout à vous deux,

MARC, O M. I.

✝

L. J. C. & M. I.

Paris, le Lundi Saint, 3 avril 1882.

MON CHER LOUIS,

Je te remercie des recherches généalogiques que tu
as faites pour satisfaire ce bon M. de Blois; toutefois,
tout n'est pas fini, et je viens te demander de compléter ton œuvre. Envoie sur une feuille à part les
observations consignées dans ta lettre, et joins-y la
feuille de Blois que je t'ai adressée. J'enverrai le tout
à son adresse par l'intermédiaire du bon prêtre qui
m'a remis le document.

Ce matin, à cinq heures et demie, je disais la messe à Montmartre pour un pèlerinage de servantes; il y en avait bien au moins deux cents. Le 25, fête de saint Marc, je serai à la tête du second pèlerinage, composé des gens libres de leur temps, et par conséquent à une heure moins matinale. Le monte-charge, dont le conseil municipal a décidé la suppression, fonctionne toujours. Floquet a donné trois mois de répit; espérons que ça ira plus loin et que les impies ne feront pas tout le mal qu'ils veulent. Les braves gens devraient se remuer et protester davantage. On ne saurait croire à quel point ces blasphémateurs sont lâches.

A vous deux de cœur. Sainte et édifiante semaine.

MARC, O. M. I.

✝

L. J. C. & M. I.

Paris, le 26 juin 1882.

MON CHER LOUIS,

Ta lettre a été la bien venue, parce qu'elle était la bien attendue. Tu as enfin délié ta langue; à mon tour, je délie la mienne.

Suivant ce que je t'avais annoncé, j'ai fait jeudi dernier une quatrième visite à Évreux. J'ai pu voir notre sœur deux heures et demie environ, et nous avons causé de tous les nôtres.

Bonnes nouvelles de Sainte-Rose; lettre fort aimable.

Mon ami Miot, Major général à Cherbourg, vient de perdre sa mère; c'est moi qui l'ai assistée.

Jeudi, fête de saint Pierre, tu seras, je pense, à Salers pour le sacre de Mgr Pagis. C'est spectacle pieux et plein d'intérêt. Ce jour-là, je prêcherai à la chapelle provisoire de Montmartre. Les pèlerinages sont toujours plus nombreux et plus beaux; la basilique monte, monte toujours. Je t'ai envoyé le *Bulletin*, où tu m'auras trouvé.

Ton *Union* publie un bien gracieux feuilleton de M. Henri de Bornier. Si ça ne se gâte pas, c'est bien intéressant et c'est écrit en français!! La place de l'auteur serait à l'Académie.

Adieu, à toi et à ta femme, et pardonne ce style télégraphique; je n'en ai pas d'autre.

Ton frère dévoué,

MARC, O. M. I.

†

L. J. C. & M. I.

Paris, le 18 juillet 1886.

CHER FRÈRE,

Les journaux ne peuvent t'apprendre d'une manière complète quelle a été la pompe chrétienne des funérailles du cardinal Guibert. Les descriptions sont insuffisantes; il faudrait avoir assisté à ce spectacle.

J'ai eu cette joie douloureuse et j'en ai le cœur tout ému. Rien de plus majestueux et de plus simple tout à la fois que le concours et la tenue de cette population de plusieurs centaines de mille âmes !

Cela encourage, console, relève. La Religion a encore une grande puissance.

L'arrivée sur le parvis Notre-Dame, balayé d'avance par la police et laissé libre, était d'une grandeur que je n'ai vue nulle part.

Bref, laissons les descriptions : il y a encore une France chrétienne.

J'aimais, je vénérais le cardinal. J'ai reçu, au début de son agonie, sa suprême bénédiction. J'ai monté, avec mes confrères, la garde auprès de cette chère dépouille, dans la chapelle ardente, et, honneur inespéré, j'ai accompagné le corps de Son Eminence dans son char superbe, portant, comme représentant notre Supérieur général, un des cordons du poêle; à Notre-Dame, je montais donc encore la garde près de l'illustre défunt. J'ai tout vu, mais surtout j'ai prié, abîmé dans le recueillement et le souvenir de ce grand caractère, qui rappelle les pontifes des premiers temps de l'Eglise.

Je me réjouis d'apprendre que Marie a visité l'église nouvelle de Champagnac et est définitivement mieux.

A vous deux de tout cœur,

MARC, O. M. I.

✝

L. J. C. & M. I.

Paris, le 8 décembre 1887, en la fête de l'Immaculée-
Conception, notre fête patronale.

CHER FRÈRE,

J'ai lu une première fois et rapidement ta *Sainte-
Catherine* : c'est beau, bien conçu, bien étoffé de
choses et brillant de poésie ; reçois mon compliment
sincère. Je n'entends rien aux vers ; mais, instinctive-
ment, je comprends quand ils sont bons.

M. de Bornier, dans sa lettre flatteuse, admire le
rôle de Faustine ; moi, au point de vue de l'art, j'ai
fort goûté celui de Sedja, méchante d'abord, convertie
à la fin. Si j'avais un reproche à faire à tes philoso-
phes, ce serait de se rendre trop tôt et de ne pas assez
prolonger la résistance : évidemment, la vérité avait
des intelligences dans la place. L'ironie de Maximin
à leur endroit est très fine : c'est bien celle d'un per-
sécuteur et d'une brute. La grande Révolution et le
Comité de salut public ont produit des choses de ce
genre. D'une pauvre femme sourde [1], qui ne pouvait
répondre aux accusations portées contre elle et qu'elle
n'entendait pas, le président disait : « Écrivez qu'elle
a conspiré sourdement. » Les ennemis de Dieu sont
les mêmes à toutes les époques.

En résumé, c'est très bien ! on te lira avec plaisir ;

1. Mme de Montmorency-Laval, abbesse de Montmartre.

mais, sera-t-il possible de jouer dans des pensionnats
de jeunes filles quelque chose d'aussi élevé ? Certes,
il serait bien à désirer qu'on pût opposer de telles
représentations aux balivernes d'aujourd'hui ! Dans
tous les cas, tu as bien fait d'écrire ton œuvre dans
le grand genre de Racine, puisque tu la concevais
ainsi.

Roger en est tout fier pour la famille. C'est un
homme tout à fait sérieux, qui nous promet à tous
un chef digne de ce rôle après la mort de Ferdinand.

Je vois, cher ami, que la mairie de Champagnac
t'occupe beaucoup. Tu es jurisconsulte, avocat, conseiller ; peut-être seras-tu un jour confesseur, et alors
tu auras du confesseur la patience et la douce fermeté.
Pour faire du bien à tes administrés et te renseigner,
il faut savoir les entendre. Tu as là une famille à
gouverner d'après les principes chrétiens.

Ma santé se remet peu à peu ; mes yeux n'ont rien
de local : leur faiblesse et la difficulté à m'en servir
longuement tiennent à l'état général d'anémie. Je me
reconstitue énergiquement et ne travaille que très
modérément, tout juste assez pour ne pas mourir
d'ennui dans l'inaction.

Allons-nous avoir la liberté cette fois ? il en serait
grand temps ! Les expulsions nous ont bien ennuyés,
gênés, forcés à faire des dépenses ; en tout cas, comme
il plaira à la sainte volonté de Dieu ! Moi, je dis que
c'est notre purgatoire : mieux vaut le faire sur cette
terre que dans l'autre monde.

Paris est fort calme et fort boueux ; mais il ne fait
pas encore froid.

Je prends place par la pensée, cher frère et chère sœur, à votre foyer de Lampre et vous dis toutes mes tendresses.

MARC, O. M. I.

✝

L. J. C. & M. I.

Paris, 24 décembre 1887, vigile de Noël.

CHER FRÈRE,

J'ai lu *Sainte-Philomène*. Ton œuvre est fort belle : c'est travaillé; selon l'histoire, l'art et la poésie. Encore une fois, félicitations sincères; tes lecteurs seront, je pense, de mon avis.

Mais que c'est élevé, que c'est beau pour des enfants! C'est au *Théâtre-Français* que ces drames, avec de beaux décors, une belle mise en scène et des acteurs exercés, devraient être joués et seraient d'un bel effet. Cela arrivera en l'an de grâce trois mille, sous quelque futur saint Louis ressuscité, c'est-à-dire pas très prochainement, et bien après le centenaire de 1789 et les folies qu'il nous promet.

Au contraire, quel spectacle réconfortant que celui du Jubilé de Léon XIII !

Toujours un peu anémié, quoique bien portant. Je n'ai pas encore repris tout mon travail ; mais il m'en reste assez pour ne pas m'ennuyer.

A vous deux, et bonne veillée de Noël !

MARC, O. M. I.

✝

L. J. C. & M. I.

Royaumont, le 23 août 1889.

CHER LOUIS,

Reçois mes vœux de bonne fête : je te les envoie d'un coin de terre sanctifié par ton glorieux patron, près de la vieille abbaye cistercienne élevée par ses soins, et occupée aujourd'hui par un noviciat de religieuses. La campagne et l'air sont bons ici ; les aumôniers sont mes frères en religion, et je répare mes forces dans la réaction salutaire qui se produit et achèvera ma complète guérison.

Voici les élections à brève échéance ; quelles inquiétudes cela fait naître ! il s'agit du salut de la France et aussi de la Religion dans notre pays. Ce n'est pas l'heure de s'endormir : que les braves gens s'unissent donc ; que les petites susceptibilités locales se taisent. Sauvez, sauvez la France, chrétiens et conservateurs !

Les journaux font pitié à voir.

Soyons saints, cher ami, et ayons grand courage. Si tu écris dans la presse locale du Cantal, envoie-moi donc quelques lignes de toi. Le bon terrain est le terrain catholique ; en dehors de là que d'illusions, de faiblesses, d'erreurs, de rêves creux, et aussi quel manque de respect !

Adieu, cher et bon frère, écris-moi à Paris, et crois que je me remonte tout à fait; mais je ne saurais faire un trop long voyage.

A vous deux bien fraternellement : à Marie, pour qui j'ai prié le jour de l'Assomption, et à toi, cher chevalier de Saint-Grégoire.

MARC, O. M. I.

✝

L. J. C. & M. I.

Paris, le 14 septembre 1889.

Me revoilà à Paris, d'où j'espère sortir encore après avoir satisfait à mon devoir d'électeur.

Chers Auvergnats, donnez-nous de bons députés : le sort de la France et de la religion en France se jouent en ce moment; rester indifférent ou inactif serait un crime. Et puis s'entendre ! savoir sacrifier les détails pour sauver le fond, c'est-à-dire nos libertés religieuses et autres. Ah ! qu'il faut donc aussi prier à partir d'aujourd'hui !

Cher maire de Champagnac-Les-Mines, vas-tu être révoqué, toi aussi, comme beaucoup d'autres trop bons ? Je ne pense pas ; ta commune t'a trop bien adopté, et on ne voudrait pas la mécontenter. Mais qu'importe! la question, c'est de faire son devoir.

Les impies et les trompeurs passeront; comme les épis les plus hauts, ils seront balayés un jour et arrachés, selon la belle expression de Job : *Sicut summitates spicarum conterentur.*

J'ai reçu tes jolis articles qui m'ont intéressé, surtout la *Lettre d'un instituteur.* Je donnerai ce petit regain littéraire à notre bon Roger, qui collectionne précieusement ce qui peut être à l'honneur de la famille.

L'*Univers* m'a fait l'honneur de son feuilleton du 31 août : *Les pierres de Montmartre,* petit article emprunté aux Annales de notre Congrégation. Je te l'enverrai.

Sainte-Rose m'a écrit son bonheur de t'avoir vu. Parle-moi de cette belle démonstration religieuse de Murat. As-tu pu saluer notre évêque diocésain de Limoges, notre terre natale ?

Paris est envahi par les provinciaux et les étrangers : pauvres gens qui n'ont pas de bien édifiants spectacles sous les yeux, et qui, de plus, dépensent follement au pied de la tour Eiffel un argent qui leur manquera cet hiver. Ils diront alors, comme les Israélites dans le désert : *Deest panis ; non sunt aquæ.* Il vaudrait mieux économiser pour le ménage et pour les bonnes œuvres.

A propos d'eau, je trouve la nôtre, celle de Paris, bien mauvaise, surtout en arrivant de la campagne où elle est si bonne. J'envie votre bonne eau d'Auvergne, claire, pure, rafraîchissante et nourrissante, exempte de microbes et venant directement de vos montagnes par les canaux naturels qui la filtrent et la rendent éblouissante.

Vive la campagne ! je viens de la goûter et elle m'a

fait grand bien. Je vais maintenant m'essayer dans un voyage au long cours, c'est-à-dire Evreux. Trois ans! il est bien temps. Ah! l'anémie, maladie parisienne comme la politique!

Grâce à l'hydrothérapie, dont il faudra regoûter encore quelques jours avant l'hiver, j'en suis à peu près sorti.

Allons, prions bien les uns pour les autres, et soyons de rudes chrétiens et de fiers Français.

Donne de vos deux nouvelles et de celles de tes voisins de Lempret. Que font les enfants?

Adieu, cher et bon frère, voilà une longue lettre; fais de même.

MARC, O. M. I.

✝

L. J. C. & M. I.

Paris, le 20 septembre 1889.

CHER FRÈRE,

J'étais hier à Evreux; enfin! Après trois ans, j'ai revu cette chère petite supérieure et ai dîné à la même place que j'occupais, en face de toi, en septembre 1886. Quel accueil! comme nous avons parlé de nos chers absents! Marie-Ursule m'avait ménagé une surprise : elle avait demandé au supérieur ecclésiastique de la maison la permission pour son frère d'entrer dans la communauté. J'ai vu les petites réparations réalisées par notre sœur, toutes bien conçues; j'ai vu les jardins bien tenus et productifs. Les Ursulines entourent leur supérieure qu'elles aiment, qui fait du bien et qui paraît heureuse. Toujours même physionomie; pas changée depuis trois ans. Cela nous a fait du bien à tous deux.

As-tu reçu le numéro de *l'Univers* que je t'ai envoyé?

Bien à vous deux et bonnes élections!

MARC, O. M. I.

Mon ami, l'amiral du Petit-Thouars, qui commande l'escadre d'évolutions de la Méditerranée, m'a envoyé, dans une enveloppe, une petite feuille cueillie au-dessus de Tunis, sur l'emplacement de la mort de saint Louis, la veille de la fête de ce grand saint. Voilà qui est gracieux! Les marins sont de bons cœurs, et beaucoup d'entre eux, de fervents chrétiens.

Aujourd'hui, trente-huit ans de sacerdoce! demain, anniversaire de ma première messe! Notre père y était; c'était à Notre-Dame-de-la-Garde.

✝

L. J. C. & M. I.

Paris, le 21 octobre 1889, en la fête de sainte Ursule.

MON CHER LOUIS,

Mon cher chevalier de saint-Grégoire, mon cher maire de Champagnac, il me semble que cela doit nous faire du bien à tous deux de causer fraternellement. Tes nouvelles me sont toujours précieuses, et je vais chercher ton souvenir par delà tes montagnes.

Je ne suis encore que peu occupé, et c'est une cause d'ennui pour moi; mais les forces reviennent progressivement et merveilleusement. Je viens de passer encore quelques jours à la campagne; je reprends depuis le 17 quelques douches finales avant l'hiver, en forme de dessert du traitement, et, me comparant à ce que j'étais il y a un an, je remercie Dieu, je rends hommage à l'hydrothérapie et à l'habile spécialiste, le docteur Théodore Keller, qui m'a si bien mené.

Avec les forces, l'appétit, le sommeil complètement revenus; avec le travail modéré, très modéré, c'est-à-dire avec la faculté de lire, d'écrire, de m'occuper un peu, la gaieté revient aussi.

Mais pourqui te parler de moi? Je suis redevenu comme tout le monde; c'est te dire que je suis guéri.

A la campagne, j'ai assisté à une jolie petite séance dans un château voisin. Le jeune duc de Lesparre (Grammont), gendre du duc de Conegliano, a donné aux voisins de son château une séance de tableaux à la lumière oxydrique : c'était Jérusalem, la Palestine avec toutes leurs vues. Nous étions venus là du voisinage, quelques curés et quelque vingt à trente braves gens, sur invitation, et je t'assure que nous avons goûté un vrai plaisir; ça été pour nous un pèlerinage pieux, charmant et bien réussi. Je suis revenu enchanté.

Il y a quatre jours, j'ai manqué la visite de Marie-

Louise Caillault et de sa tante Robertine; je le regrette.

As-tu lu l'histoire du cardinal Pie et celle de Garcia Moreno? Il y faudra venir.

Je ne te dis rien des élections : sur le terrain politique les conservateurs seront toujours désunis; sur le terrain catholique, ils seraient invincibles.

Ton bavard de frère,

MARC, O. M. I.

†

L. J. C. & M. I.

Paris, le 8 novembre 1889.

MON CHER LOUIS,

Puisque mes lettres te ravissent, il est bon de les multiplier; une petite causerie fraternelle fait du bien. Je suis encore pour le travail à la demi-ration; ce ne sera pas frauder sur un temps réservé à autre chose que de m'entretenir à distance avec toi.

J'ai reçu tes 12 francs pour Montmartre et je les remettrai moi-même lundi au R. P. Voirin. Ce jour-là, 11 novembre, fête de saint Martin, je dois prêcher le panégyrique du patron de Tours dans la chapelle provisoire du Vœu National. C'est assez te dire que je suis vraiment de mieux en mieux.

Et cela, grâce à l'hydrothérapie et au docteur Théodore Keller, lequel n'a rien de commun pour la parenté, dit-on, avec le député catholique de Belfort. Mon spécialiste est Alsacien, lui aussi, mais protestant, ce qui ne l'empêche pas d'être un homme très bon pour ses malades et catholique par la charité, car il ne prend pas un sou aux religieux et aux prêtres.

Tous les jours, je sens que je puis travailler un peu plus. Aujourd'hui, *l'Univers* a inséré un petit article de ton frère sur le mouvement religieux au Sacré-Cœur pendant six mois; je te l'enverrai : donc on travaille.

A la Toussaint, j'ai pu confesser un peu; encore bon signe, et, en vérité, je sens que je ne suis plus le même.

Remercions Dieu! avec la facilité du travail, c'est la vie qui revient, l'expansion, la joie, le bonheur de faire quelque chose pour Dieu et le prochain.

Notre chapelle a été comble à cinq messes le jour de la Toussaint. En ce moment, on répare et on nettoie l'orgue qui dormait depuis neuf ans. Bientôt j'espère il parlera de nouveau, et la vie religieuse reviendra, elle aussi, autour de nous. Mes excellents et zélés confrères travailleront sérieusement, et moi, je me contenterai de glaner.

Adieu, mon bon patriarche, cher maire de Champagnac et honorable chevalier de Saint-Grégoire-le-Grand, donne de vos deux nouvelles, évitez les rhumes et aimez Dieu. Ici, il fait déjà l'été de la Saint-Martin.

Ton frère bien affectionné,

MARC, O. M. I.

✝

L. J. C. & M. I.

Paris, le 19 décembre 1889.

MON CHER ET BON LOUIS,

Que n'étais-tu près de moi avant-hier, 17 décembre, au couvent des Sœurs *Zélatrices de la Sainte Eucharistie*, rue de Douai, dans notre voisinage! On y a joué ta *Sainte-Catherine* pour la fête de la supérieure.

Le drame a été aussi bien interprété qu'il pouvait l'être sur un théâtre étroit, de plain-pied, et par de jeunes élèves d'un pensionnat.

Beaux costumes, conformes à l'époque, pris chez des fournisseurs *ad hoc*; bonne attitude des petites actrices, mais récitation plutôt que déclamation; trop de rapidité dans le débit, et, par conséquent, la césure et les rimes disparaissaient et ne pouvaient être perçues par l'oreille. N'importe! malgré ces défauts inévitables, qui tiennent à l'âge et à l'inexpérience, le drame a été fort intéressant à suivre et d'une belle mise en scène. Les rôles les mieux joués ont été, à mon avis, ceux de l'Empereur, de sainte Catherine et de Salomé. Si Sedja avait eu un peu plus de voix, elle eût approché des trois autres; Faustine aussi.

J'ai été ravi, et j'ai remercié les enfants, à la fin de la séance, sur le désir de la supérieure qui m'a donné la parole.

Bref, cette expérience m'a démontré que tes drames

sont parfaitement jouables dans un pensionnat, et que les rôles d'hommes qui y sont mêlés ne sont pas un obstacle.

Hier, j'ai fait une visite de remerciements à la supérieure et à la maîtresse du pensionnat, à qui j'avais donné ton volume il y a un an.

On a été bien gracieux, et je te retourne tous les compliments.

Cette loi militaire ruine les sociétés religieuses; qu'allons-nous devenir? Et la confiscation! ils sont capables d'y arriver peu à peu. Je trouve les catholiques par trop résignés. Depuis les élections, la bataille perdue, on est rentré dans son inaction et l'on subit tout. Les indignations se taisent; à part quelques hommes, la masse reste inerte, assommée sous les coups et impuissante.

Exoriare aliquis nostris ex ossibus ultor.

Seigneur et Marie Immaculée, sauvez-nous!

Avec cela, j'espère toujours et ai de la peine à ne pas rester optimiste.

Dieu et l'Église nous donnent des saints et glorifient les religieux pour nous ranimer. J'ai assisté à une cérémonie du *Triduum* du Bienheureux Perboyre, chez les Lazaristes, rue de Sèvres. Que c'est donc touchant et fortifiant!

L'influenza règne à Paris; les douches me rendent invulnérable. Écris-moi, je t'en prie. Il fait très froid ici; cela se calme un peu. Et là-bas?

Donne des nouvelles de Lampre et de Lempret.

Adieu, à toi de cœur.

MARC, O. M. I.

LETTRES

DU

R. P. MARC DE L'HERMITE

A SES SŒURS

✝

L. J. C. & M. I.

Notre-Dame de Rennes, 3 avril 1860.

CHÈRES SŒURS,

Qu'il repose en paix, ce bon et tendre père; qu'il trouve enfin, après son triste pèlerinage, un lieu de rafraîchissement et de bonheur! Samedi, jour de sa mort, pendant ma messe, je fus vivement pressé par une voix intérieure de recommander ce bon père au *Memento* des morts. Cette voix était une certitude, et j'avais calculé que l'assurance m'en arriverait aujourd'hui mardi, ce qui n'a pas manqué.

C'est un samedi, jour consacré à la sainte Vierge, le 31 mars, dernier jour du mois de saint Joseph, patron de la bonne mort, que la vie de ce fidèle chrétien et si excellent père a été cueillie. Je pleure, mais il y a de la reconnaissance et de la joie dans mes larmes. Ma confiance est tellement grande, Dieu a environné ce lit funèbre de tant de grâces que mon esprit bannit toute alarme.

J'ai ressenti le contre-coup heureux de tant de sacrifices; ma retraite a été admirable d'assistance, d'entrain; nous avons des conversions nombreuses.

Je n'ai plus à prêcher que la Passion, vendredi, et la fête de Pâques; mais je dois, sur l'invitation de M. le Supérieur du Grand Séminaire, aller dire un petit mot à ses lévites, jeudi soir, et demain à nos bonnes Sœurs de l'Espérance.

Ma santé est forte. J'ai des confessions matin et soir en assez grand nombre; notre père a tout le bénéfice du bien qui s'opère ici.

Consolez-vous, chères sœurs! Toi, ma Sainte-Rose, prends garde à ne pas ressentir dans ta frêle santé le contre-coup de la peine. La mort de notre père était prévue; la nouvelle n'en est pas moins pénible, je le sais, mais ton tendre cœur a besoin de force dans la circonstance présente. Toi aussi, mon Ursule, toi que notre père aimait tant, comme la plus jeune, comme la dernière offrande portée à l'autel de Dieu, ménage tes forces. Je voudrais être près de vous, mes sœurs, près de Louis, ce cher aîné, qui a eu le privilège de fermer les yeux à notre père. Dieu me veut auprès des âmes; j'adore sa volonté, je le remercie des grâces dont il honore mon indigne ministère.

Je ne partirai de Rennes probablement que le mercredi ou le jeudi d'après Pâques. Louis me presse d'aller le rejoindre quelques heures : son cœur a besoin de raconter et de s'épancher. J'ignore ce que je puis faire; certaines âmes m'attendent à Cléry pour leurs pâques.

Adieu, adieu! force, consolation, reconnaissance! Votre frère chéri,

Marc de l'Hermite, O. M. I.

†

L. J. C. & M. I.

Rennes, le 11 septembre 1865.

MA CHÈRE SAINTE-ROSE,

Si jamais j'ai regretté de ne pas savoir faire de jolies lettres et de n'avoir plus le temps d'en écrire, c'est bien aujourd'hui. J'aurais eu tant de plaisir à répondre à tes charmants détails par d'autres détails; mais qu'y faire ? Il faut se résigner à tout abréger.

Et d'abord, voici le payement large et complet de ta musique, que je fais exécuter par une jeune fille, pensionnaire à l'Espérance. C'est très bien, continue. Si l'on pouvait composer des romances chrétiennes, et faire passer à nos jeunes mondaines le goût de ces sottes paroles qu'elles chantent et qu'elles n'oseraient parler !

A propos de jeunes filles, je te recommande une retraite de plus de cent congréganistes du monde que je vais commencer dimanche à Laval, et qui sera suivie de la retraite des Sœurs de l'Espérance de cette ville.

Je viens de prêcher celle de Rennes et trois jours d'Adoration à l'Hôtel-Dieu, devant un nombreux auditoire composé de malades, de quarante Sœurs Augustines et de gens du monde en grand nombre. Cela m'a valu six pots de confitures et un sac de bon bons. Merci des douceurs; mais je dis comme le personnage de La Fontaine :

> le moindre ducaton
> Serait bien mieux mon affaire.

Voilà ce que c'est que de fonder des maisons, on devient avare. C'est tout de même intéressant que les fondations; les épisodes n'y manquent pas : on arrive avec quelques sous dans la poche, on plante saint Joseph sur un petit piédestal et on lui fait des neuvaines; on commence tout avec rien, on trace laborieusement son sillon et peu à peu les sueurs deviennent fécondes. Voilà où nous en sommes, ma fille! Avec cela, on a une chapelle, véritable catacombe, constamment envahie, et si bien que je vais faire mettre par terre un vieux mur pour pouvoir loger plus de fidèles. J'ai confiance en Dieu. Le chanoine *Pératout*, dont le nom amusait tant notre père, irait bien dans ma poche. C'est ainsi qu'on débute; en attendant d'être mieux, on fait du bien; c'est le seul côté véritablement désirable. Nos missions commencent le 24; nous allons arpenter le diocèse en tous sens : prie pour ces œuvres.

La question historique que tu me poses est des plus intéressantes; c'est celle que je viens d'étudier en dernier lieu dans mes lectures d'Écriture sainte; mais il m'est impossible de résumer un travail, il me faudrait huit jours complètement à moi. Voici une brochure qui te donnera des lumières. Si elle ne te suffit pas, écris simplement à Dom Guéranger, en lui disant

que tu es la sœur du pauvre Henri et du Père oblat;
il te répondra. Enfin, si j'ai quelques jours à moi, je
ferai le travail que tu demandes.

Remercie M. Daupeyroux de sa brochure intéressante, reçue à Aix quelques jours avant mon départ;
ne m'oublie pas auprès de l'excellent docteur Tixier
et de mes chères connaissances de Saint-Alyre.

Adieu, mes deux chères sœurs, votre frère bien-
aimé.

Marc, O. M. I.

La rue Pré-Perché a un drôle de nom : jadis, le lit
de la Vilaine était là; il y avait à côté des prairies et
des perches pour étendre le linge, d'où le nom de
Pré-Perché.

✝

L. J. C. & M. I.

Rennes, le 27 décembre 1865.

MA CHÈRE SŒUR,

En revenant de mission, je trouve ta douloureuse
annonce sur ma table : je m'y attendais, mais j'en
suis bien affligé. Notre bonne cousine Rosalie[1]
m'avait toujours paru une âme d'élite, et Dieu l'a
cueillie prématurément à l'âge, mais non pas préma-

---

1. Mlle Rosalie de Nedde, en religion Sœur Saint-Louis-de-Gon-
zague, âme véritablement angélique.

turément à la vertu : sous ce rapport, elle devait être accomplie. Ce matin, j'ai dit la messe pour elle, et le calme que j'ai éprouvé au *Memento* des morts me semblait être une assurance du bonheur de cette belle âme.

Vous perdez beaucoup, mes chères sœurs : votre parente était une amie sûre et un modèle; mais je pense à ces bons Nedde, si éprouvés depuis quelques années. Prions pour eux; je vais leur écrire. Dis à la petite prétendante et à sa sœur [1] toute la part que je prends à leur filiale douleur. J'ai été bien touché du souvenir suprême que la mourante m'a accordé dans ses derniers moments.

Par avance, mes chères sœurs, je vous souhaite une bonne et sainte année. Mes missions sont finies jusqu'au Carême : j'ai fait une ample moisson; Dieu me soutient, et je suis étonné de me trouver si fort au milieu de ces travaux écrasants. Je me porte très bien, et, n'était l'humidité excessive du pays, tout irait pour le mieux.

J'ai maintenant à m'occuper de la maison et à répondre à une foule de lettres. Dans quelques jours, je vous écrirai plus longuement.

Adieu, ma Rose.

Ton frère dévoué,

Marc DE L'HERMITE, O. M. I.

---

1. Les nièces de la défunte : l'une au noviciat depuis un mois; l'autre, encore au pensionnat.

✝

L. J. C. & M. I.

Rennes, le 28 juillet 1866.

CHÈRE SŒUR,

Oui, tout est arrivé en bon état : pétrification, musique et la *Vie de Mme de la Fruglaye*, dont une parente sans doute, et qui porte le même nom, nous a envoyé de belles fleurs, au commencement du mois de Marie, pour orner l'autel de la sainte Vierge. Merci de l'empressement et pardon de l'embarras des commissions; merci également du joli livre.

Tu me donnes le prix du groupe et tu ne me dis rien du port et de la musique. A tout hasard, je t'envoie 8 francs en timbres-poste. Si tu peux pour le surplus, si surplus il y a, m'envoyer quelques morceaux de musique, tu me feras plaisir. Il me faudrait : la *Fée Mirobola*, *Bergères du hameau*, la *Jeune Quêteuse*, l'*Oiseau que je préfère*. Voici à quelle intention.

J'ai passé les six premiers jours du mois de juillet dans un beau château, pas loin de la côte de Normandie, appartenant à M. le comte de La Villarmois, un de mes voisins dont j'avais fait la connaissance à Cléry. Sa femme est de la Haute-Auvergne et est née de Miramont. Ils ont huit enfants, dont six filles, qui, sauf l'interstice d'un garçon, sont les aînées et s'échelonnent comme des étages. C'est bien un type de famille chrétienne et charmante que cette réunion. Il y a là prêtre-instituteur, institutrice et un piano qui est battu toute la journée. Je serais bien aise d'offrir ta musique à ces pieuses enfants.

Je voudrais bien que Louis fît la connaissance, quelque jour, de M. de La Villarmois, qui l'a cherché vainement, il y a deux ans, à la foire de Saint-Géraud d'Aurillac.

Ce bon Monsieur m'a amené au Mont-Saint-Michel, à cinq lieues de son château. Quelle magnificence! Représente-toi un rocher au milieu des immenses grèves tantôt baignées par les flots, tantôt à sec, tandis que la mer gronde au loin, et, au sommet du mont, une magnifique église ogivale bâtie par les Bénédictins. Il n'y a que sa place. De là, on domine les quelques maisons de l'îlot, la mer, les grèves, la côte de Bretagne jusqu'à Cancale et la côte de Normandie, où l'on distingue Avranches et Granville. C'est un des plus beaux spectacles que j'aie jamais vus.

Nous faisons beaucoup de théologie en ce moment, et moi, j'écris quand je puis épargner quelques minutes.

Je viens de lire, dans *le Correspondant*, un article délicieux de M. *Augustin Cochin* sur un ouvrage intitulé : *Récit d'une sœur*. On y raconte la mort de M. *Albert de La Ferronays* et la conversion de sa femme, schismatique russe. Je pense que cet ouvrage, que je ne connais encore que par l'excellent critique, peut être conseillé à une jeune fille chrétienne qui doit se marier un jour, et connaître les austères

devoirs de cet état. Quand j'aurai lu, je pourrai
mieux t'en parler; mais l'article m'a déjà ravi.

Tu me parles de tes souffrances physiques qui
énervent ton courage. Ma pauvre petite, je comprends cela pour y avoir passé; mais je crois que ce
sont de bons moments. Je voudrais pouvoir te montrer un spectacle que j'ai tous les jours sous les yeux,
celui de la supérieure de l'Espérance de Rennes qui
s'éteint depuis vingt-sept ans. Quelle énergie! quelle
âme! et aussi quelle amabilité soutenue et comme
naturelle au milieu de tout cela! Je la recommande à
tes prières, à celles de sainte Ursule et de tes compagnes.

Tu voudras bien aussi prier pour une foule d'intentions qui me tiennent au cœur. Nous ne prions
pas assez : la vie entière ne devrait être que cela,
mais sans affectation, comme on respire.

Le 26 août, je dois commencer à Limoges ma
retraite. Quel bonheur, après avoir prêché les autres,
d'être prêché à son tour! J'aurai probablement huit
jours ensuite pour voir la famille. Il faut que je sois
de retour à Rennes pour un triduum à la Vierge de
la Salette, que je dois prêcher à Notre-Dame, en
l'honneur du vingtième anniversaire de l'Apparition.

Voilà une bien longue lettre : je ne suis pas ordi-
nairement aussi bavard; mais je sais que tu ne t'en
plaindras pas, ni Marie-Ursule.

Tout mon respect à la Mère Supérieure et autres
mères; souvenirs à petite novice et aux cousines.

Si tu revois l'abbé Delor, dis-lui tout ce qu'il sait

déjà, que sa vieille et paternelle amitié m'est infiniment précieuse.

Ton dévoué frère,

Marc DE L'HERMITE, O. M. I.

†

L. J. C. & M. I.

Rennes, le 20 octobre 1866.

Tout à l'heure, au bréviaire, nous avons récité l'Antienne des premières Vêpres de sainte Ursule. A l'exemple de ta patronne, toi aussi, pauvre ursuline, tu vas émigrer. Je sais que la maison de Clermont a déjà fourni des sujets à plusieurs fondations; mais, connaissant ta mauvaise santé, j'étais loin de m'attendre à te voir faire partie de ces colonies apostoliques destinées à greffer au loin la vie religieuse. Pour moi, ces changements sont prévus et me trouvent presque indifférent. Je comprends que pour toi, née à la vie religieuse dans le pieux monastère de Saint-Alyre, destinée à t'y sanctifier, à y vivre et à y mourir, il n'en soit pas de même. Que veux-tu, ma pauvre fille, il y a là un sacrifice; mais heureuse l'âme qui peut dire à la mort : Une fois en ma vie, j'ai fait à Dieu un grand sacrifice, et je l'ai fait de bon cœur et gaiement! La Bourgogne ou l'Auvergne, peu importe! Dieu est partout; partout je peux l'aimer, donner de bons exemples et gagner des âmes.

Qu'est-ce qu'Avallon ? je l'ignore : un point imper-
ceptible sur la carte ; mais, si je ne me trompe, là a
vécu un saint prêtre, un apôtre, le vénéré P. Muard.
Dorénavant, mes yeux et mon cœur se tourneront du
côté d'Avallon comme vers Clermont. Vous étiez trop
heureuses ensemble, mes pauvres sœurs ; Dieu a
voulu vous faire pratiquer plus entièrement la vertu
de détachement ; il faut l'en remercier et en être heureuses à travers les larmes de la séparation. Rien ne
met à l'aise comme un ordre[1] ; quand un supérieur a
parlé, on sait où la volonté doit se porter.

Nous voilà disséminés de plus en plus ; le triangle
s'agrandit. Tout le monde voyage aujourd'hui, et le
cloître lui-même n'est plus une garantie suffisante de
stabilité. Eh bien, comme le commerce, comme le
plaisir, voyageons, mais à la façon des apôtres : la
prière sur les lèvres et le feu sacré de la charité dans
l'âme.

Pauvre petite Ursule ! J'espère bien aller tantôt en
Bourgogne, tantôt en Auvergne, et être le correspondant entre les deux sœurs. Autun n'est pas loin
d'Avallon ; si l'année prochaine on nous réunit là
pour la retraite, j'aurai bien la permission d'aller te
voir.

Je voudrais bien que Louis fût ton Raphaël.

Dans huit jours, je serai à Orléans pour la retraite
du petit séminaire Sainte-Croix. Écris à Rennes l'é-

---

1. La religieuse à qui l'on écrit ces lignes n'avait point reçu d'ordre, que sa règle ne comporte point en de telles circonstances, mais
l'équivalent d'un ordre, c'est-à-dire l'expression *formelle* d'un désir
de ses supérieurs.

poque de ton départ. Je vais t'accompagner de mes
prières et je ne te laisserai pas longtemps sans lettre.

Crois, chère sœur, à ma vieille affection et prie
pour moi. La responsabilité des âmes m'effraye plus
que jamais.

Ton dévoué frère,

MARC DE L'HERMITE, O. M. I.

†

L. J. C. & M. I.

Rennes, le 20 novembre 1866.

CHÈRE SŒUR,

Ta lettre si désirée demandait une prompte réponse ; excuse-moi de te l'envoyer courte : elle con-
tiendra cependant bien des choses.

Et d'abord, laisse-moi te dire que, pour la prochaine épître, je veux plus de détails. Etes-vous nombreuses dans ton nouveau couvent ? Combien de religieuses, combien de pensionnaires ? Le monastère
est-il vaste ? Avez-vous un beau jardin, une jolie chapelle, et as-tu retrouvé là quelque chose du grandiose
de Saint-Alyre ?

Tu me parleras aussi du voyage. Quel effet t'ont
produit les chemins de fer, et comment as-tu trouvé
le monde, ce vaste monde, que tu semblais destinée à
ne plus revoir que sur un seul point de terre ? Comment, tu as fait une excursion à Vézelay ! mais alors

tu étais munie de pleins pouvoirs? Cela me paraît drôle de te voir cheminer en excursionniste déguisée en séculière [1] et escortée par ton frère barbu. Raconte-moi tout cela; dis-moi si l'air de Bourgogne te va, *et reliqua*.

Voilà bien des interrogations, absolument comme au confessionnal.

Je comprends, ma pauvre petite, ton chagrin ou plutôt ta peine, car le mot chagrin ne serait pas chrétien. Mais, pour parler en prêtre plutôt qu'en frère, je puis te dire que, sous la main de Dieu, ce qui est pour nous un sacrifice est le plus souvent un grand bien. Franchement, nous n'avancerions pas dans notre sanctification sans cela. Le cœur a besoin d'être mis quelquefois sous le pressoir pour exprimer l'amour de Dieu qu'il ne donne pas assez. Dans quelque temps, tu reconnaîtras cela, quand la première sensibilité sera passée. Tu laisses à Clermont bien des affections; tu retrouveras à Avallon celles de la vie religieuse. C'est une joie pour moi de te savoir sous la tutelle de mère Philomène. Bonne mère! je la remercie de tous les soins dont elle t'entoure et des tendresses dont elle use pour adoucir la transition.

Écris=moi quelquefois, un peu plus souvent même les premiers temps. Pauvre petite Ursule! j'ai bien promis de la soigner; elle aura occasion de déchiffrer plus souvent mon écriture orientale.

Tu sais que j'ai donné, fin d'octobre, la retraite au

---

1. La religieuse à qui l'on écrit ces lignes n'était pas en costume de séculière, et se trouvait autorisée, dans cette excursion utile et ce léger détour, par sa Règle et ses supérieurs.

petit séminaire Sainte-Croix d'Orléans. On est venu de Cléry m'enlever. J'ai passé trois jours au milieu de mon ancien peuple. Le dimanche, les Oratoriens, mes successeurs, m'ont fait faire le prône, les instructions des congrégations que j'avais jadis établies. On m'a rendu mon étole et ma stalle au chœur. Avec quelle ferveur j'ai prié la Vierge du Couronnement ! J'ai retrouvé à sa place l'*ex-voto* de Saint-Alyre, les vers et les noms envoyés. Mes paroissiens m'ont fait un accueil dont j'ai été ému ; mais tout cela ne peut se dire par lettre. Me revoilà à Rennes, tranquille j'espère jusqu'au Carême. Je prêcherai l'Avent à Saint-Sauveur de Rennes ; mais cela ne me fatiguera pas.

Prie beaucoup pour la supérieure de l'Espérance qui revient des portes de la mort, et que Dieu semble vouloir rendre à son œuvre et à tous ceux qui la vénèrent.

Prie beaucoup pour moi, chère petite sœur. Allons, du courage ! tout ira bien, tu verras. Une fois l'air du bureau pris, tu te trouveras encore dans ton élément.

Reçois tous mes meilleurs et bien fraternels souvenirs, et offre ma respectueuse reconnaissance à la Mère Supérieure.

MARC DE L'HERMITE, O. M. I.

✝

L. J. C. & M. I.

Rennes, le 30 décembre 1866.

MA CHÈRE ROSE,

L'année s'achève, et je ne dois pas oublier que j'ai une bonne sœur, séparée comme moi de tout le reste de la famille ; un souvenir fraternel fait toujours plaisir : reçois donc tous mes vœux de bonne année pour la *fortification* du corps et de l'âme, et pour les grâces que je désire te voir rencontrer en Bourgogne.

Je voudrais écrire longuement ; mais le temps, ce mot fossile, cet être archéologique, ne se multiplie pas autant que les obligations. La prière achèvera ce que la plume ne fait qu'indiquer. J'attends ta circulaire et les détails sur ta nouvelle résidence.

J'ai de bonnes nouvelles de Clermont, de Lampre et de Mende. Depuis hier, je suis occupé à me mettre en règle avec tout le monde.

Mon Avent s'est terminé jeudi, bien que je doive prêcher encore le jour de l'Épiphanie. Je vais m'occuper maintenant jusqu'au Carême, si c'est possible, de travaux intellectuels. J'ai bien des projets et des choses urgentes en retard.

Je lis avec bonheur et attendrissement en ce moment la *Vie de Louis XVII*, par M. de Beauchêne, couronnée par l'Académie française. Quel martyre !

Je joins à ma lettre des sentences sur la crèche; tu pourras les faire tirer au sort par vos pensionnaires : c'est tout à fait breton, mais bon.

Dis à la Mère Philomène que je ne sais trop comment lui exprimer ma reconnaissance pour ses bontés. Louis m'a écrit à son retour la lettre la plus intéressante, où il me parle en homme qui s'y entend de cette femme de tête et de cœur.

Ton dévoué frère,

MARC DE L'HERMITE, O. M. I.

†

L. J. C. & M. I.

Rennes, le 22 janvier 1867.

MA CHÈRE SAINTE-ROSE,

Très certainement, comme Sainte-Ursule qui vient de me relever du péché de paresse, tu grondes contre ton frère de Bretagne. Je viens à toi sans excuses, mais avec contrition, et j'entre sans façon dans tes corridors et tes salles pour te dire bonjour. Ta circulaire m'a fait passer trois bons quarts d'heure : c'est très intéressant, ma petite. Je suis bien aise que tu aies trouvé à Avallon des religieuses intelligentes et l'esprit de famille, que l'envahissement du monde aurait pu ruiner sans retour. J'ai beaucoup ri du mot de la petite sœur; il est charmant : « Mère Philomène est venue remettre ici la concorde, et Mère Sainte-Rose, la concordance. » Quel bonheur pour toi d'avoir trouvé la clôture, grâce à la bonne Mère, et quel bienfait pour la communauté !

Merci de la jolie sainte Vierge que j'ai reçue en son temps, avec les pains d'épice dans lesquels tu l'avais emmaillotée.

J'apprends avec bonheur que tu fais le catéchisme à tes novices. Généralement on s'occupe trop de mysticité et on oublie le fondamental. Enseignes-tu aussi l'histoire ecclésiastique, comme à Saint-Alyre ? Il manque aux pensionnats un petit cours élémentaire bien fait ; emploie tes loisirs à ce soin utile : on ignore l'Église, ses luttes, ses origines, ses titres, ses bienfaits.

Figure-toi qu'il y a quelques jours, j'ai découvert que mon Frère cuisinier, qui est un saint, ne savait pas l'histoire de Tobie et de son hirondelle. Je viens de lui remettre une histoire sainte abrégée qu'il pourra consulter ; puisse-t-il en faire un meilleur usage que de sa *cuisinière bourgeoise !*

J'arrive du fond du Morbihan, où j'ai passé deux jours. J'ai revu l'Océan, non loin de Quiberon et de Lorient — entre les deux. — J'ai revu aussi Auray et salué Sainte-Anne, qui n'en est qu'à une lieue. Ici nous sommes sous la neige ; mais, malgré cela, j'ai passé partout et rapporté un grand appétit.

J'achève *Louis XVII*, de M. de Beauchêne. Il faut te décider, malgré les larmes, à lire ce chef-d'œuvre et ces pages dignes des *Actes des Martyrs.*

On vient de m'envoyer l'*Histoire de saint Louis,*

d'après Joinville, par Natalis de Wailly, de l'Institut. Je vais me délecter dans ce vieux français mis en regard du moderne.

Je regrette que l'*émeute* avallonnaise, soulevée par vos bonnes maîtresses de musique, te prive d'une occasion d'être utile; mais, que ce soit pour avoir joué de l'harmonium bien ou mal, mal ou bien, il n'y a pas lieu d'en prendre souci.

Allons, soyons bons à quelque chose, au moins à prier et à souffrir. Comme dit l'auteur de l'*Imitation*, « lisez, écrivez, chantez, etc., la vie éternelle est digne de tout cela. »

Si tu connais à Avallon un bon maître d'écriture, donne-lui mon adresse. Ces plumes de fer achèvent de m'alourdir les doigts. Depuis longtemps, ou plutôt *ab initio*, je ne soigne pas mes lettres et suis résolu à passer pour un paysan.

A Mère Philomène et à toi, chère sœur.

MARC DE L'HERMITE, O. M. I.

✝

L. J. C. & M. I.

Du presbytère de Redon, le 13 mars 1867.

MA CHÈRE SAINTE-ROSE,

Ton journal m'est arrivé ce matin avec une lettre de Louis. Je te réponds immédiatement au retour d'une visite chez les Ursulines de Redon.

Mes lettres, tu le sais, n'en sont plus; j'écris au courant de la plume : prends-t'en (ce prends-t'en est joliment rude) à la vie que je mène.

J'arrive des bords de la mer, non loin de Saint-Malo, où j'ai secoué des marins pendant trois jours. Quel beau pays que ces côtes maritimes! quelle belle population! Me voilà maintenant à Redon pour tout le Carême : ville de cinq mille âmes, une seule paroisse, belle église romane, ancienne abbaye bénédictine, auditoire nombreux et compacte, qui sera, je crois, sympathique, et puis, suivant l'affiche et le programme, confessions par-dessus la tête. Ma pauvre fille, ce sont des métiers à tuer et cependant j'y résiste! Le bon Dieu s'en mêle. Je réclame le suffrage de tes oraisons jaculatoires : c'est le moment.

Demande aussi pour nous une maison à Rennes, car la boutique du Pré-Perché n'est qu'une ruine archéologique. Sans manquer à la pauvreté, on peut être mieux. Je rêve une chapelle, et je voudrais la commencer bientôt.

Ta foire pour le Saint-Père m'a beaucoup intéressé. Comme je voudrais pouvoir sonner à mon tour cette cloche si remuée par les gamins en carnaval!

Pourquoi fais-tu à la Bourgogne l'honneur d'avoir donné le jour à Louis Veuillot? Je réclame pour le Gâtinais. Il est vrai que la Bourgogne s'est annexé ce coin de terre. Le grand publiciste est né à Boynes, non loin de Pithiviers (Loiret); et, dans son église natale, j'ai dit la messe et prié pour lui.

A propos de Rennes, il y a quelques jours, j'ai rencontré un Père de la Pierre-Qui-Vire, le Père Ger-

main, je crois. Il prêche le Carême à Notre-Dame, où
j'ai prêché il y a sept ans. Son curé, mon vénérable
Père Meslé, promenait dans Rennes avec satisfaction
sa *pierre qui vire*, qui paraît solidement établie.

Prie beaucoup pour moi, ma chère sœur, sans cela
on ne fait rien de bon. L'ouvrage est au-dessus de
mon temporel, et cependant jusqu'à ce jour j'y ai
tenu ; le bon Dieu s'en mêle !

Allons, sois heureuse à Avallon, où les gracieux
épisodes ne manquent pas. Je te vois souvent en Dieu
et aussi dans ta photographie Bérubet.

Je ne sais comment exprimer à la sainte Mère Philomène tout ce que j'éprouve de reconnaissance pour
elle : dis-le-lui bien.

Ton dévoué frère en Notre-Seigneur.

MARC DE L'HERMITE, O. M. I.

†

L. J. C. & M. I.

Redon, le 31 mars 1867.

Il est contre l'usage chez les Ursulines d'écrire en
Carême ; mais cela n'est pas interdit aux Oblats. Je
profite donc du privilège pour t'envoyer un bon souvenir avant les dernières et plus laborieuses semaines
du Carême.

C'est aujourd'hui le septième anniversaire de la
mort de notre bon père ; tous quatre nous sommes
unis dans la prière et le souvenir. Il était si bon ce

papa Félix; c'était un homme si simple et si droit, une nature si accueillante, et il nous aimait tant! et il n'a eu d'autre bonheur temporel que nous! Dieu l'a reçu, j'en ai la conviction, et son souvenir est pour moi mêlé de consolations.

Et puis, pour ne pas me faire de mauvaises affaires avec Marie-Ursule, qui cède en ta faveur ses *droits de jeunesse*, il faut t'écrire. Comme elle plaide la cause de l'exilée! Non, tu n'es pas exilée, ayant Mère Philomène avec toi et Dieu partout. J'ai à côté de mon confessionnal une statue de cette sainte Philomène que je regarde souvent, et qui me rappelle Avallon.

Comment va la santé? ainsi que dirait un paysan limousin. Les gamins sonnent-ils toujours la cloche du couvent, et Virot, le charmant facteur, apporte-t-il des lettres de Clermont?

Me voilà jusqu'à Pâques sous le pressoir. Mardi dernier, j'ai eu une première réunion d'hommes : c'était déjà magnifique. Si je vis encore à Pâques, je t'enverrai le chant de la résurrection. Pries-tu et fais-tu prier pour moi?

J'ai fait visite cette semaine, en compagnie de mon curé, [à Mlle de Lambilly, sœur d'un des commandants des zouaves pontificaux. La Bretagne envoie tous les jours de petits soldats au Pape, et vous, vous lui envoyez le produit de vos loteries. Si tu m'en avais parlé, je t'aurais fourni quelque rien.

Tu dis qu'on annonce une révolution comme imminente. Cela peut être; mais, en tout cas, il faut s'attendre à tout et n'avoir peur de rien. Dieu est là, et n'a pas encore donné sa démission. Tu sais que

Veuillot va faire reparaître son *Univers* à partir du 15 avril?

Adieu, chère sœur, voici la grand'messe et le travail. Mille bons souvenirs; je pense à toi beaucoup, et, malgré ma mauvaise écriture, que le fer rend encore plus déplorable, je t'aime toujours.

MARC, O. M. I.

✝

L. J. C. & M. I.

Rennes, le 26 avril 1867.

MA CHÈRE SAINTE-ROSE,

Merci de tes souhaits fraternels de bonne fête; ils sont excellents de choix et de forme; cependant, j'accepte la promesse que tu me fais d'un document supplémentaire, où, selon ton expression, tu reviendras plus *proprement* et plus *longuement*. Quant à moi, je ne saurais jamais mettre à exécution l'effet de ces deux adverbes : ma plume n'est ni propre ni longue; mais mon cœur est bon, et mon affection, durable aussi.

Me revoilà à Rennes, tout étonné de ne pas être mort, ayant des envies de dormir qui sont un bon signe, et dînant à la Saint-Marc grâce aux asperges du jardin de Lampre, qui pourraient valoir à Louis une médaille dans un concours de jardiniers.

Je mets dans un même sac toutes les âmes de Redon qui m'ont passé par les mains et je te prie de les mettre en oreiller à Jésus, à Marie et à Joseph ; après ça, je ne m'en occupe plus, t'en laissant toute la responsabilité, et courant à de nouveaux soins.

Je vais m'absenter deux jours encore la semaine prochaine, non pour travailler, mais pour me reposer, en m'édifiant, chez un de mes amis, dont deux des plus jeunes filles vont faire la Première Communion. C'est moi qui aurai la consolation, jeudi 2 mai, de faire cette cérémonie dans la chapelle du château. Recommande autour de toi ces deux chers anges, Alice et Geneviève de La Villarmois ; entends-tu bien ? Le 2 mai est l'anniversaire de ta naissance ; tu auras ce jour-là trente-six ans.

Malgré mon travail, j'ai eu le temps de lire les *Moines d'Occident* de M. de Montalembert. Je te conseille cette lecture ; il y a entre autres un charmant chapitre intitulé : *Les Moines et la Nature.*

Si tes *Vibrations musicales* ont déjà vibré, fais-moi l'amitié d'en envoyer un exemplaire à Mme la Supérieure des Sœurs de l'Espérance (Rennes).

Je vais lire les *Conférences* de cette année *du P. Félix* pendant mon mois de Marie. Je garderai la maison, tandis que nos Pères iront missionner dans le Morbihan. Écris.

Bon courage ! aimons Jésus, prions beaucoup, et considérons toujours les choses définitives qui se résument dans ce seul mot : Dieu ! Dieu le grand Tout, non pas à la façon des panthéistes, mais à la façon des saints.

Ton dévoué et affectionné frère en N.-S.

MARC DE L'HERMITE.

✝

L. J. C. & M. I.

Rennes, le 26 juin 1867.

La vie religieuse a ses sacrifices : il m'a fallu ren‑
trer promptement à Rennes, après avoir à peine tou‑
ché barre à Limoges, Saint-Léonard, Beaune, Nedde
et Paris, où j'étais pour mes affaires. Adieu donc le
voyage à Avallon et la charmante retraite du pen‑
sionnat !

Je comprends d'ailleurs que, vu vos difficultés, ma
présence y serait inopportune en ce moment. Que
Mère Philomène se console : les persécutions visent
d'ordinaire les âmes supérieures, rarement les mé‑
diocres. L'œuvre de la chère Mère ne saurait périr ;
elle a fait trop de choses en peu de temps. Et toi,
pauvre enfant, tu te vois réduite à t'effacer de plus en
plus et à concentrer au fond de ton cœur l'intérêt si
vif que tu portes à cette maison. Garde ton feu sous
la cendre et ne lui permets pas de s'éteindre ; le bon
Dieu saura bien ce qu'il faut en faire.

Les Beaune et les Nedde sont admirables d'hospi‑
talité. Beaune est maintenant, comme autrefois, une
maison de bon ton et de piété vive ; Laure est une
femme remarquable.

L'oncle Joseph m'a accueilli en père. Il parle de
ses nièces, les Ursulines, avec enthousiasme, et fait
chanter par toutes les dames de Saint-Léonard l'*Ode*

à *Pie IX;* il devient ainsi défenseur indirect du domaine temporel du Pape.

Laisse-moi te dire une mondanité. : on m'a forcé, à Paris, à visiter l'Exposition ; c'est le monde entier. Trois heures dans ce bazar où se pratique parfaitement la liberté des cultes ; je n'ai vu que du très bon, et entre autres chefs-d'œuvre *Mater=Admirabilis.*

Tout à toi de cœur, et respects à ta mère si bonne et si admirable aussi.

MARC, O. M. I.

✝

L. J. C. & M. I.

Tours, le 31 janvier 1868.

CHÈRE SŒUR,

C'est à Paris que vos lettres et celle de ma tante m'ont rejoint. Je viens d'écrire à votre pieuse et sainte amie, Marie de Laverchère, pour apporter une consolation à son grand deuil.

J'ai fait une absence de seize jours, visité Nancy et Saint-Jean d'Autun. Dans cette saison les voyages sont peu agréables ; cependant j'ai été favorisé d'un beau temps. Nancy est une belle ville. J'ai eu la bonne chance d'y entendre prêcher le Père Félix, supérieur des Jésuites de cette cité, tout en restant l'orateur de Notre-Dame.

Notre maison de Nancy est grande et belle, la

chapelle, un petit bijou ; mais notre noviciat du Nord
n'est pas riche : je n'ai pour ma Province que six
novices en ce moment, dont un prêtre et deux
diacres. Trouvez-moi quelque séminariste auvergnat;
l'Auvergne aime les Missions étrangères : nous pouvons servir à souhait le zèle des apôtres sous ce
rapport.

A Autun, j'ai vu les amis de Louis, M. Caillault
et Mᵐᵉ de Mandelot, qui veulent l'attirer en Bourgogne aux vacances.

Me voilà de retour à Saint-Martin, heureux de
retrouver mon coin du feu, mes livres, mon pèlerinage, mon confessionnal.

Il n'est que trop vrai, Mˢʳ Semeria vient de mourir
dans notre maison du Calvaire de Marseille. Deux
jours avant de s'embarquer pour Ceylan, avec une
colonie de Pères et de Religieuses, il a été emporté
par une fluxion de poitrine. Quelle perte pour nous!
quelle âme d'apôtre et de pontife! quelle charité!

Le Père Bonjean, dit-on, reste momentanément en
Europe; les autres membres de la colonie sont partis
pour Ceylan. J'ai reçu la lettre que tu avais confiée à
ce bon Père.

J'accepte quelques exemplaires de tes œuvres musicales pour Saint-Martin, ou plutôt pour ma Province.
Peux-tu me faire cadeau de : *Si j'étais Fée! L'oiseau
que je préfère, La jeune Quêteuse, L'Ode à Pie IX*
et *Bergères du hameau?*

Dis à la petite novice, Marie de Nedde, que si elle
veut avoir un souvenir de Felletin, elle le trouvera
dans le numéro de *l'Univers* du 19 janvier; mais

les novices ne lisent pas les journaux, et elles font
bien.

Adieu, chère sœur,

Ton dévoué frère : prie pour lui.

Marc DE L'HERMITE, O. M. I.

✝

L. J. C. & M. I.

Tours, le 9 mars 1868.

MA CHÈRE SAINTE-ROSE,

Comment se fait-il qu'ayant au couvent de Saint-
Alyre de si bonnes sœurs, je garde un silence si pro-
longé, et que leurs charmantes lettres n'obtiennent
que de tardives réponses? Est-ce le manque d'affection? Certes non! l'affection s'épure, se christianise
chaque jour; mais elle n'en devient que plus fraternelle et plus sincère. Est-ce le manque de temps?
peut-être; mais je ne veux pas faire valoir cette
excuse banale, qui donne à tant de gens oisifs l'air
de gens affairés.

J'en reviens à tes questions : un moment j'ai cru
qu'il faudrait t'écrire de diriger tes prières contre
les Bretons; j'avais là-bas, dans les Côtes-du-Nord,
à Tréguier, un travail de quinze jours, un de ces
travaux de Pâques d'où l'on revient à moitié mort,

mais bien heureux. C'était un vieil engagement; le curé ne voulait pas me lâcher; enfin il vient de consentir à me laisser à Saint-Martin, et un de mes confrères a la charité de me remplacer.

Je reste donc au pèlerinage, pour ce premier hiver, avec un autre confrère. Le mouvement religieux est prononcé dans ce sanctuaire; nous y travaillons beaucoup. Il me tarde que l'on puisse commencer les travaux de construction de la basilique. Nous voyons passer ici des chrétiens de tous les pays, et il n'est pas de semaine que nous ne recevions plusieurs prêtres, quelques-uns ayant un nom : récemment c'était mon bon abbé Delor; quelques jours après, Dom Guéranger; un peu avant, l'abbé Bougaud, auteur de la *Vie de sainte Chantal*, etc. Enfin, ma fille, le Provincialat est une absurdité par-dessus tout cela, et si tu ne pries pas pour moi, tu as grand tort.

Je te charge, ainsi qu'Ursule, de toutes mes intentions. J'ai vu tant d'âmes, j'en vois encore tous les jours, c'est effrayant! penser que Dieu me demandera compte de tout cela. Écoute-moi bien : je vais vous charger toutes les deux d'une petite âme de seize ans, pensionnaire à Saint-Mandé, près Paris; elle doit terminer son éducation cette année. Cette enfant a en moi une confiance absolue; elle peut être appelée à devenir une très belle âme : je vous la passe, c'est une affaire entendue, et je le lui dirai quelque jour.

Merci des *Vibrations mélodiques*; elles sont arrivées. J'en ai donné un exemplaire aux Dames de la Retraite, dans la chapelle desquelles je tiens, tous les

premiers lundis du mois, une réunion des Dames du
Purgatoire, et mes réunions de jeunes filles de maga-
sin et d'ouvrières, le dernier et le premier dimanche
de chaque mois. Elles me chanteront cela quelque
jour.

Je demande le privilège des autres années, c'est-à-
dire qu'on puisse répondre à son frère oblat en Carême, en cas de besoin.

Pardon de mon illisible écriture. M. Duruy, qui a
tant de zèle pour la haute éducation des jeunes filles,
et qui, à Tours, leur a fait peindre un sapeur, devrait
bien décréter un cours à mon intention. Je ne prends
plus le temps de reposer ma plume.

Tout à toi, chère sœur, et tout à vous deux.

Marc DE L'HERMITE, O. M. I.

†

I. J. C. & M. I.

Tours, le 16 août 1868.

MA CHÈRE SAINTE-ROSE,

Je profite de l'occasion du bon et pieux colonel
Folloppe, un dévot de Saint-Martin, pour te faire
passer un cantique entendu à la Retraite, et j'y ajoute
des timbres-poste pour Marie-Ursule et son peuple.

Je te remercie de ton zèle pour saint Martin ; je
serai bien fier si le premier carnet rempli vient de

mes sœurs et si le premier diplôme de fondatrices est pour elles.

Ton dévoué frère,

Marc de l'Hermite, O. M. I.

✝

L. J. C. & M. I.

Paris, le 16 avril 1869.

MES BONNES SŒURS SAINTE-ROSE ET MARIE-URSULE,

A travers mes pérégrinations, votre souvenir m'accompagne; je le porte d'une extrémité de la France à l'autre. Il y a longtemps que je ne vous ai donné de mes nouvelles; mais j'ai reçu vos lettres à Beaumont-La-Ronce.

La mort de notre digne oncle Paul est un rude coup; il méritait toute notre affection. Dieu aura eu pitié de lui, je le crois, car il était chrétien, et si sa mort a été subite, au moins l'aura-t-elle trouvé en état de grâce. A nous d'entourer les deux tantes maternelles et le seul oncle qui nous restent de notre affection et de notre sympathie.

Ma mission de Beaumont-La-Ronce, bien laborieuse à cause de l'indifférence du pays, m'a cependant apporté de sérieuses consolations. J'ai terminé le jour des Rameaux par deux belles communions générales.

Les enfants à qui nous faisions le catéchisme viendront en pèlerinage à Saint-Martin jeudi prochain.

Après la mission, j'ai passé quinze jours à Tours pour le travail des pâques. J'ai revu mon œuvre d'ouvrières et mon œuvre du purgatoire à la Retraite; puis je suis parti pour Nancy, d'où j'arrive, et où j'ai passé huit jours avec nos Pères et nos novices. C'est là que j'ai fait la fête de Pie IX dimanche dernier; j'ai eu la consolation de prêcher sur le pape dans la chapelle publique de notre communauté.

J'ai visité, à dix lieues plus loin, sur la frontière des Vosges, le pèlerinage de Notre-Dame-de-Sion gardé par nos Pères. Quel coup d'œil de cette sainte montagne! quelles vallées! quel pèlerinage ravissant!

Ce soir, je rentre à Tours. Ayant quelques minutes à moi, je les consacre à vous rappeler que je ne suis pas mort, et à vous écrire pour savoir si vous êtes des saintes et si vous êtes décarêmées.

Voilà l'état de ma vie depuis deux mois. Quant à la santé, puisqu'il en faut parler, elle va bien : la campagne et les voyages m'ont remis à flot; mais que les besoins de mon âme sont grands! Daignez les rappeler à Dieu et à la sainte Vierge, la *Mère admirable*.

A propos de Mère admirable, j'ai visité avec joie le beau Sacré-Cœur de Nancy et le pèlerinage du *Bon-Secours* à l'entrée de la ville.

Priez pour moi et rappelez-moi au souvenir de monsieur l'Aumônier, de nos Mères et de tous ceux que vous savez que je n'oublie pas.

Votre frère,

MARC DE L'HERMITE, O. M. I.

Le bon M. Folloppe parle souvent de vous et se recommande à vos prières. Il vient d'être nommé colonel en titre; j'espère qu'il sera général dans quatre ou cinq ans.

✝

L. J C. & M. I.

Tours, le 16 juin 1869.

MA CHÈRE SAINTE-ROSE ET MA CHÈRE MARIE-URSULE,

Depuis ma dernière lettre, datée de Paris vers le milieu d'avril, rien de bien extraordinaire n'a signalé ma vie, sauf la série des belles fêtes par lesquelles l'Eglise nous a fait passer; sauf aussi un séjour d'une quinzaine à Autun, à l'époque de l'Ordination de la Trinité. J'ai eu la consolation de prêcher la retraite à nos scolastiques, dont un grand nombre ont pris part à l'Ordination; j'ai eu surtout la grande joie d'assister, à sa première messe, un de mes élèves de Cléry promu au sacerdoce : voilà le premier prêtre que je donne aux âmes; d'autres viendront après lui!

Au retour, je me suis arrêté à Nevers et je vais y retourner pour assister à une fondation que nous confie Monseigneur l'Evêque, à *Saint-Andelin*, arrondissement de Cosne.

Quelle vie errante! quelle vie laborieuse! mais Dieu

est là! Je vous recommande mes œuvres, ma Province, ma petite congrégation d'ouvrières de la Retraite, mon œuvre du purgatoire, et tout particulièrement je vous recommande une de mes filles spirituelles, personne d'une trentaine d'années, qui se meurt
au milieu de sa famille désolée. Elle est bien bonne
et bien pieuse, bien résignée. Priez!

Une dame de la Touraine, accompagnée de deux
de ses filles, m'a annoncé hier qu'elle allait partir prochainement pour Royat. Mme de La Villarmois, —
c'est son nom, non pas celle de Bretagne, mais sa
belle-sœur, — est une bien bonne et noble dame dont
je connais la famille depuis longtemps. Son mari est
le frère de cette pauvre marquise de Poterat que j'ai
enterrée à Cléry. Donc, madame de La Villarmois,
apprenant que j'ai deux sœurs à Clermont, m'a promis — en s'offrant elle-même — d'aller les voir. Vous
la recevrez très bien, je le sais, elle et ses filles. Je
désirerais, si la consigne ne s'y oppose pas, mais probablement elle s'y oppose, qu'on lui fît voir votre beau
parc et votre calvaire.

Et vous, et vous? Voilà ma vie; quelle est la vôtre?
Ecrivez-moi, parlez-moi. Je parle bien assez aux autres; j'ai besoin qu'on me parle à mon tour. Êtes-vous
des saintes?

Pauvre Sophie! on la dit très mal. C'est une belle
âme. Et tante? plus rien d'elle. Ah! pourtant je ne la
puis oublier.

A Monsieur l'Aumônier et à nos Mères mes respectueux souvenirs. Amitiés à sœur Saint-Louis. N'oubliez pas les tourières ni personne.

En voilà une de lettre, comme disent les Marseillais!

Votre bon frère,

Marc DE L'HERMITE, O. M. I.

†

L. J. C. & M. I.

Tours, le 7 janvier 1870.

MES BONNES SŒURS,

Permettez-moi, à cause de l'ennuyeux et interminable travail des visites à faire et à recevoir et des lettres à écrire, de ne répondre que par une lettre collective à vos souhaits de bonne année, qui me sont arrivés en deux exemplaires. Vous connaissez mes vœux fraternels et chrétiens pour vous : je les ai détaillés au pied de la Crèche et au tombeau de saint Martin; je demande même une santé plus robuste pour vous.

Vous voudriez avoir de longs détails sur ma vie; hélas! je n'en ferai rien : le cœur m'y pousse, le devoir m'en empêche, et il faut courir à bien d'autres choses plus nécessaires. Laissez-moi seulement vous dire que notre jubilé de Chauffailles a été une œuvre magnifique : deux mille sept cents communions, quinze cents femmes et douze cents hommes,

c'est-à-dire à peu près tout le monde en état et en
âge de communier. Que ces deux communions générales étaient belles, que ces auditoires étaient com-
pacts! L'église tenait deux mille âmes, et, s'il n'y
en avait pas davantage, c'est qu'elle ne peut pas en
contenir davantage. Mais, Seigneur, quel travail de
confessionnal! quel mouvement! quel entrain! Jamais cependant je ne me suis mieux porté, et, après
deux bonnes nuits à Autun, il n'y paraissait plus.

Au retour, j'ai passé à Paray-Le-Monial, qui n'est
qu'à neuf lieues de Chauffailles. L'église, ancienne
abbaye bénédictine, est d'un beau et remarquable
style roman; la chapelle de la Visitation, où se conservent les reliques de la bienheureuse Marguerite-
Marie, est un bijou. J'ai pu y prier quarante minutes; j'aurais voulu n'en pas sortir! Vingt lampes
brûlent constamment devant l'autel : c'est le vesti-
bule du Sacré-Cœur.

Priez bien pour moi, chères sœurs, pour mon
âme, pour mes œuvres, pour ma congrégation d'ouvrières qui continue à me donner bien des consolations.

Nos évêques Oblats sont au concile : oui, l'Archevêque de Tours fait grande figure! Le P. Nicolas est
théologien de l'évêque de Tulle; d'autres de nos Pères
sont aussi théologiens de nos évêques d'Amérique.
Que le moment actuel est solennel! comme l'Église
est grande!

J'offre mes vœux de bonne année à Monsieur l'Aumônier, à Mère supérieure, à Mère Saint-Louis
Mandet, à toutes mes vieilles connaissances de Saint-

Alyre, à sœur Saint-Louis, à nos nièces et à vous de nouveau, chères sœurs.

Votre frère,

Marc DE L'HERMITE, O. M. I.

✝

L. J. C. & M. I.

Tours, le 10 juin 1870.

Il y a trois semaines, chère sœur, revenant de Talence et Bordeaux, je trouvai, sur ma table, ta lettre m'annonçant la mort du regretté M. Tixier. J'écrivis aussitôt une lettre de condoléance à sa femme, et samedi dernier je disais la messe pour le cher docteur qui m'a sauvé la vie. Je ne puis oublier la charité qu'il a eue pour moi et pour les miens, et je suis plein de confiance en la miséricorde de Dieu.

Je vous recommande, chères sœurs, Jeanne de La Villarmois, cousine germaine des jeunes filles que vous connaissez, et qui se prépare à sa première communion pour jeudi. Je vous recommande mes jeunes filles de l'œuvre du commerce et une foule d'autres intentions. Enfin, je me recommande moi-même à vos bonnes prières.

Vous savez que je n'ai plus le temps d'écrire; mes lettres sont à peine des dépêches télégraphiques; n'importe, cela réchauffe l'amitié fraternelle. Mais vous, continuez à écrire de longues lettres à votre

frère, qui voudrait bien aimer et faire aimer le bon
Dieu.

Marc de l'Hermite, O. M. I.

Le colonel Folloppe demande toujours de vos nouvelles, et continue à être un des plus aimables et des
plus solides chrétiens que je connaisse.

Quant au Concile, l'heure de la lumière approche; les vieux principes gallicans vont être enterrés :
que la terre leur soit légère, ce ne sera pas trop
tôt !

✝

L. J. C. & M. I.

Tours, 23 août 1870.

Chères Sœurs,

Après-demain, 25, fête de saint Louis, Mlle Berthe
de La Villarmois, la plus jeune des deux sœurs que
vous avez vues l'année dernière, fera sa première
communion dans la chapelle du château de famille
(Montgoger). J'assisterai à cette cérémonie. Priez pour
cette bonne petite fille qui vous garde un bon souvenir.

J'espérais aller en Auvergne; les événements me
retiennent ici : c'est l'heure pour chacun d'être à son
poste. On prie beaucoup; j'espère que la sainte Vierge
arrangera tout après l'expiation. Du courage, des
prières, de la foi, de la charité.

Priez pour mes ouvrières qui commencent leur retraite le 6 septembre.

Votre bon frère,

Marc DE L'HERMITE, O. M. I.

J'ai eu dimanche des nouvelles de notre bon colonel Folloppe; il m'a écrit du 14. La lettre a mis huit jours pour m'arriver; mais depuis ont eu lieu les grandes batailles! Oh! priez pour que Dieu nous garde ce digne homme, mon saint ami!

✝

L. J. C. & M. I.

Tours, ?o août 1870.

MA BONNE SŒUR,

Je viens de lire les Matines de sainte Rose de Lima, ta patronne; c'est un avertissement d'avoir à t'écrire pour te souhaiter bonne fête. Cher bréviaire! il annonce toutes les bonnes dates et n'oublie personne. Plus que jamais, l'heure est venue de renouveler les bons souhaits. Prions pour la France qui sortira plus pure de l'épreuve; prions la sainte Vierge et saint Martin. Ici le sanctuaire ne désemplit pas; la prière y est en permanence.

Je vous ai envoyé un numéro de la *Semaine religieuse.*

Adieu, mes bonnes sœurs, soyons courageux et ranimons les alarmés.

Ton dévoué frère,

Marc DE L'HERMITE, O. M. I.

†

L. J. C. & M. I.

Tours, 19 septembre 1870, anniversaire de l'Apparition de Notre-Dame de la Salette.

MES BONNES SŒURS,

Au temps où nous vivons, on est bien aise d'avoir des nouvelles de ceux que l'on aime; ne tardez pas à m'écrire pour me dire si la paix de votre couvent est toujours respectée. Ici nous sommes fort tranquilles; mais on sent partout une atmosphère mauvaise. La France lutte contre deux sortes d'ennemis : ceux du dedans et ceux du dehors. J'espère qu'après ses malheurs et ses humiliations, elle sortira purifiée et meilleure de ce douloureux creuset. Il faudrait un mouvement général de prières et de pénitence; il est en train de s'organiser, grâce aux mandements des évêques.

Tours est une petite capitale : nous avons ici trois représentants du gouvernement, entre autres le vieux juif Crémieux qui loge à l'archevêché, et fait table commune avec notre saint et sage archevêque, à qui il pourra demander des leçons et des conseils de bonne administration. Cela est d'un bon effet pour la religion. De plus, les Parisiens sont ici en très grand nombre, exilés ou fugitifs; nous nous en apercevons à Saint-Martin. Les couvents sont encombrés de pensionnaires; Mme la maréchale Bazaine est logée chez les Sœurs de la Présentation, dites *Dames blanches*. Depuis deux jours, il arrive de partout des soldats : cavalerie, infanterie, turcos, etc. Est-ce pour marcher sur Paris ou pour défendre le centre de la France ? Je l'ignore. Prions beaucoup : l'heure est critique et solennelle.

Rassurez-vous sur mon compte : je vais comme de coutume, et la peur n'est pas encore entrée dans mon âme. Nous prêchons, nous confessons, nous allons et venons sans être inquiétés.

Je vous envoie quelques exemplaires de la prière que l'on récite au tombeau de saint Martin; elle a été composée par un de mes confrères. Si vous saviez comme on prie à ce tombeau! quelle affluence, quelle attitude chrétienne!

Si vous entendez dire que les Prussiens marchent sur Orléans, Blois et Tours, ne vous effrayez pas : d'abord parce qu'il y a l'armée de la Loire à écraser avant d'arriver, et puis nous sommes entre les mains de Dieu. Nos pauvres Pères de Nancy ne voient depuis six semaines que des visages prussiens. Ce sont des termites que le matérialisme et le travail du dimanche ont attirés en France; secouons-les au plus tôt. Bien aveugles sont ceux qui ne voient pas la main de la Providence dans ces événements.

Mon respect à Monsieur l'Aumônier, à la Mère supérieure, à nos Mères et Sœurs, et bons souvenirs fraternels en N.-S.

Marc DE L'HERMITE, O. M. I.

✝

L. J. C. & M. I.

Tours, le 6 janvier 1871.

MES CHÈRES SŒURS SAINTE-ROSE
ET MARIE-URSULE,

Je vous souhaite une bonne année, toute sainte, toute dévouée à l'amour et au service de Jésus-Christ; mais, comme je suis plus occupé que jamais, je me contente de vous dire cela.

J'avais prié Louis de vous donner de mes nouvelles après le bombardement de Tours, qui a été court, vous le savez, le 21 décembre, et pendant lequel j'ai pu absoudre trois victimes du canon, dont une est morte à la dernière onction, dans un corridor où on l'avait apportée mourante.

Voici une lettre de mon bon colonel Folloppe, arrivée de Weissenfelds (Prusse), où il est prisonnier depuis la capitulation de Metz. Quelle belle âme! Je confie cette lettre à votre discrétion : vous me la retournerez dans votre réponse, parce que j'y tiens comme à une relique de ce cœur de saint ami.

Nous avons toujours beaucoup d'ambulances à visiter; nos soldats nous donnent beaucoup de consolations. Si mère Philomène était ici [1].

J'ai entrevu Raymond de Nedde il y a environ un mois. Il allait fort bien, portait crânement son képi et rentrait à Guéret. Dis-le à sœur Saint-Louis.

Ma santé est excellente : priez pour l'âme et pour *mes âmes*.

Adieu, chères sœurs, tout à vous bien fraternellement.

Marc DE L'HERMITE, O. M. I.

✝

L. J. C. & M. I.

Tours, le 13 juillet 1873.

MA CHÈRE SŒUR,

Tu fais bien de penser à moi et d'excuser mon silence. Je suis toujours un frère dévoué, mais aussi un prêtre sans temps à lui; je ne puis que te donner une table de matières.

En juin, j'ai passé quinze jours à Nancy et en Lorraine. Les derniers jours du mois, j'étais à Autun, où j'ai vu notre aimable neveu Roger, homme de tête et de cœur, et notre nouvelle et gracieuse nièce Claire.

---

1. Mère Philomène était à la tête de l'ambulance établie chez les Ursulines de Clermont-Ferrand.

Pour revenir à Tours, j'ai mis Paray-Le-Monial sur ma route, et j'ai eu la joie de passer dans ce cher rendez-vous de la piété toute la journée du vendredi 27 juin. J'ai rencontré là Rennes avec mes amis, Nantes, Quimper, Saint-Brieuc, Laval, et, dans le jardin de la Visitation, j'ai marché et chanté à tue-tête sous la bannière de Pontmain. Quel spectacle ! quelle piété ! Charette était là pour la seconde fois, avec Nantes et une centaine de zouaves. Avec quelle dévotion j'ai prié pour mes sœurs en disant la messe à l'autel de la sainte Vierge, dans la chapelle même de la Visitation. Depuis quinze jours je suis ici, *retravaillant* d'une autre manière. Ce soir, je pars pour Arcachon, où je dois assister au Couronnement de Notre-Dame, le mercredi fête du Mont-Carmel. Je reviendrai à Tours vendredi, y passerai encore quel-ques jours, et puis partirai pour Autun, où je dois assister au Chapitre général, qui commencera le 31 juillet.

Ma santé est bonne ; priez pour moi, mes chères sœurs. J'*exige* de Sainte-Ursule une lettre explicative sur l'état de sa santé ; je n'admets pas d'excuses : il faut que je trouve cette lettre vendredi soir sur ma table, en arrivant de Bordeaux.

A nos Mères, à Monsieur l'Aumônier, tout mon filial respect.

Bien à vous, mes bonnes sœurs.

MARC, O. M. I.

†

L. J. C. & M. I.

Paris, rue Saint-Pétersbourg, 40, le 13 février 1875.

CHÈRE SAINTE-ROSE,

Ta lettre est venue me trouver à notre maison-
mère de Paris, où je suis installé depuis le 27 janvier,
jour anniversaire de ma naissance. J'ai été appelé là
en qualité de supérieur local et de quatrième assistant du supérieur général, pour remplacer, en cette
dernière qualité, le P. Jolivet, récemment sacré Vicaire apostolique et parti pour la Cafrerie. J'ai dit
adieu à Saint-Martin ; j'ai quitté ce sanctuaire à jamais aimé, mes soldats, mes œuvres, en un mot un
poste qu'on n'abandonne pas sans éprouver qu'il y a
sacrifice.

Ici je trouve l'activité, le travail ; on m'a chargé de
notre chapelle publique, toujours pleine de fidèles.
Le quartier est tranquille et fort bien habité. Ne
t'alarme pas et ne va pas croire que je serai fusillé
si vite ; sois calme : on est fort bien ici, et, ce qui est
encore mieux, c'est que l'on a la consolation d'y faire
beaucoup de bien.

Allons, priez pour moi, mes chères sœurs, pour
mes chères âmes de Tours que j'ai quittées silencieu-
sement et sans prévenir, et qui pleurent bien un peu
cette évasion si inattendue.

Je n'ai plus de nouvelles de Mme de S. : les dernières étaient bonnes ; elle était encore à Hyères.

Puisque tu t'intéresses à l'aumônerie de l'armée — maintenant je n'en suis plus — voilà les renseignements demandés. Un aumônier titulaire a un traitement de 2,000 francs, plus 400 francs d'indemnité de logement ; en temps de guerre, droit à un cheval, à un soldat-ordonnance et à des rations. La décoration qu'on appelle les *insignes*, et qui m'allait fort bien, est une croix d'argent assez large, émaillée de bleu, suspendue comme une croix d'évêque par un ruban jaune, liséré de noir, large de deux doigts ; cordons et glands noirs et argentés au chapeau ecclésiastique. Adieu l'armée ! j'étais cependant fait pour cela !

Mon respect à Mère supérieure ; à Marie-Ursule tout ce que tu sais.

Demande des prières autour de toi ; fais-moi pendre [1] par sœur Saint-Antoine.

Ton dévoué frère,

MARC, O. M. I.

✝

L. J. C. & M. I.

Paris, le dimanche de Quasimodo, 4 avril 1875.

MA CHÈRE SŒUR,

Pax vobis !

Enfin, nous voilà sortis des ténèbres, du froid et

1. Allusion à l'usage d'afficher à la porte du chœur les noms ou les intentions des personnes que l'on recommandait aux prières.

du Carême ! Cependant, à la rue Saint-Pétersbourg, le travail dure encore ; c'est à peu près la même vie qu'à Saint-Martin.

Le jubilé imprime ici un grand mouvement religieux, et cette horrible ville ressuscitera peut-être par la grâce du Christ et par la grâce de ses propres malheurs. Je fais bravement, quand je puis, mes stations jubilaires, en passant par Notre-Dame, qui est indiquée d'office, et, dans ce vaste édifice si bien décrit par ta plume, je prie avec ferveur pour la France. Je vais de là à Saint-Étienne-du-Mont, au Panthéon, à Saint-Sulpice ou à Saint-Germain-des-Prés ; quelquefois je reviens, en me repliant vers mon quartier, par la Trinité ou Notre-Dame-de-Lorette : on parcourt facilement deux lieues à ce métier-là. Nos Parisiens font leurs visites en trois fois par processions — processions de Paris — omnibus roulants, pèlerins sur les trottoirs, se garant des voitures pour ne pas être écrasés.

J'ai reçu ton *Archéologie* : c'est vraiment un très joli et intéressant petit traité ; j'en ai été charmé. Ta page d'Ozanam est une perle dans ton écrin. Dans l'énumération des cathédrales françaises, je demanderai, pour la seconde édition, un souvenir pour Cléry, comme modèle du flamboyant ; pour Sainte-Cécile d'Albi, qu'on dit si élancée dans sa voûte ; pour la cathédrale de Metz, aux fenêtres arrivant presque jusqu'à terre ; pour les flèches jumelles de la cathédrale Saint-André de Bordeaux ; pour le chœur et le porche Saint-Julien du Mans ; pour les tours de Sainte-Croix d'Orléans. L'abbé Bourassé, dans ses

Cathédrales de France, te fournira des détails.

Tours et Saint-Martin sont profondément enracinés dans mon cœur, et l'amour que je leur porte ne périra pas même avec ma vie ; mais je suis heureux ici, et je n'ai pas le temps de *rêvasser* et de *pleurnicher*. J'ai prêché le Carême dans notre chapelle, toujours envahie, et j'ai confessé en masse. Outre cela, j'aurai mon petit travail d'Assistant ; mais c'est surtout pour le ministère qu'on m'utilise, ce dont je ne me plains pas.

Quelles nouvelles veux-tu que je t'apprenne ? En réalité, je traverse la foule en cherchant Dieu exilé et les âmes toujours affairées et distraites. Cependant, je me suis procuré un bonheur littéraire et artistique pour mes vacances de Pâques, en entendant, au Comité catholique, les chœurs d'*Athalie*, musique de Félix Clément, et le lendemain j'assistais à une séance du Congrès catholique de France : tout cela ranime et fait du bien ; voilà mes distractions. A Versailles, j'ai visité une fois le Cercle militaire, par vieil amour du métier, et voilà tout.

Remercie de ma part M. Émile Thibaud, dont la lettre et les gravures donnent un si grand lustre à ton travail.

Je ne vois plus clair, et voilà la petite méditation du soir. Adieu, adieu !

Respects à Mère supérieure, à Monsieur l'Aumônier.

Ton dévoué frère,

MARC, O. M. I.

†

Paris, le 14 janvier 1876.

MA CHÈRE SŒUR,

Merci des souhaits de bonne année; merci à mes deux sœurs. C'est surtout au pied du tabernacle qu'il faut penser à moi. Comme le prêtre a besoin de Dieu pour lui et pour les autres ! Nous touchons toujours au surnaturel et aux plus grands intérêts des âmes et du monde; il ferait bon avoir des lumières et une assistance divine !

Je vous recommande, à cette occasion, la lecture du plus beau livre de spiritualité mystique et théologique qui ait été composé depuis cinquante ans : *De la vie et des vertus chrétiennes*, par l'abbé Charles Gay, vicaire général de Poitiers. Vous savez que l'auteur est aux trois quarts Limousin.

Oui, ces bons Tourangeaux sont dignes de souvenir et méritent qu'on prie pour eux : je vous en charge personnellement.

L'Œuvre du Sacré-Cœur marche très bien; nos Pères prendront possession au Carême. Ce n'est pas moi qui irai sur la sainte Montagne; j'ai assez d'occupations sans cela; mais il est vrai que l'opinion m'a désigné, sans doute parce qu'on sait que S. Em. le Cardinal Guibert a toujours été bienveillant pour moi, soit à Saint-Martin, soit ici.

La bonne année à nos Mères, à Monsieur l'Aumônier et à nos nièces ; mon fraternel souvenir à vous deux.

MARC, O. M. I.

Notre bon Père Baret est mort, le 2 novembre, à Notre-Dame-de-la-Garde. Vous l'avez connu ; priez Dieu pour cet aimable Frère.

☩

I. J. C. & M. I.

Paris, le 22 mars 1876.

CHÈRE SŒUR,

Rassure-toi ; la rue Saint-Pétersbourg est à 2 kilo-mètres de la Seine, sur la rive droite et sur une hauteur. Nous serons inondés quand l'Allier arrivera à la Baraque. Le fleuve diminue sensiblement depuis deux jours.

Je recommande à vos prières, mes chères sœurs, mon petit Carême de l'Abbaye-au-Bois, rue de Sèvres. A ma droite, un chœur cloîtré comme à Saint-Alyre, avec soixante religieuses de la Congrégation de Notre-Dame du Bienheureux Pierre Fourrier ; à ma gau-che, un chœur cloîtré de soixante pensionnaires ; en face de moi, dans la petite nef de la chapelle, cent cinquante à deux cents fidèles, pieux et édifiants. Je prêche le vendredi et le dimanche ; ce n'est pas une fatigue, mais un doux et pieux travail.

Jeudi dernier, 16 mars, j'ai amené en pèlerinage, à la chapelle provisoire du Sacré-Cœur de Montmartre, trois cents personnes de notre quartier. Quelle pieuse et douce fête ! Tous les jours il y a des pèlerinages collectifs et individuels : la Maréchale de Mac-Mahon est venue avec Sainte-Clotilde, je crois. Les Parisiens — je parle des chrétiens — connaissent déjà le chemin de la sainte Montagne, et y chantent le cantique populaire :

> Sauvez Rome et la France
> Au nom du Sacré-Cœur.

Les poésies de Louis sont vraiment charmantes : tous ceux à qui je les ai données m'en ont fait un éloge sincère.

Mille respects aux bonnes Mères et à Monsieur l'Aumônier ; bon souvenir à Benjamine, à Saint-Louis et autres parentes.

Ton tout dévoué frère,

MARC, O. M. I.

✝

L. J. C. & M. I.

Paris, le 22 mai 1870.

MA CHÈRE SAINTE-ROSE,

Un petit souvenir fraternel venant de la rue Saint-Pétersbourg te sera agréable. Au milieu d'occupations aussi incessantes que variées, je n'oublie pas mes

sœurs, et ma confiance est qu'elles prient pour moi.
Les prières qui viennent du cloître et des épouses de
Notre-Seigneur sont si pures! les apôtres ont tant
besoin de ce secours!

Le 20 septembre prochain, je ferai mes noces d'argent, c'est-à-dire les vingt-cinq ans de mon sacerdoce. Que de grâces depuis ce jour où, prosterné dans
la cathédrale de Marseille, je recevais, des mains de
ce grand évêque que nous appelons Charles-Joseph-
Eugène de Mazenod, l'onction sacerdotale! Le lendemain, je disais ma première messe à Notre-Dame-de-
la-Garde, en la fête des Sept-Douleurs; et notre bon
père, arrivé le soir de mon ordination, était là et communiait de la main de son fils. Et depuis, que de travaux pour Jésus-Christ! que d'œuvres! mais il faudra
répondre devant Dieu de tout cela! Aidez-moi à porter noblement le fardeau des nouvelles années que
Dieu me réserve peut-être encore.

Le 31 juillet, je prêcherai la Saint-Ignace aux huit
cents élèves de Vaugirard; mon vieil ami, le Révérend P. Chauveau, recteur du collège, le veut ainsi.
Regarde, ma chère enfant, parmi tes papiers, si tu
n'aurais pas un brouillon d'un projet d'instruction
sur saint Ignace; je t'ai envoyé des brouillons de ce
genre autrefois; tu me rendrais un véritable service
en me retournant ce petit bout de papier.

Notre mois de Marie est à croquer; c'est un des
plus beaux de Paris. Chaque soir, la foule envahit
notre chapelle, où l'un de nous, alternativement, dit
le petit mot d'édification. Nous pouvons recevoir quatre cents personnes en tout; c'est bien peu pour

Paris; mais pour la confession c'est un envahissement, à l'époque des fêtes et en temps pascal surtout.

Il y a beaucoup de générosité et d'ardeur dans le caractère parisien; ce qui manque le plus, c'est la sûreté de doctrine, à cause du mouvement mondain et trompeur où les âmes sont plongées malgré elles, et dans lequel il est si difficile de savoir séparer, des idées modernes, ce qui est encore la vérité et ce qui est déjà l'erreur. Notre grand cardinal oblat fait des prodiges; c'est un grand homme! Paris le vénère, et son action apostolique et sainte ranime cette immense métropole.

Donne-moi de vos nouvelles, chère sœur, bien détaillées et bien bonnes.

Mes respects à notre Mère et aux autres, et à Monsieur l'Aumônier.

Ton dévoué frère,

MARC, O. M. I.

✝

L. J. C. & M. I.

Paris, le 20 septembre 1876.

CHÈRE SŒUR,

J'arrive d'Amiens et de Liège, où j'ai prêché la retraite des Sœurs de l'Espérance. Je ne te dirai pas ce qu'est cette incomparable cathédrale d'Amiens, ni cette belle statue de Pierre l'Hermite, ni cette Belgique si verdoyante, mais si charbonneuse, ni cette belle ville de Liège, assise avec ses cent trente mille habitants sur la belle Meuse, etc. Non, rien de tout cela ne me pousse à t'écrire; j'ai un sujet plus digne à traiter.

Aujourd'hui mes *Noces d'argent*, mes vingt-cinq ans de sacerdoce! Il y a vingt-cinq ans, le grand de Mazenod m'imposait les mains dans sa cathédrale; le soir, notre vénéré père arrivait de Castelnaudary et communiait le lendemain à la messe de son fils, dite à Notre-Dame-de-la-Garde. Que de souvenirs! que de douces larmes aujourd'hui! que d'absents! Priez pour moi, mes chères sœurs, afin que dans cette seconde période qui va s'ouvrir pour moi je sois un digne ministre de Jésus-Christ, un sauveur d'âmes, et que je me sauve aussi moi-même.

Madame la Supérieure des Sœurs de l'Espérance de Tours, Belge de naissance, m'a écrit pour me dire l'accueil hospitalier que lui a fait Saint-Alyre. J'en remercie Saint-Alyre, sa digne supérieure et vous, mes chères sœurs. Votre silence est bien long; comment es-tu Sainte-Rose? parle de toi, de ta sœur. Votre retraite annuelle est-elle faite? La rentrée approche et vos occupations vont recommencer : écrivez-moi une longue lettre avant la reprise des travaux.

Les prêtres clermontois du Congrès de Bordeaux vous ont-ils donné de mes nouvelles?

Comme la douleur de Gaston m'émeut! Quels sacrifices successifs! Dieu veut faire des saints.

Mes hommages à Monsieur l'Aumônier, à notre Mère et à nos Mères.

Ton tout dévoué frère,

Marc DE L'HERMITE, O. M. I.

Santé très bonne.

✝

L. J. C. & M. I.

Paris, le 7 février 1877.

MA BONNE SAINTE-ROSE,

M'as-tu pardonné ma carte de visite du premier de l'an? Je puis dire, il est vrai, à ma décharge, que ce petit bout de papier contenait autant de phrases qu'une de mes lettres.

Je voudrais, avant le Carême qui paralyse les plumes d'Ursulines, te dire et vous dire *bien des choses du pays.* J'en arrive, en effet; les plumes bavardes du Limousin n'auront pas manqué de te donner maints détails sur moi et de t'envoyer maints télégrammes épistolaires. Le vénérable abbé de Bogenet m'a fait prêcher vingt-trois fois pour son Archiconfrérie. J'ai eu tous les saints de Limoges, mais rien que les saints : les pécheurs sont restés dans les fabriques, magasins et autres entrepôts. Bref, j'ai été content et pas trop fatigué.

L'air de la montagne, respiré pendant quatre jours,

m'a fait du bien. Gaston est triste, mais plein de foi : si l'admirable Laure fait un vide immense au foyer, il la cherche du côté du ciel. A Nedde, la civilisation moderne n'a pas encore fait sentir ses morsures empoisonnées aux bons habitants du château ! Ce sont des antiques dans toute la splendeur du mot. A La Rivière, il y a le charmant ménage Hubert. A Limoges, tante Anastasie vieillit un peu, mais a ses moments de vigueur ; elle s'est bien secouée pendant la neuvaine. Les d'Aigueperse sont de bons et aimables vieux et surtout des chrétiens. Ne m'en demande pas plus long, il faudrait trop énumérer.

Voici le Carême : je vais le prêcher, le dimanche seulement, à Saint-Pierre-de-Montmartre ; et puis vont venir les confessions ! Ça ne manque pas à Paris, où partout on rencontre la foule. Je me recommande aux bonnes prières de Saint-Alyre ; si sœur Saint-Antoine veut me pendre à sa potence de recommandations, je ne pourrai que lui en savoir très bon gré. La société aurait besoin de saints ; c'est ce qui manque le plus. Demandez, chères sœurs, que la graine pousse de nouveau à un plus haut degré dans notre pauvre France.

Et toi, ma chère sœur Sainte-Rose, que devient ton orgue ? et ta santé est-elle plus vigoureuse ?

Partage, comme toujours, détails et amitiés avec Marie-Ursule, et aimez bien

Votre tout dévoué frère,

MARC, O. M. I.

Mon respect à nos Révérendes Mères et à Monsieur

l'Aumônier : c'est une affaire convenue, même si je
venais à oublier.

✝

L. J. C. & M. I.

Du presbytère de Saint-Andelain, par Pouilly=sur-Loire
(Nièvre), le 23 juillet 1877.

MA CHÈRE SAINTE-ROSE,

Ta lettre est venue me rejoindre dans la jolie résidence nivernaise de nos Pères, sur un plateau charmant, d'où j'aperçois un immense horizon : des bois,
des champs, toutes les beautés de la nature que j'aime,
et de jolis villages, avec la Loire à 2 kilomètres dans
la vallée; avec la tour de Sancerre de l'autre côté. Je
goûte ici quelques jours d'un repos qui me fait grand
bien, et je suis venu assister à une cérémonie funèbre
qui aura lieu demain, pour la translation, de Paris
ici, du corps de M. le comte Lafond, riche propriétaire qui nous a établis sur ses terres, et dont la veuve
vient de faire bâtir une magnifique église. Nos Pères
ont la cure, comme à Cléry, et font des missions dio-
césaines; la population de la paroisse est de mille
âmes.

Il me serait bien doux d'aller à Clermont et à Lampre; mais ce n'est pas à toi qu'il faut dire qu'un religieux ne peut jamais faire de plans de voyages, sa
volonté ne lui appartenant pas et d'autres décidant

pour lui. Je suis bien heureux du bonheur que vous
fait éprouver à toutes deux la présence de Louis. Mais
qu'a donc ce bon frère ? qu'il me dise ses misères,
rhumatismales ou autres, je suis fait pour les comprendre.

A toi et à Benjamine.

MARC, O. M. I.

✝

L. J. C. & M. I.

Paris, le 20 février 1878.

CHÈRE SŒUR SAINTE-ROSE,

Toutes tes réflexions sur la mort du grand Pie IX
sont conformes à mes pensées. La mort de ce grand
pape a ému le monde, et, comme Samson en mourant tuait plus de Philistins que dans sa jeunesse,
Pie IX, en rendant le dernier soupir dans sa prison,
fait plus de mal aux ennemis de l'Église et conquiert
plus d'âmes à cette Mère que pendant sa vie. Avant-
hier, un service a été célébré dans notre chapelle pour
le grand pape défunt ; il y avait foule.

Je suis plein d'espérance pour l'avenir, et je crois
que nous touchons à une ère de résurrection ; le salut
de la France pourrait bien venir de l'élection qui se
prépare et qui ne tardera pas.

Je suis heureux que Gaston ait donné sa fleur à
Saint-Alyre ; il m'en a écrit au retour : ce sera une

bénédiction pour lui et pour tous les siens. Dis bien
à cette petite prétendante tout l'intérêt que je lui porte
devant Dieu et recommande-moi à ses prières.

L'œuvre de Montmartre marche fort bien. J'y con-
duirai en pèlerinage les gens de ma chapelle Saint-
Pétersbourg le 21 mars.

Bon souvenir à notre sœur et à nos parents de
Saint-Alyre; respect à notre Mère et à nos Mères, à
Monsieur l'Aumônier, et demande des prières.

Adieu, chère sœur, que j'aime en Notre-Seigneur.

Ton tout dévoué frère,

MARC, O. M. I.

✝

L. J. C. & M. I.

Paris, le 20 juin 1878.

MA CHÈRE SAINTE-ROSE,

Mon retour à Paris s'est effectué sans fatigue aucune, et m'a fait oublier le cahotement de la *brouette*[1]
de Bort à Clermont. A dix heures trois quarts du
soir, j'opérais la réintégration de domicile dans ma
cellule, et je me sens frais et dispos. Ma petite villégiature, défalcation faite des fatigues inévitables des
voyages, m'a fait le plus grand bien, et je vais tâcher
de n'en pas compromettre les bons résultats. Les Pa-

---

1. Nom que le P. de l'Hermite donnait en riant à la diligence.

risiens commencent à s'en aller à la campagne, et vont nous laisser tranquilles, pendant que les curieux de province encombrent les rues, se dirigeant vers la plus sotte des Expositions.

Voilà donc mon petit bulletin rassurant. Et maintenant, ma chère sœur, il me reste le doux souvenir de mes charmantes vacances. L'oasis pieuse de Saint-Alyre attire en particulier ma pensée ; on se sent là si près de Dieu qu'on voudrait entendre toujours les chants et le murmure des prières des servantes du Seigneur. Mais non, il faut reprendre nos tristes combats et contribuer, pour sa petite part, au salut social et au salut religieux.

Je viens d'écrire un petit mot à M. Émile Thibaud pour m'excuser de n'avoir pas fait mon pèlerinage à Pérignat.

Donne de mes nouvelles à notre sœur Marie-Ursule ; offre à notre Mère supérieure tout mon religieux respect, en la remerciant de ses soins si tendres et de son hospitalité si affable et si chrétienne ; n'oublie pas non plus nos vénérables Mères et aussi nos petites parentes ; assure en particulier la novice de mon souvenir.

J'ai remis entre les mains de sœurs spécialement vouées à cette vocation le *montage* ou la *monture* — je ne sais pas comment il faut dire — de mon ornement.

Le soleil luit enfin sur Paris. Je vais à Montmartre à l'instant m'assurer par mes propres yeux du mouvement religieux, que l'on dit considérable dans ce mois de juin.

Adieu, chère sœur et chères sœurs, votre tout dévoué frère; priez pour lui.

MARC, O. M. I.

✝

L. J. C. & M. I.

Paris, le 22 janvier 1879.

C'est, mes chères sœurs, par une lettre collective que je dois répondre aujourd'hui à votre lettre de bonne année. Pardonnez-moi de le faire si tard : ici mille choses tiraillent et sollicitent l'esprit et aussi le temps de tous les côtés; mais croyez que mon affection fraternelle n'est nullement diminuée. Ce m'est une souffrance de ne pas causer plus souvent, dans la douce expansion du cœur, avec des sœurs que j'aime. Chacun à notre place nous aimons Notre-Seigneur et nous le servons en servant les autres. Plus que jamais il nous faut aimer ce ministère de prière, de travail et de dévouement.

Je suis consolé de savoir Louis à Limoges, près du lit de douleur de notre bonne tante Anastasie. L'accueil que lui font tous nos parents adoucira les peines de son cœur.

J'offre mon respect à Mère supérieure et à nos Mères, à Monsieur l'Aumônier; mon souvenir à nos parentes.

Bien à vous, chères sœurs.

Votre frère dévoué,

MARC, O. M. I.

✝

L. J. C. & M. I.

Paris, le 4 mai 1880.

Ma Chère Sainte-Rose,

Merci à toi, merci à Marie-Ursule des souhaits de la Saint-Marc. Mes sœurs arrivent toujours aux moments solennels de ma vie et à l'heure où j'ai besoin de prières. Dans quelques semaines, si la révolution n'y met obstacle, j'irai vous remercier et vous dire, mieux que par mes vilaines lettres, l'affection que j'ai pour vous.

J'ai été heureux des détails que tu me donnes du séjour de Louis et de sa femme à Clermont. Depuis ce moment, je n'ai rien reçu. Sont-ils à Toulon, sont-ils à Rome ou près de ce but de leur pèlerinage? je l'ignore. Ma pensée ne se détache ni d'eux ni du cher oncle.

La mort d'Henriette de Nedde m'a navré. Il y a de ces êtres bons, populaires, universellement aimés, qu'on ne s'habitue pas à ne plus voir. Ah! que le ciel est donc désirable! *Ut mentes nostras ad cœlestia desideria erigas, te rogamus audi nos!* Dis à notre petite cousine Saint-Louis tous mes regrets. Je m'associe fraternellement au deuil de Marie-Ursule pleurant sa bonne marraine.

Prie beaucoup pour nous, religieux *non autorisés,*

mais fort tranquilles. On ne nous insulte pas du tout; nous sommes salués plus que jamais et le mois de Marie est plus fervent encore.

Je te prie d'offrir mes respectueuses condoléances à Monsieur l'Aumônier pour son deuil de famille, et de l'assurer que j'ai prié à son intention. Offre aussi mon respect à la bonne Mère supérieure et à nos Mères.

Adieu, chère sœur, à toi et à l'autre.

Ton dévoué frère,

MARC, O. M. I.

✝

I. J. C. & M. I.

Paris, le 3 juin 1880.

MES CHÈRES SŒURS,

Selon votre recommandation, je vous envoie aussitôt mon certificat de vie. Après un heureux et rapide voyage, j'étais hier soir à six heures dans ma cellule, où m'attendait une lettre de Louis datée de Naples. Nos pèlerins sont ravis de ce qu'ils voient et soutiennent bravement les fatigues du voyage. Ils vont revenir à Rome et y sont peut-être déjà, pour de là partir pour Ancone et Lorette, et rentrer en France par le nord de l'Italie.

Aujourd'hui, jour de confession; demain, j'irai prier à Montmartre et savoir des nouvelles des bibelots.

J'ai l'âme toute parfumée de Saint-Alyre et de ses pieuses fêtes.

Paris est plus tranquille que jamais.

Adieu, chères et aimées sœurs, priez pour moi.

MARC, O. M. I.

Autre lettre prochainement.

✝

L. J. C. & M. I.

Paris, le 3o juin 188o.

MA CHÈRE SŒUR MARIE-URSULE,

Les Jésuites viennent d'être exécutés ; je ne vous apprends rien de nouveau. Hier, à quatre heures, au Salut du Saint-Sacrement, leur chapelle, les aboutissants, la rue de Sèvres présentaient un spectacle sublime. J'ai voulu voir cette scène réconfortante ; mais je n'ai pu rester que quelques minutes.

Que fera-t-on de nous et des autres ? On ne le sait pas. Cependant l'opinion est que pour le moment on se contentera de l'expulsion des Jésuites ; elle est en ce moment un fait accompli.

Hier, c'était comme un Vendredi-Saint. Depuis huit jours les fidèles nous entourent ; nous n'avons pas une minute : le ministère, les gens à recevoir, les condoléances, les visites, les larmes — les larmes surtout — c'est une vie surmenée. Nos fidèles nous gardent le jour, et on pourrait dire aussi qu'ils nous gardent la nuit ; l'émotion est indescriptible. On s'apercevra bientôt que la religion est la première puissance et qu'on ne peut pas facilement l'arracher du cœur d'un peuple. Bien des indifférents se réveillent, et il se manifeste des amitiés qu'on est tout étonné de voir se produire. Prions, prions et gardons l'honneur.

Ainsi, chères sœurs, aucune inquiétude sur mon compte ; cette vie de combat ne m'est pas désagréable : cela réveille et fait du bien.

Je n'écrirai pas tous les jours ; mais mon silence sera toujours bon signe.

Adieu, chères petites sœurs, que j'aime de tout mon cœur. J'ai les yeux pleins de larmes et le cœur plein de joie.

Donnez des nouvelles de Louis.

Ton frère bien cher,

MARC, O. M. I.

✝

L. J. C. & M. I.

Paris, le 1er juillet 1880.

CHÈRE MARIE-URSULE,

Encore quelques lignes de moi, car je sens qu'il faut rassurer mes sœurs.

Rien de nouveau depuis hier; tout est calme dans notre quartier. Nos fidèles en larmes continuent à prier et à se presser dans notre chapelle; nous continuons notre ministère.

Ce qui vient de se passer est le premier acte; on se repose maintenant. Il est à espérer que la réprobation publique va, un instant du moins, paralyser les tentatives du même genre : que la volonté de Dieu se fasse !

Louis m'écrit ce matin de Turin; il part pour Chambéry : Chambéry, c'est la France; dans quel état va-t-il retrouver ce pauvre pays?

Ton frère,

MARC, O. M. I.

†

L. J. C. & M. I.

Paris, le 5 juillet 1880.

J'ai reçu vos lettres, chères sœurs, et je vous en remercie. Rien de nouveau dans la situation : l'horizon est très chargé et il faut s'attendre à tout; mais j'ai confiance en la sainte Vierge et je dors tranquille; le bien sortira de cette épreuve.

Les fidèles se réveillent; les nôtres continuent de nous entourer tout alarmés : ils prient comme des anges. Nous continuons de circuler dans Paris sans inconvénient.

La mort de l'oncle me désole, sa conversion me console; je porte cette chère âme au saint autel.

Louis m'a écrit de Chambéry ; il allait à Genève et ne sait quand il reviendra.

Oui, des gîtes nous sont offerts ; il n'y a que l'embarras du choix.

Ma santé est excellente.

J'envoie à Monsieur l'Aumônier un journal renfermant la silhouette des religieux.

MARC, O. M. I.

†

L. J. C. & M. I.

Paris, 11 juillet 1880.

J'ai reçu ce matin vos petites lettres si pleines d'affection fraternelle. Soyez rassurées, il ne nous est encore arrivé aucun désagrément. Les journaux, à côté de nouvelles vraies, en insèrent d'autres qui sont le fruit de l'impression ; il ne faut pas croire à toutes ces prophéties qui ne sont pas prises dans la Bible. Du côté du Gouvernement, je crois que les religieux ont en ce moment un répit : ce qui serait à craindre, ce serait une émeute à l'occasion de ces tristes fêtes ; mais tout se bornerait à quelques carreaux cassés.

Donc, confiance et prières toujours.

Mon silence doit être interprété en bonne part.

Mille respects fraternels à Mgr Bonjean.

Les religieux continuent leur travail et leurs exercices comme dans les temps les plus tranquilles.

MARC, O. M. I.

✝

L J. C. & M. I.

MA CHÈRE SAINTE-ROSE,

Je suis très heureux de savoir que Louis fait une longue station à Clermont; j'assiste en esprit à vos causeries fraternelles, et j'entends le récit des beaux pèlerinages à Rome et des nombreux voyages qui ont suivi. Il me sera très agréable de recevoir quelques lignes de Louis à ce sujet.

Hier, j'ai eu de bonnes nouvelles de son élève, le jeune X.; on est content de lui.

Je n'ai rien de nouveau à t'apprendre sur l'odieuse question des décrets; je ne sais que les cancans des journaux; mais, étant donné la haine religieuse du jour et la pression exercée par les nouméens, il faut s'attendre à une nouvelle reprise d'hostilités.

On achèvera les Jésuites, on dispersera peut-être quelques moines, Dominicains ou autres, on frappera quelques Maristes ou autres, et ce sera le second acte. Quand donc le troisième? quand Dieu voudra. Je ne m'en tourmente plus; nous suivons notre ligne et ferons notre devoir jusqu'à la fin. L'opinion est trop endormie : on se promène aux eaux, aux bains de mer; on laisse la France comme une proie aux griffes des vautours qui la dévorent. Après nous com-

mencera la danse des indifférents; alors il crieront :
au secours! il sera trop tard. Il faudrait se lever pour
la défense religieuse, qui serait aussi la défense
sociale; mais l'effort de trois mois semble nous avoir
épuisés. En France, on est ardent à la lutte; mais on
se lasse vite après la première passe.

Je n'ai confiance qu'en Dieu et ne me trouble nullement.

Adieu, adieu! à tous sans exception. Prie pour moi,
ma chère sœur.

Ton frère,

Marc DE L'HERMITE, O. M. I.

Avant-hier, je suis allé à Argenteuil, à demi-heure
d'ici, vénérer la sainte Tunique de Notre-Seigneur.

✝

L. J. C. & M. I.

Paris, le 24 août 1880.

MA CHÈRE SAINTE-ROSE,

Je te prie d'offrir mon religieux respect à la nouvelle Mère supérieure que vous a donnée le scrutin
pacifique d'hier. Encore que j'ignore sur qui vos suffrages se seront réunis, déjà je vénère et je salue l'autorité de cette nouvelle reine de la ruche de Saint-
Alyre. Les personnes passent; la règle et l'esprit si
doux et si bon restent. Ajoute à cela un bouquet de

respects à la Mère déposée qui fut toujours si bien-veillante pour moi ; je tiens à lui exprimer ma reconnaissance et toute ma vénération.

Voici venir la Sainte-Rose : c'était la fête de notre admirable mère, celle que nous pleurerons toujours, et à qui nous sommes redevables après Dieu de la foi ; c'est aussi ta fête : bien des souhaits fraternels et assurance de mes prières.

Demain, tous nos cœurs se réuniront dans une même pensée fraternelle, un même souvenir pour Louis.

Lundi prochain, jour de ta fête, j'assisterai, chez les Dames du Sacré-Cœur, à la cérémonie des grands vœux d'Adrienne (boulevard des Invalides) ; Ferdinand y sera avec Roger.

Ne redoute rien pour nous des décrets pour le moment.

Ton frère dévoué,

MARC, O. M. I.

A toi Notre-Dame-de-la-Garde ; à Marie-Ursule la sœur de l'Espérance.

✝

L. J. C. & M. I.

Paris, le 5 octobre 1880.

CHÈRE SŒUR,

Ta lettre m'a suivi de près, et je l'ai reçue à mon

heureux retour de l'Osier. Depuis ce moment, malgré les menaces de l'horizon politique, la paix de ma cellule n'a pas été troublée : cela durera-t-il longtemps ? je ne veux faire de prophétie ni bonne ni mauvaise ; mais j'ai confiance absolue en Notre-Seigneur et en son Immaculée Mère ; à quoi servirait de se tourmenter !

En attendant les événements, nous continuons notre ministère et la pratique de la vie religieuse.

Hier matin, à Versailles, je faisais deux religieuses à la communauté des Dames de la Retraite (Saint-Régis) ; je disais la messe, prêchais et recevais les grands vœux de deux jeunes sœurs, dont l'une avait été ma fille spirituelle à Tours. L'armée du sacrifice, comme vous a appelées Montalembert, complète ses cadres, et le diable ne pourra tuer la France, protégée par tant de prières et de dévouements.

Ainsi, ma chère Sainte-Rose, sois sans inquiétude sur mon compte ; mais prie beaucoup, afin que nous puissions continuer le bien que notre Congrégation fait en Europe et aux Missions Étrangères. Le souvenir de mon pèlerinage à la Salette et à l'Osier est toujours comme un parfum sur mon cœur ; j'aime les sanctuaires de dévotion et les pèlerinages.

Pas de nouvelles récentes de Louis.

Paul de Maleplane m'a fait cadeau d'une excellente montre : c'est un bien bon cœur, et, comme me le disait un jour l'évêque de Rodez, c'est un parfait gentleman chrétien.

Bon souvenir à Marie-Ursule ; ma carte à ta si bonne nouvelle Mère supérieure ; mes respects les plus reconnaissants à l'ancienne, et à Monsieur l'Aumônier et à toutes nos Mères; souvenirs aux parentes et n'oublie personne, je t'en prie.

Ton dévoué frère,

MARC, O. M. I.

✝

L. J. C. & M. I.

Paris, le 17 octobre 1880.

MA CHÈRE MARIE-URSULE,

Petit bonhomme vit encore.

Hier, tu le sais, on a expulsé les Carmes et nos voisins de la rue Monceaux, Pères Barnabites, ces derniers presque tous Italiens d'origine. On commence par les Ordres dont la maison générale est à Rome, puis viendra probablement le tour de ceux dont la maison générale est en France. Cette seconde échéance peut être prochaine ou éloignée; personne ne peut le dire, à l'exception des malfaiteurs qui s'introduisent par fraude ou par violence dans les maisons religieuses.

Notre ministère continue; les fidèles dispersés en province hâtent leur rentrée pour nous prêter aide et secours. Si cet état de choses durait longtemps bien du mal se ferait, et par les écoles sans Dieu, et par la fermeture des églises, et par la dispersion des communautés, et par les dépenses que cela nous oblige à faire.

Ce sera dans quelques jours la Sainte-Ursule : je te souhaite ta fête d'un cœur tout fraternel ; mes vœux arriveront probablement les premiers. Quelle consolation de savoir que nous sommes tout à Dieu par nos engagements religieux ! on ne mettra pas les scellés sur nos âmes. Je me joins à tes élèves pour te fêter.

Oui, Paul de Maleplane, bon et généreux cousin, m'a fait cadeau d'une très bonne montre.

Adieu, adieu, mes deux bonnes sœurs, priez pour moi.

Votre frère dévoué,

MARC, O. M. I.

Mgr Bonjean doit être arrivé à Ceylan avec sa colonie apostolique ; son coadjuteur, Mgr Mélizan, s'embarque aujourd'hui à Marseille pour le rejoindre.

Je suis reconnaissant du souvenir que Mgr Boyer a bien voulu m'accorder en demandant de nos nouvelles à mon *chiffon* de sœur, comme tu t'appelles dans un style qui m'a bien fait rire.

†

L. J. C. & M. I.

Paris, 22 octobre 1880.

Rien de nouveau, ma chère Sainte-Rose ; toujours cette agonie qui dure depuis sept mois et que nous supportons gaiement. Les communautés de Paris sont des blockhaus : il y a chaînes de sûreté, barres de fer pour prolonger la résistance; nous faisons comme les autres. Du reste, notre ministère se continue; nous sortons, salués et respectés plus que jamais.

Rassure-toi donc, ma chère sœur, je suis couvert de scapulaires et de saintes images, la tienne comprise.

A Marie-Ursule bon souvenir, respect à Monsieur l'Aumônier, à Mère supérieure et à nos Mères.

MARC, O. M. I.

†

L. J. C. & M. I.

Paris, 28 octobre 1880.

Anne, ma sœur Anne, ne vois-tu rien venir ? — Réponse : rien, pas même un commissaire de police. Toujours la même situation, ma chère Sainte-Rose. Nos chapelles sont remplies; nous préparons les fidèles aux fêtes, et dans les rues nous circulons comme de coutume. Nous sommes gardés; mais c'est avant tout sur la sainte Vierge qu'il faut compter.

Je me porte fort bien et suis fort calme. L'épreuve fait du bien à tout le monde; elle réveille la foi et fait faire pénitence. Depuis que j'ai vu pleurer la sainte Vierge à la Salette, je comprends mieux la nécessité de cette vertu, trop oubliée, hélas!

MARC, O. M. I.

†

L. J. C. & M. I.

Paris, 5 novembre 1880.

CHÈRE SŒUR,

« Bienheureux ceux qui souffrent persécution pour la justice. »

Ce matin, notre expulsion a commencé à six heures et s'est terminée à neuf et demie. Ça été une ovation; pas un cri désagréable à entendre. Je reste pour garder la maison avec un Père et trois Frères. Sympathie universelle. Je t'écris en style télégraphique, tout occupé aux détails de la nouvelle responsabilité, les yeux pleins de larmes et le cœur plein de joie. Je n'ai jamais été si heureux et je me sens plus près de Notre-Seigneur. Les scellés ont été apposés sur la chapelle publique; mais nous avons le Saint-Sacrement dans notre oratoire intérieur, et je suis le gardien du divin Prisonnier.

Pas un serrurier n'a voulu prêter son ministère; ce sont les pompiers qui ont tout brisé.

Adieu, chère sœur et chères sœurs au pluriel; priez pour votre cher frère,

L'abbé DE L'HERMITE.

†

L. J. C. & M. I.

Paris, 12 novembre, octave de notre expulsion

CHÈRE SŒUR,

Les sollicitudes du premier moment, les décisions à prendre, le soin de mes Pères dispersés, l'incertitude troublée des fidèles sans pasteur, qu'il faut consoler et chercher à réunir dans quelque saint asile de prière, tout un ensemble de préoccupations, voilà les excuses de mon silence; mais Dieu me soutient visiblement : les tristesses de la solitude sont consolées, et le tombeau que j'habite est plein de Dieu et de son amour.

Hier, pour consoler ma peine, j'ai fait l'ascension de Montmartre, où j'ai dit la messe et prêché la gloire de Saint-Martin, aux vêpres, devant une magnifique assistance. J'ai recommandé au Sacré-Cœur tous ceux que j'aime.

L'Union et *le Gaulois* sont les deux journaux qui ont le mieux raconté notre expulsion; je te les envoie, car il m'est impossible en ce moment d'écrire avec détail.

Remercie tes saintes sœurs et compagnes de leurs prières; qu'elles veuillent bien continuer à m'en accorder le suffrage; dis à nos nièces toute ma reconnaissance : j'écrirai plus tard, mais en ce moment cela m'est impossible.

Rassurez-vous, chères sœurs, notre maison est respectée et le quartier nous aime.

Ton frère toujours le même,

MARC, O. M. I.

☦

L. J. C. & M. I.

Paris, 26 décembre 1880.

MA CHÈRE SAINTE-ROSE,

Vive l'Enfant Jésus! vive le petit Prince de la paix! *Princeps pacis.* C'est le titre que j'ai détaché d'une phrase d'Isaïe pour l'expliquer hier soir, aux vêpres, dans une communauté où je portais l'exil de ma pauvre parole.

Belle fête! dix heures de confessionnal la veille, malgré les difficultés d'installation. J'ai été expulsé deux fois de ma cahute par un aumônier propriétaire, qui avait, lui aussi, son troupeau à soigner : expulsion pacifique et prévue. J'ai dû laisser là sur le pavé une foule de pauvres pénitentes, qui, à leur tour, auront porté leur exil ailleurs, et je me suis vengé de mon expulsion en rentrant à la rue Saint-Pétersbourg, où j'ai confessé des hommes pendant cinq heures sans désemparer.

A minuit, j'ai dit mes trois messes dans une chapelle de patronage de jeunes ouvrières, — patronage, à Paris, équivaut à congrégation. — Il a fallu, avant la messe, confesser une bonne partie de ces pauvres enfants. Belle messe, beaux chants. Bref, on cherche encore à faire du bien. Mes pauvres Pères s'occupent de leur côté. Notre chapelle est toujours sous les scellés; c'est une souffrance réelle pour le quartier; elle y était indispensable. Nous tâchons d'indemniser les fidèles de notre mieux. La religion sortira triomphante de cette épreuve, il se fait un travail dans les esprits et dans les consciences.

Mes chères petites sœurs, demandez au divin Enfant que je ne perde pas ma ferveur religieuse; c'est une si rude épreuve que la privation de la vie commune! Ici, avec mon seul confrère et mes trois frères gardiens, nous continuons à faire nos exercices ensemble : c'est une consolation; mais quelle souffrance pour les autres et quelle solitude!

On travaille encore activement, grâce à la douceur de la température, à l'église du Sacré-Cœur; la crypte est magnifique. Je t'envoie fidèlement tous les bulletins.

Prie pour moi, chère Sainte-Rose, toi et Marie-Ursule, et recevez toutes les deux, ainsi que nos parentes, mes souhaits de bonne année.

Ton frère,

MARC, O. M. I., religieux expulsé.

Vive la liberté! Vive l'Enfant Jésus!

✝

Paris, le 6 juillet 1881.

MA CHÈRE SAINTE-ROSE,

Tout ce qui me rappelle mes sœurs, Saint-Alyre, son édifiante communauté, ses pieuses fêtes, m'intéresse et me fait du bien. Je te remercie de m'avoir initié aux douces manifestations de la piété monastique des Ursulines.

Je me rappelle cette belle procession de l'année dernière, à laquelle j'assistai en portant le Saint-Sacrement. Que c'était beau, ravissant de piété et de foi, dans ce beau cadre des montagnes et dans cette charmante oasis qui est votre enclos !

Cette année, j'ai présidé une fête de ce genre à Paris. L'aumônier des Sœurs de la Sainte-Eucharistie de la rue de Douai, à cinq minutes d'ici, m'a fait l'honneur de m'inviter à porter le Saint-Sacrement à la procession du premier dimanche. Chœur nombreux de religieuses, lignes de pensionnaires, groupes d'anges et de thuriféraires, escorte de papas, de mamans, de frères et de sœurs, de fidèles expulsés des chapelles, etc. Les balcons des fenêtres de la rue étaient garnis de curieux sympathiques, qui par-dessus les murs plongeaient dans la rue. Ça été fort beau. Je suis vraiment l'enfant gâté de la Providence.

Hier, j'ai amené à la chapelle du Sacré-Cœur de Montmartre un troisième pèlerinage. Malgré la villégiature déjà commencée et une chaleur torride, il y avait encore un groupe convenable de cent cinquante à deux cents pèlerins. Le Bulletin du mois d'août racontera ce pèlerinage dans la chronique mensuelle; je m'abstiens donc de t'en entretenir.

Je ne tarderai pas à prendre quelque repos maintenant que les Parisiens commencent à émigrer aux eaux et à la campagne; j'espère voir Louis et les Ursulines.

Ma santé est excellente; cette déclaration est véridique, car tu me sembles appuyer sur cette qualité; foi d'honnête homme, je suis maigre comme un clou, mais en bonne santé; je n'ai ni la fièvre, ni la peste, ni rien de semblable.

En ce moment, les préoccupations des chrétiens sont grandes. Que de violences et d'abominations, dont la vue et parfois le récit serrent douloureusement le cœur ! C'est le moment d'oublier ses peines personnelles pour ne penser qu'à celles de l'Eglise et de la Patrie. Quoi qu'il arrive, nous resterons, avec la grâce de Dieu, des âmes fortes, dévouées à la prière, au travail et à l'apostolat.

J'offre à Monsieur l'Aumônier, à notre vénérée Mère supérieure et à nos Mères tous mes respects, joints à l'expression de ma reconnaissance. J'envoie mon souvenir à Marie-Ursule, notre sœur, et à nos parentes.

Ton dévoué frère,

MARC, O. M. I.

†

L. J. C. & M. I.

Paris, le 29 décembre 1881.

MA CHÈRE SAINTE-ROSE,

Bonne et heureuse année ! que l'Enfant Jésus soit avec toi de plus en plus et te fasse goûter les douceurs de son ineffable service ! la vie religieuse est bien le grand bonheur, et, dans les expulsions ou exils, on en sent encore plus vivement le prix.

Tu me donneras de tes nouvelles, en me souhaitant la bonne année à ton tour. Ici l'hiver est très bénin jusqu'à ce moment, et, sauf les brouillards, il n'a pas fait sentir ses rigueurs ; puisse-t-il vous épargner dans votre couvent de Saint-Alyre !

Les fêtes de Noël ont été fort belles à Paris, et, malgré la gêne qu'on nous impose, la Religion fait son chemin ; mais les entraves légales deviennent de plus en plus nombreuses, et il faut un grand effort de prière pour sauver la France.

J'ai vu il y a trois semaines notre cousin Paul ; il se rendait à Limoges pour y prendre en toute hâte sa femme et son fils et les ramener à Saint-Claude avant l'hiver ; c'est bien toujours un bon parent, aimable et dévoué, et digne de toute notre affection.

Je me permets de te conseiller une *Vie de Jésus-Christ* qui m'a fort intéressé ; elle a pour auteur l'abbé Fouard, du clergé de Rouen ; c'est instructif et pieux.

De ton côté, as-tu quelque livre intéressant à me conseiller pour les jeunes filles ? On me demande souvent des indications à ce sujet ; mais je n'ai pas le temps de tout lire, et je dois m'en rapporter aux saintes âmes qui sont consacrées à l'éducation des jeunes chrétiennes.

Rien de récent de Louis et de Marie-Ursule ; le premier de l'an sera l'heure du payement des dettes.

A Monsieur l'Aumônier, à notre Mère et à nos Mères l'hommage de mon respect et de mes souhaits de bonne année ; je n'oublie pas nos parentes.

Prie pour moi, mon enfant, et pour ma Congrégation bien chère.

Je suis toujours ton dévoué frère,

MARC, O. M. I.

✝

L. J. C. & M. I.

Paris, le 26 avril 1882.

MA CHÈRE SAINTE-ROSE,

Tes souhaits fraternels de fête, si charmants et si bien exprimés, me sont arrivés avant-hier, veille du grand jour. Impossible de mettre plus d'à-propos dans l'expédition de tes excellents souvenirs. Je t'ai

déjà remerciée devant Dieu, hier, à Montmartre, où
j'amenais en pèlerinage les fidèles de notre chapelle
sous les scellés. Malgré les difficultés de convocation
et un temps des plus maussades, nous avons eu une
jolie petite fête de piété. Les enfants d'un orphelinat
tenu par des Sœurs de Saint-Vincent-de-Paul ont
remplacé ma maîtrise officielle, dispersée elle aussi,
et chanté avec une perfection et une piété qui ont
ravi tout le monde. Lampre, Saint-Alyre et Evreux
étaient là dans mon cœur, en bonne place auprès de
Notre-Seigneur. Ton souvenir de fête est arrivé le
premier ; les autres ont suivi le lendemain.

Le jeudi de Pâques, j'ai pu, entre deux trains,
faire une apparition de quatre heures à Evreux. Notre
sœur était en vacances ; j'étais donc assuré de ne pas
prendre sur ses moments. Elle m'a paru bien, et
j'aime à croire que les apparences ne sont pas trom-
peuses. Ses compagnes sont pleines de cœur et d'affection pour elle.

Tu parais t'alarmer outre mesure au sujet de ma
maigreur ; chez moi, cette qualité ou ce défaut n'est
pas chose nouvelle ; il y a cinquante-trois ans que je
suis maigre : maigre j'ai été, maigre je suis, maigre
je serai, et cela sans péril pour ma vie ; un degré de
plus ou de moins sur ma figure émaciée, ce n'est pas
une affaire, pas plus qu'un degré de plus ou de moins
au thermomètre. Bref, je suis bien, malgré la République sur le dos, et soumis à la volonté de Dieu
pour ce qui regarde l'avenir. Je vois mes confrères
de temps en temps : hier, tout ce qui est à Paris en
ce moment était réuni à la rue Saint-Pétersbourg.

Remercie beaucoup ta bonne Supérieure de son souvenir de fête, et aussi tes Mères et tes compagnes. Continuez à prier Dieu pour les dispersés, afin qu'ils se sanctifient dans l'épreuve ; c'est là l'essentiel : en ce moment, il ne faut plus penser à ses souffrances personnelles, mais seulement à celles de l'Eglise et de la Patrie.

Je te quitte pour aller assister à l'enterrement du curé de la Trinité, beau vieillard dont la paroisse est dans nos quartiers.

Ton dévoué frère,

MARC, O. M. I.

†

I . J . C . & M. I.

Paris, le 24 juin 1882.

MA CHÈRE SAINTE-ROSE,

Merci de ta bonne lettre. Le *Bulletin du Vœu national*, que je t'ai envoyé, t'aura donné de mes nouvelles ; je veux cependant y ajouter ce bon souvenir écrit.

Et d'abord, je tiens à te dire que j'ai suivi fidèlement tes recommandations ; avant-hier, jeudi, j'étais à Evreux. J'ai pu passer deux bonnes heures au parloir des Ursulines, et nous avons, Sainte-Ursule et moi, appelé par l'affection fraternelle les autres membres de la famille pour compléter la réunion. Tu étais là, en place honorable, ma fille, et nous étions à Saint-Alyre autant qu'à Évreux. Es-tu contente de moi ?

A l'instant je reçois une lettre de Louis qui fait de l'agriculture — et de la bonne — dans la *Semaine religieuse* de Saint-Flour.

J'ai vu récemment M. et Mme Edmond de Lostende et leur fille, et je les ai menés en pèlerinage à Montmartre ; ils ont été ravis. Les travaux de la basilique sont vraiment magnifiques, et en ce moment l'affluence des pèlerins est considérable. Je dois prêcher au cher sanctuaire provisoire le 29, fête de saint Pierre.

Le premier dimanche de la Fête-Dieu, j'ai porté le Saint-Sacrement à la procession du couvent et pensionnat de la rue de Douai, près d'ici. Deux beaux reposoirs dans les cours et jardins ; nombreux parents et fidèles. Ces petites fêtes sont un coin de liberté au sein de l'esclavage du moment.

Oui, ma chère enfant, la question des écoles est capitale à cette heure et intéresse l'avenir de la religion en France. Le peuple de Paris, léger mais intelligent, se conduit bien sous ce rapport, et envoie ses enfants aux écoles congréganistes libres. Je connais bien des religieuses et des jeunes filles qui se préparent au brevet ; il faut se résoudre à tous les ennuis pour défendre la bonne cause et sauver les âmes.

Quant à moi, incapable de subir un examen et simple bachelier ès lettres, je me contente de faire le catéchisme ; c'est encore la science la plus nécessaire et la plus intéressante.

Prie pour nous : on nous laisse tranquilles; mais les religieux n'ont confiance qu'en Dieu.

J'offre mon respect à notre bonne Mère supérieure et à nos Mères, et me rappelle à nos parentes.

Allons, sois la rose éclatante, pleine de vie et aux couleurs empourprées sous le beau ciel d'Auvergne; sois surtout la fidèle imitatrice de ta patronne, sainte Rose de Lima, la pieuse et aimable Péruvienne.

Ton bon frère,

MARC, O. M. I.

✝

L. J. C. & M. I.

Paris, le 9 août 1882.

MA CHÈRE SAINTE-ROSE,

C'est demain, tu le sais, que notre sœur doit passer à Paris pour repartir vendredi et arriver le soir à Clermont.

Je lui ferai voir une seconde fois les pieux sanctuaires.

Ainsi on a tenu parole, et, après un an, d'une fête de sainte Claire à l'autre, l'Auvergnate devenue Normande va redevenir Auvergnate.

Je me félicite de voir les deux sœurs réunies de nouveau dans la paix et la piété du même cloître monastique de Saint-Alyre, et je m'estime heureux de

n'avoir plus deux coins de terre, mais un seul, à surveiller par mon affection fraternelle.

Et moi, je partirai vendredi pour Nantes, après
avoir mis Marie-Ursule en route ; et samedi soir je
serai sur un petit rivage de l'Océan, au delà de Saint-
Nazaire, non pour me baigner, mais pour passer quelques semaines de pieuse villégiature, pour respirer le
bon air et prendre les vacances indispensables à tout
Parisien.

Adieu, ma chère sœur Sainte-Rose, à toi et à toutes.
J'offre, par ton entremise, mes souhaits de bonne fête
à ta Mère supérieure si bonne et si dévouée.

Ton frère toujours le même,

MARC, O. M. I.

✝

L. J. C. & M. I.

Pornichet (Loire-Inférieure), le 13 août 1882.

MA CHÈRE SAINTE-ROSE,

Je suis parti de Paris le même jour que Marie-
Ursule, et le soir j'allais coucher à Nantes. La matinée de samedi a été donnée à la visite des belles églises de cette pieuse ville, que je connaissais déjà un
peu, et l'après-midi je continuais ma route.

Me voici depuis hier soir sur les bords de la mer à
Pornichet, belle et vaste plage battue par les flots de

l'Atlantique. Quand je regarde l'Océan, j'ai à ma
droite Le Pouliguen et Le Croisic; à ma gauche,
Saint-Nazaire et son vaste bassin, d'où partent les
transatlantiques qui font le service des Antilles, et
cela à deux lieues de moi. La Loire à deux pas d'ici
se jette dans l'Océan, et, avec une heure de marche
sur la grève, je pourrais la voir. C'est magnifique!
c'est la solitude, c'est l'immensité!!!... Les Parisiens
sont échelonnés dans les chalets qui longent la côte,
depuis Saint-Malo-de-La-Lande, sur la Manche, jusqu'à Bordeaux, et j'en vois déjà qui flânent sur le
sable, cherchant des moules et des crabes dans les
rochers.

J'habite un petit chalet avec deux de mes confrères,
dont l'un est aumônier d'un établissement des Sœurs-
de-l'Espérance — succursale de Nantes. — Ces bonnes
Sœurs viennent ici passer quatre mois pour le service
des dames baigneuses. Elles ont une petite chapelle
où je dis la messe tous les jours; c'est à 100 mètres
de mon chalet. J'ai donc solitude, air pur, vue magnifique sur l'Océan et repos. Tout cela est bon, parce
qu'on ne se dissipe pas et qu'on se repose en priant
et en s'occupant.

Je compte bien aller à Saint-Nazaire, au Pouliguen
et à Guérande, jolie petite ville qui a gardé son vieux
cachet d'autrefois. En un mot, je prends mes vacances, tout en restant religieux, et j'espère homme
sachant s'occuper encore.

Ces détails, ma bonne Sainte-Rose et ma bonne
Marie-Ursule, sont consignés ici uniquement pour
satisfaire votre curiosité fraternelle, bien légitime, et

pour vous donner de mes nouvelles en vous assurant que mon voyage a été heureux.

Adieu, chères Auvergnates, aimez Notre-Seigneur par-dessus tout et priez pour moi.

Votre frère dévoué,

MARC, O. M. I.

✝

L. J. C. & M. I.

Pornichet, par Saint-Nazaire, le 30 août 1882.

MA CHÈRE SAINTE-ROSE,

C'est aujourd'hui ta fête; mon bréviaire et le missel me l'ont rappelé. Cette date est bien ancrée dans mon cœur, et je la sais sans avoir besoin de l'*Ordo* et de la liturgie; mais cependant ces vénérables moyens de rafraîchissement de la mémoire offerts par l'Église me sont infiniment précieux. Donc, ce matin, j'ai longuement prié pour l'Ursuline. Il y a plus : hier j'étais à Sainte-Anne-d'Auray (Morbihan) et tu dois bien penser que j'y ai prié pour toi et pour tous les nôtres.

Parti de Pornichet lundi à huit heures et demie, j'arrivais à Sainte-Anne à trois heures et demie de l'après-midi. Après un premier salut au sanctuaire, nous avons, deux confrères et moi, loué une voiture et visité avant la nuit le champ des martyrs, où furent

fusillées les victimes de Quiberon [1], la petite char-
treuse voisine où est leur ossuaire, et qui maintenant
est occupée par des Sœurs-de-la-Sagesse et des
sourdes-muettes. Auray! vu en passant le champ de
bataille de Charles de Blois, Du Guesclin, Montfort et
autres, et nous sommes rentrés à Sainte-Anne par
Pluneret, petit village, dans le cimetière duquel nous
avons prié sur la tombe de Mgr de Ségur. Le soir,
nous avons gravi à genoux les degrés de la *Scala
sancta* de Sainte-Anne et longuement prié à la basilique. Hier matin, la messe à six heures dans cette magnifique église toute neuve, vaste, ornée, superbe.
J'avais fait ce pèlerinage autrefois, étant à Rennes,
mais l'église actuelle n'était pas encore construite;
aujourd'hui c'est royal.

Après la messe, visite du Petit Séminaire attenant
à la basilique, visite du trésor de Sainte-Anne, visite
du magnifique couvent des Fidèles-Compagnes-de-
Jésus [2] : pensionnat, chapelle, parc, tout est vaste et
beau. Départ de Sainte-Anne à neuf heures et demie,
après de nouvelles prières ; rentrée à Pornichet à
cinq heures et demie.

1. Parmi les plus illustres victimes des massacres de Quiberon
figurait un grand-oncle du P. de l'Hermite, le jeune comte Léandre
de l'Hermite, lieutenant au régiment de La Fère au moment de la
Révolution, dont le nom est inscrit sur le monument commémoratif.

2. Des liens particuliers attachaient le R. P. de l'Hermite à la Congrégation des Fidèles-Compagnes de Jésus, fondées au commencement du siècle par la vicomtesse de Bonnault d'Houet (Marie-Made-
leine-Victoire de Bengy), tante de la comtesse Ferdinand de l'Hermite.

Le P. de l'Hermite a dit avec raison de cette importante Congrégation, qui donne aujourd'hui l'instruction à plus de vingt mille
enfants, que toutes les vertus du ciel et de la terre semblaient s'y être
donné rendez-vous.

Je suis tout heureux de ce court, mais beau pèlerinage. Ah! qu'il fait bon prier dans les sanctuaires! C'est une de mes plus chères dévotions : la piété, le cœur, toutes les forces surnaturelles de l'âme s'y refont. Je viens de te faire une nomenclature sèche de ce pèlerinage; prends ta carte de Bretagne et suis-moi comme tu pourras dans cette course géographique et historique.

Sainte-Anne est un petit village qui, grâce aux couvents, au Séminaire, etc., a quinze cents âmes. Les bonnes femmes du pays ont l'air de congrégées; elles se rendent à l'église, comme des religieuses au chœur, à l'heure indiquée.

Et maintenant, je vais achever ma semaine. Je me sens tout refait par le grand air et l'éloignement de la civilisation.

Ton frère dévoué,

MARC, O. M. I.

✝

L. J. C. & M. I.

Paris, 2 mai 1883, veille de l'Ascension.

MES CHÈRES SŒURS,

Je vous remercie, toi Sainte-Rose, toi Marie-Ursule, de vos souhaits de bonne fête. A Paris on vit trois fois, et alors qu'on voudrait dire un mot d'affection chrétienne à ceux que l'on aime : frère, sœurs, on en est empêché par mille imprévus. Pardonnez, excusez et priez pour votre frère qui ne peut vous oublier. Ne tenant plus aux reproches de mon cœur, je vous donne ce certificat de vie et ce signe de reconnaissance.

C'est aujourd'hui l'anniversaire de ta naissance, Sainte-Rose, et je tiens à te dire que j'y ai pensé devant Dieu.

Adieu, chères sœurs, plus tard j'écrirai moins brièvement. Priez pour moi.

Marc, O. M. I.

Santé parfaite.

✝

L. J. C. & M. I.

Paris, le 4 juillet 1883.

Ma chère Marie-Ursule,

J'avais faim et soif d'avoir des nouvelles de Saint-Alyre, et voilà que l'ange gardien t'a inspiré de m'écrire; merci à toi et à l'ange. Tout ce qui vient des couvents fait du bien : ce sont les maisons de Dieu, les cellules des âmes qu'il préfère; il y a comme un parfum du ciel qui se dégage de ces asiles; mais je ne veux pas essayer d'en parler, après avoir lu ce qu'en dit l'Imitation de Jésus-Christ.

Donc, Madame ma sœur, ta lettre m'a fait plaisir. Pour te répondre et me mettre en verve, j'ai relu ce

matin quelques lettres de notre bon père, exhumées
d'un vieux portefeuille où je les garde précieusement. J'ai relu tout cela avec larmes : c'est touchant,
c'est simple, vrai, plein de cœur, et de cette inimitable bonhomie chrétienne et délicate qui distinguait
papa Félix. J'ai lu surtout avec émotion la lettre qu'il
m'écrivait en réponse à l'annonce de ma vocation à
la vie religieuse. J'y retrouve Henriette, Sainte-Rose,
dans ces chères lettres, et je me reproche de n'en
avoir pas conservé davantage. Ma lecture spirituelle
d'aujourd'hui est faite.

Oui, ce qu'on t'a dit, d'après l'Univers et d'autres
journaux, est exact : j'ai béni, le 17 mai, à la Trinité,
le mariage de Mlle Lucienne Guès, fille d'un officier
de marine en retraite, mon témoin personnel lors de
l'expulsion, avec M. Jean Bousrod, petit-fils par sa
mère de Lacépède. Je ne pouvais refuser cet acte de
reconnaissance chrétienne et religieuse, et je suis sorti
de ma cellule pour cette belle cérémonie, qui avait
appelé à la Trinité une magnifique assistance.

Sais-tu que Mlle Berthe de La Villarmois a épousé
l'année dernière M. de Lavau du Vendômois? Sais-tu
que le beau château de son père a été, hélas! complètement détruit par un incendie au mois de mars
dernier? Tout cela sont nouvelles mondaines; mais
nouvelles qui intéressent mes sœurs, à cause des
personnes que touchent ces événements, et voilà
pourquoi j'en parle.

Un pèlerinage de Tourangeaux à Montmartre s'or-
ganise pour le 11 de ce mois, c'est-à-dire pour dans
huit jours. J'espère bien y assister dans la crypte, à

la chapelle Saint-Martin, chapelle de gauche; tu vois ça d'ici?

Depuis un an, la construction du monument a fait de grands progrès, et les dimensions de la nef principale, dans l'église supérieure, se dessinent avec majesté, encadrées par d'énormes et gigantesques piliers, forts et élégants à la fois.

Allons, prions, prions, prions! travaillons, obéissons, soyons gais au milieu des larmes!

Ma santé est bonne, malgré ma maigreur proverbiale. Je prendrai bien quelque repos, mais je ne sais quand. J'ai passé récemment trois jours en dehors de Paris, à Royaumont, et j'espère bien n'être pas ici le 14 et ne rentrer que le 15 ou le 16.

Toutes les sœurs qui te connaissent à la rue de Clichy t'envoient leurs souvenirs : mère Saint-Yves, supérieure, sœur Saint-Célestin, assistante, sœur Aloysia, économe, sœur Germaine qui t'a servie, etc.

En attendant d'écrire à Sainte-Rose, je lui envoie tous mes fraternels et plus tendres souvenirs.

Ton frère,

MARC, O. M. I.

✝

L. J. C. & M. I.

Paris, le 27 août 1883.

CHÈRE SŒUR SAINTE-ROSE,

Bien fraternellement et bien religieusement devant

Dieu, dans mon cœur de frère et de prêtre, je te
souhaite bonne fête. N'est-ce pas, en effet, le 3o, jeudi
prochain? Courts dans cette lettre, mes vœux seront
longs aux pieds de Notre-Seigneur, que je vais glo-
rifier pendant trois jours à Montmartre.

J'ai reçu un charmant programme de Louis; ne
sachant où le prendre, je lui fais passer ce mot par
toi, convaincu qu'il est à Clermont devant vos grilles :
si je me trompe, renferme ce billet dans la première
lettre que tu lui adresseras. Je suis avec vous tous,
en famille, par la pensée, moi l'expulsé, et je vous
aime tous, et je vous souhaite la fête à tous.

A toi de cœur, chère sœur, et prie pour ton frère,

MARC, O. M. I.

Le 1er septembre, je dois commencer la retraite des
Sœurs de la rue de Douai, où j'ai un confessionnal
pour les fidèles.

†

L. J. C. & M. I.

Paris, le 12 septembre 1883.

MA CHÈRE SAINTE-ROSE,

Demain matin, je pars pour Londres, où j'arriverai
à cinq heures et demie du soir, et serai reçu chez nos
Pères qui habitent le quartier de la Tour (Tower-

Hill). Après un court séjour là et dans nos maisons voisines, je me rendrai en Irlande pour visiter nos jeunes scolastiques, exilés dans un faubourg de Dublin. Ce petit voyage me fait grand plaisir; je serai heureux de voir, bien que rapidement, les belles œuvres catholiques créées et entretenues par nos Pères.

Je t'écrirai de Dublin dans une dizaine de jours.

Le pèlerinage que nous avons fait à Montmartre, Marie-Ursule et moi, a été bien beau[1].

Prie pour moi, comme je le ferai pour toi. Offre mon respect à Mère supérieure.

Ton dévoué frère,

MARC, O. M. I.

†

L. J. C. & M. I.

Paris, le 3 janvier 1884, en la fête de sainte Geneviève, patronne de Paris.

CHÈRE SŒUR,

Merci de tes souhaits de bonne année, pleins d'esprit religieux et d'affection fraternelle. Demande pour moi les biens spirituels, afin que, durant cette période d'expulsion et de dispersion, je ne perde rien de ma ferveur première, et que, selon l'obligation de notre

---

1. La plus jeune sœur du P. de l'Hermite avait dû repasser par Paris pour retourner à Évreux, où elle venait d'être redemandée en qualité de supérieure.

état, je tende chaque jour, par le désir et les actes, à ma perfection.

Je te souhaite, à toi, toutes les prédilections de tes deux Mères, sainte Ursule et sainte Angèle, sans compter celles de la fleur d'Amérique, ta patronne, sainte Rose. Et puis aussi, ma pauvre Rose fanée, un peu de cette vigueur corporelle dont on a bien besoin dans notre saint état.

Y souffrir, c'est une grâce ; y travailler, c'est une grâce ; y mourir, c'est la grâce des grâces.

Jeudi prochain 10 janvier, je prêcherai un petit sermon de charité à notre église de Saint-Martin, à Tours. Ce sera pour moi une joie de revoir le tombeau du saint thaumaturge et sa ville, où j'ai passé sept pieuses et douces années. Trois jours d'absence seulement.

Bonnes, mais courtes nouvelles de Lampre et d'Evreux.

Je t'écrirai un peu plus longuement une autre fois. Ces jours-ci on est débordé par le ministère et par les obligations civiles les plus indispensables.

Adieu, grande dame, comme disait spirituellement Louis Veuillot en écrivant à sa fille Visitandine et épouse de Jésus, comme toi, chère sœur Ursuline.

Respect à nos Mères ; je n'oublie pas ta chère fille Germaine, Mme de Brinon.

Ton frère,

MARC, O. M. I.

†

L. J. C. & M. I.

Paris, le 23 février 1884.

MA CHÈRE SAINTE-ROSE,

Voici venir les semaines de pénitence, pendant lesquelles, si j'ai bonne mémoire, les Ursulines n'écri-
vent pas, à l'exception peut-être des sœurs d'oblats.
Rappelle-toi, dans l'occasion, que je suis du nombre
de ces derniers.

Je prends l'avance.

La mort de ce bon oncle d'Aigueperse est en ce
moment le regret universel dans la famille. Ton admirable marraine est dans l'affliction ; je lui ai envoyé quelques lignes du meilleur de mon cœur. Le
bon baron, comme on l'appelait, laisse de beaux souvenirs et d'édifiants exemples ; sa mort rouvre bien
des blessures. Ce mois de février a de nombreux anniversaires : notre sœur Louise, tante Fanny, tante
Anastasie, mon regretté P. Merlin ; mais aussi, le 26,
trente-troisième anniversaire de mon oblation à l'Osier,
en 1851 !

Parle-moi de toi, chère solitaire. Je n'écris que rarement ; mais crois bien que je ne suis pas indifférent,
et que mon frère et mes sœurs sont bien au fond de
mon cœur en bonne place. Clermont est le sommet
d'un triangle un peu tiré par les cheveux ; je voudrais

faire de grands pas sur cet itinéraire irrégulier, et c'est à peine si j'écris quelquefois. Allons, provoque-moi, secoue-moi. Je ne suis pas paresseux par nature pourtant; mais en temps d'expulsion il faut penser à bien des choses.

Rien de récent des nôtres.

Ma santé s'obstine à être bonne depuis le voyage britannique. Je voudrais bien te voir de mes yeux du corps et savoir s'il en est de même pour toi; mais, quoi qu'il arrive, le bonheur d'être à Dieu dans la vie religieuse fait oublier bien des misères.

Prie pour moi, afin que je passe un bon Carême; demande surtout que je sois plus intérieur; car dans ce Paris agité, le mouvement est continuel, et l'on voudrait se trouver à 100 lieues de ce public remuant.

Louis a une plume vraiment fine et française.

Ton dévoué frère, chère sœur.

MARC, O. M. I.

✝

L. J. C. & M. I.

Paris, le 27 avril 1884.

MA CHÈRE SŒUR,

Tes souhaits de fête sont arrivés les premiers parmi ceux de la famille. Merci de ton exactitude, des choses charmantes que tu veux bien me dire, et surtout merci des prières. Je tiens beaucoup à avoir en bonne place un stock abondant de cette marchandise spirituelle.

Les pâques viennent de finir dans le diocèse de Paris ; ma première minute après cette clôture de ce matin est pour toi : deux lignes du fond de mon cœur et un envoi de sentiments fraternels puisés au Cœur de Notre-Seigneur.

J'ai vu un instant Marie-Ursule le jeudi de Pâques, à Évreux, où j'ai pu passer quatre heures, dîner compris, ce qui est peu quand on vient de loin. Les pensionnaires étaient en vacances ; mais les supérieures n'ont guère de vacances : ce sont, par vocation, les servantes de tout le monde. Ce court congé m'a fait du bien cependant, et je suis rentré à Paris pour reprendre la chaîne.

Le mouvement religieux a été prononcé à Paris, parmi les hommes surtout ; mais que nous sommes malades !

Notre Congrégation — merci de l'intérêt que tu lui portes — se soutient malgré les orages. Notre noviciat du Limbourg-Hollandais, près Maestricht, est assez fourni ; notre scolasticat d'Inchicore-Dublin (Irlande) se soutient ; notre église d'Amérique est florissante avec ses immenses missions. A Ceylan, Mgr Bonjean est maintenant à Colombo, dont la Propagande nous a confié le Vicariat ; son ancien auxiliaire, Mgr Mélizan, l'a remplacé à Jaffna ; en Afrique, Natal. Il nous faudrait des légions, prie.

Je remercie la bonne Mère supérieure de son souvenir et de ses souhaits de fête. J'ai toujours été particulièrement gâté par les Mères supérieures de Saint-Alyre.

Souvenirs à nos parentes.

Rends-moi le service de te bien porter, et crois, chère Ursuline, à mon affection dévouée.

Ton frère,

MARC, O. M. I.

†

L. J. C. & M. I.

Paris, le 23 mai 1884.

CHÈRE SŒUR,

C'est bien tard te dire que j'ai fait une petite pointe jusqu'à Evreux, et que j'y ai passé tout un dimanche, le 11 mai.

Invité, à l'insu de Marie-Ursule, par l'aumônier et la communauté, à l'occasion des vingt-cinq ans de profession de la supérieure, je me suis rendu à cette charmante petite fête de famille. J'ai chanté la grand'messe, prêché le matin, prêché le soir pour le mois de Marie; j'ai visité la communauté, le petit couvent, le grand jardin traversé par l'Iton, et je suis rentré à Paris le lundi matin de bonne heure. C'est surtout à l'église que j'ai vu notre sœur; mais, en réalité, c'est bien au pied des autels qu'on est le mieux pour se voir.

Evreux n'a pas l'amplitude de Saint-Alyre, l'importance, le nombre des religieuses et des élèves, la belle chapelle, les cloîtres, l'enclos; mais enfin c'est un joli petit couvent qui, moyennant des annexes et améliorations intérieures, ne manquerait pas de charmes.

Comme nous avons pensé aux nôtres, à toi, chère sœur, et que tu manquais à cette petite solennité!

Parle-moi de toi, chère Sainte-Rose, de ce cher Clermont où est la moitié de mon cœur; de cette ville, patrie adoptive, qui m'est devenue plus chère encore que la mère-patrie, à cause de mes sœurs, à cause de cette sainte et inoubliable tante qui m'y a disputé et arraché à la mort.

Je suis toujours fermé dans Babylone. Il y a bien des saints dans cette ville et il ne faut pas trop la maudire; si c'est un foyer de révolutions, c'est aussi un foyer d'apostolat : toutes les œuvres partent de là, soutenues par le zèle et les sacrifices des saintes âmes, et, à toutes les fêtes de l'Église, on voit encore quelle place la Religion occupe dans les esprits.

Prie pour moi, chère sœur, pour ma chère Congrégation répandue dans le monde entier, sauf l'Océanie. Ma santé est très bonne; mais c'est l'âme que je voudrais plus fervente. Je me suis imposé l'obligation de dire le Rosaire pendant tout le mois de Marie, sans pour cela rien supprimer du reste; je tiens bon : ça fait du bien!

Adieu, chère sœur, crois à toute mon affection de bon frère,

MARC, O. M. I.

Mai a ramené pour nous l'anniversaire du décès de notre pieuse mère : j'ai bien prié et je n'ai pas oublié non plus celui de ta naissance.

†

L. J. C. & M. I.

Paris, le 11 août 1884.

CHÈRE SŒUR,

Je suis bien paresseux, n'est-ce pas ? C'est à l'égard de tous que j'ai des reproches à me faire; aussi suis-je sans nouvelles des miens, ou plutôt des nôtres, et ne puis t'en donner.

Voici l'Assomption : cette fête me rappelle que, par le baptême, tu t'appelles Marie; c'est ce nom baptismal donné par l'Église qui survit à tout. Puis bientôt ce sera Sainte-Rose, ton nom religieux; commençons, sur deux fêtes, par souhaiter la première.

Je voudrais te raconter quelque chose d'intéressant me concernant; mais, en vérité, il n'y a rien, rien que cette pieuse monotonie, toujours variée cependant, de la vie religieuse. Je bénis Dieu de m'y avoir appelé et d'y avoir appelé mes sœurs; dans le tohu-bohu du jour, c'est un bonheur d'avoir une ancre.

L'œuvre du Sacré-Cœur, à laquelle tu t'intéresses, marche admirablement; cette basilique, au point où elle est parvenue, est vraiment magnifique. La mort vient de frapper subitement l'architecte, le bon

M. Abadie, mais les travaux ne subiront pas d'arrêt pour cela. J'ai assisté mardi dernier, avec quelques-uns de mes confrères, aux obsèques de ce bon monsieur, à Chatou, petit pays gracieux sur la Seine, entre Paris et Saint-Germain. Tous les ouvriers de la basilique de Montmartre étaient là, se tenant dans une attitude de recueillement et de regret; c'était fort édifiant.

Le choléra n'a pas fait son apparition à Paris et l'état sanitaire de la capitale est excellent. La sainte Vierge a merveilleusement protégé nos Pères de Marseille. Tant que la divine Mère prie pour la France, il y a lieu d'espérer du Bon Dieu une grande miséricorde.

Nos religieux dispersés se répandent à l'étranger, et déjà nous avons une centaine de maisons, noviciats ou autres, aux frontières de France. L'Eglise est toujours active : poursuivie sur un point, elle convertit ailleurs et son zèle ne s'endort jamais.

Si tu sais où est Louis, dis-le-moi. Marie-Ursule est certainement à Évreux, mais je suis sans nouvelles. Du Limousin aussi tout est bien rare. Enfin, on s'aime quand même; on prie les uns pour les autres, et, nous autres religieux, nous sommes facilement excusés.

C'est demain la fête de ta si bonne Mère supérieure : qu'elle me permette de lui envoyer mes félicitations par la carte ci-incluse, que tu voudras bien lui remettre. N'oublie pas nos bonnes petites parentes de ce charmant et inoubliable couvent de Saint-Alyre.

Donne-moi des nouvelles de ta santé qui doit rôtir par le temps que nous avons.

Ton frère bien dévoué,

MARC, O. M. I.

✝

L. J. C. & M. I.

Paris, le 27 août 1884.

CHÈRE SŒUR,

La date de ta retraite se rapproche; il est temps de te souhaiter ta fête avant l'ouverture des saints exercices.

Donc me revoilà, te souhaitant la fête de sainte Rose, ta gracieuse patronne péruvienne, comme je t'ai souhaité la Sainte-Marie. Je demanderai pour toi force et santé du corps et de l'âme, et aussi un grand abandon à la volonté de Dieu. On a beau se trémousser dans ses ennuis et souffrances, il en faut toujours revenir là. Pour mon compte, après quatre ans d'expulsion — grave épreuve — j'en suis plus convaincu que jamais.

Avant-hier, j'ai prêché le panégyrique de saint Louis à Royaumont, la belle abbaye cistercienne fondée par le saint roi, et devenue la maison de noviciat des religieuses de la Sainte-Famille (Espérance et autres branches). C'est vraiment beau, et tout y rappelle *Louis de France, sergent du Christ.*

Je suis sans nouvelles des nôtres et j'ignore si Louis se décidera à faire une saison thermale. Si tu le vois passer quelque jour, fais-lui mes amitiés fraternelles.

Ennuyé de la République, je me plonge plus que jamais dans la lecture des *Annales de la Propagation de la Foi* et aussi des *Annales* de notre Congrégation des Oblats. Cela me console des tristesses de la France. Priez bien pour elle pendant votre retraite, mes chères sœurs; elle est guérissable par un miracle du Sacré-Cœur et de la Vierge Immaculée.

Adieu, aimons-nous de plus en plus en Jésus et Marie.

Ton frère dévoué,

MARC, O M. I.

†

L. J. C. & M. I.

Jersey (Saint-Hélier), le 3 octobre 1884

CHÈRE SŒUR,

J'ai passé dix bons jours à Pontmain, dans la piété et le repos d'esprit et de corps, près du beau sanctuaire et en compagnie de nos excellents confrères, alors en retraite.

De Pontmain, par Saint-Malo, après trois heures d'une splendide traversée, je suis venu à Jersey, île d'Océanie égarée dans la Manche et vivant sous sceptre britannique. Nos Pères — des expulsés de France — dirigent ici la paroisse catholique de Saint-Thomas, dans l'intérieur de la ville capitale — Saint-Hélier, — et deux petites paroisses rurales de l'intérieur : Saint-Matthieu et Saint-Martin.

Saint-Hélier est une ville de trente mille âmes, aux deux tiers anglaise, avec un tiers français, jolie, coquettement assise sur son port, avec de belles rues, des jardins splendides. Les Jésuites ont ici un magnifique établissement; il y a aussi des religieuses françaises : le catholicisme fait des progrès malgré tout.

L'île est charmante : c'est une corbeille de fleurs et un champ riche en fruits, légumes, plantes, etc. J'ai fait quelques excursions, et je suis enchanté de ce que la nature offre ici de beau et de riant. Si les âmes étaient toutes aussi belles ce serait parfait. A ce point de vue, nous sommes un peu ici aux missions étrangères; mais la libérale Angleterre ne nous entrave point, et voilà que nos Pères bâtissent une vaste et belle église, pour remplacer la chapelle catholique actuelle tout à fait insuffisante.

Je rentre en France lundi.

Refait quant au corps et à l'âme, je me remettrai avec plus de joie et de vigueur au travail ordinaire.

Adieu, ma bonne et chère sœur, que ne puis-je t'envoyer un peu de l'air pur et chaud de cette île enchantée pour te fortifier!

Soyons saints.

Ton frère dévoué,

MARC, O. M. I.

†

L. J. C. & M. I.

Paris, le 31 octobre 1884.

CHÈRE SŒUR,

J'ai découvert, et fait imprimer par un de mes confrères, l'*Hymne de sainte Ursule*, et j'adresse un petit paquet de ces feuilles à Mère Sainte-Cécile : tu te chargeras de lui présenter mon respect et de me recommander à ses prières pour ma peine.

Tes catéchismes sont bons. Souvent je me suis servi, pour mes instructions aux enfants, du *Catéchisme de la foi et des mœurs*, par M. de Lantanges, un vieux Sulpicien d'autrefois. Si vous avez ce livre à Saint-Alyre, tu pourras t'en servir avec fruit; c'est excellent.

Vu deux heures le bon Paul, notre cousin, qui se rendait à Limoges pour en ramener sa femme et ses enfants; excellent chrétien, bon parent.

Je suis revenu de Jersey et de Pontmain le 11 octobre, très bien portant, fortifié et dispos de nouveau pour le labeur. De Paris, j'ai pu aller passer deux heures au parloir d'Évreux : c'est peu, mais c'est bon.

Je t'estime heureuse de faire le catéchisme; ça été toujours un charme pour moi.

Devenons des saints, si possible, comme ceux que nous célébrerons demain.

Mon respect à Mère supérieure, et prie pour moi qui te souhaite une meilleure santé et un hiver pas trop rude. Allons, courage !

Ton frère dévoué,

MARC, O. M. I.

☩

L. J. C. & M. I.

Paris, le 19 novembre 1884.

Chère Sœur,

Merci de ton fraternel intérêt; rassure-toi.

Le choléra a, il est vrai, fait son apparition à Paris; mais, à part l'asile des Petites-Sœurs-des-Pauvres et les hôpitaux, il a traité la capitale d'une façon fort anodine, et on peut dire que jusqu'à ce jour sa marche est insignifiante. Le quartier que j'habite est le plus sain de Paris. Les journaux affolent la province: il ne faut pas les croire complètement.

Malgré *tes droits* à savoir quel est l'Oblat ayant échappé à un grand danger, ainsi que te l'a appris le *Bulletin du Vœu National*, je ne suis pas en mesure de répondre à ta bienveillante question. J'ignore quel est ce confrère et sur quel point du monde s'est passé l'accident : c'est probablement aux Missions étrangères ; en tout cas, ce n'est pas moi.

Je suis très heureux de l'accueil fait par Mère Sainte-Cécile à l'*Hymne de sainte Ursule*, et cette occasion de lui être agréable m'a été précieuse; car, pour ses bontés à mon égard, j'ai bien des dettes anciennes à acquitter, et aussi envers ta vénérée Mère actuelle, que je remercie de son souvenir et à qui j'offre mon respect reconnaissant.

Tout Saint-Alyre m'est cher depuis longtemps.

Prions, soyons saints, et sans peur comme sans reproche.

Ton frère dévoué,

MARC, O. M. I.

†

L. J. C. & M. I.

Paris, 16 février 1885.

CHÈRE SŒUR,

Avant ton entrée dans le grand et vivifiant silence du Carême, répondons à ta lettre d'adieu. Tu vas donc te fermer dans ta cellule monastique jusqu'à la résurrection pascale, plus que jamais insouciante du monde et dévouée à l'enfance et à la prière en véritable fille de sainte Angèle.

Il n'en sera pas de même pour moi, dont la vie suivra son cours uniforme. Cependant, demain, 17 février, cinquante-neuvième anniversaire de l'Approbation de notre Institut par Léon XII en 1816! Le 26, sera celui de mon Oblation prononcée à l'Osier; si c'était à recommencer, je recommencérais : à mesure qu'on vieillit dans la vie religieuse, on l'aime davantage.

Mercredi, jeudi, vendredi de cette semaine, prédications le matin aux exercices de l'Adoration perpétuelle dans la chapelle de la rue de Douai.

L'impôt sur les Congrégations est une iniquité; nous avons bien l'intention de nous refuser à le payer. Du reste, comment peut-on imposer une Société que l'on a déclarée dissoute le jour même de l'expulsion ? C'est un contre-sens à la logique. Rendez-nous la liberté, laissez-nous nous reconstituer, et puis nous verrons s'il convient de payer votre impôt; en attendant, vous n'aurez rien que par la force. Du reste, les jurisconsultes honnêtes déclarent que, en tout cas et dans l'espèce, on ne peut rien exiger avant un an. Adieu le fisc ! je ne m'en trouble pas.

Quant à ces facétieux personnages que tu dis communier à Montmartre et afficher des prétentions royales, il est vrai, ils sont venus au Sacré-Cœur, et ils sont redescendus simples mortels comme ils étaient venus. C'est une petite comédie de réclame que veulent se faire certaines gens; il y a plus de cinquante ans qu'elle dure; ne crois rien de ces balivernes. Les gens peuvent venir à Montmartre; y vient et y prie qui veut; mais nous ne donnons l'onction royale à personne.

Voilà, chère et aimable sœur, ma réponse à tes deux questions.

J'offre à ta Mère supérieure — elles sont toutes successivement si bonnes ces supérieures de Saint-Alyre — tous mes hommages respectueux; je de-

mande les prières de toutes et aussi de nos petites
parentes.

Pardonne-moi mes lettres incohérentes ; j'écris en
style de l'autre monde : ça été toujours ainsi et je ne
change pas avec l'âge.

Détail important : cinquante-six ans révolus depuis
le 27 janvier. Santé charmante : pas même de den-
tier, de cornet acoustique ; pas même de lunettes,
sauf à certains jours pour tempérer la lumière trop
vive.

Allons, allons, à l'ouvrage, Mesdames et Messieurs !
travaillons et soyons saints : des saints aimables, des
saints bien portants, des saints qui mangent, qui dorment, qui prient, qui travaillent et qui rient de bon
cœur.

Adieu, aimable sœur, crois à ma reconnaissance et
à mon affection.

Ton frère,

MARC, O. M. I.

†

L. J. C. & M. I.

Paris, le 19 avril 1885.

CHÈRE SŒUR,

Je viens de passer trois bons jours à Evreux, à
l'occasion d'un *triduum* d'Adoration perpétuelle prêché dans la chapelle — publique pour la circonstance — du Grand Séminaire. Ces journées des 11,

12 et 13 avril ont été charmantes pour moi. Tous les jours j'ai pu dire la messe chez les Ursulines, et voir aussi, à travers la grille, la vénérable supérieure, notre chère sœur ; ces petites visites m'ont servi de vacances de Pâques. Avec quelle joie nous avons parlé de Saint-Alyre, de Mère Sainte-Rose et de toutes les Mères, fleurs mystiques du bel enclos de Clermont. Monsieur le Supérieur a voulu me faire entrer au noviciat, qui se repeuple peu à peu de novices, espérance de la Communauté pour l'avenir.

Mon petit travail ne m'absorbait pas tellement que je ne pusse sortir : j'ai pu voir Evreux, son bel évêché, son très bienveillant évêque, qui a été bon pour moi comme il l'est pour Marie-Ursule. Cette dernière a de bonnes apparences de santé, malgré l'hiver ; mais un peu de soleil chaud et lumineux ne peut que lui faire du bien, et, ce soleil nous l'avons, enfin !

Quand irai-je m'asseoir près des grilles de Saint-Alyre, aussi intéressantes pour moi que celles de la place Dupont-de-l'Eure ? Je l'ignore ; mais je désire bien que ce soit cette année.

Au terme des pâques, dont la limite vient d'expirer, mon premier souvenir est pour toi, chère sœur ; donne de tes nouvelles, parle-moi des fleurs épanouies dans l'enclos de tes mortifications de Carême, et de tout ce qui peut intéresser un cœur de frère.

Je vais t'envoyer un de ces jours le Bulletin.

Respect à notre Mère et à nos Mères, et souvenir à nos parentes.

Ton bon frère,   MARC, O. M. I.

☩

L. J. C. & M. I.

Paris, le 1er mai 1835.

CHÈRE SŒUR,

C'est demain, si j'ai bonne mémoire, l'anniversaire de ta naissance ; reçois mes vœux fraternels, en échange de ceux que tu m'as envoyés pour la fête de saint Marc. Que ce mois de Marie nous trouve tous réunis aux pieds de notre Mère du ciel, nous qui célébrerons le 8 l'anniversaire de la mort de notre pieuse Mère de la terre : quels saints parents Dieu nous avait donnés, et comme leur souvenir encourage dans le chemin du devoir !

Que la sainte Vierge te comble de ses grâces durant ce mois des fleurs et des vertus ! Que la santé du corps soit bonne comme celle de l'âme ; mais que, par-dessus tout, la volonté de Dieu se fasse en nous tous !

Hommages à nos Mères et souvenirs à nos parentes.

Ton frère dévoué,

MARC, O. M. I.

Je ferai avec toi la neuvaine à Notre-Dame-du-Port.

✝

L. J. C. & M. I.

Royaumont (Seine-et-Oise), le 22 juin 1885.

CHÈRE SŒUR,

Je viens de passer huit jours du Bon Dieu dans
une charmante solitude à quelques lieues de Paris.
Comme ce silence et cet air pur de la campagne font
de bien au corps et à l'âme, surtout quand on a près
de soi des frères et toutes les joies de la vie commune !

Demain, je rentrerai à Paris ; mais dans la crainte
qu'une adresse étrangère sur ton *Bulletin du Vœu
national* t'ait mise en inquiétude sur mon compte,
j'ai voulu te donner la raison de mon absence.

Prie beaucoup pour moi, pour la chère France,
surtout les derniers jours du mois consacré au Sacré-
Cœur.

Ton frère qui t'aime,

MARC, O. M. I.

✝

L. J. C. & M. I.

Paris, le 8 juillet 1885.

CHÈRE SŒUR,

Mᵍʳ Bonjean, vicaire apostolique de Colombo, est

sous mon toit depuis douze jours, à la rue Saint-
Pétersbourg. Grand honneur et grande joie pour moi!
Il a pontifié solennellement dimanche à la belle église
de Saint-Sulpice; mais voilà qu'il va repartir, pour
continuer ses courses apostoliques en Angleterre et
en France. Avant de se rembarquer pour sa mission,
il repassera certainement en Auvergne, et alors Saint-
Alyre le verra, je pense.

Oui, le nouveau chapelain de Montmartre est oblat,
et de bon drap! Père Rey est redevenu provincial et
répare ses forces épuisées.

Mère Saint-Casimir de Beaugency se rappellera-t-elle
qu'en la fête de sainte Ursule 1856, au soir de sa profession, je prêchai le panégyrique de la sainte dans
la jolie chapelle? Charmants et lointains souvenirs!

Oui, les Maleplane sont d'admirables parents, et la
visite qu'ils t'ont faite est une preuve nouvelle de leur
affection pour nous.

Adieu, chère et bonne sœur, crois à toute mon
affection.

Ton bon frère,

MARC, O. M. I.

Guéris ta vénérée et excellente Mère supérieure.

†

L. J. C. & M. I.

Paris, le 29 août 1885.

CHÈRE SŒUR SAINTE-ROSE,

Je t'envoie mes vœux de bonne fête au sortir de

Notre-Dame, où je viens d'assister au beau et touchant service célébré, par ordre de l'archevêque de Paris, pour l'amiral Courbet et nos marins et soldats morts au Tonkin. Quel imposant et édifiant spectacle! Cela fait du bien.

Dès aujourd'hui, j'ai prié pour toi, chère sœur, et demain, au saint autel, tu auras mes premiers souvenirs. Que sainte Rose obtienne à sa filleule toutes les grâces spirituelles et temporelles qu'elle demande.

Je te quitte, car l'heure est avancée, et il faut aller au confessionnal.

Tu auras vu, je pense, Mgr Bonjean, ce saint et vénérable apôtre, qui m'avait bien promis d'aller à Saint-Alyre.

Respects à notre Mère et à nos Mères.

Ton frère dévoué,

MARC, O. M. I.

✝

L. J. C. & M. I.

Paris, le 16 septembre 1885.

CHÈRE SŒUR,

Je pars dans quelques instants pour Rome, où j'arriverai vendredi 18 dans l'après-midi; mais je ne séjournerai qu'en passant dans la Ville éternelle, et me rendrai, après un court pèlerinage, aux montagnes voisines, où je passerai quelques jours avec nos scolastiques en vacances.

Mon absence sera d'environ trois semaines.

Grande joie de revoir Rome ! Je t'écrirai de là.

Préviens Louis, car j'ignore où il est.

J'ai reçu ta lettre. Les bontés de Mgr Bonjean pour toi me touchent le cœur ; je l'en remercierai dans l'occasion.

Prie pour moi.

Ton frère qui ne t'oubliera pas au tombeau des saints Apôtres.

MARC, O. M. I.

✝

L. J. C. & M. I.

Pouzzano-Romano, le 29 septembre 1885.

CHÈRE SŒUR,

Je t'écris du pays des Étrusques, à 15 petites lieues de Rome, au pied du Soracte chanté par Horace, près du Tibre et en face des montagnes de la Sabine.

Nos scolastiques étudiant à Rome ont ici une jolie solitude pour l'été, toute pleine de fraîcheur et au bon air. Le site est fort beau, et le panorama, très vaste.

Je rentre à Rome le 1er octobre et y séjournerai le 2 ; le samedi 3 j'irai à Naples faire une petite visite à nos Sœurs de l'Espérance ; de là, je t'écrirai avant mon retour en France.

Santé bonne, grande joie de voir d'aussi beaux souvenirs historiques et religieux !

Donne de mes nouvelles à Louis; je ne sais pas où il est.

Ton frère dévoué,

MARC, O. M. I.

✝

L. J. C. & M. I.

Naples, le 3 octobre 1885.

CHÈRE SŒUR,

Je t'écris de cette magnifique ville de Naples, où je prêche, pour la finir dimanche, la retraite à quinze Sœurs de l'Espérance, race de dévouées et aimables religieuses.

Que de belles choses ici! Quel climat!

Admirablement soigné et bien portant.

Le temps me manque pour écrire longuement; ce sera à mon retour, si possible. La semaine prochaine, rentrée à Rome; rentrée à Paris entre le 18 et le 20.

J'ai reçu tes deux lettres. Composé ton hymne royalement.

Ton frère,

MARC, O. M. I.

†

L. J. C. & M. I.

Paris, le 20 octobre 1885.

MA SŒUR SAINTE-ROSE,

Je suis arrivé de Rome ce matin en bon état. Ma dernière visite a été un second pèlerinage à Saint-Pierre, où j'ai bien prié pour toi. Naples et Rome m'ont révélé de nouveau des choses bien instructives et bien édifiantes.

Demain, sainte Ursule, patronne de mes deux sœurs religieuses. Je prierai bien pour elles et leurs communautés.

Mon respect à Mère supérieure.

Ton frère en bon état de santé,

MARC, O. M. I.

Je reçois à l'instant ta lettre. Oui, le choléra a été meurtrier à Palerme; mais il n'est pas venu à Naples. Rassure-toi, je ne suis pas contaminé.

A plus tard, par écrit ou de vive voix, les détails du voyage.

✝

L. J. C. & M. I.

Paris, le 1er janvier 1886.

CHÈRE SŒUR,

Tes vœux de nouvel an et le cache-nez sont arrivés exactement et en bon état. Merci des vœux et des prières : tout cela est bien nécessaire; car 1886 est une année menaçante. La main de Dieu peut cependant détourner les orages, protéger les serviteurs et servantes de son Fils et sauver la France.

Merci aussi du cache-nez. Je ne fais jamais usage de cette invention apoplectique; mais il suffit que ce préservatif des gorges apostoliques ait été fait par ma sœur pour me le rendre cher et pour que, dans l'occasion, je m'en serve, en souvenir de sa charité fraternelle.

Merci, chère sœur, merci! Et maintenant reçois mes vœux; le Cœur Sacré de Jésus, le Cœur Immaculé de Marie les connaissent et les entendent. Tu ne me parles pas de tes yeux, que j'apprends par Saint-Claude n'être pas du tout charmants pour toi. Allons, je vois bien qu'il faudra, pour avoir des détails, aller moi-même à Clermont.

Tu m'interroges comme un confesseur, je réponds avec sincérité :

Ma santé n'a pas souffert des transitions; elle est

magnifique en ce moment; jamais je ne me suis mieux porté.

Adieu pour aujourd'hui, c'est un jour où on ne laisse guère le monde tranquille.

Ton frère dévoué,

MARC, O. M. I.

✝

L. J. C. & M. I.

Paris, le 10 février 1886.

CHÈRE SŒUR,

Je te remercie d'avoir bien voulu me donner à deux reprises des nouvelles de notre excellent frère.

Un peu alarmé par ta première lettre, j'ai prié Louis de me renseigner lui-même. Sa réponse m'a tranquillisé, ainsi que ta seconde lettre, et, si la reprise du froid n'a pas occasionné de rechute, nous pourrons espérer que tout est fini.

Que veux-tu ? ma bonne sœur, nous prenons de l'âge les uns et les autres, et malgré tout, nous ne sommes pas trop maltraités. J'en vois d'autres déjà alourdis par des infirmités que nous n'avons pas. Nous prendrons en patience ces petites misères; ce ne sont pas les plus grandes : les tristesses nées des temps troublés sont bien autre chose !

Voilà notre bon Paul de Maleplane envoyé en exil à Château-Chinon, petite ville de la Nièvre, bien moins importante que Saint-Claude, et cela, sans doute, pour le seul motif qu'il est chrétien. Ces chers cousins sont bien éprouvés : nous leur devons sympathie et prières.

Rien de bien nouveau. Je vais très bien, et je pourrais te dire, comme saint Paul à Agrippa : « Je souhaite que vous soyez comme moi, à l'exception des liens qui m'enchaînent. » Mes liens à moi sont doux : je vis dans les murs de ma communauté; mais je pleure de voir tant d'âmes se perdre dans notre pauvre état social actuel. Pour me consoler, je lis la *Vie du cardinal Pie*, par l'abbé Baunard, que j'ai connu autrefois professeur de rhétorique au petit séminaire de La-Chapelle-Saint-Mesmin, à moitié chemin d'Orléans à Cléry.

Mon respect à nos Mères, mes souvenirs aux parentes et tout à toi, chère sœur.

Ton frère,

MARC, O. M. I.

✝

L. J. C. & M. I.

Paris, le 30 avril 1886.

CHÈRE SŒUR,

Un mot de Louis m'annonce une maladie grave de sa femme, ou du moins qui peut devenir grave : fluxion de poitrine peut-être. Il faut prier pour la ma-

lade et pour le garde-malade. Il peut se faire que ce
ne soit rien ; mais la saison à variations brusques où
nous sommes permet toutes les craintes.

Prions beaucoup.

Si l'issue est la mort au lieu de la guérison, Louis
regrettera sincèrement cette compagne : tout en lui
est chrétien.

C'est après-demain l'anniversaire de ta naissance.
Je t'envoie les souhaits les plus fraternels, en retour
de ceux que tu m'as adressés pour ma fête, et je
t'écrirai plus longuement une autre fois.

Ton frère bien affectionné,

MARC, O. M. I.

✝

L. J. C. & M. I.

Paris, le 18 juillet 1886.

CHÈRE SŒUR,

Je te remercie des condoléances que tu m'exprimes
au sujet de la mort du cardinal Guibert. C'était un
grand caractère; un pontife bon, ferme, incomparablement dévoué; un religieux, un écrivain remarquable.

Il m'a été donné de recevoir sa bénédiction suprême
au début de son agonie. J'ai monté la garde à mon
tour, avec mes confrères, dans la chapelle ardente;
et, faveur inespérée! je me suis vu désigné pour représenter notre Supérieur général près de l'illustre

31

défunt, le jour de ses obsèques, et porter un des huit cordons du poêle. Quelle grandeur, quelle majesté dans ces funérailles, qui ne doivent rien à la pompe officielle! Comme les masses, même indifférentes, devinent et comprennent les saints!

Tu vas donc voir notre Louis, heureuse Sainte-Rose!

Adieu, ma bonne sœur, adieu, et crois-moi ton dévoué frère,

MARC, O. M. I.

✝

L. J. C. & M. I.

Paris, le 13 novembre 1886.

CHÈRE SŒUR,

Ma maigreur, qu'on t'a dénoncée et qui t'inquiète si fort, n'est pas chose nouvelle; mais cela n'est rien.

A tes bienveillantes et pressantes questions je puis répondre que j'ai prêché avant-hier à Montmartre, suivant la tradition, le panégyrique de saint Martin : signe de santé.

C'est le 19 qu'on va livrer au culte les deux absides de la basilique, celle de la crypte et celle de l'église supérieure; la chapelle de sainte Ursule se trouve comprise dans cette délimitation. Les travaux de la basilique sont magnifiques : quel beau corps architectural!

Le 17, service solennel à Notre-Dame pour le cardinal Guibert : oraison funèbre par Mgr Perraud, évêque d'Autun.

Oui, Roger est un homme sérieux et de valeur, et de plus un excellent parent.

Notre sœur Marie-Ursule m'a paru être d'une santé florissante. Elle mène sa barque avec zèle et prudence ; on l'aime beaucoup à Evreux.

J'ai éprouvé un grand bonheur de la visite de Louis ; cela nous a fait du bien à l'un et à l'autre. Nous nous sommes trouvés trois à Evreux ; toi seule manquais, chère Sainte-Rose ; les réunions complètes sont bien rares.

Voilà une lettre bien coupée ; mais il est difficile à Paris de faire sans interruption le moindre travail. J'estime fort la maxime de de Maistre : « Il n'y a qu'un moyen pour être savant, c'est de fermer sa porte et de faire dire qu'on n'y est pas » ; mais la charité ne permet pas toujours ces allures sauvages.

Je me délecte à la lecture des *Annales de la Propagation de la Foi*, et à celle des lettres de nos missionnaires. Voilà un des nôtres ; Mgr Ganghram, Irlandais, qui vient d'être sacré et de partir pour le Vicariat apostolique de l'Etat libre d'Orange, détaché de celui de Natal, lequel est confié à notre Congrégation. On vexe les moines en France ; ils portent la foi au loin, et Dieu a ses vues pour le salut des âmes.

Chère sœur, rassure-toi, et ne me crois pas mort pour la moindre dénonciation pieuse et bien intentionnée.

Ton cher frère,   MARC, O. M. I.

†

L. J. C. & M. I.

Paris, le 29 décembre 1886.

CHÈRE SŒUR,

C'est en style télégraphique que je réponds à tes
vœux si fraternels, si religieux, si charmants de fond
et de forme. Que Dieu te rende tout ce que tu me
souhaites! En ce qui me concerne, je ne demande
que d'être plus près de Notre-Seigneur, par une vie
sainte et tout à fait religieuse.

Ma santé est bonne, tout le monde en peut témoigner. Je suis très heureux! ne me crois pas, chère
sœur, un solitaire absolu ; la maison est abondam-
ment fournie de Pères depuis longtemps; il faut bien
en finir! Mais notre chapelle est toujours close, ce qui
n'empêche pas de faire du ministère ailleurs.

J'ai su vos épreuves de Clermont tout récemment,
et les journaux m'ont appris la mort du fils d'Antoine
de Bellaigue : heureux les chrétiens qui savent prier
et espérer! Je demande à Dieu de faire cesser promptement votre épreuve; Saint-Alyre est un coin de
terre qu'on ne peut oublier quand on l'a connu une
fois.

Rappelle-moi à toutes les anciennes Mères, à qui je
conserve un fidèle et respectueux souvenir. Demande-
leur des prières pour nos œuvres et missions, qui,

malgré la persécution, grandissent chaque jour. Dans l'Afrique australe, le Vicariat apostolique de Natal vient d'être subdivisé par la Propagande en deux Vicariats : celui de Natal et celui de l'État libre d'Orange (Free state), et en une Préfecture apostolique au Transvaal. Et en Asie, Ceylan qui grandit! Mgr Bonjean, archevêque de Colombo! Et l'Amérique!...

Demande des vocations.

Je te souhaite une bonne année, des yeux, de la vigueur, de la joie spirituelle, et tout ce qu'un frère religieux peut souhaiter à sa sœur ursuline.

Souvenirs à nos parentes.

Ton frère,

MARC, O. M. I.

✝

L. J. C. & M. I.

Bordeaux, le 20 février 1887.

CHÈRE SŒUR,

Depuis hier soir je suis à Bordeaux, que je revois avec tant de bonheur! C'est dans ce beau diocèse que j'ai fait mes premières armes de missionnaire. Je reverrai mon cher Talence, à 3 kilomètres d'ici, Arcachon, avec ses pins et ses grèves, et partout je rencontre nos Pères et suis chez eux!

Je prends quelques semaines de vacances pour pouvoir encore travailler à la fin du Carême. Ne crois pas que je sois malade, pas du tout; je me repose, comme tout Parisien, n'ayant pu le faire à la fin de l'été.

Ton frère,

MARC, O. M. I.

✝

L. J. C. & M. I.

Bordeaux, le 16 mars 1887.

MA SŒUR SAINTE-ROSE,

Il ne nous est pas défendu d'écrire pendant le Carême.

Donc, je viens te donner de mes *bonnes* nouvelles : je suis tout ragaillardi par le soleil de Bordeaux, par le repos et par mes pèlerinages. C'est avec bonheur que je me promène dans cette grande et belle ville, aux vastes avenues, et que je revois ses belles églises. Hier, j'étais à mon cher Talence, à trois kilomètres d'ici; comme on prie bien dans ce gracieux sanctuaire, où le souvenir du bon Père Merlin me revenait au cœur! Sa sœur, mère de trois Oblats, et d'un fils mort aumônier des Ursulines de Saint-Saulve (Nord), vient de mourir dans un âge tout à fait avancé. Je l'avais vue autrefois à Valenciennes.

A Arcachon, où j'ai passé dix jours chez nos Pères, j'ai admiré ce beau bassin de dix-huit lieues de tour, alimenté par la mer et grossi par la marée.

L'église d'Arcachon, agrandie et ornée, est un beau

monument. Elle se remplit de gens pieux et riches qui viennent, en hiver, chercher de la chaleur et de la paix sous les pins maritimes, et, en été, prendre des bains. La population locale, indifférente, mais pas mauvaise, s'occupe de pêche, de vente de poissons, du service des étrangers, auxquels elle fait un charmant accueil.

Tu as su, sans doute, que nous avons été victimes du tremblement de terre de la côte de Nice à Gênes, à Diano Marina, où nous avions un juniorat de futurs missionnaires exilés. La maison s'est effondrée; deux jeunes Siciliens ont été tués; mais nos Français, sauvés. Que reste-t-il à dire dans cette épreuve, sinon : *Fiat voluntas tua !*

Je ne serai pas de retour à Paris avant le 25 courant, au plus tôt.

Voilà que le frère vient de causer avec sa bonne sœur; à ton tour, tu m'écriras après Pâques et tu me donneras des nouvelles de Ladapeyre.

Adieu, chère Ursuline, aimons Notre-Seigneur et les âmes.

Ton frère dévoué,

MARC, O. M. I.

†

L. J. C. & M. I.

Roma, Collegio dei Oblati di Maria Immacolata, via P. Pietro in Vincoli, le vendredi 22 avril 1887.

CHÈRE SŒUR,

Je suis arrivé ce matin à Rome, à sept heures,

après un excellent voyage. J'ai déjà fait mon pèlerinage à Saint-Pierre, et salué le maître de la Ville et du monde; j'ai bien prié à tes intentions.

Je t'écrirai dans huit ou dix jours.

Ton frère,

MARC, O. M. I.

✝

L. J. C. & M. I.

Rome, le 8 mai 1887.

CHÈRE SŒUR,

Nous avons été reçus par le Pape : quelle majesté douce et incomparable !

Notre chapitre général est fini : je suis confirmé dans ma charge de quatrième Assistant du Supérieur général.

Je repars ce soir pour Paris, où je serai mardi matin. Quels beaux pèlerinages j'ai faits !

Adieu, j'ai peu de temps.

Ton frère,

MARC, O. M. I.

✝

Paris, le 30 mai 1887.

CHÈRE SŒUR SAINTE-ROSE,

L'envoi du *Bulletin du Vœu national* t'aura dit que
je pense toujours à toi. Le temps manque un peu
pour écrire de belles descriptions de pèlerinages, à
Rome ou ailleurs; mais je puis te dire que notre audience pontificale a été bien douce pour nous, bien
encourageante de la part du Souverain-Pontife, beau
vieillard au regard clair, à la physionomie ascétique,
Vision blanche. Nous étions tous là : trente-six capi-
tulants. Un jour je te raconterai cela de vive voix.

Hier, je prêchais à Montmartre; tout à l'heure je
vais aller à Versailles assister à la messe des obsèques
de Mme du Martray, la belle-mère de Roger. Quelle
noble famille!

Exprime mon regret et mes condoléances à notre
petite sœur Marie-Madeleine pour la mort de sa
grand'mère.

Demain, sainte Angèle. Bien que la rubrique la
repousse cette année un peu plus loin, je ne puis oublier la fondatrice et la mère des Ursulines; je prierai
bien pour vous cette sainte patronne.

Mgr Mélizan, évêque de Jaffna, ancien auxiliaire de
Mgr Bonjean, aujourd'hui archevêque de Colombo,
a-t-il passé à Clermont et est-il venu à Saint-Alyre?

Quel aimable et ardent missionnaire est ce jeune évêque! Il est Oblat, lui aussi. Nous nous sommes retrouvés à Rome.

Rien de récent des nôtres.

Adieu, bonne et chère Ursuline, ma sœur bien affectionnée, merci de ta lettre, de tes prières, de tes jarretières.

Ton bon frère qui a bien pensé à toi au moment de la bénédiction de Léon XIII, le 5 mai, au Vatican,

MARC, O. M. I.

✝

L. J. C. & M. I.

Paris, le 12 août 1887.

CHÈRE ET BONNE SŒUR SAINTE-ROSE,

Comment se fait-il que je sois à Paris depuis ce matin au lieu d'être à Clermont? Comment ai-je pu résister aux remords de ma conscience, aux sollicitations pressantes de tant de parents et d'honnêtes gens me disant : « Allez donc à Clermont voir votre chère sœur Ursuline que vous n'avez pas vue depuis six ans! »

Ne m'excommunie pas, je t'en prie. Du reste, je n'ai pas renoncé à mon pèlerinage, et je reprendrai, un jour ou l'autre, la section de mon itinéraire laissée de côté.

Tu as su que j'avais dû quitter Lampre pour échapper au tapage du mouvement électoral; je vins à Limoges, avec la pensée de rentrer ensuite à Paris par Clermont.

Mais je dois t'avouer que les chaleurs si fortes et si prolongées par lesquelles nous venons de passer m'avaient fatigué. Je ne me sentais pas le courage de faire, par cette température, une courbe trop longue, et, en dehors de la grande joie de te voir, le séjour de Clermont m'eût fatigué. Crois à la loyauté de mes explications, à la sincérité de mes regrets, et à mon désir bien vif de reprendre mon projet à un autre moment.

Que de fois ton nom a été prononcé en Limousin par ceux qui nous sont chers! Je ne nommerai que ton admirable marraine, la vénérée tante d'Aigueperse, Paul de Maleplane, sa femme et ses enfants, que j'ai pu voir deux jours, les deux derniers de mon séjour au pays, et les bons de Lostende, et, à la montagne, tous les l'Hermite réunis autour de ma pauvre personne sacerdotale!

Et notre cathédrale de Limoges, enfin achevée, comme elle est majestueuse et resplendissante!

Mon style se ressent du chemin de fer; mais j'ai voulu sans tarder t'adresser mes excuses, et je voudrais te laisser sous cette impression : Mon frère n'a pas dit son dernier mot, et il viendra un jour ou l'autre voir son Ursuline [1].

---

1. La religieuse à qui l'on écrit ces lignes ne devait plus revoir sur la terre ce frère bien-aimé.

Adieu, chère et bonne sœur, prie pour ton frère
dévoué,

MARC, O. M. I.

✝

L. J. C. & M. I.

Paris, le 29 août 1887.

MA CHÈRE SŒUR,

Demain, fête de sainte Rose, ta gracieuse patronne
d'Amérique ; je ne puis oublier cette date : toutes mes
prières et mes bonnes œuvres, si Dieu m'accorde la
grâce d'en faire, seront pour toi et à tes intentions
dans cette journée.

Je demanderai à la Rose américaine de soutenir
celle d'Europe, de la sanctifier de plus en plus, de lui
accorder de faire beaucoup de bien à cette jeunesse,
qui aujourd'hui, en raison des mauvaises doctrines
et des mauvais exemples, est si exposée.

Il y a tant de manières de faire le bien !

Paris est désert et prend ses vacances ; qu'il les
prolonge le plus possible pour son bonheur et celui
des autres. Pendant ce temps, les Communautés font
leur retraite et se retrempent dans l'amour de Dieu
et le zèle pour le salut du prochain.

Adieu, chère Sainte-Rose, prie pour moi.

Ton frère,

MARC, O. M. I.

†

L. J. C. & M. I.

Paris, 17 février 1888.

Chère Sœur,

Nous sortons de retraite, et nous avons célébré
aujourd'hui, après une semaine entière d'exercices
spirituels, le soixante-deuxième anniversaire de l'approbation de notre Institut par le pape Léon XII, le
17 février 1826. Ta lettre étant arrivée pendant la
retraite, j'ai dû attendre la clôture pour te répondre
et t'envoyer mon certificat de vie.

Je suis très bien de corps et d'âme, malgré la neige
abondante qui ne cesse de tomber sur Paris depuis
vingt-quatre heures.

Louis, chevalier de Saint-Grégoire, est charmant!
Marie-Ursule s'est vite remise, m'a dit Monsieur le
Supérieur du Grand Séminaire d'Evreux, que j'ai vu
il y a quinze jours.

Soyons saints pendant le Carême.

Je me délecte à lire les Bollandistes.

Adieu, chère sœur, j'ai tout un arriéré à payer;
j'écrirai plus longuement une autre fois.

Ton frère dévoué,

MARC, O. M. I.

†.

L. J. C. & M. I.

Paris, le 23 avril 1888.

CHÈRE SŒUR,

Tes souhaits de bonne fête m'arrivent les premiers, en compagnie des vœux très bienveillants et paternels de notre Très Révérend Père Supérieur général, qui visite en ce moment notre petite Communauté de Madrid.

Merci, chère sœur, tu as l'exactitude de l'affection fraternelle. J'ai toujours estimé beaucoup les prières des bonnes religieuses; je les crois très puissantes sur le Cœur de Notre-Seigneur : en ajoutant au titre de religieuse celui de sœur, on doit pouvoir obtenir tout ce qu'on demande.

Notre bon Louis est bien, comme tu le dis, un chrétien obéissant aux inspirations de la foi. Il y a de fort belles choses dans ses drames; j'en ai déjà distribué des exemplaires à trois pensionnats, et il m'est arrivé des actions de grâces.

Hier, j'étais à Notre-Dame, à la belle réunion des Œuvres ouvrières. Qu'il est beau de voir cette cathédrale remplie d'hommes et de jeunes gens chantant admirablement l'hymne de leur saint patron : *Te Joseph celebrent !* et ce capucin à barbe grise qui parle si bien du travail ! et cet archevêque, et cette imposante assemblée de fidèles !

Adieu, ma bonne sœur Sainte-Rose, prie pour ton frère.

MARC, O. M. I.

✝

L. J. C. & M. I.

Paris, le 4 uillet 1888.

CHÈRE SŒUR,

Il est bien temps de te demander de tes nouvelles. La vie religieuse suit pour nous son cours régulier et suave ; c'est un port assuré ; mais il faut bien de temps en temps, comme saint Benoît et sainte Scholastique, se saluer et s'entretenir dans le Seigneur.

Je viens de passer quelques semaines à six lieues de Paris, dans une petite Communauté de nos Pères, en bon air et dans la paix ; non pas que l'heure des vacances ait encore sonné, mais pour redevenir un peu paysan. Ma santé est bonne, et, malgré les soixante ans qui approchent, je me soutiens. Quelques jours en dehors de Paris, et me voilà refortifié.

Ici, le Congrès Eucharistique vient de commencer ses séances, à Notre-Dame et ailleurs, avec une splendeur et une foi qui rappellent le Moyen Age. A Montmartre, les pèlerinages continuent. Hier, quatre mille diocésains de Versailles à la suite de leur évêque !

Tout cela parle au Cœur de Notre-Seigneur et l'apaise.

Et, sur tous les points de la France et du monde, de saintes et dévouées religieuses, modèles de charité et d'esprit de sacrifice! Oh! que la France vive encore et que Dieu se souvienne de ses martyrs et de ses apôtres!

Mgr Bonjean, vénérable diocésain de Clermont, obtient des succès magnifiques à Colombo, dont il est archevêque. A Jaffna, Mgr Mélizan, son ancien auxiliaire, est béni aussi de Dieu. Ce sont des Missions en grand progrès : chrétiens, païens, bouddhistes, protestants, tous se ressentent de l'apostolat de nos Pères ; mais que de travail, et comme il faudrait encore des hommes et des ressources!

Adieu, chère Auvergnate et chère fille de sainte Angèle, vénérable Ursuline, prie pour ton frère qui se garde bien de t'oublier.

Tous les Parisiens partent pour la villégiature. J'espère bien m'échapper encore avant le 14 juillet, et aller dans quelqu'une de nos maisons de province. Pourquoi donc n'en avons-nous pas à Clermont!...

Écris-moi.

Ton frère dévoué,

MARC, O. M. I.

✝

L. J. C. & M. I.

Arcachon, 18 juillet 1888.

Chère sœur Sainte-Rose,

Après un arrêt de quelques jours à Bordeaux, ma chère ville d'autrefois, me voilà à Arcachon, sur les bords du beau bassin dont la brise tempère les chaleurs de ce pays. Belles promenades, beaux points de vue. Je suis installé chez nos Pères qui desservent la principale église, celle du pèlerinage. Il y a ici dix mille âmes, répandues dans les villas et sur les bords du bassin, dans la forêt des pins et sur les dunes.

Je viens ici me reposer comme un Parisien paresseux et me sanctifier à l'ombre de la magnifique église où est honorée la *bonne Mère*. Je vais bien et n'ai besoin que de repos, comme les gens des villes après le travail.

Si j'avais su que M. et Mme Henri de Nedde dussent célébrer leurs *Noces d'Or*, je me serais fait un devoir de leur envoyer mes félicitations; c'est trop tard : fais transmettre cet hommage par leur fille.

Prie pour moi, chère sœur, comme je le ferai pour toi dans le sanctuaire miraculeux de Notre-Dame d'Arcachon.

Ton frère,

Marc, O. M. I.

✝

L. J. C. & M. I.

Bordeaux, le 28 août 1888.

CHÈRE SŒUR,

Arcachon, Bordeaux, Talence et autres lieux charmants ne doivent pas me faire oublier ta fête prochaine. Je t'envoie mes vœux les plus chrétiens et les
plus fraternels; que la vierge d'Amérique, dont tu
portes le nom religieux, répande sur toi toutes ses
faveurs et qu'elle protège toutes les chères Ursulines.

Je vais et viens d'une résidence de nos Pères à une
autre; cela me sert de vacances. La chaleur, plus mo-
dérée que les autres années, permet ces petites esca-
pades. Ne t'inquiète pas de ma santé, chère sœur, je
me repose loin de Paris, inhabitable en ce moment,
voilà tout : le seul fait d'en être éloigné dans cette
saison est déjà un grand bienfait. Je ne sais quand je
rentrerai; ce sera en septembre peut-être; mais si tu
as à m'écrire, adresse rue Saint-Pétersbourg où l'on
saura toujours me trouver.

Prie pour notre maison de Limoges, si menacée
par les exigences de la mense épiscopale, dont elle
fait partie. Notre vénéré et apostolique P. Chauliac
vient d'y mourir à l'âge de soixante-dix-neuf ans.

Rien de récent des nôtres.

Ton bon frère qui priera bien pour sa bonne sœur
Sainte-Rose,

MARC, O. M. I.

†

L. J. C. & M. I.

Paris, le 10 novembre 1888.

CHÈRE SŒUR,

Rassure-toi, je ne fais absolument aucun travail et me contente de me reposer, de prendre de l'exercice et d'achever ma *fortification*. Grâce à Dieu, depuis mon retour de Bordeaux, je suis beaucoup plus fort : la force, toute la question est là pour ton frère.

Oui, j'ai connu Mère des Anges de Bizardon, femme et religieuse bien distinguée.

J'ai envoyé les Drames de Louis à ce cher couvent du Roule, où ils ont été très bien accueillis.

Je suis heureux d'apprendre le mieux survenu dans la santé du bon Henri de Neddé et ne cesse de prier pour lui et pour les siens.

Adieu, chère sœur, demande à Notre-Seigneur que la petite pénitence que je subis en vivant en paresseux serve à ma sanctification : c'est l'essentiel.

Ton bon frère,

MARC, O. M. I.

Demain, saint Martin ; prie-le pour son vieux serviteur.

†

L. J. C. & M. I.

Paris, e 25 avril 1889.

CHÈRE SŒUR,

Les souhaits m'arrivent de tous les côtés; je réponds aux tiens brièvement, mais du fond du cœur. Demande pour moi à saint Marc la sainteté, et au lion de l'Evangéliste, la force.

Je suis notablement mieux, et j'ai pu présider un pèlerinage à Montmartre le Lundi Saint.

Bonnes nouvelles de Louis.

Adieu et merci, chère et bonne sœur.

Ton frère dévoué,

MARC, O. M. I.

Notre chapelle, rouverte par nous, se remplit de nouveau; mais ce n'est encore qu'une demi-liberté.

†

L. J. C. & M. I.

Paris, le 6 juillet 1889.

CHÈRE SŒUR SAINTE-ROSE,

Si le martyrologe que nous lisons au réfectoire est

exact, comme je n'en doute pas, c'est demain la fête
de saint Alyre, évêque de Clermont. Ce nom vénéré
me rappelle le couvent d'Ursulines placé sous le
patronage du grand saint; et, dans ce couvent, je distingue et salue ma sœur, toi, chère et révérende
Mère.

Donc, un bon souvenir; car je suppose qu'on fait
un peu fête chez vous demain.

Donne-moi de tes nouvelles et envoie-moi quelques échos du cher monastère.

Pendant le mois de juin, j'ai fait fréquemment l'ascension de la butte de Montmartre. Quels beaux spectacles religieux! quelles fêtes! quel concours! Et
comme elle est belle maintenant la basilique avec sa
façade terminée qui regarde Paris et semble prendre
en pitié la tour Eiffel! Je suppose que le prochain
numéro du *Bulletin* te mettra au courant de tout ce
mouvement religieux, si consolant et si accentué;
mais comme il faut encore prier et agir!

J'ai rendu récemment à Mme Raymond de Nedde
la visite qu'elle m'avait faite, sans me rencontrer.
C'est par elle que j'ai appris la mort de Mme Louis
de Nedde. Depuis, une bonne lettre de Gabrielle m'a
apporté l'écho de la douleur et aussi de la résignation
de tous ces chers parents. Je te prie de dire à Sœur
Saint-Louis de Gonzague toute la part que je prends
à son deuil. Les Nedde sont profondément dans mon
cœur; leurs peines et leurs joies ne me trouvent
jamais indifférent.

J'ai vu aussi M. et Mme du H., qui sont installés sur
le chemin de Montmartre, à mi-côte, en très bon

air et en belle vue. Saint-Alyre est toujours nommé dans ces occasions.

Ma santé continue à se soutenir dans d'excellentes conditions; l'hydrothérapie était vraiment indiquée pour mon tempérament. Je n'ai pas encore repris tout mon travail; mais je puis m'occuper, faire un peu de ministère dans des conditions modérées, et j'espère qu'à l'hiver je pourrai reprendre mon programme. Jusqu'à ce moment, j'ai bien supporté la chaleur. Je ne passerai pas ici le quatorze juillet, mais j'irai dans la banlieue, et, au mois d'août, nous verrons.

Aide-moi à remercier Dieu de la faveur insigne qu'il m'a faite en permettant mon état de fatigue, et aussi de la bonté qu'il a eue de me guérir. Tout cela dit qu'il faudrait être plus saint; et puis soixante ans depuis bientôt six mois!...

Mon bonheur est de lire dans les Grands Bollandistes, édition latine, quelques passages de la *Vie des Saints;* quelle fortifiante lecture spirituelle!

Ma chère sœur et vénérable mère, en finissant, permets-moi de te demander de me tricoter de solides jarretières, comme tu sais les faire; celles que je porte, et que je te dois, ne tarderont pas à arriver au terme de leur honorable mission.

Mon respect à notre Mère et à nos Mères; bon souvenir à nos parentes.

Adieu, chère sœur,

Ton bon frère, bien bavard aujourd'hui,

MARC, O. M. I.

✝

L. J. C. & M. I.

Royaumont, le 17 juillet 1889.

CHÈRE SŒUR,

Après quatre jours d'hégire près de la vieille abbaye de saint Louis, je viens, avant de retourner à
Paris ce soir, t'accuser réception de tes jarretières,
parfaitement réussies, et dont je te remercie : commode et utile parure pour ma personne.

Comme saint Martin, je reçois avec plaisir et
reconnaissance les offrandes charitables et pieuses
des vierges consacrées au Seigneur, en disant comme
lui qu'elles apportent toujours avec elles quelque
chose de Dieu.

J'ai connu le bon petit frère scolastique Camper,
mort à l'Osier. Sa vie a été écrite par Mᵍʳ Jeancard,
évêque de Cérame et ancien auxiliaire de Mᵍʳ de Mazenod. C'est moi qui la recommandai dans le temps à
Léon Aubineau, lequel en a inséré un résumé dans
ses *Serviteurs de Dieu*. Je t'enverrai cette vie, si nous
en avons quelques exemplaires de reste à la rue
Saint-Pétersbourg.

Le frère de François Camper est vicaire religieux
de nos missions du Manitoba (Canada Dominion),
sur le territoire de Saint-Boniface, à la Rivière-Rouge,
dont Mᵍʳ Taché, autre illustre Oblat, est archevêque.

Trouve-nous des vocations auvergnates, généralement si bonnes. Notre noviciat de Hollande est florissant; mais il n'y a guère d'Auvergnats parmi nous.
Mgr Bonjean serait si heureux d'en avoir pour Colombo et pour Ceylan, splendides missions!

A notre Mère, à nos Mères, à nos parentes, respectueux et affectueux souvenirs,

Madame ma chère Sœur,

Ton bon frère,

MARC, O. M. I.

†

I. J. C. & M. I.

Royaumont, 28 août 1889.

CHÈRE SŒUR,

Que la fleur de piété d'Amérique, sainte Rose de
Lima, te fasse éprouver tous les effets de son bienveillant patronage! Je demanderai bien à la marraine de protéger sa pupille, et de t'obtenir tout ce
qu'on peut souhaiter de biens spirituels à une Ursuline, et tout ce qu'il est permis à un frère, dans
l'ordre des affections naturelles et chrétiennes, de
demander pour une sœur qu'il aime.

Tu me répondras quelques mots pour me dire que
vous êtes en vacances, que vous avez fait ou allez
faire votre retraite, que ta santé se soutient malgré
les années qui augmentent pour toi comme pour

moi, que tu as des nouvelles de Louis, — moi j'en espère, — que nous nous aimons bien les uns les autres et que nous nous sanctifions de plus en plus.

Moi, j'ai fui Paris et suis à six lieues de la capitale, près de l'ancienne abbaye cistercienne fondée par saint Louis, et où l'on célébrait la fête du royal patron dimanche dernier. Solitude charmante, bon air, grands espaces, confrères très aimables; et puis plus rien de Paris, pas même ce point d'exclamation gigantesque qui s'élève au-dessus de Babylone et que l'on appelle la tour Eiffel. Les longs voyages me fatiguent; il faut pour le moment me contenter des courts. Mes forces sont revenues merveilleusement; mais je ne travaille qu'avec mesure, par prudence, et on me dit qu'à l'hiver je serai magnifique. Amen! Le fait est que je ne suis plus le même homme qu'il y a un an, et que je dois bien de la reconnaissance à Dieu pour la guérison, comme pour l'épreuve qui l'a précédée. Si quelques années de vie me sont encore accordées, je veux qu'elles soient pour le Maître et pour sa gloire.

Bien des respects à nos Mères et bons souvenirs à nos nombreuses parentes.

Ton frère dévoué,

MARC, O. M. I.

†

L. J. C. & M. I.

Paris, le 20 septembre 1889.

CHÈRE SŒUR SAINTE-ROSE,

J'étais hier à Evreux. Quelle délicieuse journée!
quel accueil! On m'a ménagé la faveur, accordée par
Monsieur le Supérieur, de visiter la maison. Tout est
bien tenu. Marie-Ursule a fait çà et là de jolies petites
réparations et des aménagements très bien conçus[1].
La communauté l'entoure avec bonheur, mais toi tu
la regrettes; on n'est pas deux fois sœur sans que le
cœur ne s'attendrisse à la séparation.

Marie-Ursule m'a paru bien de santé, pas changée
depuis trois ans. Quelle joie pour nous deux! Comme
on a parlé avec affection de toi et de Louis.

Quand donc irai-je à Saint-Alyre?

Ton bon frère,

MARC, O. M. I.

---

1. La communauté d'Evreux doit aujourd'hui à la même supérieure
de vastes et commodes constructions pour le pensionnat et les classes
gratuites.

✝

L. J. C. & M. I.

Paris, le 23 décembre 1889.

CHÈRE SŒUR,

Bonne fête de Noël! bonne année à tous les points de vue! Je prends l'avance pour ne pas être débordé.

Et puis, je ne veux pas tarder à te dire quelle satisfaction j'ai goûtée à voir jouer le beau drame : *Sainte Catherine*, de Louis, le dix-sept du courant, au pensionnat des *Zélatrices de la sainte Eucharistie* (anciennes Picpussiennes), rue de Douai, tout près de nous. Beaux costumes, succès aussi complet qu'on peut l'attendre d'enfants habituées à réciter des vers comme de la prose. Louis a vraiment fait une belle œuvre.

Notre chapelle est rouverte depuis la fête de l'Immaculée=Conception, notre fête patronale. Peu à peu les fidèles en réapprennent le chemin. Ce spectacle me fait du bien, et ma santé se fortifie chaque jour. J'ai prêché trois dimanches de suite : quelle joie pour moi!

Adieu, bonne sœur; respects à notre Mère et à nos Mères, souvenirs aux parentes.

Ton dévoué frère,

MARC, O. M. I.

LETTRES

DU

R. P. MARC DE L'HERMITE

A DIVERS

A Madame la marquise de Nedde.

Limoges, le 14 décembre 1847.

MA BONNE TANTE,

Du fond de ma petite cellule, je me suis rappelé que, derrière les montagnes et sous l'humble clocher de Nedde, s'abritait plus d'une personne chère à mon cœur.

Autour de moi, et dans l'étroit espace occupé par ma chambre, où je puis néanmoins me promener comme un seigneur sur ses terres, je trouve les amis de l'esprit, c'est-à-dire les livres. Leur compagnie, quoique bien douce et surtout fort nécessaire, a pourtant sa monotonie et laisse désirer autre chose. Donc, dans ma chambre les amis de l'esprit, et à Nedde les amis du cœur.

J'aime à vous y voir comme la reine d'un petit état parfaitement uni, et je me glisse, en véritable membre de la famille, au milieu des enfants qui se disposent à vous offrir leurs souhaits de bonne année. Un seul de ces enfants chéris ne viendra pas vous donner le baiser de nouvel an; mais ne la pleurez pas. En renonçant au monde, en suivant les généreux élans de son cœur pour le sacrifice, Rosalie a choisi la meilleure part et goûte plus que les autres les ineffables délices de l'amour divin. Je l'ai vue, je l'ai admirée. La vue du crucifix qu'elle porte sur sa poitrine soutient l'énergie de son courage et l'héroïsme de son dévouement. C'est un ange !

Ma grand'mère de l'Hermite souffre beaucoup ; mais elle trouve dans sa patience une source de grâces et de consolations. Sa dévotion à la sainte Vierge est remarquable ; Marie la soutiendra jusqu'à la fin.

Je vous prie de me rappeler au souvenir de mon excellent oncle, de mes bonnes cousines et de mes chers cousins, spécialement de Gabriel, au sort duquel je m'intéresse beaucoup.

Veuillez aussi offrir à Monsieur le Curé mes respectueux hommages.

Adieu, ma bonne tante, n'oubliez pas dans vos prières votre dévoué neveu.

Marc DE L'HERMITE,

Clerc tonsuré.

†

L. J. C. & M. I.

A la même.

Limoges, 4 juillet 1848.

MA BONNE TANTE,

C'est le jour de mon ordination que j'ai appris la

triste nouvelle qui vient d'affliger toute notre famille. Au bonheur d'avoir fait un nouveau pas vers le sacerdoce s'est mêlé un sentiment de sainte douleur : je l'aimais tant ce cher oncle, objet de nos regrets !

Que le souvenir de son édifiante mort et de sa vie chrétienne soit votre consolation, ma chère tante. Il me semble le voir encore récitant chaque soir la prière au milieu de toute la famille rangée à ses côtés. Quel recueillement et quel esprit de foi ! Le siècle pervers où nous vivons ne méritait pas de posséder plus longtemps ce patriarche des temps anciens; mais son souvenir vivra dans le cœur de tous ceux qui l'ont connu, et surtout dans la commune de Nedde, à laquelle il a donné de si beaux exemples.

La mort de mon oncle a été publiquement annoncée au Séminaire. Mes confrères et nos directeurs m'ont témoigné la plus grande sympathie à l'occasion de ce deuil; tous se sont unis à moi pour prier.

Je regrette beaucoup, ma chère tante, de n'avoir pu venir plus tôt mêler mes larmes aux vôtres et à celles de toute la famille désolée. Quoique le dernier et le plus jeune, je n'en ressens pas moins vivement toute l'étendue de notre malheur.

Adieu, ma chère tante, vous trouverez au pied du tabernacle des consolations que les hommes ne sauraient vous donner. Adieu, je suis tout à vous.

Votre respectueux et dévoué neveu,

MARC DE L'HERMITE,

Clerc minoré.

†

L. J. C. & M. I.

A Sœur Rosalie de Nedde, dite Saint-Louis
de Gonzague.

Limoges, 4 mars 1849.

MA CHÈRE SŒUR ET COUSINE,

Le bon Dieu demande souvent de douloureux sacrifices aux âmes qu'il aime; mais c'est surtout dans l'épreuve que nous ressentons combien nous est utile cette religion sainte qui nous a nourris et qui, pour chaque douleur, a une consolation particulière.

Va, ma bonne sœur, tu peux pleurer à l'ombre de ton cloître, — Notre-Seigneur a bien pleuré sur son ami Lazare, — mais ta mère est au ciel, et ses restes vénérables, abrités par la croix de pierre, attendent la bienheureuse résurrection.

Moi aussi je n'ai plus de mère, mais j'ai prié Marie d'en prendre la place, et, dans ma douleur, je n'ai pas vainement imploré l'assistance de Celle qui nous a enfantés au pied de la croix.

Fasse le ciel que je devienne un jour son Oblat et le missionnaire de son divin Fils! Je te remercie de l'intérêt que tu prends à ma vocation, et me recommande à tes prières pour que le bon Dieu aplanisse enfin les obstacles.

Je lirai avec plaisir la lettre de Monseigneur Borie, et pourrai t'en communiquer une de Monsieur Pinchon.

Adieu, chère Rosalie, compte sur l'amitié de ton cousin dévoué.

MARC DE L'HERMITE,

Clerc minoré.

✝

L. J. C. & M. I.

A Monsieur le comte Cyprien de l'Hermite.

Notre-Dame-de-l'Osier, 25 mars 1850

MON CHER ONCLE,

Malgré les distances nombreuses qui nous séparent, je n'oublie pas que bien au delà des montagnes de l'Isère, du Forez et de l'Auvergne, se trouve le vieux château de B., encaissé entre les deux montagnes du Colombier et du Senti. Ma pensée s'y reporte souvent. Dans le petit salon, je prends ma petite chaise et me place dans mon coin accoutumé, pour être plus près du feu en véritable frileux, et du piano en amateur de musique. Je fredonne quelquefois dans ma tête les polkas d'Augustine, les quadrilles de Sophie, les chansonnettes de Gaston. Je vois Laure en face de moi, active au travail ; j'aperçois ma tante avec ses lunettes à l'Arago et faisant tourner sa quenouille.

Enfin, c'est bien vous, mon oncle, que je vois dormir, le journal entre les mains, agitant vos doigts pour marquer l'impression nerveuse que produit sur vous le sautillement des touches du piano ? Je prends plaisir à ces fêtes de famille. J'aime aussi à faire par la pensée un tour du moulin de Bartout, accompagné par vous avec vos sabots limousins, et Gaston dans son négligé du matin.

Puisque j'en suis au moulin, je vous demanderai si vous avez achevé le fameux poème patois qui doit l'illustrer. Quand il aura paru au jour, j'en réclamerai un exemplaire, au moins quelques fragments s'il est trop volumineux pour trouver place dans une lettre.

Donnez-moi aussi des nouvelles du loup qui aimait à vous rendre sa visite vers le soir. Je parie qu'après l'avertissement de Gaston il n'aura plus reparu.

Je vais maintenant vous donner quelques détails sur ma nouvelle vie, mon cher oncle. Je n'ai eu nulle peine à m'accoutumer; il y avait trop longtemps que j'aspirais à me rendre à l'Osier; aussi le cœur me battait fort en montant la côte de Vinay.

Vinay est une petite ville de l'importance d'Eymoutiers au moins, et le bourg de Notre-Dame-de-l'Osier est où serait Beaune; la position relative de ces deux endroits est la même et la route présente les mêmes sinuosités.

La paroisse de l'Osier est célèbre par le sanctuaire miraculeux de la sainte Vierge : au mois de mai, les pèlerins y abondent; on les voit descendre des montagnes jusqu'au chiffre de trente ou quarante mille. Les Pères Oblats de l'Osier ont la direction de cette paroisse qui est vraiment édifiante. Derrière le maître-autel, nous possédons un chœur qui nous est particulier; c'est là que nous récitons notre office et nos prières. Il y a même un orgue dans l'église, ce qui donne aux cérémonies et aux chants plus de solennité.

Nous sommes en ce moment vingt-sept novices, arrivés de tous les points de la France : les uns sont de Bayonne, Tarbes; les autres, de Valence, Avignon, Fréjus. Plusieurs sont de Nancy ou de Saint-Dié; d'autres viennent de Langres, du Puy, de Viviers, voire même du département du Nord.

Je vous recommande, mon cher oncle, de prier et de faire prier dans votre pieuse famille, pour que cette Congrégation augmente de jour en jour le bien qu'elle est appelée à faire, et que, par son accroissement, elle puisse suffire aux œuvres dont elle s'occupe.

Je ne vous dis rien de nos montagnes. J'ai tous les jours sous les yeux une longue chaîne rocailleuse, dont la neige occupe encore le sommet. Aux beaux jours d'été, nous irons visiter les crêtes les plus élevées; je vous manderai ce que j'aurai découvert. Au bas de ces montagnes se développe la longue et fertile vallée que traverse l'Isère; après le coup d'œil offert par la Limagne, je n'ai rien vu qui m'ait paru plus riant et plus riche. C'est un Eden sous l'aridité des montagnes. J'attends le mois de mai pour admirer la floraison qui doit l'embellir.

Le bon Dieu m'a accordé la consolation de visiter presque toute ma famille avant de m'en séparer. On n'est pas ennemi des siens en les quittant pour Dieu; il est des sacrifices qui coûtent, mais qu'il faut accomplir pour un plus grand bien.

Je vous embrasse et aime tous; priez pour moi comme je prie pour vous. Dites à Ferdinand combien j'ai été peiné que le temps ne m'ait pas permis de le visiter à La Rivière. Je me rappelle à lui, ainsi qu'à tous les siens.

Après Pâques, je pense avoir le temps d'écrire aux chers habitants de Nedde et de Saint-Julien; en ce moment, les travaux de la Semaine-Sainte s'y opposent.

Adieu, mon cher oncle, recevez l'assurance de mon attachement respectueux et sincère.

Votre neveu dévoué,

MARC DE L'HERMITE.

☩

L. J. C. & M. I.

Notre-Dame-de-l'Osier, 27 septembre 1850.

A Mademoiselle Clémentine de Nedde,

MA BONNE COUSINE,

La nouvelle épreuve qui vient d'attrister la maison de Nedde a retenti jusqu'au fond de mon âme. J'en ai été d'abord comme étourdi; mais bientôt le calme est revenu, car la religion a des consolations pour les plus grandes douleurs, et c'est là un des côtés par lesquels son ministère est sublime.

Gabriel était mon ami, je l'aimais comme un frère, et nos vocations, si différentes, avaient leur point de contact. Il est mort en combattant pour la patrie; j'ai l'espoir de mourir les armes à la main en travaillant au salut des âmes.

Cher Gabriel! Avant de partir, il voulut accomplir ses devoirs religieux et se mettre sous la protection de la sainte Vierge qui veille sur l'antique église de Nedde : son dernier adieu au pays natal fut l'adieu du bon exemple. Et puis, cette médaille qu'il ne rougissait pas de porter sous son habit militaire! voilà bien des motifs de consolation.

Je suis heureux dans la vie religieuse; il me tarde de m'y engager irrévocablement.

Adieu, ma bonne Clémentine, adieu! Depuis quelques années, nos deux familles ont versé bien des larmes; c'est une parenté de plus entre nous. Remercions le Seigneur, car tous nos deuils sont consolés.

Ton cousin dévoué, dans les Cœurs de Jésus et de Marie.

MARC DE L'HERMITE.

Bien des fois, j'ai recommandé Gabriel à la Vierge miraculeuse de l'Osier; maintenant, je le ferai plus que jamais.

Mes frères novices ont prié avec moi pour ce cher cousin, et leurs prières sont si ferventes!

✝

L. J. C. & M. I.

A Monsieur le comte Ferdinand de l'Hermite.

Notre-Dame-de-Cléry, le 9 août 1858.

MON CHER FERDINAND,

Ton excellente lettre mérite une réponse immédiate. Je suis heureux de tout ce qu'elle renferme de bon et d'amical, et surtout de l'échange d'idées qu'elle provoque de ma part. C'est ainsi que je conçois les lettres : elles doivent contenir des sentiments, mais aussi des choses; cela s'entend entre gens qui aiment l'étude.

Je te félicite de tes recherches sur la famille; elles amènent pour toi comme pour tous un rayonnement de découvertes curieuses sur différents sujets étrangers à celui dont on s'occupe. Les points d'étude ont des rapports avec beaucoup d'autres, et, en ne cherchant qu'une simple explication ou un détail, on est tout étonné d'apprendre simultanément une foule de choses intéressantes.

Ce que je t'ai envoyé sur Cléry n'est point une notice entière, mais un extrait de l'historique. Je travaille en ce moment à reviser mes notes, et mon petit volume paraîtra probablement à Orléans. J'espère pouvoir te l'adresser avant un mois; tu y liras

bien des détails nouveaux sur Cléry. J'aime beaucoup
les lieux de pèlerinage à la sainte Vierge, et je trouve
magnifique l'idée que tu me soumets de réunir en
un tout l'ensemble de ces historiques. Cet ouvrage
serait colossal et supposerait une complète indépen-
dance de toute autre affaire. Mais, mon ami, je peux
t'annoncer que ce monument de la foi et de la piété
est déjà commencé par des hommes spéciaux : nos
bons et savants Pères Jésuites ne nous laissent rien
à faire; ils s'occupent de cette œuvre qui demande
plusieurs collaborations et des correspondants dans
tous les diocèses. Le Père Martin, mort il n'y a pas
longtemps, était, je crois, un des membres de l'œuvre,
qui se rattache à celle de la statue de Notre-Dame-de-
France, au Puy.

J'ai voulu cependant apporter mon petit tribut à
la gloire de Marie Immaculée, ma Patronne, et, le
16 décembre 1856, je publiais dans *l'Univers* un long
feuilleton intitulé : *Les Sanctuaires de Marie*, où,
d'un coup d'œil rapide, j'analyse ce que Notre-Dame-
de-France possède sous ce rapport. J'ai aussi confié
à la même feuille deux articles sur les Ursulines.

Tout le monde ne m'approuverait peut-être pas de
choisir ainsi *l'Univers* pour organe de mes pensées;
mais, outre que ce journal est incontestablement le
plus complet et le mieux rédigé de tous les journaux
catholiques, il a le privilège de se rallier une foule
d'esprits sérieux pris dans toutes les positions. Sauf
quelques exceptions, c'est le journal de l'Episco-
pat; ses rédacteurs sont tous, même sans parler de
Veuillot, des hommes de talent et d'étude.

Ton cousin, V. de Maumigny, nous fait souvent les honneurs de ses profondes pensées. J'ai reçu, de mes amis du Limousin d'abord, et puis d'ailleurs, des encouragements à paraître, de temps en temps, dans ce journal. Ces honorables témoignages me sont précieux, et je trouve que c'est un excellent exercice que de s'habituer à formuler ses pensées par écrit, et cela de bonne heure.

Prie pour moi, mon ami, afin que dans le ministère sacerdotal qui m'occupe, je sois à la hauteur de ma vocation, un digne apôtre et un membre courageux et dévoué de l'Eglise militante.

Il me reste bien peu de place pour t'assurer encore de ma bonne et bien vive affection et de l'intérêt que je porte à toute ta petite famille. Assure ma cousine Marie de mon affectueux souvenir. Je pense qu'elle prie pour moi et que j'ai dans son cœur un petit coin à côté du P. de Bengy.

Ton cousin,

Marc DE L'HERMITE, O. M. I.

✝

L. J. C. & M. I.

Au même,

Notre-Dame-de-Cléry, 3 janvier 1860.

MON CHER FERDINAND,

Je m'unis de cœur et en bon parent à la nouvelle

épreuve qui frappe la famille. Nous conserverons le souvenir de ta mère et de sa patience dans les douleurs de la maladie.

Tout disparaît donc autour de nous! Nos vieux parents, nos vieux amis s'éteignent. Hier, nous étions la jeune génération; aujourd'hui, des enfants, de jeunes chrétiens nous rappellent que nous devenons les responsables et les conseillers de la famille.

Mais Dieu est avec nous! Sa loi est dans notre intelligence et dans nos œuvres; son amour dans nos cœurs. En conservant Dieu, nous conservons tout, et en lui nous retrouvons tous ceux que nous avons aimés.

A toi, à ta bonne Marie et à tes charmants enfants.

MARC DE L'HERMITE, O. M. I.

✝

L. J. C. & M. I.

A Mademoiselle Clémentine de Nedde.

Beaumont-la-Ronce (Indre-et-Loire), 18 mars 1869.

MA BONNE COUSINE,

Merci de tes sympathiques condoléances à l'occasion de la mort de mon digne oncle, M. Paul de Maleplane. Bien que subite, elle n'a pas été imprévue; mon oncle avait communié à Noël; c'était un homme de foi, de loyauté. Comme président des Conférences de saint Vincent de Paul, il avait fait du bien. Oh! oui, j'ai toute confiance; mais quelle affliction pour ma famille maternelle! Prie pour tous ces nobles cœurs, si cruellement et si soudainement éprouvés.

Je suis très heureux d'avoir fait plaisir à la paroisse de Nedde par l'envoi d'une relique de son patron. Remercie de ma part Monsieur le Curé de la si bonne lettre qu'il m'a fait l'honneur de m'écrire à cette occasion.

Souvenirs à Henriette, à Alexandrine et à ce cher Victor, que je vois toujours comme le type du vieil honneur chrétien.

Prie pour moi, ma bonne Clémentine, et crois à tout l'attachement de ton cousin dévoué,

Marc DE L'HERMITE, O. M. I.

✝

L. J. C. & M. I.

A Monsieur le vicomte Hubert de l'Hermite[1].

Paris, 26 novembre 1875.

MON BIEN CHER HUBERT,

Ta lettre, arrivée hier par le dernier courrier, m'apporte une douleur de famille bien vive. J'aime tant les

---

1. Cinq jours avant la mort de sa sœur Valentine.

miens que je me sens menacé moi-même. Un mot de
ton père m'avait déjà fait concevoir des inquiétudes;
aujourd'hui ce sont des alarmes de la nature de celles
qui précèdent un deuil. Je ne puis penser, sans en
être ému, au chagrin de tes parents et à votre fraternelle douleur à tous. La mort de ces colombes déchire
le cœur, mais c'est le cas de dire : « Bienheureux
ceux qui pleurent! » La pureté de la conscience, la
simplicité chrétienne de la vie donnent à ces âmes
virginales la sérénité et les saintes joies du sacrifice.

Allons! que la sainte volonté de Dieu soit faite! que
le divin Maître épargne la tendresse désolée d'un
père et d'une mère, et qu'il leur donne, s'il envoie la
redoutable épreuve, la consolation dont leurs vertus
sont dignes!

Je ne puis penser, sans en être touché, aux bontés
de Dieu pour la famille de l'Hermite. Il nous poursuit
de sa prédilection, et tout en lui est disposition pro-
videntielle, jusque dans la sainte mort dont il couronne les nôtres, soit qu'il les prenne à la fleur de la
vie, soit qu'il les cueille au berceau ou à l'heure des
années remplies comme celles des patriarches. De quel
amour nous devons l'aimer en esprit de reconnaissance, et avec quelle fidélité chrétienne nous devons
le servir!

En tout temps, souvenons-nous de la devise : *Prier
vault à l'Hermite.*

Adieu, cher Hubert, je suis avec vous par la prière
et la peine.

Ton tout dévoué en Notre-Seigneur,

MARC DE L'HERMITE, O. M. I.

†

L. J. C. & M. I.

A Monsieur Émile Thibaud.

Paris, rue Saint-Pétersbourg, le 3 août 1878.

MON CHER MONSIEUR THIBAUD,

Vos récits de *la Gazette d'Auvergne* m'ont enchanté, et j'ai senti revivre en les lisant toute la douce
joie de nos ravissantes excursions de montagnes.
Tous les détails me revenaient à l'esprit, et je trouvais que ces pèlerinages à trois, vous, mon frère et
moi, dans ces vallées et ces gorges magnifiques,
avaient passé trop vite. Vous avez mêlé *utile dulci*, en
parlant du côté industriel du pays, et ce coin d'Auvergne vous devra d'être plus connu et plus apprécié.
Ici rien de semblable : l'Exposition que je n'ai pas
vue et où je n'irai pas, et le ballon Giffard, énorme
globe qui se promène, quand il est de bonne humeur,
ce qui n'est pas toujours, dans l'air ambiant de Paris. La capitale n'a plus ses habitants : ils sont à
Royat, au Mont-Dore ou ailleurs; nous n'avons ici
que de rares curieux de province, qui promènent un
parapluie ou un sac de voyage dans les rues et demandent le chemin du Jardin d'Acclimation.
Je profite de ce répit de quelques semaines pour me
remettre à l'étude, et ce m'est une joie de pouvoir tra-

vailler en silence après avoir tant travaillé en public.
Ma santé est bonne et se ressent de la villégiature
d'Auvergne.

Croyez, très cher M. Thibaud, à tous mes dévoués
et respectueux souvenirs.

Marc DE L'HERMITE, O. M. I.

✝

L. J. C. & M. I.

A Monsieur Gabriel Noualhier.

Paris, le 3 janvier 1883.

TRÈS CHER ET HONORÉ MONSIEUR,

L'offre obligeante que vous voulez bien me faire
d'un domicile pendant mon séjour à Limoges me touche beaucoup. C'est bien là la marque d'un cœur
chrétien, et les titres que vous faites valoir sont des
meilleurs.

Toutefois, l'expulsé de Paris ne pourra que vous
remercier et vous exprimer sa reconnaissance devant
Dieu. Je suis bien décidé, à moins d'impossibilité absolue, à loger à mon domicile religieux, malgré l'encombrement de l'école Saint-Martial, c'est-à-dire chez
les expulsés de la rue de la Cathédrale.

J'ai eu hier de bonnes nouvelles de Saint-Claude.

Je vous offre, très cher Monsieur, ainsi qu'à ces

dames, l'hommage de mon religieux et reconnaissant respect en Notre-Seigneur.

Marc DE L'HERMITE, O. M. I.

†

L. J. C. & M. I.

A Mademoiselle Alexandrine de Nedde.

Paris, 4 janvier 1884.

MA CHÈRE ALEXANDRINE,

Merci de tes bons souhaits et des souvenirs du vieux Nedde. Nedde, c'est la terre classique de la charité et du bon sens, et si Paris menaçait de me gâter à cinquante-cinq ans, vite j'irais me retremper dans un bain de droiture et de vérité à Nedde.

Oh! comme vous faites une bonne œuvre en dotant votre commune d'une école libre de Sœurs! C'est l'école qui sauvera la France ou qui achèvera de la pervertir. Sur ce terrain, il faut lutter jusqu'au sacrifice.

Adieu, bonne cousine, encore une fois salut au beau et hospitalier Nedde!

N'oublie pas les serviteurs du château et surtout leur maître, ce cher Victor, ce vrai Français.

Ton tout dévoué, avec les souhaits les plus complets pour 1884.

Marc, O. M. I.

†

L. J. C. & M. I.

A la même.

Paris, le 6 mars 1884.

MA BONNE ALEXANDRINE,

J'ai les yeux et le cœur plein de larmes. Cette mort
inattendue de notre si excellent Victor, quelques jours
seulement après celle de l'oncle d'Aigueperse, réveille
toutes les douleurs. Henriette, Clémentine et tant
d'autres, tous les chers noms de la famille nous reviennent en mémoire. De quelle affection nous avons
aimé tous ces chers défunts!

Je me sens atteint comme toi, comme vous tous.
Je ne veux pas essayer de faire le panégyrique de
Victor; le pays entier de nos montagnes, les pauvres
le feront mieux que moi. Le vieux Nedde est en
deuil; c'est un bienfaiteur qui s'en va.

Impossible de quitter Paris pour aller assister à ses
funérailles; mais demain je ferai le chemin de la croix
pour lui, à l'heure de la triste cérémonie, et déjà ce
matin j'ai porté cette âme aux pieds de Dieu.

Chère Alexandrine, comme je voudrais pouvoir
adoucir ta douleur! mais je sens que le Cœur sacré
du divin Maître seul en a la puissance.

Dis à Mme d'Aigueperse, à Henri, à Maurice, à Ray-

34

mond, à tous, la part que je prends à ce deuil commun. Je n'oublie pas non plus les religieuses de la famille, qui, toutes, vont bien pleurer et prier. Le défunt ne manquera pas de suffrages, et des meilleurs; j'y joindrai tous les miens.

Adieu, ma chère Alexandrine, crois à mes condoléances et à mes regrets de bon prêtre et de bon parent.

MARC DE L'HERMITE, O. M. I.

✝

L. J. C. & M. I.

A Monsieur le vicomte Hubert de l'Hermite.

Paris, le 22 février 1885.

CHER ET BON HUBERT,

Je pleure de toutes tes larmes; mais je sais, à n'en pas douter, que, chez toi, le chrétien consolera le père, et que, chez ta douce et pieuse compagne Jeanne, la chrétienne consolera la mère.

Et puis, quel exemple donné à nous tous que la mort de ces deux petites filles [1], mort illuminée, dit-on, des clartés du ciel et toute resplendissante d'héroïsme!

Soyons debout au pied de la croix, à genoux au pied du tabernacle.

---

1. Thérèse et Maria, l'une décédée le 16 février 1885, l'autre, le 17 du même mois et de la même année.

Et que ce vieux manoir de La Rivière soit béni de Dieu.

A toi, à Jeanne, au grand-père, à la grand'mère, à tous, mon vieux souvenir et l'assurance de mes prières.

Je te serre sur mon cœur de prêtre et de bon parent, cher Hubert, et, près des berceaux vides de tes anges, je prends, moi aussi, la résolution de devenir meilleur.

Ton tout dévoué,

MARC DE L'HERMITE, O. M. I.

†

L. J. C. & M. I.

A Mademoiselle Alexandrine de Nedde.

Paris, le 13 janvier 1886.

MA CHÈRE ALEXANDRINE,

Merci de ton souvenir de nouvel an. Des souhaits si bons, venus d'une si bonne parente, méritaient une réponse plus prompte. Tu me pardonneras ce retard; devant Dieu il y a longtemps que j'ai répondu. Les Nedde me sont chers comme les miens, et je ne les oublie jamais. Je compte sur toi pour me donner de leurs nouvelles de temps en temps. Les rangs s'éclaircissent, mais ceux qui restent marcheront sur les traces de ces chers disparus.

Ici, on nous fait une France et un Paris inhabitables. Malgré cela, les chrétiens serrent les rangs et font leur trouée dans la masse compacte et lâche des impies. Il y a encore de l'énergie dans quelques âmes.

Je présente mon respect à Monsieur le Curé et j'envoie mes affections à ton vieux village. Quant à Mme d'Aigueperse, tu sais bien que je ne saurais la séparer de toi.

Ton tout dévoué cousin,

MARC DE L'HERMITE, O. M. I.

Prions beaucoup!

✝

L. J. C. & M. I.

A Sœur Marie de Nedde, dite Saint-Louis de Gonzague.

Roma, collegio dei Oblati, via S. Pietro in vincoli,
Ce 29 avril 1887.

CHÈRE NIÈCE SŒUR SAINT-LOUIS DE GONZAGUE,

C'est au moment de partir pour Rome que je reçus ta lettre; c'est de Rome, la ville des exilés et des consolations, que je t'envoie ce petit mot.

J'ai lu avec émotion le récit de la mort prédestinée de ta sœur : cela fait du bien comme une lecture spirituelle, et un tel souvenir vaut une retraite dans une famille.

Que Dieu vous console tous! Mais il faut aussi se réjouir dans les pensées de la foi.

Ayant pris ce matin, à la suite de la méditation, la résolution de répondre aujourd'hui à ton douloureux faire-part, j'ai prié pour mes bons parents de Neddé dans la chambre de saint Stanislas Kostka, à Saint-André du Quirinal. Précédemment, je l'avais fait dans la chambre de saint Benoît-Joseph Labre, abri que lui ouvrit pour y mourir le bon boucher Zaccarelli. Enfin, je vous porte, avec les miens, dans tous mes pèlerinages : au grand Saint-Pierre, à Sainte-Agnès-Hors-les-Murs, etc., etc.

Donne de mes *très bonnes* nouvelles à ma chère Sainte-Rose. Je lui écrirai plus tard; en ce moment je ne puis griffonner qu'une lettre par jour.

Ton bon oncle,

MARC DE L'HERMITE, O. M. I.

†

L. J. C. & M. I.

A Monsieur Paul de Maleplane.

Paris, le 14 septembre 1887.

MON BON PAUL,

Comment, avec de mauvais yeux momentanément

fatigués, et avec une mauvaise plume, t'exprimer mon regret d'avoir manqué ta visite? J'étais de retour le dimanche soir, et, si j'avais su ton adresse, peut-être aurais-je pu encore te voir.

Et comment te remercier aussi de mon portrait photographique? Tu m'as embelli. Je suis très beau, émergeant de ce bouquet de fleurs blanches qui tapissent les murs du jardin de ton beau-père.

J'aurais voulu te revoir, te dire, mieux que je n'ai pu le faire à Limoges, quelle joie j'ai éprouvée à faire la connaissance de ton aimable famille. Comme tous sont bons, pleins de cœur et de foi, de bonne race, en un mot!

Je suis toujours un peu affaibli; c'est pour cela que je continue mes vacances en me promenant dans la belle banlieue de Paris. C'est comme si je n'étais pas ici.

Souvenirs à la bonne tante, à Marie et aux autres, quand ils reviendront.

Tu as quitté Saint-Claude au bon moment; tu n'as pas vu installer Voltaire.

Adieu, cher et bon cousin, bien des remerciements et bien des tendresses.

MARC, O. M. I.

†

L. J. C. & M. I.

A Mademoiselle Gabrielle de Nedde.

Aix, le 25 juillet 1864.

MA CHÈRE PETITE,

Merci de ton bon souvenir. Le récit de la foire de Saint-Alyre m'a beaucoup intéressé. Que n'ai-je su plus tôt l'existence et la date de cette foire! — puisque foire il y a — je serais parti pour y acheter un peu de fraîcheur, dont nous manquons ici totalement sous un ciel de feu. Tu me diras : *nous ne vendons pas de fraîcheur,* cher oncle, mais nous aurions pu vous vendre de l'amour de Dieu qui ne manque pas à Saint-Alyre. Ah! c'eût été encore mieux!

Pour cette année, je suis allé en acheter, non pas à une foire, mais à une retraite à Autun. Je crois en avoir rapporté; il ne m'a coûté qu'un peu de bonne volonté. Demande à Dieu que les voleurs ne m'en dépouillent pas, et qu'au milieu des travaux de l'apôtre je sois fervent comme un novice.

Vous étiez donc jalouses, petites filles? je coupe *court* à la difficulté en vous écrivant *courtement* à toutes, pour vous dire de prier pour moi.

Grande réjouissance aujourd'hui à Felletin; c'est la Saint-Jacques, fête de Monsieur le Supérieur! Gabrielle n'y est pas, ni le père Marc non plus; mais la pensée y est.

Adieu, chère petite, rappelle-moi à tante Saint-Louis et à toute ta famille.

Ton oncle dévoué,

MARC DE L'HERMITE, O. M. I.

✝

L. J. C. & M. I.

Rennes, le 20 août 1867.

MA BONNE PETITE,

Tu as bien fait de m'écrire pour m'annoncer la mort de ton vénérable grand-père. Cet événement m'afflige, parce que tout ce qui tient aux Nedde me tient aussi au cœur, et parce que, dès mon enfance, j'avais connu et aimé ce digne homme, si bienveillant pour moi. Les détails que tu me donnes sur sa fin chrétienne adoucissent ma tristesse et j'en remercie Dieu. Je savais bien, d'ailleurs, qu'il n'en pouvait être autrement. Demain, je porterai cette chère âme au saint autel.

Dis bien à ton père et à ta chère maman, la plus directement frappée par ce coup douloureux, toute la part que je prends à leur grand deuil; elle est sincère. Voilà des pertes récentes à Felletin et dont le contre-coup arrive douloureusement jusqu'à moi : Monsieur Desal, Monsieur Laval, ton grand-père.

Prie pour moi, bonne petite Gabrielle, et crois au dévouement bien religieux de ton oncle.

Marc de l'Hermite, O. M. I.

✝

L. J. C & M. I.

Tours, le 4 janvier 1868.

Ma bonne Petite,

Ta lettre me rappelle de bons souvenirs de famille et d'enfance. Je ne suis donc pas oublié dans ce pays de Felletin, où j'ai appris à aimer le bon Dieu et où j'ai reçu de tous de si nombreuses preuves d'affection ! Mais, depuis vingt-deux ans que j'ai franchi ce seuil du collège, que de vides, que de tombes ouvertes, que de deuils ici et là ! Ma chère petite, bien qu'éloigné, je ressens le contre-coup de toutes ces douleurs.

Allons, prie bien pour moi, comme je le fais pour tes dix-neuf ans qui approchent et qui te paraissent si redoutables. Calme la jalousie de tes sœurs en leur disant que j'aime également mes trois nièces, bien que je ne puisse écrire qu'à une seule. Fais-toi mon interprète auprès de tous et n'oublie personne, entends-tu bien ? père, mère, tante, frères, sœurs, etc.

Oui, je vois quelquefois Marguerite et Pomponette,

et nous parlons *du pays* comme de vrais maçons de la Creuse. La belle Loire, aujourd'hui complètement prise et livrée aux patineurs, ne peut me faire oublier la petite Creuse et la Roseille; Tours ne m'ôte pas le souvenir de Felletin, ni Descartes celui de Quinault.

Adieu encore; écrivez quelquefois, mes petites filles, et pensez à l'humble serviteur de saint Martin, qui voit passer tant de pèlerins au tombeau du grand thaumaturge.

Marc de l'Hermite, O. M. I.

✝

L. J. C. & M. I.

Tours, le 15 janvier 1869.

Ma chère Petite,

Merci de tes souhaits de bonne année; reçois mes vœux pour toi, pour père, mère, frères, sœurs, oncles et tantes, et pour toute ta famille que j'aime comme j'aime les miens.

Que faites-vous à Tours, mon oncle? Petite curieuse! Toutefois, comme ton questionnaire sent l'affection, j'y veux répondre.

Ma bonne petite, je travaille beaucoup, je confesse pas mal, je prêche de temps en temps, je m'occupe de ma Province à l'extérieur, et de Saint-Martin à l'in-

térieur, mais non en premier, car j'ai sous mes ordres
un supérieur local, spécialement chargé du pèlerinage et qui ne s'absente pas comme moi.

Voici ton billet d'affiliation à la Confrérie de Saint-
Martin, qui vient d'être rétablie canoniquement. Ce
pèlerinage sera un jour, comme autrefois, le premier
de France, et nous voulons à tout prix bâtir notre
basilique. Déjà nous avons douze cent mille francs;
il nous faut au moins deux millions. Les prières de
la Confrérie n'engagent pas en conscience, et le franc
à donner une fois pour toutes n'est pas une obligation qui grève. Je te nomme zélatrice! Tu vas enrôler
tous les tiens et d'autres encore si ton zèle t'y porte;
mais, — condition essentielle, — il faut tous les noms
de baptême en regard du nom de famille. Tu m'en-
verras ta liste et je t'enverrai les images. L'épigraphe
de Fortunat de Poitiers : « *Et quo Christus habet
nomen Martinus honorem*, signifie : Partout où le
Christ est connu, Martin est honoré. » Saint Martin
est le patron de quatre mille églises de France.

Pour t'encourager, je t'envoie cinq francs que je te
prie de faire parvenir à Monsieur le Maire de Felletin,
mon condisciple, qui m'a envoyé une circulaire imprimée en faveur des deux églises de la ville. Je voudrais être riche, mais je quête moi-même.

Voilà ta mission, ma fille; voilà ce que l'on gagne
à me souhaiter la bonne année; sois fière de ton rôle!

Tes cousines vont bien; je les ai vues il y a deux
jours avec l'abbé Delor, qui se rendait à Nantes pour
prêcher au Carmel la profession de Mlle de Quatre-
barbes.

J'écris bien mal, à la vapeur, mais tu sauras me lire.

Crois, bonne petite, à la vieille affection, pour toi et pour tous les tiens, de ton oncle

Marc DE L'HERMITE, O. M. I.

✝

L. J. C. & M. I.

Tours, le 2 juillet 1869.

MA BONNE PETITE,

De la part de saint Martin et de ma part, laisse-moi te remercier de ton zèle pour notre Confrérie. J'ai reçu ta liste et l'argent, et, en retour, je t'envoie quelques images. Tu fais, en t'occupant de saint Martin, une œuvre excellente.

J'ai eu le plaisir de voir ces jours-ci ton oncle et ta tante Maurice et tes cousines. Et toi, ne viendras-tu pas faire ton pèlerinage en compagnie de tes bons parents ?

Prie pour moi, petite musicienne, et n'oublie pas le pauvre missionnaire, ton tout dévoué en Notre-Seigneur.

Marc DE L'HERMITE, O. M. I.

✝

L. J. C. & M. I.

Tours, le 12 janvier 1870.

MA BONNE PETITE,

Je suis bien reconnaissant de tes vœux annuels exprimés avec une grâce charmante. Demande le salut de mon âme et celui de tous ceux qui me sont chers. Tu m'écris de belles lettres, et moi je ne puis que te répondre des billets informes et très courts. Écris tout de même; par toi j'ai des nouvelles du cher Felletin.

J'arrive de mission; je viens de prêcher, en Avent, un Jubilé, dans la grande paroisse de Chauffailles (Saône-et-Loire). Comme j'ai été consolé!

Prie pour moi et rappelle-moi à tous les tiens : père, mère, sœurs, frères et tante Louise, la mère des écoliers du vieux régime.

Ton dévoué oncle.

Marc DE L'HERMITE, O. M. I.

✝

L. J. C. & M. I.

Tours, le 12 janvier 1871.

MA CHÈRE PETITE,

Tes vœux sont plus que jamais opportuns, et plus

que jamais je t'en remercie. Qu'on a donc besoin cette année de se souhaiter de bonnes choses en Dieu!

Nous entendons à peu près tous les jours le canon qui tonne au loin. N'importe! je suis plein de confiance en la protection de saint Martin.

Adieu, petite Gabrielle, prie pour moi qui ai déjà vu le feu et qui vis au milieu des blessés.

Tout à toi en Notre-Seigneur.

Marc de l'Hermite, O. M. I.

✝

L, J. C. & M. I.

Paris, le 6 janvier 1879.

Ma chère nièce, puisque tu t'intitules si gracieusement ainsi, tous mes remerciements pour tes bons souhaits et ceux dont tu es l'interprète. Dis à tes parents ma vive affection et n'oublie pas cette bonne tante Louise dont j'ai tant admiré la charité aux jours du collège. Quel écolier de Felletin n'en a fait l'expérience? Cet apostolat la fera entrer tout droit en paradis.

Tu veux connaître mes occupations, en voici le sommaire :

Confesser beaucoup, prêcher un peu; visiter beaucoup de malades et de pauvres, s'occuper du salut des âmes sous toutes les formes, et, dans les intervalles du ministère ou des exercices religieux, visiter par la pensée les bons missionnaires des pays lointains, voilà le travail journalier sans trêve. Prie pour moi, prie pour l'Eglise et la France.

Ton tout dévoué oncle,

Marc DE L'HERMITE, O. M. I.

✝

L. J. C. & M. I.

Paris, le 31 décembre 1879.

MA CHÈRE GABRIELLE,

Je reçois tes vœux de bonne année ; ils arrivent toujours fidèlement : c'est l'exactitude religieuse.

Pour reconnaître cette gracieuseté, je m'empresse d'y répondre. Bonne année donc, chère petite, à toi et à toute ta famille! et n'oublie pas cette vénérable tante Louise qui a droit à toute ma reconnaissance d'écolier de Felletin. Je vous aime tous, je prie pour tous ; priez pour moi.

Pour étrennes, je t'envoie le dernier *Bulletin de l'œuvre du Vœu national.* Que le Sacré-Cœur prenne la France en pitié!

Adieu, chère nièce, tout ce qui porte le nom de Nedde est fortement ancré dans mon cœur.

Ton oncle dévoué,

Marc DE L'HERMITE, O. M. I.

✝

L. J. C. & M. I.

Paris, Vigile de Noël, 1883.

Ma chère Nièce,

Tu as bien pensé de moi en m'associant à votre deuil. Ce n'est pas seulement ta famille qui pleure la vénérée tante Louise, c'est aussi toute une légion de chrétiens, de prêtres, dont elle a été la providence à Felletin. Son grand âge ne fait qu'ajouter aux regrets qu'elle suscite, et j'estime que ses vertus de charité lui auront fait un beau cortège devant Dieu. J'ai déjà porté cette sainte âme à l'autel du Seigneur, et je continuerai de prier avec vous tous.

Dis mes regrets à tes si bons et si aimables parents, et recommande à Dieu les expulsés, dont la situation, dans les conditions vexatoires où on les enferme de plus en plus, devient chaque jour un lent martyre. Soyons tous énergiques et au devoir.

Adieu, Gabrielle, et merci en Notre-Seigneur, le divin Enfant de Bethléem.

Ton tout dévoué,

Marc de l'Hermite, O. M. I.

✝

L. J. C. & M. I.

Paris, 2 janvier 1885.

CHÈRE NIÈCE,

Exprime tous mes vœux fidèles à ton bon et si loyal père, à ton excellente et vénérée mère; prends ensuite pour toi, correspondante annuelle, pour tes frères et sœurs, une large part dans les souvenirs chrétiens et religieux du vieux missionnaire, et n'oublie pas de me nommer à ta chère aînée, religieuse de Saint-Alyre.

Merci, merci! Prie et fais prier pour moi, si affectionné à tout ce qui porte ce nom de Nedde que je vénère.

Marc de l'Hermite, O. M. I.

✝

L. J. C. & M. I.

Paris, le 23 janvier 1888.

MA CHÈRE GABRIELLE,

Ce bon vieux coin de terre qu'on appelle Ladapeyre me garde une fidélité d'affection dont je suis bien

35

touché.. C'est toi qui tiens la plume, et tu le fais avec une délicatesse qui me charme, au nom de tous ces excellents parents Henri de Nedde que je n'oublierai jamais.

Et ce n'est que bien tardivement que je réponds à de si bons souhaits! Votre indulgence ne me fera pas défaut. A Paris, on n'a, par moments, ni le temps de vivre ni celui de mourir.

Dis à tous, en commençant par ton père et ta mère, mes excellents souvenirs; exprime tous mes vœux religieux et dévoués.

Quand donc viendrez-vous faire votre pèlerinage à cette belle basilique du Sacré-Cœur, dont les constructions fort bien conçues, et menées par nos entrepreneurs et maçons limousins, dominent déjà Babylone?

Priez pour moi, comme je le fais pour vous tous. Je demande aussi que Dieu vous accorde un bon évêque. Notre diocèse de Limoges, qui voit passer tant de pontifes si rapidement, a besoin d'un apôtre fort, actif, ayant devant lui quelques années pour faire le bien.

Adieu, chère nièce, et merci de la part du vieil élève de Felletin,

Marc DE L'HERMITE, O. M. I.

†

A la Révérende Mère Supérieure des Religieuses de Notre-Dame-de-la-Retraite, au Cénacle, à Tours.

Paris, le 28 avril 1876.

MA TRÈS HONORÉE MÈRE,

Hier, j'ait fait une petite visite à la rue du Regard, où j'ai rencontré vos deux filles, échangées contre deux autres. Les bons souvenirs de Tours se trouvent partout.

Aujourd'hui, je tiens à acquitter envers vous et votre Communauté ma dette de reconnaissance pour les prières et les souhaits de la Saint-Marc. Je compte beaucoup sur la persévérance de ces prières. C'est quand on voudrait être plus longtemps aux pieds de Dieu que le travail des âmes vient arracher à ce doux repos ; on a besoin de savoir que d'autres vous suppléent. Je me tourne alors vers le coteau béni de Saint-Symphorien. Je garde la fidélité du dévouement à toutes vos œuvres et aux âmes que vous abritez. Ah ! vos chères terrasses et vos pieuses fêtes !

Agréez, ma très honorée Mère, l'expression de mon bien religieux et reconnaissant respect en Notre-Seigneur et M. I.

MARC DE L'HERMITE, O. M. I.

✝

Paris, le 29 décembre 1885.

Je vous remercie, ma bonne Mère, de vos souhaits si religieux et si bienveillants. Aidez-moi par vos prières à traverser saintement cette année menaçante de 1886.

La plaie du départ de Tours saigne en mon cœur ; nous aimions tant saint Martin ! Mais la volonté est résignée. *Fiat!*

Je me réjouis d'apprendre que vos œuvres poursuivent leur cours et contribuent au salut de plusieurs.

Agréez, ma bonne et révérende Mère, l'expression de mon religieux dévouement en Notre-Seigneur et M. I.

Marc de l'Hermite, O. M. I.

✝

Arcachon, le 8 mars 1887.

Ma très honorée Mère,

Je me ferai un devoir de prier pour l'âme de votre chère sœur N., que vous venez d'avoir la douleur de perdre. La vie religieuse a été pour cette chrétienne un port de sécurité et de repos, au terme d'une longue vie.

De plus en plus, le monde est pénible à habiter, et l'on comprend ces exodes vers les communautés, comme autrefois les dames de Rome s'enfuyaient à Bethléem et au désert pour échapper à la corruption païenne.

Agréez, ma très honorée Mère, l'expression de mon religieux dévouement en N.=S.

Marc DE L'HERMITE, O. M. I.

†

L. J. C. & M. I.

Paris, le 27 décembre 1887.

MA TRÈS HONORÉE MÈRE,

C'est avec une particulière reconnaissance que je remercie les religieuses de la Retraite de Tours et leur révérende Mère supérieure du fidèle et amical souvenir qu'elles veulent bien me garder. Cela me rappelle près de huit années de ma vie de missionnaire, et parmi les plus heureuses et les plus consolées. Mes nombreux pèlerinages sur vos saintes collines de Saint=Symphorien me valent des prières, et c'est pour moi un vrai gain spirituel.

J'en ai grand besoin. L'âme est debout, j'espère,

mais les forces corporelles, affaiblies momentanément,
me mettent dans l'obligation de restreindre mon travail sur bien des points.

Priez pour nos belles Missions, pour nos admirables missionnaires des pays lointains; recevez mes
souhaits religieux, ainsi que votre pieuse Communauté, où il y a encore quelques anciennes qui veulent bien ne pas m'oublier, et agréez, ma révérende
Mère, tous mes remerciements et tous mes respects en
N.-S. et M. I., et aussi en saint Martin.

Marc DE L'HERMITE, O. M. I.

TABLE

Toulouse, Imp. DOULADOURE-PRIVAT, rue Saint Rome, 39. = 3973

ERRATA

Page XLII, ligne 27. Tu échappes, *lisez* : Tu t'échappes.

— 135, — 22. dérivatif à nos colères, *lisez* : dérivatif à mes colères.

— 249, — 13. à chacun de vous, *lisez* : à chacune de vous.

— 306, — 20. ton bon beau frère, *lisez* : ton bon frère.

— 377, — 10. auditoire compacte, *lisez* : auditoire compact.

— 416, — 7. parents, *lisez* : parentes.

— 425, — 11. étant donné, *lisez* : étant données.

— 463, — 16. nos excellents confrères, *lisez* : mes excellents confrères.

— 467, — 19. en 1816, *lisez* : en 1826.

— 471, — 7. Mère de la terre. *lisez* : mère de la terre.

— 487, — 23. via P. Pietro, *lisez* : via S. Pietro.

— 516, — 6. un tour du moulin, *lisez* : un tour au moulin.

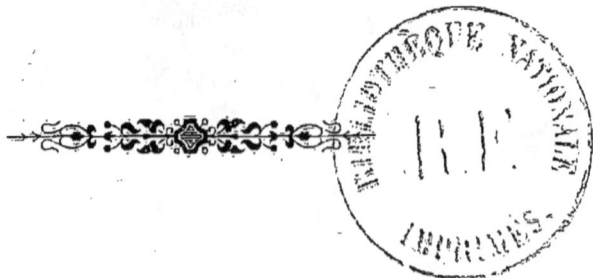

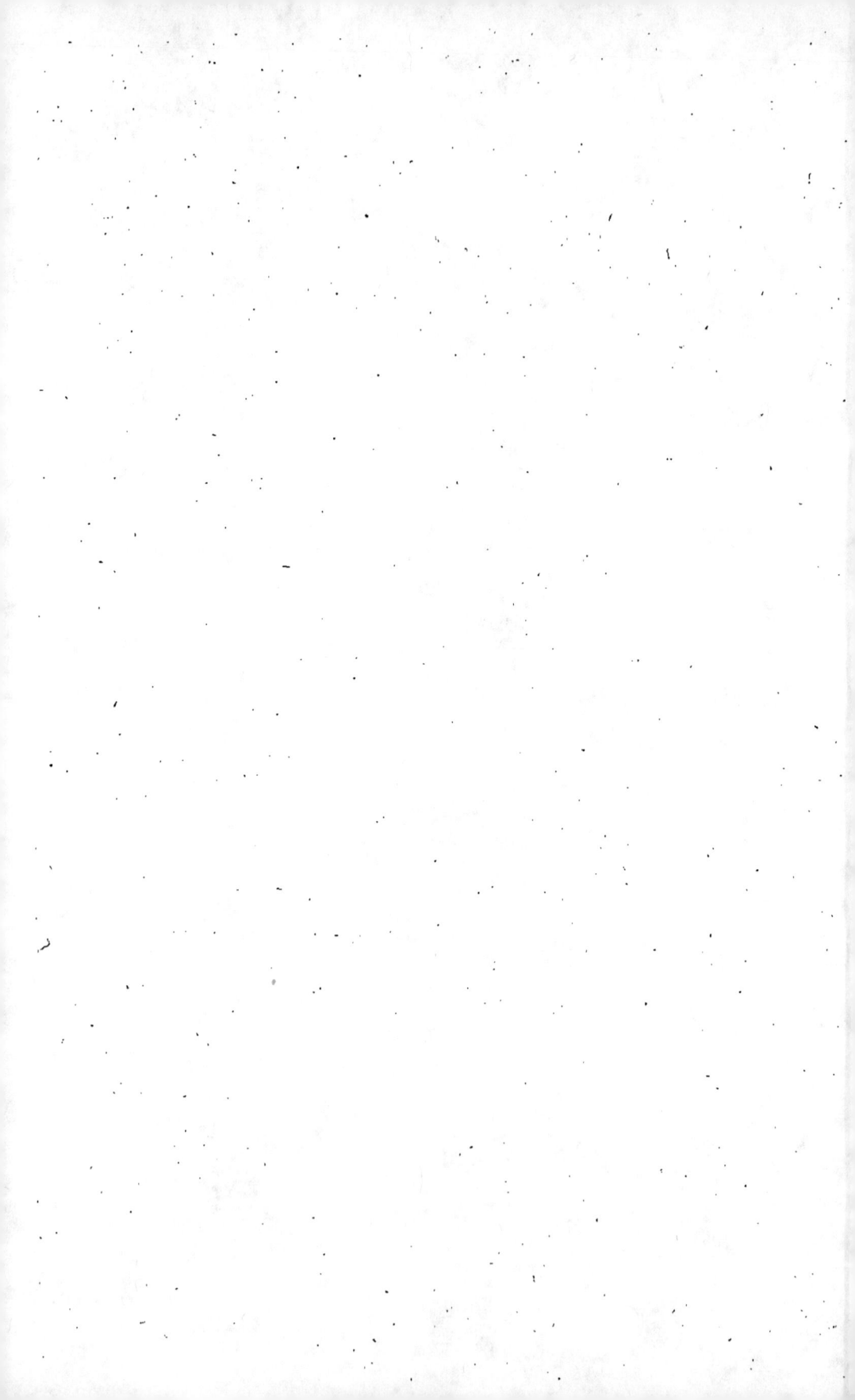

www.ingramcontent.com/pod-product-compliance
Lightning Source LLC
Chambersburg PA
CBHW071135270326
41929CB00012B/1757